글로벌 시대

제3판

국제물류의 이해

Understanding of International Logistics

하명신 · 박경희

탑 북 스

머리말

컴퓨터, 인터넷의 발명으로 촉발된 정보사회의 파장은 전 산업으로 확대되어 현재 우리 실생활에 없어서는 안 될 중요한 생산자원으로 자리매김하고 있다. 여기에 정보기술과 통신기술의 발전은 전 제품의 라이프사이클을 앞당겼고 전자상거래의 확대는 국경 없는 글로벌시장을 연출해내고 있다.

따라서, 국제간 이동되는 화물량이 많아지고, 수입의 주된 상품이 원자재에서 제품으로, 생산입지와 판매장소가 시간과 공간의 제약없이 전 세계를 넘나드는 시대를 맞고 있다.

국제물류는 국제무역에 유기적으로 관련되어 기능하는 2차적 수요로서 무역활동의 동향에 큰 영향을 받는다. 또한 국제물류는 제도, 관습, 환경이 다른 국가간에 이행되는 물리적 경제활동이기 때문에 국내물류에 비하여 변동의 가능성이 크고 복잡하며, 곤란한 조건들이 많아 총체적 운영이 어려운 부분도 많이 있다.

최근의 기업들은 해외직접투자에 의한 현지생산의 증대 등에 국한되지 않고 국제분업형으로의 비즈니스를 실현하고 있으며, 교역화물들은 다품종 소량화, 고부가가치화, 고가품의 증가 등 이전보다 변화의 속도가 한층 빨라지면서 현재의 사회는 계속 진보 중에 있다.

본 교재에서는 크게 1부 물류와 국제물류, 2부 국제물류시스템으로 나누고, 1부에서는 물류와 국제물류의 전반적인 이해를 돕고, 2부에서는 국제물류를 구성하고 있는 각 기능들을 구체적으로 살펴봄으로써 변화하고 있는 국제물류의 전면을 어렵지 않게 설명하고자 하였다.

국제물류를 처음 접하는 학생들에게 도움이 되고자 하는 바램으로 좀 더 쉽게 접근하려고 노력하였으며, 교재내용도 급변하는 글로벌시장에 맞추어 2023년 1월 업데이트를 실시하였다.

출판을 도와주신 탑북스에게 무한한 감사를 드린다.

2023년 1월
공저자 씀

차 례

제1부 물류와 국제물류

제1장 물류의 이해

제2장 국제물류의 개념

제3장 국제물류와 무역계약

제7장 국제물류전략

제2부 국제물류시스템

제8장 해상운송

제9장 항공운송

제11장 내륙운송시스템

제12장 항만물류시스템

제13장 보관시스템

제 1 부 물류와 국제물류

제1장 물류의 이해

제1절 물류의 의의

1. 물류의 목적

물류의 목적에 대해서는 여러 가지 관점이 있으며 동시에 보는 사람의 시각에 따라 비중을 두는 가치도 다르다.

즉 국민경제적 관점에서 보면 물류를 합리화하고 물류생산성을 높이는 것은 궁극적으로 물가상승 억제능력으로 기능하는 것이며, 물류의 목적이 원가절감 및 물가상승의 억제능력에 있다는 것을 강조함과 동시에 경제활동에서 유통의 지원기능을 도모하는 것이라 할 수 있다.

또한 기업관점에서의 물류의 목적은 최소의 비용으로 고객서비스는 최대로 하는 것이며 이것은 비용과 서비스의 상쇄관계(trade off)로 설명할 수 있다. 기업에서는 이들의 최적화 실현이 물류의 목적이 된다. 다시 말하면, 고객서비스와 비용간에는 서로 상쇄되는 성격이 있어서 고객서비스를 높이면 비용이 많이 발생하고, 비용을 줄이려면 고객서비스가 나빠지는 결과가 발생하게 된다. 예를 들면, 우리가 많이 이용하고 있는 온라인쇼핑에서 발생되는 택배의 경우, 규모의 경제에 의해 많은 물품을 한꺼번에 운송하는 것이 운송비가 낮다. 그러나, 며칠 물품을 모아서 고객에게 배송시킨다면 고객은 원하는 물품을 빨리 받지 못하는 불만을 야기시켜 고객서비스는 낮아질 것이다. 그러면 고객이 원하는 바대로 즉시 배송시스템을 가동시킨다면 그만큼 운송비용이 상승하게 되고, 그래서 기업은 가장 효율적인 물류활동의 시스템을 구상해야 하는 과제를 안게 된다. 물론 그 기업이 취급하고 있는 물품의 종류나 고객에 따라 물류활동의 수준을

어떻게 설정할 것인가를 정해야 함은 당연한 일이다,

따라서 기업의 입장에서는 자사기업의 물품과 고객의 성향에 맞게 어떻게 물류활동을 수행할 것인가를 고민하게 되는데, 이 두 상쇄관계를 적절하게 조절하는 것이 물류합리화이다. 즉, 기업이 물류활동을 수행함에 있어, 제일 먼저 결정해야 하는 것이 물류합리화 수준이며 그 결정된 물류합리화 수준에서 물류활동을 계획하고 수행하게 된다.

그러므로 기업에서의 물류의 목적은 고객의 서비스는 해치지 않는 범위에서의 최소비용으로 물류활동을 수행하는 것이라고 할 수 있다. 기업에서의 물류합리화는 각 기업이 취급하는 물품이나 고객의 성향에 따라 물류합리화의 수준이 달라진다라고 하였는데, 즉, 원재료와 완제품의 물류합리화 수준이 다르며, 고가물품이며 고객이 VIP인 경우엔 고객서비스는 최고로 하고, 그에 따른 비용은 별로 생각하지 않는다.

기업에 적용되는 물류의 원칙으로 '3S1L'이 있다. 이것은 필요한 물품을, 필요한 장소, 필요한 시기에, 적정한 가격으로 이동시키는 것이다.([그림 1-1] 참조). 이것도 서비스와 비용과의 균형으로 결정자체는 기업의 유통정책에 따르며, 최종적으로는 최고책임자의 의사결정에 의한다.

[그림 1.1] 3S1L의 원칙

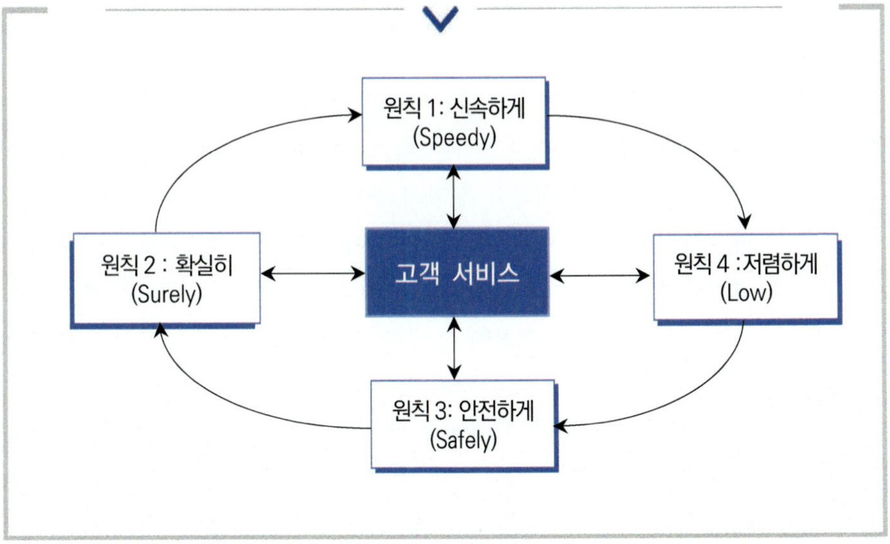

3S1L 원칙 외에 [그림 1-2]의 '7R의 원칙'이 있다. 이것은 미시건대학의 스마이키(E. W. Smykey) 교수가 제창한 것으로 고객에 대한 서비스의 기본이 되고 있다. 구체적으로 설명하면 적절한 상품을, 적절한 품질로, 적절한 양을, 적절한 시기에, 적절한 장소로, 좋은 인상(印象)아래, 적정한 가격으로 고객에게 전달한다는 것이다. 적절한 상품이라는 것은 고객의 필요(needs)에 일치하는 상품을 말하며, 적절한 품질이라는 것은 상품자체의 품질은 물론이고 운송 도중의 품질관리를 포함하고 있다. 적량이라는 것은 주문량을 바르게 전달하는 것이며, 적시라는 것은 고객이 필요로 하는 시간에 고객에게 전달되도록 하는 것이다. 적정한 장소는 지정된 장소를 의미하며, 좋은 인상이라는 것은 상품만이 아니라 개별포장 또는 외장을 포함한 전체적으로 좋은 인상을 고객에게 주는 것이다. 마지막으로 적정한 가격이라는 것은 수요와 공급에 의한 시장의 자율에 의해 결정되는 가격을 말한다.

이러한 7R의 원칙을 잘 실행하기 위해서는 하역, 포장, 보관, 운송, 정보, 유통가공 등의 물류서비스를 동일 목표로 통합시켜야 한다.

[그림 1.2] 7R의 원칙

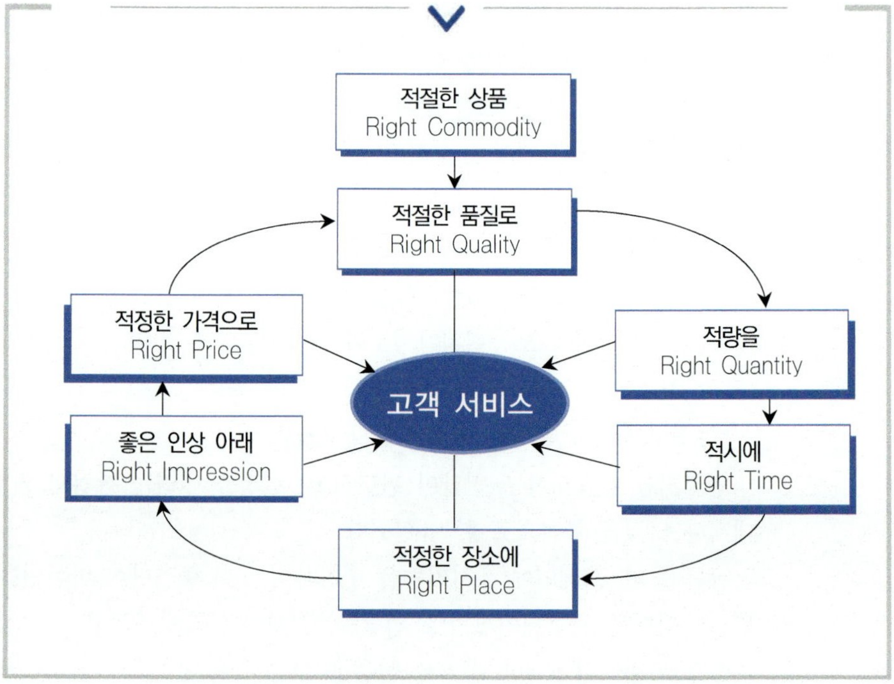

2. 물류의 합리화

1) 합리화 목적의 3가지 유형

합리화 유형은 노동력절감형, 비용절감형, 인공지능형의 3가지 유형으로 구분할 수 있다.

(1) 노동력절감형(省力型)

노동력절감형이라는 것은 노동절감을 주요 목적으로 한 유형이다. 과거 초창기 생산공장에서는 인력에 의해 모든 물품의 생산이 이루어졌으며, 단순기능의 기계들을 도입하여 인력을 대체하는 노동절감형의 합리화 노력이 있었다. 이후 대량생산(mass production)이 개시되면서 인력을 기계로 대체시키는 물류합리화가 많이 이루어졌다. 물류분야에서도 단순노동을 기계로 대체하는 노동력절감형 시기가 있었고 차츰 발전하여 현재는 시스템적 합리화를 추구하고 있다.

(2) 비용절감형

비용절감형은 노동력절감형과 거의 유사하나, 양자의 기본적인 차이는 비용절감형 쪽이 보다 포괄적인 의미를 가진다. 노동력절감형이 인간을 기계로 대체시켜 직접적인 효과를 노린 것이라면, 비용절감형은 직접적인 비용절감뿐만 아니라 간접적인 비용절감도 포함한 형태이다. 예를 들면, 물류활동의 많은 부분을 기계로 대체하여 직접적인 효과를 누리고, 또 활동의 순서를 효율적으로 이동시켜 동작이 줄어들면 비용이 절감되는 사례이다. 따라서 비용절감형은 물류전반에 영향을 미치면서 전사적(全社的) 차원에서의 합리화이며, 그러한 의미에서 개별유형중심의 노동력절감형보다 규모가 큰 유형이다.

(3) 인공지능형(AI: Artificial Intelligence)

인공지능형 합리화는 인간이 판단하고, 결정을 내리는 작업의 일부를 기계가 대체하는 것을 목적으로 한 유형이다.

예를 들면, 크레인에 센서기능을 추가하여 10단 중 5단이 비어있는 상태가 되면 그 상태를 중앙제어장치로 전달하고, 제어장치는 자동보급 지시를 내리며, 자동으로 비어있는 5단 락커에 물품을 보충한다.

인공지능의 기능이 탑재되어 있지 않았던 이전에는 사전에 정해진 발주점에서의 관리를 담당자가 행하고, 보충요청을 한 다음에 최종적인 보충이 이루어지는 순서로 진행되어왔으나, 인공지능형 합리화 상태에서는 추론이 가능한 인공지능형 기기를 이용하여 최적 보충량을 보충할 수 있으며 종합적인 판단도 할 수 있게 되므로 인간의 능력을 대신한 합리화가 이루어지는 것이다.

노동력절감형이 인간의 육체적인 노동을 대체해준 것이라면, 인공지능형은 인간의 뇌 기능을 대체해주는 역할을 맡고 있는 셈이다.

또한, 인공지능형은 노동력절감형보다 시스템화하여 고도화된 형태가 많으며, 기계에 고도의 지적기능을 장치한 인공지능형이야말로 자동화 추진의 중심이 되는 형태이다.

2) 합리화의 의의

과거의 기업경영은 R&D, 생산, 판매를 주체로 하여 기업활동이 전개되고 있었지만, 물류가 등장하면서 기업의 시스템 구성이 변화하고 있다.

물류혁신이라는 용어로 출발한 물류는 합리화의 대상으로서 중요할 뿐 아니라, 기업을 영위하는 주된 역할로서 중요한 기능을 맡고 있다.

이런 의미에서 물류는 기업구조의 새로운 주축이며, 기업경영의 주체가 R&D, 생산, 판매의 3주축에서 R&D, 생산, 판매, 물류의 4주축으로 이행되고 있다. ([그림 1-3] 참조).

또한, 물류의 개념은 시대적인 변화와 요구에 따라 아래 〈표 1-1〉과 같이 그 영역과 내용이 확대되고 있다.

[그림 1.3] 기업활동의 변화

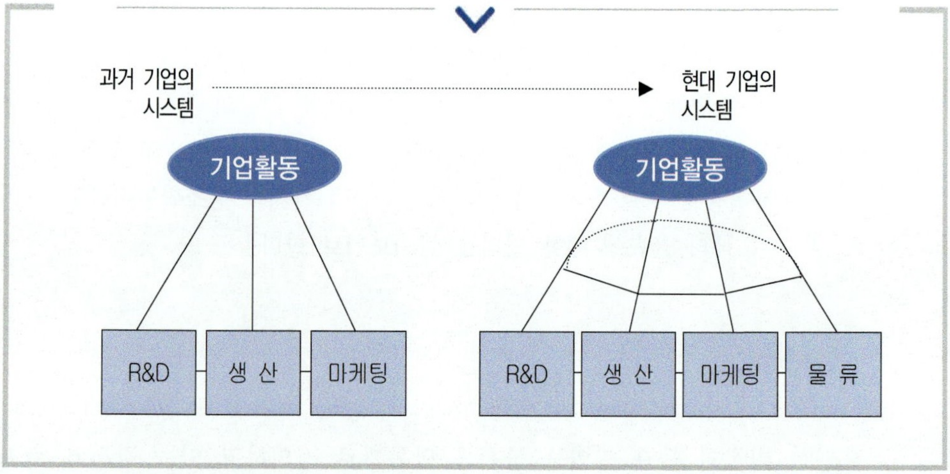

〈표 1-1〉 물류의 발전단계

	단 계	시스템 적용범위	내 용	효 과
제1단계	물류	유통부문	공간과 시간의 효용창출	물류비 절감
제2단계	비즈니스 로지스틱스	전사적	필요한 상품을 도달	총품질, 고객만족
제3단계	공급체인 로지스틱스	원재료로부터 소비지점까지	파트너십으로 상호이익	효율적인 분배
제4단계	그린 로지스틱스	전순환 사이클	저공해형전순환시스템	환경에 순응

제 2 절 물류의 정의

물류란 용어는 1912년 미국의 마케팅 개척자인 쇼(A. W. Show)교수가 그의 논문에서 처음 선보였으며 그 후 1922년 클라크(F. E. Clark)교수에 의해 마케팅에서 처음으로 'physical distribution'이라는 용어를 사용하였다.

물류의 개념이나 정의는 그 입장이나 관점의 차이, 시대에 따라 해석도 변화하고 있다. 보는 시각에 따라 사회적 · 국민경제적 관점, 국제경영활동적 관점, 개별기업적 관점, 마케팅 활동적 관점, 시스템적 관점, 업무수행적 관점 등으로 생각할 수 있다.

따라서 물류의 정의 자체는 각각의 시점 혹은 입장에 따라 달라지며, 사회의 발전과 더불어 변화한다고 볼 수 있다.

물류를 국민경제적 관점으로 바라볼 것인가, 개별기업적 관점에 입각하여 정의할 것인가에 따라, 또 개별기업의 입장이라 하더라도 조직적인 관점에서 물류를 볼 것인가, 시스템 · 설계적 입장에서 접근할 것인가, 혹은 경리부문, 관리부문의 관점에서 볼 것인가에 따라서도 정의에 약간의 차이가 있다. 일반적으로 생산활동은 형태적 가치의 창조활동이고, 마케팅 활동은 고객의 창조활동이며, 물류활동은 장소적 가치와 시간적 · 공간적 가치의 창조활동이라고 할 수 있다.

각 국의 물류에 대한 정의를 살펴보기로 한다.

1. 미국의 정의

미국의 물류 정의는 물류를 단독으로 정의하고 있는 경우와 로지스틱스

(logistics)와 관련해서 정의를 하는 경우가 있다. 일반적으로 물류보다 로지스틱스(logistics)를 광범위한 것으로 정의하고 있다.

1) 미국 마케팅협회(AMA: American Marketing Association)의 정의

물류는 '생산시점에서 사용시점에 이르는 재화 및 서비스의 흐름에 관련되는 여러 가지 기업활동에 필요한 마케팅'이라는 1935년의 정의를 거쳐, 1948년에는 '생산자에게서 사용자에게 이르는 재화의 흐름을 결정하는 기업 활동의 업무수행 비용'이라는 정의로 변화하여, 나아가 '물류라는 것은 생산단계에서 소비 또는 이용단계에 이르기까지의 재화의 이동 및 취급을 관리 하는 것'이라고 정의하고 있다. 더구나 물류는 기본적으로 다음과 같은 내용을 포함하는 것으로 규정하고 있다.

- 생산자로부터 소비자 또는 이용자까지의 유통단계에서 실시
- 유형의 재화(tangible goods)뿐만 아니라 무형의 서비스(intangible service)도 대상
- 운송, 보관, 하역, 포장, 유통가공, 정보 등의 물적 제 활동
- 전술한 제 활동을 종합적으로 계획하고 통제하는 일

이상과 같이 AMA가 정의하는 입장은 개별기업적 관점이며, 마케팅 주체에 관한 논점이라고 할 수 있다.

2) 미국물류관리협의회(NCPDM: National Council of Physical Distribution Management)의 정의

'물류는 완성품을 생산라인 종점에서 소비자까지 유효하게 이동하는 것에 관한 폭넓은 활동이어서, 원재료의 공급원에서 생산라인의 시점까지 이동시키는 것을 포함하는 경우도 있다'라고 정의하였다.

물류활동에 화물운송, 창고보관, 공업포장, 재고관리, 창고입지의 선정, 수주처리, 수요예측, 고객서비스를 포함하는 것으로 정의함으로써 물적유통을 원료조달과정까지 포함하는 로지스틱스 개념으로 해석하고 있다.

3) 미국 로지스틱스 관리협의회(CLM)의 정의

CLM은 '로지스틱스는 물자와 서비스 그리고 관련된 정보를 소비자의 요구에 맞추기 위하여 기점으로부터 소비자에게 효율적으로 이동하고 저장하기 위해 계획, 이식, 통제하는 과정으로서 공급사슬관리의 부분이다'라고 정의하였다.

이와 같은 정의는 원료생산자로부터 생산라인까지 원료이동 및 운송, 보관, 하역, 포장뿐만 아니라 주문처리, 시장예측 및 고객서비스까지 포괄하고 있으며, 교환개념에 입각한 마케팅 정의를 수용하여 고객서비스의 trade-off 관계에 있는 비용최소화와 개별기업의 입장을 반영한 물류관리 측면인 계획, 수행, 통제과정까지 강조하고 있다.

2. 일본의 정의

일본에서의 물류의 정의 및 개념은 다음과 같다.

'유통활동은 물리적 내지 사회적인 "물건의 흐름"에 관한 경제활동'이다.

물건의 흐름이라고 할 경우 "물건"이라는 것은 유형・무형을 불문한 일체의 경제재(economic goods)를 가리키는 것이며, 유형의 모든 물자와 정보를 일컫는다'고 정의하였다.

또한, '물적유통이란 물리적인 물건의 흐름에 관한 경제활동을 말하며, 물자유통과 정보유통이 포함된다.'고 하였다.

유통의 체계를 유통활동과 유통조성활동으로 구분하였으며, 유통활동은 물적유통활동(物流)과 거래활동(商流)으로, 물적유통활동은 물자유통활동(운송)과 정보유통활동(통신)으로 나누고, 물자유통활동에는 운송, 보관, 하역, 포장, 유통가공 및 운송 기초시설 활동, 정보유통활동은 통신기초시설활동과 전달활동으로 구분하였다([그림 1-4] 참조).

또 다른 정의로 林周二교수의 '물류는 유・무형 일체의 재화의 폐기, 환원도 포함하여 공급주체와 수요주체를 연결하는 공간과 시간의 극복에 관한 물리적인 경제활동이며, 구체적으로는 운송, 보관, 포장, 하역의 물자유통활동과 물류에 관련한 정보활동을 가리킨다.'가 있고, 阿保英司교수의 '물류는 유・무형의 일체의 폐기, 환원도 포함하여, 공급주체와 수요주체를 연결하는 공간과 시간의 극복과 일부의 형질효용 창출에 관한 물리적인 경제활동이며, 구체적으로는 운송, 보관,

[그림 1.4] 유통의 체계도

- 유통활동
  - 물적유통활동
    - 물자유통활동(운송)
      - 운송기초시설활동
      - 운송활동
      - 보관활동
      - 하역활동
      - 포장활동
      - 유통가공활동
    - 정보유통활동(통신)
      - 통신기초시설활동
      - 전달활동
  - 거래활동(상업)
    - 거래기초시설활동
    - 거래활동
- 유통조성활동
  - 금융, 보험, 규격화, 표준화 등의 활동

포장, 하역, 유통가공 등의 물자유통활동과 물류에 관련한 정보활동을 가리킨다.'가 있다.

3. 물류의 종합적인 정의

종합적으로 물류의 정의는 '원료의 조달에서부터 최종소비에 이르기까지 물(物)의 흐름과 상품의 사후관리를 기술적으로 통제·관리하는 활동'이라고 할 수 있다.

제3절 물류의 구성

물류의 구성요소는 기본활동과 지원활동으로 구분된다. 기본활동을 종형(從形)이라고 하면 지원활동은 횡형(横形)이라고 할 수 있으며, 특히 정보는 유통가공을 포함한 모든 활동을 지원한다.

1. 물자유통활동(운송)

1) 운송기초시설활동

운송기초시설활동이란, 철도, 도로, 항만 등의 기본시설 및 그에 부대하는 여러 시설을 제공하는 활동을 말한다. 구체적으로는 공항, 트럭 터미널 등을 가리킨다.

2) 운송활동

운송은 자동차, 철도, 선박, 항공기, 그 외 운송수단에 따라 재화를 장소적으로 이동시키는 것이지만, 운송활동은 운반기구(운송기능 설비)를 제공하는 활동을 말하며 구체적으로는 차량, 화차, 선박, 항공기 등을 제공하고, 그에 따라서 물자의 운송을 행하는 활동을 말한다.

3) 보관활동

보관은 일반적으로 물품을 물리적으로 보존하고 관리하는 것을 말한다. 보관활동은 보관설비를 제고하는 활동과 그 설비를 이용하여 보관을 행하는 활동을 말한다. 보관활동은 단순히 물건을 저장하는 기능뿐만 아니라, 유통의 최전선으로서의 고객서비스 기능도 가지고 있다. 이러한 보관활동의 측면에서 재고관리는 매우 중요하다.

4) 하역활동

하역은 보관과 운송의 양단에 있는 물품의 취급활동을 말하며, 물품의 환적(煥積: transshipment, T/S)을 주로 담당하는 것이다. 여기서 하역활동은 하역설비를 제공하는 활동과 그 설비를 이용한 활동을 말한다.

5) 포장활동

포장은 물품의 운송, 보관 등에 있어 그 물품의 가치 및 상태를 보호하기 위해 적절한 재료, 용기 등을 물품에 작업하는 기술 및 실시한 상태를 말하며, 이것은 다시 개별포장, 내장, 외장의 3가지 종류로 나뉜다. 여기서 개별포장이란 물품개개의 포장을 의미하며, 내장이란 포장화물의 내부포장을 말한다. 외장이란 포장화물의 외부포장을 말하며, 구체적으로는 상자, 골판지, 통, 캔 등을 말한다. 포장활동에는 포장설비를 제공하는 활동과 그 설비를 이용한 포장활동이 있다.

6) 유통가공활동

유통가공활동이란 물자유통과정에서 물자에 부가가치를 부여하는 행위를 말한다. 여기서 유통가공활동이란 보존을 위한 가공 및 동일기능의 형태전환(예를 들면, 의복에 가격표를 붙이는 것)을 위한 가공이 있고, 물자유통 과정에서의 이동률을 향상시키는 활동(예를 들면, 이동을 원활하게 하기위한 연결)이 이에 속한다. 이 종류의 유통가공활동은 식료품가공 영역에서 많이 볼 수 있다.

2. 정보유통활동(통신)

무형의 물자로서의 정보를 유통시키는 경제활동을 총칭하여 정보유통활동이라고 하며, 구체적으로는 상품의 유통활동을 촉진시키기 위해 필요한 여러 정보를 가리킨다.

1) 통신기초시설활동

앞서 설명한 물자유통활동 중 운송기초시설 활동에 대응하는 개념이다. 즉, 통신기초시설활동이란 전신, 전화, 우편 등, 주로 산업용통신의 기본시설 및 그에 대체하는 활동을 말한다.

2) 전달활동

물자유통활동 중 운송활동에서 유통가공활동까지의 정보의 공간적・시간적 전달(정보의 보존 등을 포함한다) 및 정보통신의 유통가공을 말한다.

3. 거래활동(상업)

지금까지 서술한 물자유통과 정보유통의 양 활동이 유・무형의 경제재화의 물리적 유통에 관한 활동인 것에 비하여 거래활동은 사회적 유통에 관한 활동을 말한다. 즉, 거래활동이란 일체의 유·무형 경제재화의 매매에 의한 공급주체와 수요주체 간 재화교환의 사회적 매개를 행하는 활동을 말한다.

1) 거래기초시설활동

거래활동을 위해 장소나 설비를 제공하는 활동을 말한다.

2) 거래활동

협의의 거래활동을 말한다. 동산뿐만 아니라 부동산 거래도 포함한다.

물류를 토털시스템과 서버시스템 간의 관계에서 보면 [그림 1-5]와 같다.

[그림 1.5] 물류시스템

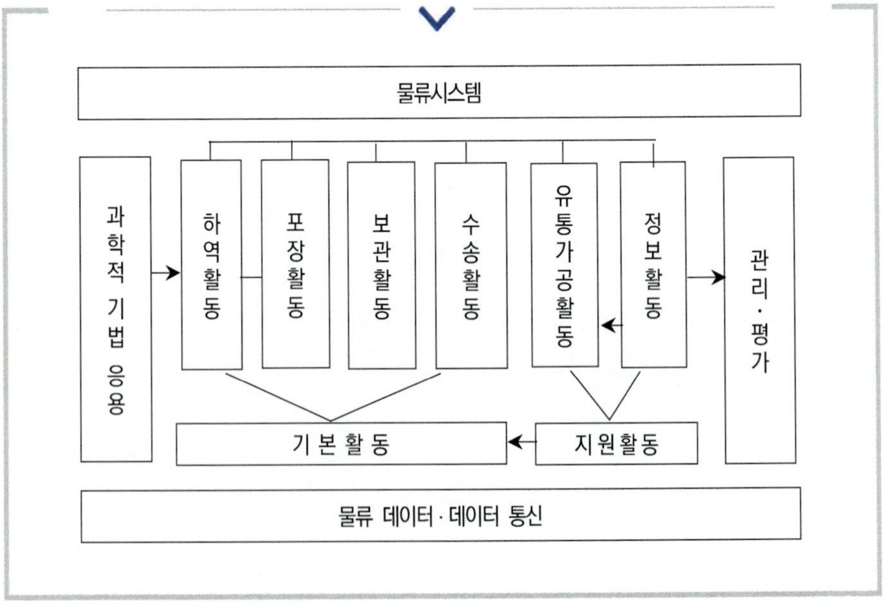

물류의 기본활동으로서는 하역활동, 포장활동, 보관활동 및 운송활동의 4가지 활동이 있으며, 이것을 지원하는 활동으로 유통가공활동 및 정보활동의 2가지가 있다. 유통가공활동은 독립적인 활동이라고 할 수 있으나, 정보활동은 모든 활동과 표리일체의 관계이다.

한편 물류 서버시스템은 하드와 소프트의 양면성을 가지며, 단순히 정보만이 아니라 창고시스템설계에 이용되는 GPSS(General Purpose Simulation System), 배송경로선정에 사용되는 휴리스틱스모델(Heuristics Model), 혹은 최적운송계획에 이용되는 LP모델(선형계획 모델), 입지선정에 이용되는 중력모델(Gravity Model) 등, OR적인 기법이나 비용분석에 필요한 물류관리 회계제도, 품질관리에 필요한 각종 품질관리기법, 혹은 하역·운반에 많이 사용되는 동작연구(motion study)나 시간연구(time study), IE적 기법 등을 횡축에서 물류서버시스템을 지원하는 역할을 한다.

제4절 물류의 영역

물류의 영역은 다음의 4가지 종류로 구분해 볼 수 있다([그림 1-6] 참조).

1. 활동범위별

국내물류, 국제물류

2. 영역별

조달물류, 생산물류(사내물류), 판매물류, 반품물류, 폐기물류

3. 활동별

운송활동, 포장활동, 하역활동, 보관활동, 유통가공활동, 정보활동

4. 진행단계별

국내물류 : 기업내 물류 – 기업간 물류 – 산업간 물류 – 지역사회간 물류
국제물류 : 국내물류 – 2국간 물류 – 다국간 물류 – 국제물류

[그림 1.6] 물류의 영역

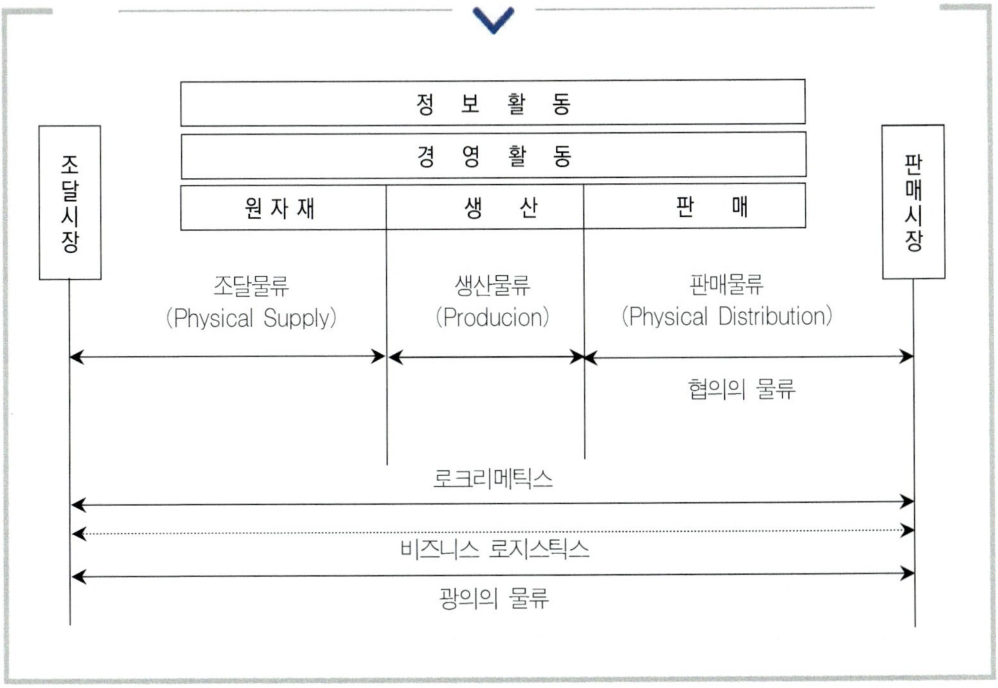

(주) 1. 로크리메틱스는 물자의 흐름을 중심으로 발생한 개념으로 자재조달, 생산, 판매 및 정보활동을 포함한다.

2. 로지스틱스는 병참부의 의미로 군수자재의 발주, 생산, 재고관리, 배급, 통신 등 작전행동에 필요한 자재관리를 모두 포함한다. 비즈니스 로지스틱스로 불린 경우는 기업을 중심으로 고려한 것으로 자재조달, 생산, 판매 및 정보활동을 포함한다.

3. 광의의 물류는 조달시장으로부터 판매시장까지의 전부를 말한다.

제2장 국제물류의 개념

제1절 국제물류의 의의

1. 국제물류의 정의

국제적인 경제활동에는 생산, 유통, 소비의 3요소가 여러 나라를 거침으로써 이질적인 다른 제도, 관습 및 환경에 직면한다. 그리고 생산에서부터 소비까지의 일관된 총체적 운영에 있어 복잡하고 곤란한 조건이 많이 발생하게 된다.

국제경제활동인 무역은 생산과 소비를 연결시키기 위한 국제유통으로서의 역할을 담당하며 기능적으로는 국제상류(무역거래)와 재화의 이동에 해당되는 국제물류의 양면적인 활동이다.

이런 관점에서 국제물류(international physical distribution)를 정의하면, '생산과 소비가 2개국 이상을 거치는 경우에 그 생산과 소비 사이의 공간적 · 시간적 간격을 극복하기 위한 유 · 무형의 재화에 있어서의 물리적인 국제경제활동을 말한다'라고 할 수 있다.

국제물류는 생산에서부터 소비 사이의 일관된 상품 흐름의 종합적 합리화를 달성해야 하며 이를 위한 국제상류(무역거래)에 대응한 전개가 필요하다. 즉, 국제무역거래상에서 이루어지는 물품운송의 유형에 따라 port to port의 단순한 해상(항공)운송만이 아니고 포장, 보관, 하역, 육상운송, 배송, 정보, 유통가공을 포함하는 door to door(또는 point to point)의 일관된 국제물류를 이행할 수 있는 종합적인 합리화가 요구된다. 여기에는 상쇄작용(trade-offs)을 적용한, 판매에 있어서의 비용면과 서비스면에서의 조정이 필요하고 종합적인 합리화 · 효율화는 국제물류의 관리 운영에 있어서 매우 중요한 요소이다.

2. 국제물류와 경제사회

경제사회는 생산과 소비의 간격을 연결시키는 유통활동에 의하여 유지되고 발전되며 특히, 글로벌사회라고 일컬어지는 요즈음의 다국간 무역이 성행하고 있는 현재의 시스템에서는 국제간의 생산과 소비를 연결시키는 국제물류는 아주 중요한 관리요소이다.

즉, 국제간 생산에 필요한 원자재 등이 생산지에서 공장(door)으로 적시・적량으로 운송되고, 또 식료품 등의 생활필수품이 효과적으로 수요자에게 전달되며, 그리고 원하는 제품이 생산자에서부터 해외시장으로 효율적으로 빠르게 운송되어야 하는 경제시스템속에 우리는 살고 있는 것이다.

경제사회에 있어서 국제물류는 국제간의 경제재의 공급에서부터 소비자에 이르기까지의 공간적, 시간적 간격을 물리적으로 극복하여 경제재의 효용, 즉 경제적 가치의 증대를 초래하게 된다. 따라서 국제물류의 국제간 필요한 양의 경제재를 필요한 장소와 시간적으로 타당한 비용으로 제공하기 위한 합리화가 중요한 요소가 된다.

국제물류의 합리화에 있어서 국제물류의 수요자(이용자)인 기업의 입장에서는 생산이나 국제시장에의 판매에 최적의 물적유통으로 유통코스트의 인하나 고객서비스 향상에 의한 매출증대를 가져오며 기업의 지속적인 경영이 유지될 수 있다. 또 국제물류의 공급자인 물류기업에 있어서는 양질의 합리적인 국제물류용역의 생산과 판매를 통하여 기업의 성장을 지속시킬 수 있을 것이다.

국민경제적으로는 국제간의 총체적인 재화의 흐름에 대한 모든 활동을 합리화시켜 전반적인 수출입 물동량의 최적유통과 유통비용의 절감을 실현하여 국제화시대의 경제발전과 물가안정을 유지할 수 있다. 따라서 국제물류의 역할은 국제간 재화의 흐름에 대한 합리화를 통하여 경제재의 효용을 증대시키고 궁극적으로는 관련기업의 번영과 경제의 안정적 발전을 추구하며 경제사회의 국제화 진전에 중요한 역할을 담당한다.

3. 국제물류의 기능

국제물류는 국제간에 발생되는 물류의 활동이기 때문에 그 활동내용은 기본적으로 운송(transportation), 하역(stevedore), 포장(package or packing), 유통가공, 보관(storage), 및 정보(information)의 기능을 말한다.

그리고 국제물류는 2개국 이상의 국가들을 통과함으로써 그 활동내용은 운송이 주체가 되고 거기에 수반되는 활동을 기능화하는 형태로 하역, 유통가공, 포장, 보관 및 정보의 제 활동이 이루어진다.

운송은 물자의 공간적 간격을 극복하기 위한 장소적인 이동으로 재화의 장소적 효용이 창출된다. 국제운송은 국제물류에 있어서 그 중추적 존재로서의 기능을 담당하고 국제물류를 대표하는 용어로 사용되는 경우가 많다. 국제운송은 해상운송을 주로 이용하고 있으나 항공운송과 국제복합운송도 증가하고 있는 추세이다.

항공운송 또는 해상운송으로 원거리 운송한 후 철도운송이나 육상운송으로 배송이 일체적으로 행하여지는 복합운송은 출발점에서부터 도착지까지의 일관된 운송으로 이러한 서비스는 계속 증가하고 있다.

국제물류에 있어서 운송 다음으로 중요한 역할을 담당하고 있는 것이 보관이다. 보관은 재화의 시간적 간격을 극복하여 시간적 효용을 창출한다. 단기적 보관은 창고(shed)에, 장기적 보관은 저장형창고(storage warehouse)에, 재고관리나 유통가공 및 배송을 위해서는 유통합리화를 목적으로 하는 유통창고(distribution warehouse)에서 행하여지지만 국제물류에 있어서는 해상운송의 파동성과 일시다량성에 대처하기 위하여 배후지역에 대한 도시창고적 기능으로서의 큰 역할을 담당하게 된다.

하역은 원래 운송이나 보관 및 포장 등에 있어서 그 전후에 행하여지는 작업으로 운송이나 보관의 종속적 존재로 여겨지지만 국제물류에 있어서는 그 중요성이 높고, 하역의 합리화가 총체적인 물류합리화를 좌우한다. 국제물류에 있어서의 하역은 구체적으로 항만하역이나 항공화물터미널 하역 등이 주된 활동이다.

포장은 물류활동 과정상의 재화를 안전하게 보호하고 하역을 용이하게 하기 위해 실시하는 행위지만, 포장 후의 물류활동과도 큰 관련성을 갖게 된다. 포장의 형태에 따라 하역이 불편할 수도 있고 포장재의 잘못 선택으로 하역시간이 늘어날 수도 있다. (예를 들면, 외장포장을 크게 하여 부피가 큰 상품, 또는 타원형형태의 외장 등으로 보관이나 운송에 있어서 공간을 많이 차지하는 경우, 저렴한 얇은 포장재를 사용했더니 보관이나 하역도중에 포장재가 찢어지는 경우 등).

특히 국제물류에 있어서는 포장의 종류, 강도, 크기 등 운송수단의 선택이나 컨테이너 이용의 유무, 창고보관의 공간활용, 하역의 효율화 등이 포장의 내용과 밀접한 관계를 갖게 되므로 국제물류 합리화의 중요한 요소가 된다.

또한, 국제물류를 종합적으로 기능화하여 총체적인 활동을 원활하게 추진시키는 국제물류의 시스템적 운영은 국제물류의 합리화를 한층 더 촉진시키는 결과를 가져온다. 다시 말하면 국제물류의 합리화를 위해서는 운송, 보관, 하역, 유통가공, 포장 등의 개별적인 기능의 합리화가 선제적으로 이루어지고 난 후, 이러한 기능들을 종합하기 위한 토털물류시스템의 구축이 필요하며 출발지점에서부터 도착지까지의 일관되고 총체적인 합리화가 궁극적인 물류합리화의 목표를 달성할 수 있다.

4. 국제물류의 특성

국제물류는 그 진행과정에 있어서 국내물류와 마찬가지로 물류의 하위기능인 운송, 하역, 보관, 유통가공 등의 과정을 거치나, 국제간에 이루어지는 관계로 운송기간이 길고, 통관이라는 절차를 거쳐야 하며, 언어와 상관습의 차이 등으로 국내물류보다는 훨씬 복잡하다고 할 수 있다. 국제물류의 특징은 다음과 같다.

1) 운송기간

국제물류에서 가장 많은 비중을 차지하는 운송은 국내물류와는 달리 국가간의 운송인 관계로 운송거리가 멀고 따라서 운송시간도 길다.

이동거리가 길면 길수록 운송비용이 커지며, 운송거리에 따르는 운송시간의 소요는 상품의 포장과 재고관리에 직접적인 영향을 미친다.

장소적 이동에 따르는 유통관리는 운송수단 선택, 운송거점 활용, 재고관리 등이 되는데 국제물류에서 운송거리가 길어지고 또 국제적 불확실성의 증가로 재고량이 늘어날 수밖에 없어 이에 대한 관리가 상당히 중요하다.

예를 들어, 보관비용을 절감하기 위하여 운송횟수를 늘이는 경우에 운송비용의 절대적인 증가와 낮은 재고량으로 돌발적인 수요량을 대처할 수 없게 된다. 또한 제품의 국제적 이동으로 인한 긴 리드타임은 빠른시간에 제품의 재고를 충족시키지 못하여 고객서비스를 크게 떨어뜨리는 요인이 되므로 운송횟수와 운송량, 보관비용 등의 적절한 조절이 필요하다.

2) 서류의 복잡성

국제물류에 있어서는 국내물류와 달리 각국의 수출통관과 수입통관을 거쳐야 한다. 까다로운 통관서류 외에 대금지불, 판매조건, 운송책임 등에 대한 지역적 관행에 따른 독특한 서류를 요구하기도 한다.

이를 구체적으로 살펴보면, 첫째 서류준비와 작성에 은행, 보험업자 등 많은 당사자들이 관련되며, 둘째 완전한 서류를 작성하기 위하여 요구되는 자료의 양이 많아 이 분야에 대한 전문적인 기술과 지식이 필요하고, 셋째 신용장, 선하증권 등 국제거래에서 사용하는 관련서류를 작성하여야 하며, 또한 이들 서류의 오류에서 빚어지는 갈등이 야기될 수 있다.

또한 한 지역의 독특한 영업수행방식, 관습 등으로 비합리적인 불필요한 서류를 요구하는 경우나 동일정보의 중복되는 서류제출 요구도 많다.

따라서 서류양식의 표준화, 서류처리의 간소화가 유통과정의 효율화를 위해 요구되고 있으며, 정보시스템 구축의 전제가 되고 있다. 국제물류에서 서류처리의 복잡성은 운송주선인, 통관중개인, 전문물류업자 등을 개입시키는 큰 요인이기도 하다.

3) 물류환경의 상이

경제활동의 글로벌화로 인해 물류활동은 매우 다양하면서도 폭넓게 확대되고 있다. 그러나 각국들의 사회적, 문화적, 정치적, 법적, 경제적, 지리적, 기술적요인 등이 각기 다르게 형성되어 있으므로 이러한 외부적 환경의 다양성에 부응하여 그 지역에 합당한 물류활동을 수행해야만 한다.

구체적으로 살펴보면 각국의 물류인프라, 운송운임, 통행제한, 하중규제, 운송에 관한 법적규제, 통관을 비롯한 서류처리 과정에서의 수출입규제, 검사, 환경, 보건관리, 업무처리 형식에 따른 절차 등에 이르기까지의 다양한 차이를 들 수 있다.

〈표 2-1〉 국제물류와 국내물류의 비교[1]

기 능	국내물류	국제물류
운송	물류거점을 이용한 공로운송 (공로운송, 철도운송, 내륙운송)	항만이나 공항을 이용한 복합일관운송(해상운송, 항공운송, 복합운송)
보관하역	물류센터나 배송센터 중심	항만, 공항, 내륙거점 등의 복합화물터미널 등
포장	경제성, 편리성, 간이성에 중점	운송에 중점(파렛트, 컨테이너단위)
정보	화주, 운송업체, 주선업체 등의 독자적 정보 확보	특정 터미널을 축으로 국내화주로부터 해외고객에 이르는 과정을 e-mail이나 인터넷을 통해 추적 가능

제2절 국제물류의 전개 패턴

1. 국제물류의 진전

우리나라 국제물류의 경우를 보면, 원재료수입, 제품수출의 기본적인 무역구조를 기조로 하고 있지만 최근 들어서는 아시아나 선진제국의 공산품 수입이나 3개국 간 물류 등이 증가하여 다변화되고 있다. 그리고 물류의 경로는 과거의 일본중심이나 일방적인 것에서 중국과 세계각지를 연결하는 다국적기업과 다극화로 이어지고 있다.

더구나 국제물류의 물동량은 국제적 무역수요의 다양화와 기술혁신의 진전으로 지속적으로 증가하고 있으며, 특히 고부가가치상품의 물동량 증가가 확대되고 다품종 소량화가 진전되고 있어, 이러한 수요에 대응할 수 있는 국제물류 서비스에 대한 질적 고도화와 다양화가 크게 요구되고 있다. 국제물류는 최근의 무역구조나 물동량의 변화에 대응하여 합리적인 처리가 수행되지 않으면 안된다.

수입에 있어서의 국제물류를 보면 자원이 빈곤한 나라에서는 원재료나 에너지 등의 해외자원을 효율적으로 국내에 운송하고 비축하는, 즉 자원개발이나 조달의 단계에서 국내에 보관, 공급에까지 일관된 물류관리가 필요하다. 과거의 에너지원료 등의 자원은 최근 들어서 일차가공 혹은 반제품으로 수입되는 비중이 증가되고 있으며 물동량은 규모화되는 경향이 있다.

1) 하영석, 국제물류, 도서출판 두남, 2010, p. 27.

또한, 공산품이나 식료품의 수입도 증대되고 있으며 이 분야의 특수해상컨테이너 운송이나 항공운송이 활발해지고 있다. 그리고 개별기업의 수입에 의한 국제직접생산도 진전되고 있으며 국제택배의 이용도 점점 높아지고 있다.

수출에 있어서의 국제물류의 진전과정은 [그림 2-1]과 같이 국제상류와 함께 전략적 합리화가 진행되면서 아래 여섯 가지 형태의 단계로 변화하고 있다.

① 제조업자가 수출입업자를 경유하여 판매업자에게 유통되는 전통적인 간접무역의 형태

② 수출업자가 수입국의 지점에 다른 수출기관을 만들어서 유통단계를 합리화한 형태

③ 반대로 수입업자가 수출국에 진출하여 유통단계를 합리화한 형태

④ 제조업자가 수입지의 수입업자와 직접거래하는 직접무역의 형태

⑤ 제조업자가 수입국의 다른 수출기관 또는 대리점을 만들어서 거기에 제품이나 부품을 녹다운(knock-down)방식 등으로 수출하여 현지에서 조립하는 등의 유통가공을 하여 판매업자에게 판매되는 전략적 형태

⑥ 제조업자가 수입국에 공장을 설치하여 수입국에서 생산에서부터 유통, 판매까지 일관되게 활동하는 형태

[그림 2.1] 수출무역의 형태

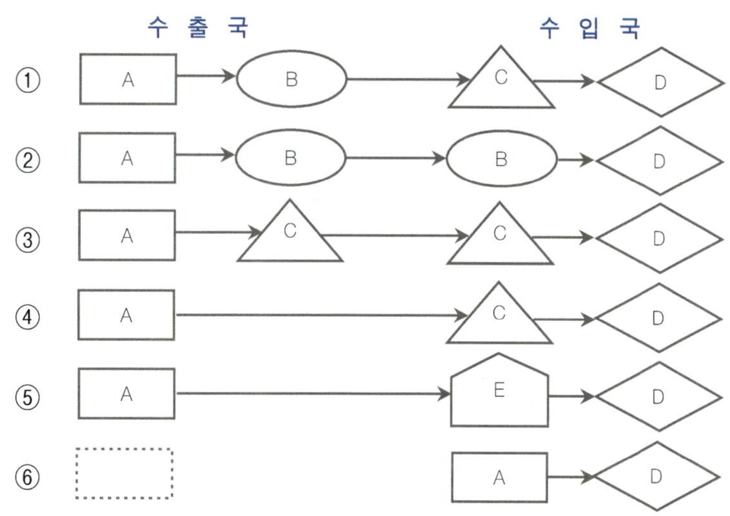

A=제조업자, B=수출업자, C=수입업자, D=판매업자,
E=제조업자 영업소 또는 대리점

일반적으로 수입국에서 마케팅이 불안한 경우와 브랜드 선호성이 낮은 상품에는 ①~③의 형태를 취하는 경우가 많고 그 반대의 경우는 ④~⑥의 형태를 취하는 경우가 많은 편이다. 특히 가전제품, 전자기기, 카메라, 자동차 등과 같이 브랜드 선호성이 높은 내구소비재의 경우는 ⑤~⑥의 전략적 선택의 경향이 강하다. 또 ⑥의 해외공장을 설치하는 경우는 [그림 2-2]에서 보는 바와 같이 해외공장을 중심으로 하여 부품수출, 제품수입 및 3국간 물류(제3국에 대한 제품수출)의 새로운 흐름으로 진행된다.

또 제품수출에 있어서의 국제물류는 door to door 의 종합적 합리화를 추구하는 것이 중요하고 국제복합일관운송이 물류합리화의 주도적인 방식이 된다. 주된 운송방식으로 해상컨테이너 운송, 랜드브릿지(Land bridge), 씨앤에어(Sea and air) 등이 행해지며, 특히 항공운송이나 국제택배도 활발하게 이루어진다. 그리고 자동차 등의 대량물동량은 자동차전용선에 의해 운송이 행해지며 플랜트(Plant) 등의 장대품은 중량물선박이나 모듈선박에 의한 시스템운송이 채택되게 된다.

우리나라의 국제물류업자도 해외에 현지법인을 설립하여 수출뿐만 아니라 수입부문을 강화하며 3국간물류에 진출하여 적극적인 사업을 하는 업체도 많다.

[그림 2.2] 해외공장 설치에 따른 국제물류의 변화

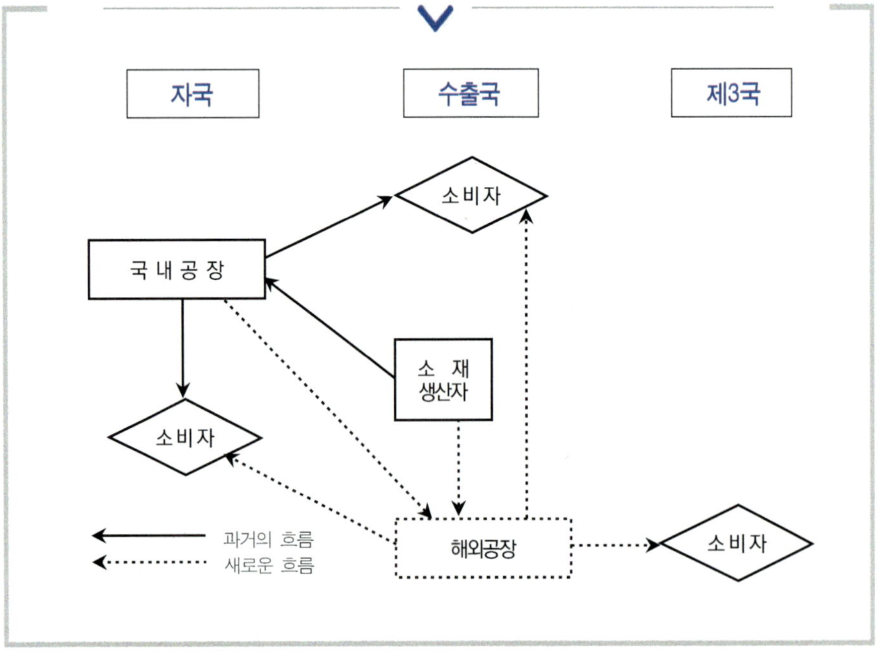

2. 국제물류관리의 중요성

세계의 다국적기업들은 수출상품의 출하빈도 증가, 출하단위 축소, 리드타임(lead time) 단축 등의 과제에 직면하여 고도의 정보시스템에 의한 무재고화와 JIT 체제의 구축, 다품종 소량화에 대한 화물의 혼재운송 등의 실시를 모색한다. 이의 효율성을 살리기 위해 기업들은 국제경영활동에서 최소비용으로 사업활동을 극대화시킬 수 있는 전략의 핵심으로 '제3의 이윤원'이라고 일컫는 물류관리를 적극 활용하고 있다. 이러한 방안으로 판매 및 생산의 해외거점화와 이의 적정배치, 물류센터의 집약화 등을 추진함과 동시에 고객서비스 수준 향상과 물류비용 절감이라는 상반되는 2개의 목표를 지향하는 기업전략을 추구한다.

이와 같이 국제물류관리는 단순한 업무처리 차원이 아닌 기업최고경영자의 중요정책 결정사안 중의 하나로 다루어지고 있다.

글로벌기업들은 국제마케팅 상의 국제유통경로전략 중에서 유통경로가 선정되면 물류시스템의 개발 및 계획수립에 관한 문제에 직면하게 되며, 생산지로부터 소비지까지의 국경을 넘어선 상품의 이동, 보관, 포장, 재고관리 등을 어떻게 효율적으로 처리할 것인가가 그 기업의 생존전략과 밀접하게 관련되어 있다.

3. 국제물류관리의 주요 요소

1) 운송

국제운송에서는 공로를 이용하는 경우가 그렇게 많지 않으며, 대륙으로 연결되어 있는 유럽의 경우에는 공로에 의존하는 경우가 많으나 대부분 지리적인 원거리로 인해 해상운송을 주로 이용하고 있다.

또한 중남미나 아프리카 및 아시아의 경우에도 국가 간의 고속도로나 철도의 연결이 잘 개발되어 있지 않아 해상운송이 훨씬 편리하고 저렴하게 나타난다.

대륙간에는 해상 및 항공운송이 유일한 방법이며, 동일 대륙의 경우에도 원거리의 경우에는 이러한 방법이 가장 많이 이용된다. 전통적으로는 해상운송이 국제무역에서 가장 중요한 운송방법이며, 운송수단 중 가장 저렴하지만 속력이 느려 장시간의 운송도중 물품의 손상 및 도난의 위험이 높다.

최근에 들어서는 항공운송이 점차 중요시되고 있으며 항공운송의 마일당 비용은 해상운송보다 높지만, 고가화물의 경우에 총비용을 비교해 보면 항공운송이 훨씬 합리적인 경우가 많다.

따라서 합리화에 따른 육상 및 해상운송이 결합되고 있으며, 최적운송비를 실현시키기 위한 일관협동운송도 활발히 진행되고 있다.

2) 보관

보관의 주요 역할은 고객과 공급업자가 품절에 직면되지 않도록 판매시점에 예비재고품을 제공하는 것이다. 국내시장에서는 소비시점에 예비재고품을 크게 준비할 필요성은 적으며, 국내기업은 대부분 제조시점에만 예비재고품을 보유한다. 그러나 국가 간의 거리가 멀고 운송이 느리며, 신뢰성이 적은 경우에는 중요시장에서 대규모 예비재고품을 보유할 필요가 있다.

또한 보관시설이 부적절한 시장이 많으며, 공공창고를 이용할 수 없거나 그 보관상태가 불충분한 경우도 있다. 특별한 기후조건에 따라 상품열화를 방지하기 위한 특수 보관시설이 필요한 경우도 있으며, 그러한 경우에는 부가적인 비용이 발생하게 된다.

3) 자재관리

자재관리는 총 물류비를 감소시키는 요건이 되며, 적절한 포장은 상품의 취급을 기계화할 수 있게 하여 그에 따른 비용 및 손상을 감소시킨다.

팔레트에 의한 하역은 노동과 시간의 감소를 가져왔으며, 컨테이너 적입 역시 시간과 인력의 절감뿐만 아니라 상품의 손상과 도난위험 방지를 가져와 물류비 감소에 크게 기여하고 있다.

4) 재고관리

재고관리는 고객서비스를 만족시키면서도 재고품에 대한 투자를 가능한 한 낮게 유지하고자 하는 것이 그 목적이다. 완제품 재고의 투자는 그 비용이 크고, 투자를 축소시킬 경우에는 제품이 고객수요를 신속히 충족시키지 못하는 상황이 발생할 수 있어, 이러한 재고품관리는 국제마케팅에서 특히 중요시되고 있다.

왜냐하면 지리적으로 원거리와 느린 운송속도로 인하여 국내시장보다 재고비중이 훨씬 많기 때문이다.

자유무역지역은 현지시장에서 재고품을 축소시키기 위하여 주로 사용되며, 자유무역지역내의 상품은 현지세관을 통과하지 않고 보관가공처리, 환적될 수 있는 국제항에서 취급할 수 있어 수출업자에게 매우 유용한 제도이다.

5) 물류비 최적화

물류비는 여러 가지 요소를 동시적으로 고려해야만 최적화될 수 있다. 운송의 한 개별요소만을 생각해서 가장 요율이 낮은 운송을 택했을 경우, 전체적인 물류비를 산정해보면 오히려 총비용을 증가시키고 고객에 대한 서비스만 나빠지는 경우가 있다.

예를 들면, 저렴한 운송비를 이용하기 위하여 상품을 해상운송할 경우, 현지에서 그 상품의 재고를 유지하기 위한 보관 및 재고비용이 더 많이 요구되며, 또 고객서비스 향상을 위해 소량으로 잦은 운송을 할 경우에는 보관비는 적게 드나 운송비가 많이 들게 된다. 또한 포장을 단단히 하지 않았을 경우 하역에 따른 파손을 야기시키며 하역시간이 늘어나게 되어 하역비가 많이 발생하게 된다.

이렇듯 물류의 각 요소들간에는 trade-off 관계가 형성되어 있어 이를 최적화하는 방안이 꼭 필요하다.

4. 국제물류의 합리화

국제물류는 국내물류보다 확대된 영역으로 원료조달, 생산가공, 제조판매활동 등이 생산지와 소비지가 동일국가가 아닌 국경을 넘어 이루어지는 것이며, 물품의 이동과 관련하여 수출입수속, 통관절차, 운송방식의 다양화로 인하여 물류관리가 국내물류보다 훨씬 복잡하다고 앞서 살펴보았다.

국제물류는 발생비용의 규모나 물류활동이 국내활동의 경우보다 크기 때문에 수출기업의 국제화, 다국적화가 진전될수록 그 전략적 가치가 크다고 할 수 있다. 또한 해외직접투자에 의한 현지생산증대 등에 의한 제품수입형 및 국제분업형이 보다 구체화될수록 국제물류관리는 매우 중요한 역할을 차지한다.

국제물류의 합리화를 위해서는 운송, 보관, 포장, 하역, 정보 등 다양한 물류기능들을 적절히 통합하여 각 기능들의 상호작용이 이루어질 수 있는 최적물류시스템의 구축이 요구된다.

물류시스템화(합리화)를 위해서는 우선 개별 활동에 있어서의 각각의 합리화를 도모해야 한다. 그러나 1개 부문의 합리화가 다른 부문의 합리화에 연계되지 않으며, 운송, 포장, 보관, 하역, 정보, 유통가공 등의 각 부문이 각각 합리화되어 상호 연계되어야 물류합리화를 이룰 수 있다.

따라서 이들 기능을 종합한 토털물류시스템을 구축하여 화물의 출발지에서 도착지에 이르기까지의 일관되고 총체적인 합리화를 도모하는 것이 필요하다.

제3절 다국적기업의 국제물류

1. 생산의 국제화와 기업 내 무역

1) 생산의 국제화

제조업의 해외직접투자는 계속적으로 늘어나고 있고 제조업의 해외생산비율(해외현지법인 매출/국내 모기업 매출)도 매년 증가추세이며, 이러한 국제화 추세는 더욱 일반화될 것이다.

일반적으로 기업의 해외진출 단계는 ① 수출중심, ② 해외판매망의 설치, ③ 생산기지의 해외입지, ④ 경영자원의 해외이전, ⑤ 세계적 규모의 경영전략 전개 등의 순서로 발전한다.

기업들의 초기 해외진출 이유는 단지 생산비용의 우위(저임금 이용에 의한 제3국 수출확대)에 큰 비중을 두고 있었으나 점차 기술집약부분, 노동집약부분으로 나뉘면서, 기업내 국제분업의 전개(저가품목은 현지생산으로 수입하고 국내에서는 고부가가치품에 특화하여 생산하며, 또는 현지에서 주변부품을 조달하고 핵심부품은 자국에서 공급하는 국제분업체제) 등으로 세분화된다.

기업이 저임금을 목적으로 개발도상국에 진출한 경우의 비용을 비교해보면, 해외생산 · 현지판매를 택했을 때는 자국에서의 생산비용보다 현지의 임금이나 지가의 이익과 해외운송비가 절약되고, 해외생산 · 제3국판매(국내수입포함)에서는 운송비 이외의 부분이 절약된다.

다국적기업이 선진국에 진출하는 경우, 현지생산 · 현지판매는 운송비의 절약을 얻을 수 있겠지만, 현지생산 · 제3국판매의 경우는 비용 절약보다는 해당 선진국과의 무역마찰 완화를 목적으로 한다.

2) 기업 내 무역

다국적기업의 모회사가 복수국가에 자회사를 두고, 모회사 지배하에서 전체적인 이윤 확대를 도모하기 위해서 기업 내 국제분업이 발생한다. 이러한 기업 내 무역은 모회사, 자회사간 및 해외 자회사 상호간의 기업 내 국제무역을 확대하여 기존의 무역거래에도 큰 영향을 미치고 있다.

이러한 다국적기업에 의한 기업 내 무역은 통상의 시장에서 상품교환을 매개하지 않는 거래에서부터 상품을 매개체로 한 국제무역에까지 국제분업이 행해지고 있다.

이러한 형식적인 국제분업은 실질적으로는 기업의 내부분업이다.

기업 내 무역은 다국적기업이 해외 각 지점에서 조달, 생산, 판매를 효율적으로 행함에 따라 공정간 기업 내 분업은 확대되고 있고, 기업이 각 공장마다 같은 제품을 생산하는 비효율을 피해 거점 간 제품차별화분업에 의한 기업 내 분업을 행하기도 한다.

일반적으로 해외생산은 단기적으로는 기계설비나 부품의 수출을 유발해서 무역수지의 개선효과를 가져오지만, 장기적으로 보면 국내수출은 감소하고 해외공장에서의 국내로의 역수입은 증대시킨다. 그러나 이러한 현상은 개별의 다국적기업 단위에서 보면 모기업의 총 매출고는 변화하지 않고 반대로 증가한다.

2. 다국적기업의 국제물류체계

다국적기업의 국제물류형태로 국내공장으로부터 출하되어 해외자회사 및 해외고객까지의 물류경로 및 처리방법에 대하여 미국의 피카드(Jaques Picard)는 고전적 시스템(classical system), 일시거점시스템(transit system) 직송시스템(direct system), 다국향창고시스템(multicountry warehouse system) 등의 4가지의 물류시스템을 제시했다.[2] 이들 시스템의 변형된 형태도 많이 있으나, 기본적

2) Jacques Picard, "Typology of Physical Distribution System in Multi-national Corporation," in the Proceedings of the Canadian Transportation Research Forum's, 1982. 참조.

으로 위의 4개 범주에 포함되며 한 기업에서 이들 시스템을 2개 이상 결합하여 사용하는 경우도 많다. 이들 시스템에 대한 설명과 장·단점은 다음과 같다.

1) 고전적 시스템(Classical System)

해외판매 자회사들을 통하여 직접 수출하는 경우로서 화물을 출발지에서 도착지까지 운송하고 도착지에서 판매자회사 창고까지 내륙운송한 뒤 대리점이나 소매점으로 다시 운송하는 형태이다.

이러한 형태는 해외 자회사 창고에 물품을 대량운송하며 국가별로 여러 창고를 보유하여 대규모 보관체제를 갖게 하는 것이다. 다빈도 신속운송의 필요성을 감소시키며 국내공장과 해외자회사 창고 간의 빠른 운송수단을 이용하지 않아 운송비가 저렴하고, 기업에선 여러 상품을 통합한 혼재출하(consolidation of shipment)가 가능하여 규모의 운송이 실현된다.

또한 품절방지를 위한 안전재고를 자회사에 제공하여 해외고객에 대한 신뢰성을 증대시키며 수출입에 관련된 서류들을 포괄적으로 작성하기 때문에 문서처리의 감소 등의 이점이 있다.

그러나 다른 물류형태보다 출하빈도가 낮기 때문에 많은 재고량을 유지하게 되어 재고유지비용과 보관비용이 높다.

[그림 2.3] 고전적 시스템의 상품 흐름

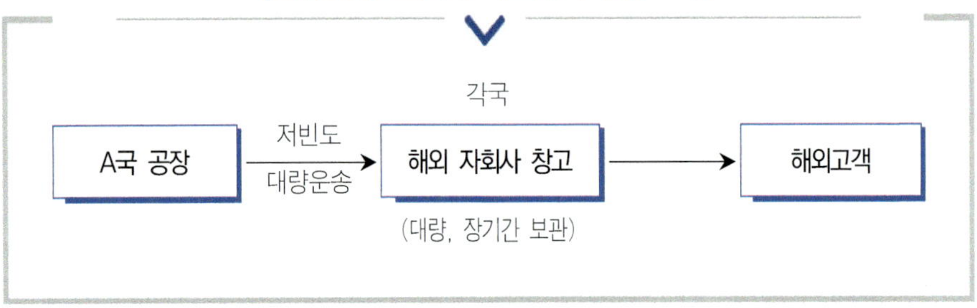

2) 일시거점시스템(Transit System)

일시거점(통과)시스템은 고전적 시스템과 유사하지만 해외 자회사의 창고는 상품이 통과하는 물류거점으로의 일시창고로서 단기간 보관하는 일시보관창고로서의 기능을 담당한다.

이 시스템은 출하빈도가 높기 때문에 재고유지비용 및 보관비가 절감된다. 그러나 해외에서의 수요변화폭에 대한 대처방안(수요증가에 대한 재고부족사태 등)이 미흡하며 긴급주문에 대한 신속한 운송수단(고운임부담)의 이용으로 인한 운송비 부담이 크다.

또한, 혼재화물의 가능성이 적어 규모의 운송에 따른 낮은 운임율 적용이 어려우며 출하, 통관비용 등이 증가하고 필요 서류량이 많다는 단점이 있다.

[그림 2.4] 일시거점 시스템의 상품 흐름

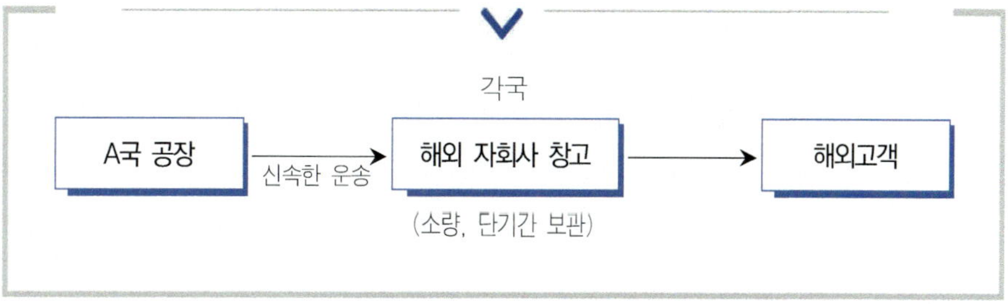

3) 직송시스템(Direct System)

직송시스템은 상품이 생산공장으로부터 해외판매 자회사의 고객(또는 최종소비자)에게 직송되는 것이다.

이때 해외자회사는 상거래유통에는 밀접한 관계를 갖지만, 물류에는 직접 관여하지 않는다. 이 시스템의 이점은 전 재고가 생산공장의 한 장소(배송센터)에 집중되어 있어 보관비가 다른 시스템보다 적게 든다.

또한 해외 자회사에서는 하역비, 창고비, 운송비는 발생하지 않지만 다음과 같은 단점을 갖고 있다.

첫째, 고출하빈도이다. 생산국 공장에서 해외시장에로의 출하빈도는 다른 시스템에 비해 가장 높기 때문에 혼재운송의 가능성은 타 시스템보다 적으며, 출하 때마다 서류작성 소요시간 및 이에 따른 제비용이 많이 소요된다. 둘째, 고운송비이다. 운송거리가 장거리인 경우 고객서비스 수준을 유지하기 위해 고비용의 항공운송을 사용치 않으면 안 된다. 항공운송을 이용하여도 고전적 시스템에서 보여지는 상품의 안정적 공급은 보장되지 않는다. 셋째, 상품의 품질관리 면에서의 어려움이 있다. 수입국에서 상품의 품질을 법령 등으로 규정되어 있는 경우에는 그 상품의 품질관리에서 요구하는 기준에 대한 대응이 곤란하며 제품의 수출

(출고)시마다 일일이 수입국의 언어로 작성해야 하는 번거로움과 제품보호를 위한 견고한 포장비용도 많이 지출된다. 넷째, 생산공장에서의 노사분규에 의한 파업이나 예측불허한 사태가 발생하는 경우 원료 부품 등이 조달되지 않아 제품생산에 어려움이 초래되거나 출하국에서의 운송이 단절되는 등 공급라인이 중단될 경우 해외고객에 대한 대응이 곤란하다.

[그림 2.5] 직송시스템의 상품 흐름

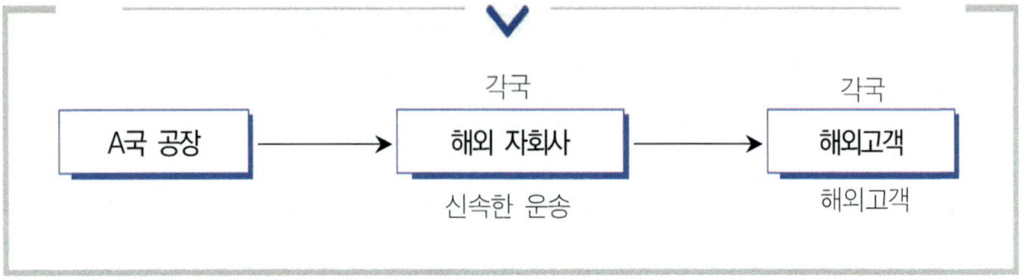

4) 다국향창고시스템(Multi-country Warehouse System)

다국적기업이 해외 각국에 여러 개의 현지 자회사가 있는 경우, 어느 한 국가의 현지 자회사가 지역물류거점의 역할을 담당하여 인접국에 대한 상품공급에 유용한 중앙창고를 갖고 상품을 분배하는 시스템이다.

다국향창고는 보관형 창고로서 주로 사용되지만 통과형 창고로서도 사용 가능하기 때문에 이 시스템은 여러 종류의 운용형태로 볼 수 있다.

중앙창고의 입지는 일반적으로 지리적 서비스 범위 외에 운송의 편리성에 의해서도 결정된다. 국내 생산공장에서 지역물류거점인 중앙창고까지는 상품을 대량운송하여 운송빈도를 줄이고 중앙창고에서는 상품을 지역별로 신속히 분배함으로써 고전적 시스템보다 보관기간을 단축시켜 보관비가 절감된다.

또한, 일시거점시스템에 비해 운송단위 통합에 따른 규모의 경제를 얻을 수 있다. 그러나 각 지역별로 보내어지는 재고가 집중됨에 따라 일시거점시스템의 단일입지 재고보관비보다 보관비가 더 증대되며 각국의 판매 자회사까지의 제품 유통과정에서의 운송비, 문서처리, 비용 등의 비용부담이 늘어난다.

따라서, 다국향창고시스템 운영에는 다음과 같은 문제점이 있다. 첫째는 지역물류센터의 기능을 하는 중앙창고에 인접한 배송서비스 범위 내에 있는 자회사엔 많은 편익이 따르지만, 운송거리가 먼 자회사에 있어서는 운송거리 증가에 따른 운송비용 증가와 서비스수준을 맞추기 위한 추가재고 유지에 또 다른 재고비용의 증가를 초래하게 되므로 지리적 제약이 있다. 둘째는 중앙창고의 운영과 관리비 부담문제이다. 즉, 중앙창고는 입지하는 나라와 자회사에 의해 운영·관리하게 되므로 이에 의한 서비스를 받는 다른 자회사 간의 문제, 즉 상품 공급에 따라 발생하는 관리비 분담 문제 등이 발생한다.

[그림 2.6] 다국향창고시스템의 상품 흐름

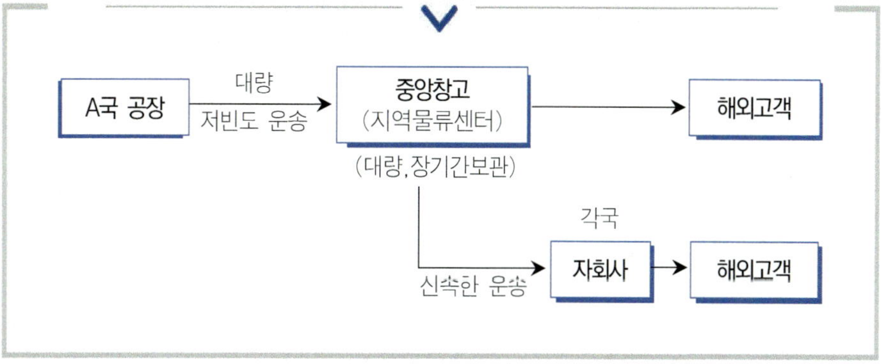

5) 현지공장시스템

다국적기업이 해외 현지에 생산공장을 두어 본사의 부품, 원자재 및 반제품을 현지공장으로 보내면, 현지 공장에서는 조립하여 생산한 완제품을 유통창고에 보관하고 현지대리점을 통해 판매하거나 배송이 가능한 기타 지역의 자회사를 통해 최종고객에게 판매하는 시스템이다.

[그림 2.7] 현지 공장 시스템의 상품 흐름

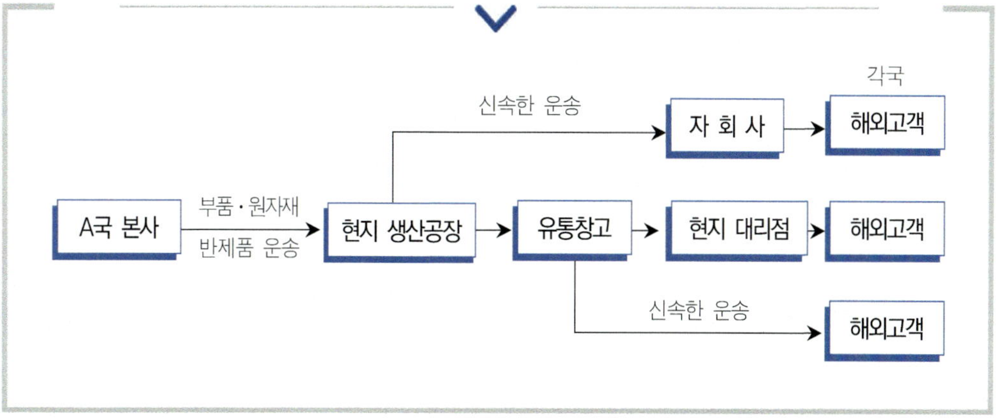

6) 역내기업화 시스템

다국적기업이 특정지역의 나라에 경영자원을 이전하여 현지공장을 설립하고 현지 생산공장에서 완제품라인, 판매자회사, 부품업체 등 모든 분야, 즉 원자재 및 부품조달, 생산, 판매, 마케팅, 인사관리 등 주요 경영활동 전부를 수행하는 지역 내 본사의 기능을 수행하며 주요 물류활동은 현지나 제3국에서 이루어지는 시스템이다.

3. 다국적기업의 국제물류체계의 선택요소

다국적기업에서는 국제물류관리상 어떠한 물류체계를 채용할 것인가는 대단히 중요한 사항이다. 각 물류체제는 각각의 장・단점을 갖고 있기 때문에 한 가지 물류체계를 고집할 수 없으며 국제물류와 관련한 여러 사항을 비교, 검토하여 최선의 대응책을 모색해야 한다.

국제물류체계의 주요 선정요소로 크게는 경제적 요소, 환경적 요소, 관리적 요소의 3가지를 들 수 있다.[3] 그러나 물류체계 선정에 관한 최종적인 결정은 그 기업의 기대수입과 비용관계 그리고 총체적인 경영전략에 의해 수행되어 진다.

1) 경제적 요소

(1) 상품의 특성

출하되는 상품의 단위당 가치, 제품의 수명 및 부패성 등의 특성에 의해 영향을 받게 된다. 즉, 상품의 단위당 가치가 높아지면 그만큼 단위기간당 재고비가 높아지므로 가능한 한 납품기간이 짧은 물류시스템을 선정해야 한다. 고가치 소중량(용적) 상품은 항공운송에 의한 직송시스템이 사용되게 되며 가치가 낮은 저가품의 대량 상품은 선박운송에 의한 고전적 시스템이 유리하다. 또한 제품수명이 짧은 상품의 경우에는 납품기간이 짧은 시스템을 이용하게 되며, 부패의 우려가 있는 상품은 보관기간을 단축하고 중복하역을 피하기 위해 운송기간이 짧은 직송시스템이 선정된다.

---

3) 市來淸也, 『國際物流要論』(東洋經濟新報社, 平成元年 9월), pp. 186~189.

(2) 제품의 종류 및 양

제품의 종류와 양이 증가하는 경우에는 재고가 급속하게 증대되므로 한 장소에 재고를 집중하게 함으로써 보다 큰 비용절감 효과를 얻을 수 있다. 고객서비스와의 관계에서는 납품기간이 보다 짧은 물류시스템을 이용하게 된다. 그러나 주어진 고객서비스 수준을 유지하기 위한 안전재고는 한 장소에 집중하게 되어 있어 납품기간이 보다 더 긴 시스템이 채용되게 된다.

(3) 수요의 성격

수요가 많고 매출이 높은 상품은 혼재운송이 가능하여 고전적 시스템이나 일시거점시스템이 사용되게 된다. 수요가 특이하게 특정기업에 대한 주문상품이거나 돌발적인 수요상품에는 직송시스템이 적합하며 통상적인 수요제품은 다국향창고시스템, 고매출 · 고가상품은 통과시스템, 고매출 · 저가상품에는 고전적 시스템이 채용되는 것이 일반적이다.

(4) 주문량과 수입업자의 유형

다국적기업에 있어서는 많은 주문량보다 적은 주문량에 직송시스템의 이용을 선호하지 않지만, 주문량을 많이 발주하는 수입업자인 경우에는 최적량의 발주와 통관업무의 익숙함 등에 의해 직송시스템으로 상품을 공급한다. 비교적 수요량이 적은 수입업자를 고객으로 두고 있는 다국적기업은 자회사의 창고를 이용하게 하는 고전적 시스템을 사용하고, 컨테이너 규모의 양을 주문하거나 통관 · 보관할 수 있는 수입업자의 경우는 직송시스템을 채용한다.

2) 환경적 요소

(1) 해외시장 고객서비스 수준

해외시장에서 요구되는 고객서비스 수준은 국제물류시스템을 선택하는 데 매우 중요한 요소가 된다. 타사와 경쟁관계에 있는 다국적기업의 경우에 해외고객이 필요제품을 조기에 조달하려 할 때 고가품처럼 항공운송에 의한 짧은 납기기간의 물류시스템을 사용하지 않는 한 일반적으로 고전적 시스템이 사용된다. 일반적으로 국제시장에서 높은 고객서비스 수준의 요구는 직송 또는 일시거점시스템을 채용함에 있어 큰 장애요인이 된다.

(2) 운송루트의 특수사정

다국적기업은 해외의 중앙창고에서 해외수입업자에게 항공운송에 의한 직송으로 신속한 상품공급이 가능하나 이러한 운송방법은 전 루트에서 항상 가능한 것이 아니기 때문에 운송루트의 특수사정(예를 들면, 공항인프라가 제대로 되어 있지 않은 지역, 연계도로 사정이 좋지 않은 지역 등)은 물류시스템 선택에 지대한 영향을 준다.

(3) 수입국 법령, 규칙에 의한 제약

수입국정부가 해외 현지 자회사를 수입업자로 인정하지 않을 경우에 해외고객이 수입승인을 얻게 되면 직송시스템을 채용하게 되고 제약품 등 수입국에서 품질을 관리하는 규칙이 있는 경우에는 고전적 시스템이 이용된다.

(4) 내륙운송비

내륙운송비가 적게 드는 시스템을 채용해야 한다. 즉 고전적 시스템 범위에 있는 지역의 수입업자일지라도 내륙운송비가 많이 들어 직송하는 것이 운송비가 적게 들 경우에는 직송시스템이 채용된다.

3) 관리적 요소

다국적기업에 있어 국제물류시스템의 관리운영요소로서 물류시스템 선택에 영향을 미치는 주요 사항으로는 시스템 관련사항, 재고비용 부담조건, 자회사간 운송사정, 상품의 최종점검 등을 들 수 있다.

(1) 시스템 관련사항

출하제품의 용적규격이 대단히 커서 정기항공편 사용이 불가능하여 화물전용기 사용이 불가피할 경우, 어떤 수입국에선 많은 창고가 필요한 경우 등 시스템 자체를 수정, 검토할 경우가 발생한다.

(2) 재고비용 부담 조건

고전적 시스템에 있어 재고비용 부담을 모회사에서 할 것이냐 자회사에서 할 것이냐에 따라 직송 또는 일시거점시스템이 거론될 수 있다.

(3) 자회사간 운송사정

서로 다른 나라에 입지하는 자회사간의 운송량이 비교적 많은 경우에는 혼재

운송으로 비용절감이 가능하여 다국향창고시스템을 채용하는 편이 유리하다.

(4) 상품의 최종점검

상품을 해외고객에게 발송하기 전에 해외자회사에서 상품을 최종점검을 해야 할 사유가 발생할 경우에는 직송시스템의 이용은 불가능하다.

4. 국제비즈니스에 의한 로지스틱스

유럽대륙 등 국경이 인접해 있는 지역에서는 공장의 배치, 창고 혹은 배송센터의 거점화, 원재료의 조달과 구입, 중간생산물・부품・완성품의 보관과 더불어 수・배송 등이 2개국 간 이상에 걸쳐 행하여진다. 특히 여러 국가에서 비즈니스 사업을 행하고 있는 다국적기업에서의 로지스틱스활동은 기업전략상 매우 중요한 자리를 차지한다.

예를 들면, 기업에서는 공통부품에 대해서 국제조달본부가 그 국제적 네트워크를 통하여 외주공장을 선정하며 생산된 부품을 각국에 산재해 있는 공장에 공급한다. 이때 국제적인 로지스틱스는 국제전략과 불가분의 상태에 있다. 즉, 공장입지의 선정, 내생 혹은 외생의 결정, 세계적인 관점 차원에서의 자원확보, 배송거점의 설치 혹은 재고정책, 하역・운송의 공통화, 규격의 표준화 등은 물론이고 스왑조작, 수출입업무의 정책 및 수속의 명확화 등 여러 면에 걸쳐 있으며 이들 모두가 경영전략과 밀접하게 관련되어 있다.

1) 생산면에서의 로지스틱스

다국적기업의 전략 중에 로지스틱스의 범주로서 공장입지의 선정, 내생・외생의 결정, 자원의 조달, 배송거점 또는 재고정책 등을 들 수 있다. 즉, 로지스틱스는 생산의 일부, 주로 계획 내지는 생산배분(Allocation) 또는 지시 등에 대해서 총괄적으로 그 관리하에 두고 있다.

(1) 공장입지의 선정

생산면에서 로지스틱스의 첫째는 공장입지 선정이다.

공장입지 선정은 다음과 같은 요소에 의해 결정되어 진다.

① 정치・경제정세가 안정된 국가 ② 자원조달 용이 ③ 공업화 용이 ④ 인

재 풍부 ⑤ 수요가 많은 곳 ⑥ 공업수준이 일정 이상인 곳 ⑦ 관련공업 기반이 확실한 곳 등이다.

(2) 국제적 생산의 통합화

제품전략(Products Strategy)으로서, 하나의 시스템에 2개 공장(Two Plant) 시스템을 생각할 수 있다. 즉, 다국적기업 산하의 자회사 환경에 맞추어 해당제품을 만드는 공장을 다른 2개 국가에게 각각 분담시켜 생산시키는 시스템이다. 예를 들면, 유럽에 A제품 공장이 하나 있고, 자국에도 A제품 생산공장을 두어 세계 전체 생산기지로서의 기능을 분담시키고 이들의 물류체계를 통합시킨다.

(3) 규격화 · 표준화

부품, 포장, 팔레트, 상자, 그 외의 규격화 · 표준화이다. 물류효율화를 위해서 국내물류에서 당연히 준수하고 있는 제도지만, 다국적기업(multinational enterprise)에서도 똑같이 적용된다. 오히려 그 규모에서 보면 다국적기업의 경우가 보다 엄격하며 큰 문제라고 할 수 있다.

2) 조달 면에서의 로지스틱스

(1) 자원조달

자원의 장기안정 확보가 여러 가지 요인으로 어려운 상황에서는 원재료의 공급원 확보기능이 매우 중요해진다. 이런 경우에 플랜테이션이나 광산의 개발 · 경영을 행하고 원자재원의 공급원을 확보하여 보다 유리한 가격정책을 꾀하는 정책을 펼친다. 조달면의 로지스틱스는 전 세계에서 가장 유리한 조달을 할 수 있도록 영향을 미친다. 즉, 원료 매입의 경우에 구입가격, 관세, 과세, 운송비 등을 포함한 총비용으로 가장 싼 원료를 구입하는 것이다.

(2) 스왑 조작

스왑 조작이라는 것은 공장 간에 부품, 반제품, 제품의 교환행위를 말한다. 스왑조작에는 내부스왑(기업그룹 내 스왑)과 외부스왑(다른 기업 간 스왑)이 있다. 외부스왑의 전형적인 예로써 우리나라에 자회사가 있는 미국기업과 재미 자회사가 있는 우리나라 기업이 상호간 원재료를 상호 융통하여 운송비, 통관, 조달기간, 타이밍 등 여러 면에서 이점을 누리는 것을 목적으로 하는 것이다. 내부스왑은 자사내의 스왑으로 국내 및 해외에 있는 생산공장 간에 부품, 반제품,

제품의 교환이다.

3) 판매 면에서의 로지스틱스

완성품의 국제간 유통, 서비스부품의 스톡(stock)포인트, 혹은 데포(inland container depot), 부품공급센터, 완성품 및 서비스부품의 재고, 창고관리, 운송, 배송 등 모든 것이 대상이 되고 있다. 완성품에 대해서도 원재료 매입 시와 마찬가지로 제품의 물류비까지 포함된 총 구입가격이 가장 저렴한 국가로부터 제품을 매입한다. 긴급주문으로 재고가 없고 생산도 시간을 맞추지 못할 경우에는 타국으로부터 해당제품을 매입해야 하는 경우도 있다.

판매 면에서의 로지스틱스는 당연한 것이며 국제 마케팅전략과 표리일체의 관계에 있다. 따라서 마케팅전략에 의해 로지스틱스전략이 바뀌어 질 수도 있다.

제3장 국제물류와 무역계약

제1절 무역계약상의 기본조건

1. 무역계약의 의의

국제물류는 무역활동 가운데 물자의 흐름을 직접 담당하고 있으므로 그 원활한 기능을 발휘하기 위해서 무역 수속절차는 필수불가결한 주요 요소이다. 국제물류를 효과적으로 추진하는 데 있어서 관련된 무역 수속절차로는 무역계약에 따른 수출 및 수입에 있어서의 준비, 수배, 관계법규에 의한 필요서류와 선적서류의 정비 및 대금결제 등을 들 수 있다.

무역계약(trade contract)이란 국제 간에 이루어지는 매매계약으로서 수출자(exporter)가 제의(offer)[1)]하여 수입자(importer)에게 물품의 소유권(property in goods)을 인도하고 수입자는 승낙(acceptance)하여 대금을 지급하여 인수하는 것을 약정하는 계약이라 할 수 있다.

여기서 말하는 계약(contract)이란 상품을 국제적으로 매매하는 무역매매계약, 즉 수출 또는 수입의 계약이다. 무역계약은 넓은 의미의 계약의 일종이므로 다른 계약처럼 한 쪽 당사자가 다른 쪽 당사자에 대하여 매매조건을 내용으로

---

1) offer는 일반적으로 신청 또는 청약이라 하고, 무역거래법상으로는 물품매도 계약서라 한다. offer는 신청자측에서 의사표시를 하는 경우 오퍼의 제출 또는 신청(offering, giving offer, presenting offer)이라 하고, 피청약자측에서 말할 때는 오퍼의 유도(asking offer, enquiring offer, inviting offer) 또는 오퍼의 획득(obtaining offer, getting offer, acquiring offer)이라고 한다. 오퍼의 종류는 ① 오퍼의 주체를 기준으로 한 매도자(selling offer)와 구매자(buying offer), ② 오퍼의 발행지를 기준으로 한 국내 발행 offer와 외국발행 offer, ③ 오퍼의 확정력(確定力)을 기준으로 한 확정(firm offer)과 불확정(free offer), 그리고 offer의 특수한 상황을 기준으로 한 조건부(conditional offer)와 승인(offer on approval)이 있고, 이밖에 반대제의(counter offer) 등이 있다.

하는 계약체결을 제의(offer)함으로써 성립된다.[2]

어떠한 복잡한 내용을 갖는 복잡한 교섭과정을 거친 계약일지라도 계약은 반드시 최종적으로 하나의 제의(offer)와 하나의 승낙(acceptance)[3]에 의해 성립된다. 이 매매계약은 매도인 측에서 보면 수출계약(export contract)이며, 매수인 측에서 보면 수입계약(import contract)이다.

[그림 3.1] 제의(offer)와 반대제의(counter offer)

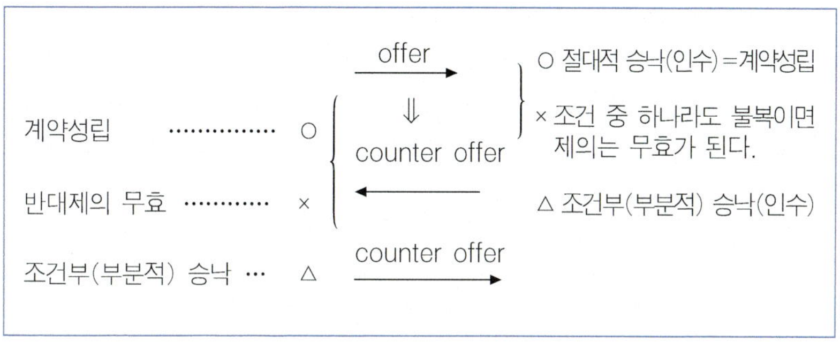

2. 매매계약서 작성 시 유의점

매매계약서를 작성할 때에는 다음과 같은 점에 주의해야 한다.[4]

① 매수인(buyer)

상호, 주소를 정확하게 쓴다. 매수인이 대리점(agent)인 경우 화물의 수화인(consignee)이 매수인과 다를 수도 있으므로 주의해야 한다.

---

2) 신청자(offeror)가 피신청자(offeree)와 일정한 조건(이것은 제의의 조항 또는 조건: terms or condition of offer라고 한다)으로 계약을 체결하겠다는 의사표시를 말한다. 따라서 반드시 제의란 말을 사용할 필요는 없다. 실질적으로 제의로서의 내용을 구비하고 있으면 된다. 또한 전보에서는 we offer 대신에 offering로 -ing형으로 사용하는 것이 일반적이다. 이 경우에 -ing에 의사표시를 나타내고 있다. we intend to offer의 뜻으로 해석된다.

3) acceptance(승낙)란 피제의자에 의한 제의자의 제의를 승낙하여 계약을 성립시키려는 의사표시이다. 승낙은 제의의 모든 조항을 동의해야 한다. 조금이라도 동의하지 않는 점이 있다면 승낙이 아니고 반대제의(counter-offer)가 되고 만다.

4) 石田正夫, 『貿易取引の實務』(實敎出版株式會社, 1976년), pp. 97~99 참조.

② 상품의 명세(description)

상품의 품질, 등급, 규격 등을 상세히 써야 하는 동시에 견본번호 등도 기입한다.

③ 수량(quantity)

수량 단위를 정확히 쓴다. 중량에 의한 거래로 톤을 사용할 때는 중톤, 경톤, 미국톤의 구별을 명확히 기재해야 한다.

④ 가격(price)

단가(unit price) 및 합계금액(total amount)을 함께 쓰고 통화명칭, 무역조건(trade terms)을 표시한다.

⑤ 선적(shipment)

선적기일(time of shipment)이 매 월인 경우 월별 분할선적의 수량을 규정하는지의 여부를 협의할 필요가 있다.

⑥ 보험(insurance)

C.I.F 계약의 경우 매도인이 해상보험계약의 체결을 할 의무가 있으므로 보험조건, 보험금액에 대해서 예컨대 다음과 같이 기재한다. "all risks including war risks and S.R.C.C. for 110% of the invoice value."

⑦ 결제조건(terms of payment)

신용장결제인가 혹은 신용장의 첨부가 없는 D/P어음 혹은 D/A어음인가를 표시하는 동시에 매도인이 발행할 어음의 기한도 기재해야 한다. 또한 신용장결제의 경우 신용장의 종류 및 발행기일도 규정한다.

⑧ 포장(packing)

포장의 요령을 표시한다. F.O.B 계약의 경우는 매수인의 운임계산을 쉽게 하기 위해 용적, 중량도 기입한다.

⑨ 화인(shipping marks)

주마크(main mark), 목적항 마크(port mark)는 매수인의 지시대로 기입한다.

⑩ 기타 적요(remarks)

불가항력조항(force majeure clause)이나 중재조건(arbitration clause), 준거법조항(governing clause) 등을 주문서의 뒷면에 인쇄해 두는 것이 일반적이지만 일반거래조건 각서를 준용한다는 식으로 기재할 수도 있다.

무역계약은 국경 또는 법 영역을 달리하는 국가 간에 상품의 국제적 이동을 내용으로 하거나 혹은 이를 전제로 체결되는 매매계약이고 국내매매계약과는 달라 여러 가지 특징이 있다. 해상운송계약, 보험계약, 은행계약, 준거법문제,

계약자유원칙의 규제, 국제상사분쟁문제, 국제상관습문제가 그것이다.

특히 무역거래상의 상품매매도 일반계약의 범주에 속하는 계약이므로 그 성립, 법률효과, 이행, 불이행 등에 대해서는 계약에 관한 보통법이 적용된다. 그런데 물품매매에 관한 법률내용이 각국마다 일정하지 않으며 그 규제의 법체계가 각양각색이다. 영국의 물품매매법(Sale of Goods Act: SGA), 미국의 통일상사법전(Uniform Commercial Code, 1952 : UCC)처럼 총체적으로 규제하는 통일법이 있는가 하면 우리나라 상법, 민법처럼 채권, 물권의 각 장에 관련규정이 산재하고 있는 경우도 있다.

제2절 무역계약의 주요 조건

무역계약의 기본조건으로는 일반적으로 ① 품질조건, ② 수량조건, ③ 가격조건, ④ 선적조건, ⑤ 보험조건, ⑥ 대금결제조건, ⑦ 포장조건, ⑧ 신용장조건, ⑨ 분쟁해결 및 중재조건 등이 있다.

1. 품질조건(Quality Terms)

1) 품질조건의 종류

품질조건(quality terms)은 무역거래에 있어서 가장 중요한 계약조건의 하나로서 품질조건의 차이로 인한 분쟁을 사전에 방지하기 위해 품질결정의 방법, 품질의 결정시기, 품질의 증명방법 등을 명확히 하여야 한다. 품질의 결정방법으로는 견본매매(sales by sample), 표준품매매(sales by standard) 상품매매(sales by brand or trade mark), 명세서매매(sales by specification of dimensions), 규격(등급)매매(sales by type or grade), 점검매매(sales by inspection) 등이 있다.

(1) 견본에 의한 매매(sales by sample)

상품 전체를 대표하는 상품의 일부 또는 한 개를 이용한 견본에 의해 당해 상품의 품질을 결정하는 매매약정 방법으로서 대부분의 일반 공산품이 여기에 해당하며 무역거래에서 가장 널리 사용되고 있는 방법이다.

ex Quality to be similar to samples, Quality about equal to samples 등

(2) 상표에 의한 매매(sales by brand of Trade Mark)

세계적으로 널리 알려져 있는 상표만으로 가격을 정하여 계약하는 것으로 견본을 제시할 필요가 없다.

ex Paker, Rolex, Coca-Cola 등

(3) 규격에 의한 매매(sales by type or grade)

물품의 규격이 국제적으로 통일되어 있거나 수출국의 공적규격으로 특정되어 있는 경우에 품질의 기준으로 한다.

ex 국제표준화기구(ISO), 영국의 BBS, 한국의 KS, 일본의 JIS

(4) 명세서에 의한 매매(sales by specification)

견본이나 현품에 의할 수 없는 경우 또는 상표나 성질 등의 표시에 의하는 것이 곤란할 경우에 채택하는 방법이다. 설명서, 설계도, 카탈로그, 청사진 등을 통해 계약한다. 즉, 부피가 크고 무거운 것들이 이에 해당된다.

ex 선박, 운반기계, 의료기기, 철도, 차량 등

(5) 표준품에 의한 매매(sales by standard)

실제 견본을 이용할 수 없는 천연산물 등의 물품거래에 사용되며 표준품(standard)을 기초로 하여 매매가 이루어진다. 표준품보다 품질이 좋으면 값을 더 받고 나쁘면 값을 깎아준다.

① 평균중등품질(F.A.Q: Fair Average Quality)

주로 곡물이나 과일 등 농산물과 같이 일정한 규격이 없고 견본 제시도 곤란할 때 사용된다. 해마다 또는 생산지역에 따라 그 품질이 다르므로 공인기관이 설정한 해당연도의 평균중등품의 등급을 받은 물품으로 거래한다. 상품이 생산되기도 전에 미리 매매거래가 이루어지므로 선물거래(future transaction)에 사용된다.

② 판매적격품질(G.M.Q: Good Merchantable Quality)

목재, 냉동어류 등 외관상으로 품질을 알 수 없으므로 목적지에서 검사하여 판매에 적격품으로 인정될 경우에 적용한다. 판매부적격 제품의 책임은 매도인

이 부담하며 품질의 입증은 매수인이 한다.

③ **보통표준품질**(U.S.Q: Usual Standard Quality)

주로 원면(cotton)거래에 이용되며 공인검사기관 또는 공인표준기관에 의하여 표준품이 되는 품질조건이 미리 정해져 있다. 국내에선 인삼과 오징어 거래에 이용된다.

(6) 점검매매(sales by Inspection)

매수인이 현품을 직접 확인한 후 매매계약을 체결하는 것을 말하며 국내에서는 널리 활용될 수 있지만 무역거래에서는 BWT거래, COD 등의 거래에서 제한적으로 사용된다. 점검매매조건부청약(Offer on Approval)이 해당된다.

2) 품질의 결정시기

수출입화물의 운송은 대부분 원거리 해상운송이기 때문에 운송 도중 품질의 변질이나 하자가 발생할 우려가 있다. 따라서 품질의 결정시기를 선적품질조건(shipped quality terms)으로 하느냐 아니면 양륙품질조건(landed quality terms)로 하느냐 하는 것은 대단히 중요하다.

(1) 일반물품의 결정시기

① **선적품질조건**(Shipped quality terms)

인도물품의 품질이 약정한 품질과 일치하는가 여부를 선적시의 품질에 의해 결정하는 방법이며 일반 공산품에 널리 사용된다. F조건이나 C조건 등의 출발지(선적지) 인도조건은 선적품질조건이며, 표준품매매의 FAQ 조건도 역시 마찬가지다. 매도인은 운송 중 변질된 제품에 대하여 책임을 지지 않는다.

② **양륙품질조건**(landed quality terms)

상품의 품질을 양륙 시의 품질에 의하여 결정하는 조건이며 매도인은 운송 중에 변질된 물품에 대하여 책임을 진다. 도착지인도조건(delivery terms)은 모두 여기에 해당되며 GMQ 조건도 여기에 해당된다.

(2) 곡물의 품질결정시기

① Tale Qualse(T.Q.)

선적품질조건으로서 매도인은 약정한 물품의 품질을 선적할 때 까지만 책임을 진다. Tale Qualse란 "Such it is"의 의미로서 London 곡물시장에서 정립된 곡물류 거래에서 사용되는 조건이다.

② Rye Terms(R.T.)

호밀(Rye)거래에 있어서 물품이 도착 시 손상되어 있는 경우에 그 손해에 대하여 매도인이 변상하는 관례에서 유래되었으며 양륙품질조건(Landed quality terms)이다.

③ Sea Damage(S.D.)

원칙적으로는 선적품질조건이지만 항해 중 화물이 유손(Washing Over-Board: 갑판의 물건이 파도에 휩쓸려 망실되는 것)또는 응결(condensation: 가루나 화학물질이 굳음)에 의한 손해를 입을 경우에도 매도인이 부담한다는 조건으로서 선적 및 양륙품질조건이 절충된 조건이다.

3) 품질의 입증

검사의 주체가 누구냐에 따라서 분류되며 선적품질조건의 경우는 매도인에게 있으며 반대로 양륙품질조건의 경우는 매수인이 증명한다.

품질증명방법의 경우 수출자는 선적지의 사증기관으로부터 품질증명서를 발급받아 수입자에게 송부함으로써 책임을 면제받을 수 있고, 양륙품질조건의 경우 수입자는 양륙지의 사증기관(국제적으로 권위 있는 Lloyd's Surveyor)으로부터 감정보고서(survey report)를 발급받아 수출자에게 손해배상을 청구할 수 있다.

2. 수량조건(Quantity Terms)

1) 수량, 중량, 용적 조건

수량을 표시하는 수량 단위에는 상품의 성질과 관습에 따라 차이가 있으므로 명확히 해 둘 필요가 있다.

수량을 표시하는 단위에는 중량(weight), 용적(measurement), 개수(piece, dozen), 포장(case, bag, bulk), 길이(length) 등이 있다. 중량을 표시하는 단위에는 Ton, Lbs, kg 등이 있는데 이들이 수량 단위 중 가장 중요하다. 이 가운데 Ton에는 중량톤과 용적톤(M/T: measurement ton)이 있다. 또한 총중량(W/T: weight ton)에는 영국계의 English ton, 즉 long ton 또는 gross ton이라고 하여

우리말로는 "중톤"이라 하는데 2,240Lbs, 1,016kg에 해당된다. 미국계의 American ton이란 short ton(S/T)이라고 하며 우리말로는 "경톤"이라 하여 2,000Lbs, 907.18kg에 해당된다. 그리고 프랑스계의 Kilo ton이란 metric ton(M/T)이라 하여 2,204.616Lbs, 1,000kg에 해당된다.

중량계량 측정방법에는 총중량조건(gorss weight terms), 순중량조건(net weight terms), 정미 순중량조건(net, netweight terms), 법적중량조건(legal weight terms)이 있다.

용적단위는 액체나 목재 같은 것을 측정하는 방법이다. 목재의 용적은 S.F(super foot)로 표시하는데 1S.F는 1평방 feet×1.0inch로서 480S.F가 1용적톤이 되며, 선박에 적재할 때 1용적톤이라 하면 40cubic feet를 말한다.

그리고 영국에서는 1Gallon을 imperial gallon이라 하며 277cubic inch를 말하는데, 미국에서는 wine gallon이라 하며 231cubic inch를 말한다. 개수는 잡화인 경우 piece, dozen, gross 등의 단위를 사용하며 dozen은 쉐터 양말 등에, gross는 조화, 핀 같은 작거나 값싼 물건 등에 사용하고, great gross(12×12)나 small gross(12×10)를 적용할 때가 있다. 포장단위에는 bale, case, drum 등이 있으며, 길이단위로는 meter, yard, feet, inch 등이 있다.

〈표 3-1〉 중량 단위 표시

L/T: long ton	1,016kg	2,240lb	영국계
S/T: short ton	907kg	2,000lb	미국계
M/T: metric ton	1,000kg	2,204lb	프랑스계(한국)

〈표 3-2〉 개수 단위 표시

1 Dozen=12pcs
1 Gross=12 Dozen=144pcs(12*12)
1 Small Gross=10 Dozen=120pcs(12*10)
1 Great Gross=12 Gross=1,728pcs(12*12*12)

2) 수량의 결정시기

① 선적수량조건(shipped quantity terms)

매도인은 선적항에서 선적할 때의 수량이 계약조건에 일치되면 운송중에 발생한 증감에 대하여 책임을 지지 않는 조건이다. F조건과 C조건 등 선적지인도조건으로 이루어지는 경우는 별도의 특약이 없는 한 성질상 선적수량조건에 의하게 된다.

② **양륙수량조건**(Landed quantity terms)

수입항에서 양륙 시의 수량을 기준으로 하여 계약수량과 합치되어야 하는 조건이며 운송 중 감량은 매도인이 책임을 진다. 도착지인도조건(D-terms)은 모두 양륙수량조건이다.

3) 과부족용인조건(more or less terms: M/L clause)

포장단위 상품이나 개체물품처럼 정확히 그 수량을 표시할 수 없는 제품의 거래에서 약간의 과부족한 상태의 인도를 용인하는 것을 말한다. 곡물, 유류, 광석 등의 산물(bulk products) 등이 해당된다.

ex 5% more of less at seller's option.

3. 가격조건(Price Terms)

1) '인코텀즈(Incoterms) 2020'

물품의 가격조건은 수출자와 수입자가 물품에 포함된 운송비와 보험료 등으로 합의한 내용에 따라 달라지며, 국제매매계약 시에 여러 가지 조건 중 가장 민감한 부분이다.

이러한 가격조건은 거래통화의 결정과 계약상품의 인도장소, 가격에 포함되는 제비용의 종류에 따라 다르고, 계약상품의 인도장소를 선적지로 하느냐 양륙지로 하느냐에 따라 선적지 인도가격조건과 양륙지 인도가격조건으로 나누어진다.

국내거래와는 달리 무역은 원거리 거래이므로 수출지에서 수입지까지 상품이 이동될 때마다 발생되는 비용을 누가 어디까지 부담하여 단가에 반영할 것인지를 매 계약 시마다 협상해야 하는 불편함이 따르게 된다. 이러한 불편함을 사전에 정형화시켜 국제상업회의소에서 제정해 놓은 것이 "무역거래에 관한 정형조건(INCOTERMS: International Commercial Terms)이다.

이 국제규칙은 1936년에 제정된 이후, 무역관습의 변화에 따라 총 8번에 걸쳐

개정되어 2020년 1월 1일부터는 새로 개정된 2020버전이 적용되게 되었다 (〈표 3-3〉 참조).

〈표 3-3〉 '인코텀즈 2020'의 11가지 규칙의 분류

< RULES FOR ANY MODE OR MODES OF TRANSPORT : 단일 또는 복수의 운송방식에 사용 가능한 규칙 >	< RULES FOR SEA AND INLAND WATERWAY TRANSPORT : 해상운송과 내수로 운송에 사용 가능한 규칙 >
1. EXW EX WORKS : 공장인도 2. FCA FREE CARRIER : 운송인 인도 3. CPT CARRIAGE PAID TO : 운송비지급인도 4. CIP CARRIAGE AND INSURANCE PAID TO : 운송비·보험료지급인도 5. DAP DELIVERED AT PLACE : 도착장소인도 6. DPU DELIVERED AT PLACE UNLOADED : 도착지양하인도 7. DDP DELIVERED DUTY PAID : 관세지급인도	8. FAS FREE ALONGSIDE SHIP :선측인도 9. FOB FREE ON BOARD : 본선인도 10. CFR COST AND FREIGHT : 운임포함인도 11. CIF COST INSURANCE AND FREIGHT : 운임·보험료포함인도

2) '인코텀즈 2020' 내용

'인코텀즈 2020'의 11가지 규칙을 상세히 설명하면 아래와 같다.

(1) EXW (Ex Works : 공장인도)

수출입과 관련된 일체의 비용을 수입자가 부담하는 조건이다.

(2) FCA (Free Carrier : 운송인인도)

수입자가 지정한 운송인(Carrier)에게 수출국 내의 지정된 장소에서 물건을 인도하면 수출자는 자유로워진다. 구체적인 인도장소는 매도인과 매수인이 합의해서 FCA라는 조건명 뒤에 명시하면 된다. 예를 들어 울산에 있는 공장에서 인도한다면 'FCA Ulsan Factory'라고 표시한다.

EXW와 다른 차이점은 EXW조건에서는 수출통관의 의무가 수입자에게 있지만, FCA조건에서는 인도장소와 상관없이 수출자에게 수출통관의 의무가 있다. 또한 EXW조건에서는 공장에서 물건을 운송수단에 실어주는 의무가 없지만,

FCA조건에서는 수출자가 물건을 실어줄 의무가 있다.

(3) FAS (Free Alongside Ship : 선측인도)

선적항에 정박한 선박의 측면에서 물건을 인도함. FOB의 가격에는 선적비용이 포함되지만, FAS 조건의 가격에는 선적비용이 포함되지 않는다. 이 조건은 선적비용이 많이 들거나 선적과정에서 문제가 발생할 소지가 있는 원자재 거래에서 제한적으로 사용되고 있고, 일반 상품의 거래에서는 사용되지 않는다.

(4) FOB (Free On Board : 본선인도)

선적항에서 물건을 선박에 적재하기까지가 수출자의 책임과 비용부담이다. 즉 물건이 수출자의 공장을 떠나 선적항에서 선적될때까지의 비용(수출자의 공장이나 창고에서 선적항까지 싣고 가는 내륙운송비, 수출통관비, 선적비용)을 수출자가 부담한다. 'FOB'라는 조건명 뒤에 선적항을 명시한다. ex 'FOB Busan'

(5) CFR (Cost and Freight : 운송비지급인도)

선적항에서 물건을 실을때까지의 비용과 도착항까지의 해상운임을 가격에 포함시킨 조건이다.

(6) CIF (Cost, Insurance and Freight : 운임보험료포함인도)

CFR조건의 가격에다 도착항까지의 보험료를 더한 조건, 무역거래에서 가장 많이 사용되고 있다. ex 'CIF Tokyo'

(7) CPT (Carriage Paid To : 운임포함인도)

해상운임, 항공운임, 내륙운송비와 같은 모든 운송비를 포함하는 가격이다. 수입국내의 지정된 장소까지 물건을 운송하는 데 발생하는 모든 운송비를 수출자가 부담하는 조건이다.

(8) CIP (Carriage Insurance Paid To : 운송비보험료포함인도)

수입국 내의 지정된 장소까지의 운송비와 보험료까지 수출자가 부담하는 조건이다. 수입국 내륙의 어느 지점이나 공항까지의 운송비를 가격에 포함시킬 때는 CFR이나 CIF대신 CPT나 CIP를 사용하면 된다. 물론 CPT와 CIP는 도착지가 항구일때도 사용할 수 있다.

(9) DPU (Delivered At Place unloaded : 도착지양하인도)

수입국의 지정된 터미널에서 물건을 인도하는 조건이다.

여기서 터미널은 컨테이너터미널, 공항화물터미널, 기차역화물터미널 등 운송수단이 물건을 싣고 내리는 모든 종류의 터미널을 말한다. 이 조건에서는 지정 터미널에서 물건을 내리는 비용이 가격에 포함된다. 목적지에서 물건을 내리는 비용이 포함된 조건은 DPU가 유일하다.

(10) DAP (Delivered At Place : 도착장소인도)

수입국의 지정된 장소에서 물건을 인도하는 조건이다. 이 조건에서는 지정된 목적지까지의 운송비만 포함되고 물건을 내리는 비용은 포함되지 않는다.

(11) DDP (Delivered Duty Paid : 관세지급인도)

Duty는 관세를 포함해서 수입통관 시 납부해야 하는 모든 세금과 수입통관의 책임까지를 포함한다. 따라서 수입자의 입장에서 보면 국내에서 물건을 사는 것과 차이가 없다. 이 조건으로 수입하면 수출자가 수입통관까지 마친 물건을 수입자가 지정한 장소까지 운송되어 수입자의 입장에서는 무역에 대해 전혀 몰라도 된다. 하지만 수출자의 입장에서는 수입국에서의 수입통관까지 책임져야 하니 부담스러운 조건이다.

인코텀즈 11가지 규칙을 알기 쉽게 그림으로 정리하면 아래 [그림 3-2]와 같다.

[그림 3-2] '인코텀즈 2020'의 11가지 위험과 비용의 한계

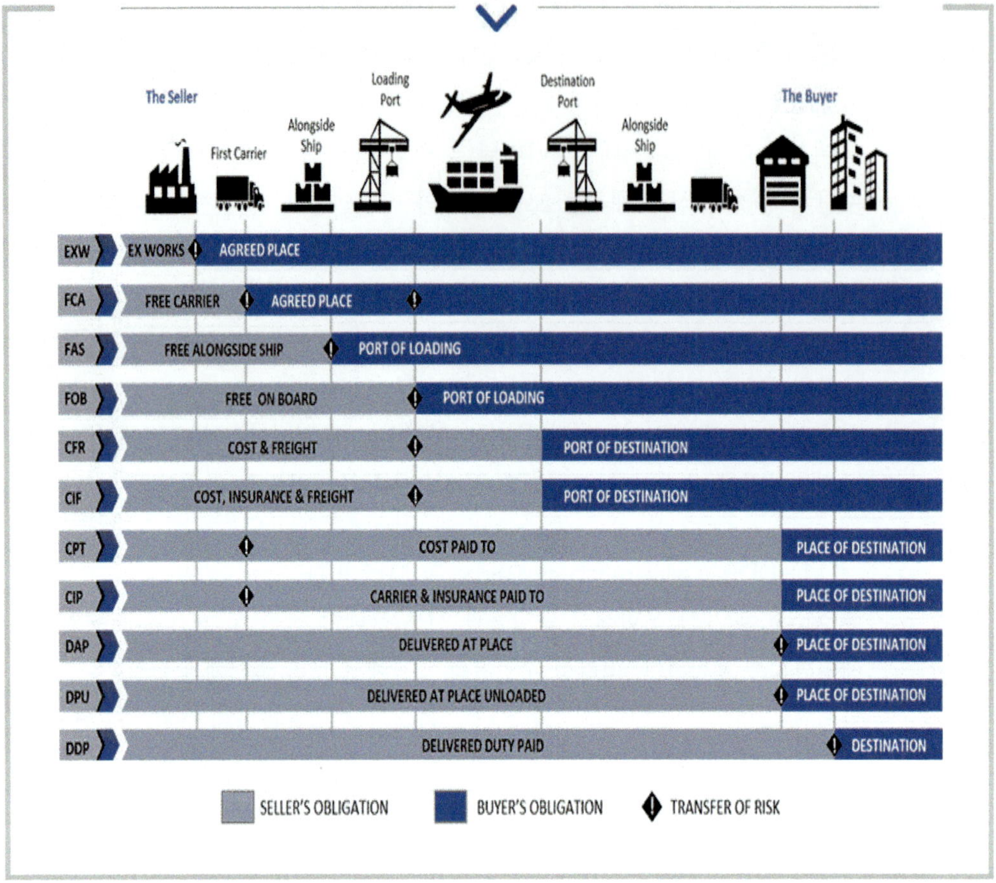

3) '인코텀즈 2020'의 주요 개정내용

(1) DAT 삭제 DPU 신설

DAT(Delivered At Terminal)는 이전 버전인 인코텀스 2010에 새로 신설된 조건이었으나, DAT 조건은 매도인이 지정된 터미널에서 물품을 양하한 상태로 매수인에게 물품을 인도하는 방식을 뜻하는데, 만약 매수인이 터미널이 아닌 매수인이 원하는 장소까지의 물품 이동을 원할 경우, DAT 조건이 아니라 DAP (Delivered At Place) 조건을 사용해야 한다.

그리고, DAP 조건은 매도인이 지정된 장소까지 물품을 운반하지만 물품의 양하의무 조건이 포함되지 않았기 때문에 매도인이 지정된 장소에서 물품을 양하까지 해주는 조건을 신설해 달라는 요청이 많았고 이를 반영하여 DAT 조건

은 삭제되고 DPU(Delivered at Place Unloaded) 조건이 새롭게 신설되었다.

DPU 조건은 목적지나 약속한 합의장소에서 수출자가 양하를 한 후 인도가 이루어지는 조건을 뜻하여, 수출자는 양하 시 모든 위험과 비용을 책임진다. 즉 기존의 DAP 조건에서 매도인의 양하 의무가 추가된 형태라고 할 수 있다.

(2) FCA 조건의 경우 본선 적재 후 선적 선하증권 발행 의무

FCA(Free Carrrier)는 운송인 인도조건으로 매도인이 자신의 장소에서 매수인이 지정한 곳에 물품을 인도하는 것을 의미한다. 이전 버전의 FCA 조건에서는 수취식 선하증권만 발행이 가능했는데, 실제 화물이 선박에 선적되었는지가 확인하기가 어려워 신용장 거래 시 은행에서 수취식 선하증권을 거부하기도 하였다.

이번 개정된 인코텀즈 2020에서는 FCA 조건에서도 화물을 선적 후 선적 선하증권을 수출자에게 발행하도록 지시했으며, 수출자는 은행을 통해 수입자에게 선적 선하증권을 제공할 의무가 있다는 내용을 추가하였다.

(3) CIF와 CIP 조건에서 보험부보 범위 구분

이전 버전인 인코텀즈 2010에서는 보험부보를 의무화시켜놓은 CIP(운송비·보험료 지급인도) 조건과 CIF(운임·보험료포함인도) 조건에서 같은 수준의 보험부보 의무를 가졌으나, 이번 새롭게 개정된 인코텀즈 2020에서는 두 규정에서 보험부보 범위를 차등화시켰다. 해상무역에 사용되는 CIF 조건의 보험은 기본보장수준을 유지하여 당사자들이 더 높은 수준의 보험을 부보할 수 있는 선택권을 주는 반면에, CIP 규정은 글로벌 무역거래 이용자들의 그간 이용 상황을 고려하여 A약관 또는 이와 유사한 조항을 준수하도록 하고 있다.

4. 선적조건(Shipping Terms)

무역거래에 있어서는 선적시기를 결정하는 것이 일반적이다. 선적시기에 대해서는 거래관습에 따라 B/L(선하증권) 날짜를 선적하는 날짜로 간주한다. 일반적 선적시기 조건으로는 다음과 같다.

① 단월조건

지정된 달 안에 본선 내에 선적하는 조건으로, 예컨대 “september shipment or shipment during september”로 표시한다. 이 경우 분할선적(partial shipment)

은 허용되지 않는다.

② 연월조건

선적의 지정시기가 연월인 경우, 예컨대 "september～october shipment or shipment during september～october"로 표시한다. 그러나 9월에 30상자, 10월에 50상자 선적을 한정하려고 할 때는 "shipment 30c/s during sept. and 50c/s during oct"로 표시한다.

③ 조속선적조건

선적시기 표시를 "immediate shipment, prompt shipment, shipment as soon as possible"와 같은 '즉시' 또는 '조속히'라는 문언으로 표시한다. 그러나 신용장통일규칙 제40호 (b)항에는 prompt, immediately, as soon as possible 및 이와 유사한 표현은 사용할 수 없다고 규정하고 있어서 선적시기에 관한 해석이 국가에 따라 약간의 차이가 있다.

④ 선적일확정조건

선적날짜를 지정, 확정하거나 일정한 조건을 전제로 하여 그 시점을 기준으로 선적일을 명시하는 것인데, 즉 "shipment by january 17, 2023"으로 표시한다.

⑤ 조건부 선적조건

어떠한 특정한 조건을 제시하고 그 조건을 전제로 일정한 기한을 정하여 선적하는 조건인데, 예컨대 신용장 수취 후 30일 내 선적한다면 "shipment within 30days after seller's receipt of L/C"로 표시한다.

⑥ 선복획득조건(subject to ships space available)

선복이 획득되는 경우에 한하여 선적하고 그렇지 않으면 기간 내에 선적을 못해도 책임이 면제되는 조건인데 이것은 잘 이용하고 있지 않다.

또한 선적지연(delay shipment)의 경우 수출자의 태만, 과실, 고의 또는 선복결함 등에 의할 때는 손해배상의 사유가 되지만 천재지변, 전쟁, 파업 또는 수출금지 등의 불가항력(Act of God, force majeure) 또는 비상사태에 의한 선적지연과 불이행일 때는 수출자는 면책된다. 특히 선적일자를 선적개시일로 하느냐 아니면 선적완료일로 하느냐를 명백히 해둘 필요가 있다. 일반적으로 선하증권의 날짜를 선적일로 간주하는 것이 관습이다. 즉 "The date of bill of lading shall be final as to date of shipment"와 같다.

5. 보험조건(Insurance Terms)

무역거래에서는 일반적으로 상품의 인도 및 대금결제의 경우 선적서류(shipment document)의 수수에 의해 이루어진다. 선적서류는 매매대상이 된 상품의 명세나 가격 등을 기재한 상업송장(invoice), 상품을 해상운송과 관련하여 유가증권인 화환선하증권(bill of lading), 상품의 해상운송 중 위험을 보장할 해상보험증권(marine insurance policy)의 3가지가 주요 서류(main document)이며, 이들 서류를 담보로 하여 환어음이 발행되고 이것을 은행이 할인해 줌으로써 대금이 결제된다.

이처럼 무역거래는 신속성, 편의성 및 안전성이란 관점에서 선하증권의 발행은 선박회사, 환어음의 발행은 은행, 해상보험증권의 발행은 보험회사가 맡고 있다.

무역화물의 해상운송 시, 여러 가지 해상위험(perils of the sea)에 놓이게 됨은 말할 나위도 없다. 이 같은 위험(perils, risk)을 전가 또는 경감하는 경제제도가 해상보험이다. 따라서 무역거래를 할 때 반드시 해상보험거래를 포함하여 화물이 해상운송 도중 폭풍우로 인해 바닷물이 침수하거나 선박이 악천후로 인해 침몰하거나, 혹은 부두에서의 화물의 적재 및 하역 작업 중 추락하였을 때 입는 물적손해나 비용부담을 경감할 수단을 미리 준비해 두어야 한다.

무역거래에 있어서 최종적으로 해상보험의 이익을 받는 입장에 있는 자는 상품의 매수인 측이며, 해상보험을 수배하는 것은 매도인 및 매수인이 해당되며 이는 매매조건의 종류에 따라 달라진다. C.I.F 계약에서는 매도인이, F.O.B 계약에서는 매수인이 수배하게 된다.

6. 대금결제조건(Payment Terms)

무역계약의 대금결제를 어떠한 방법으로 하는가는 당사자의 합의에 따른다. 매수인은 선적서류와 상환으로 대금을 전신환으로 송금할 수도 있고, 미리 선불(payment in advance)로 매도인에게 지급할 수도 있다. 또한 후금방식과 환어음(bill of exchange)을 이용한 추심결제방식 등이 있다.

1) 선급방식(payment in advance)

선급방식은 계약물품의 인도에 앞서 미리 결제를 해 주는 방식이다.

2) 현금결제방식

계약물품의 인도와 동시에 대금결제를 하는 방식으로서 여기에는 거래방식에 따라 다음과 같이 분류된다.

① **현금상환도(cash on delivery: COD)**
계약물품이 목적지에 도착하면 물품의 인도와 동시에 현금으로 결제하는 방식이다.
② **서류상환급(cash against documents: CAD)**
매도인이 선적지에서 선하증권, 보험증권, 송품장 등의 선적서류를 수출지에 있는 수입업자의 대리점이나 거래은행에 제시하여 서류와 상환으로 수출대금을 받는 방식이다.

3) 후급방식

매도인이 계약물품을 인도한 후에 대금결제가 이루어지는 방식으로 다음과 같은 방식이 있다.

① **연지급(deferred payment)**
매도인이 계약물품을 매수인에게 인도한 후에 일정기간이 경과하여 물품대금을 지급하는 방식이다.
② **분할지급(installment payment)**
매수인이 계약물품을 주문함과 동시에 대금의 일부를 선급하고, 이어서 매도인이 선적을 완료하면 또 대금의 일부를 환어음을 발행하도록 하여 대금을 지급하고, 잔액은 계약물품이 목적지에 도착하면 일정기간에 걸쳐서 누진적으로 지급하는 결제방식이다.

4) 상호계산(open account)

장부결제라고도 하며, 매매 당사자가 서로 빈번히 거래하는 경우 거래시마다 대금결제를 하지 않고 이를 6개월 또는 1년마다 상계하여 그 잔액에 대해서 결제하는 방식이다.

5) 송금방식

매수인이 매도인에게 물품대금을 송금하여 주는 방식이며, 매도인은 수출대금을 안정적으로 회수할 수 있으나, 매수인으로서는 매도인의 선적 불이행, 품질이나 수량 등에서 계약물품의 차이가 있을 수 있기 때문에 불리하다. 송금방식에는 우편송금, 전신송금, 송금수표의 세 가지가 있다.

① **우편송금**(mail transfer: M/T)

송금인이 은행으로 하여금 수취인에게 일정한 금액을 지급위탁하는 방식이다. 거래은행에 대한 우편 지급지시서(payment order: P/O)를 이용하거나, 같은 은행의 본・지점 사이에는 우편 대체표(credit note: C/N)를 이용한다.

② **전신송금**(telegraphic transfer: T/T)

송금인이 은행으로 하여금 일정한 금액을 수취인에게 송금을 의뢰하면 은행은 해외은행에게 지급지시를 전신으로 하는 방식이며 송금방식에서 가장 신속한 송금방식이다.

③ **송금수표**(remittance check)

송금인이 송금액을 은행에 납입하면 은행은 이 금액에 해당하는 은행수표를 발행하여 주고, 송금인이 직접 수취인에게 발송하는 방식이다. 수취인은 이 수표를 지정된 은행에 가서 제시하고 대금을 수취한다.

6) 추심결제방식(collection base)

추심결제방식은 채권자인 매도인이 채무자인 매수인에 대해서 추심 환어음을 발행하여 대금을 회수하는 방식이다.

무역거래에서 신용장과 더불어 사용되고 있는 결제방식으로 인수도조건(D/A) 및 지급도조건(D/P)의 결제방식이 있다.

이 방식의 거래는 은행의 지급확약 없이 당사자들 간의 매매계약에 의해서 수출업자가 화환추심어음을 발행하여 수입업자로부터 수출대금을 추심하는 결제방식이며 운송서류의 인도조건에 따라 지급도조건과 인수도조건으로 구분된다.

① **인수도**(documents against acceptance: D/A)

인수도조건은 수입업자가 환어음에 대한 인수(acceptance)만으로 운송서류를 찾아갈 수 있는 어음인수 서류인도조건이다. 인수도조건은 지급도조건과 추심과정은 동일하지만 이 조건에서는 수출업자가 기한부어음을 발행하고 수입업자는 어음에 대한 지급의 약속으로 서명날인만 함으로써 운송서류를 인도받을 수 있으며 만기일에 수입대금을 추심은행에 지급한다.

따라서, 인수도조건은 기한부거래에 해당되며 수입업자는 인도받은 운송서류로 화물을 찾고, 그 물품을 판매한 대금으로 어음기일 내에 결제하면 된다.

② 지급도(documents against payment: D/P)

지급도조건은 수출대금의 지급과 상환하여 운송서류를 수입업자에게 인도하는 어음지급 서류인도조건이다. 즉, 지급도조건은 수출업자가 매매계약에 따라서 선적을 완료한 후 일람불어음을 발행하여 운송서류와 함께 수입업자의 거래은행(추심은행)으로 하여금 수출대금의 추심을 의뢰하면 추심은행은 수입업자에게 어음을 제시하여 어음금액의 일람지급을 받고 운송서류를 인도하는 방식이며, 수입업자는 반드시 대금지급을 완료해야만 운송서류를 찾을 수 있고 화물을 인도받을 수 있다.

[그림 3.3] D/A 및 D/P에 의한 결제 과정

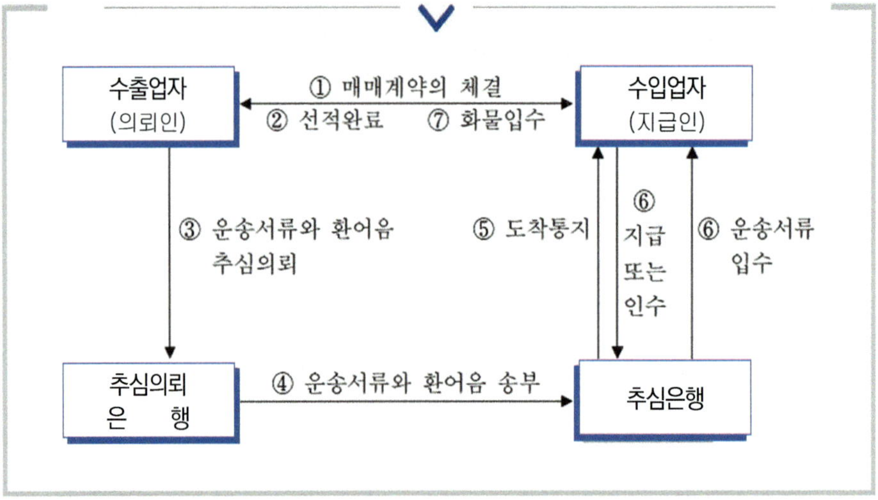

7. 포장조건(Packing Terms)

포장은 판매물류의 시발점으로서, 운송, 보관, 하역, 정보, 유통가공과 함께 물류시스템을 형성하는 서브시스템(sub-system)의 하나이다.

수출포장(export packing)이란 수출품의 매매, 운송, 하역, 보관 등의 처리에 있어서 그 물품의 내용과 형태를 보호하고 상품으로서의 가치를 유지하기 위해 적절한 재료 및 용기로 물품을 포장하는 것이다.

포장작업은 적은 재료와 비용으로 안전하고도 확실하게 수출품의 내용을 보호하여야 한다.

8. 신용장조건(L/C Terms)

신용장(Letter of Credit: L/C)은 상거래에 있어서 국제 간의 거래 발전에 따라 크게 보급되어 왔다. 물물교환(barter)으로 시작된 원거리의 거래에 '환'이라는 제도 도입으로 대금결제에 송금환(remittance)을 이용하게 되었고, 더욱이 상품증권류를 수반한 화환어음 제도도 도입되었으나 이 제도에서도 대금지급에 대한 보증을 하지 못하여 금융상의 불안을 해소하지는 못하였다.

따라서 이 같은 애로점을 해결하는 방법으로 생각해 낸 것이 신용장이다. 오늘날 일반적으로 신용장이라고 하면 무역거래에 사용되고 있는 화환신용장을 말하는 것처럼 무역거래 관계를 알기 위해서는 신용장의 지식이 불가결한 요소로

[그림 3.4] 신용장의 거래 경로

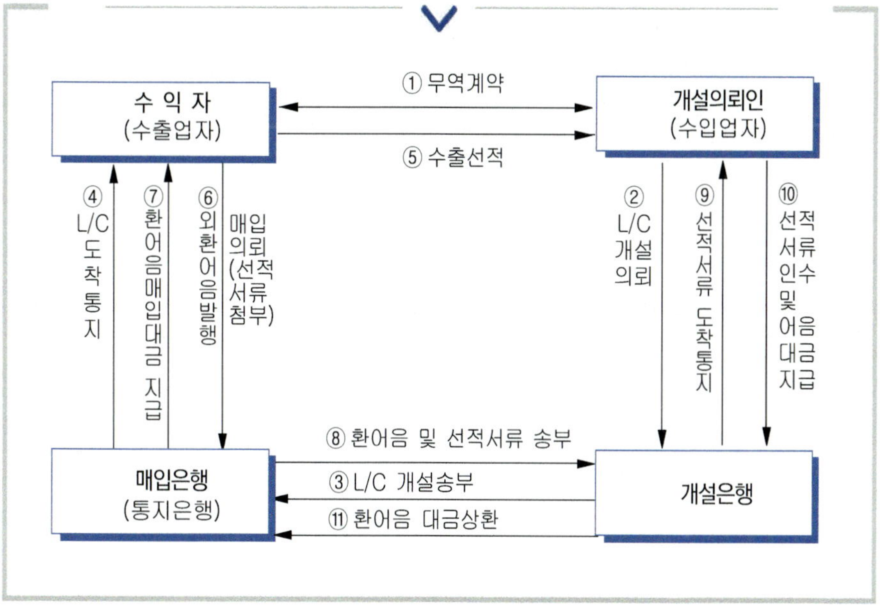

되고 있다. 신용장이란 "수입업자(매수인)의 거래은행이 수입업자의 의뢰로 자기 신용을 제공하여 일정조건하에 수출업자(매도인)가 발행하는 대금회수를 위한 환어음의 인수·지급을 약속하는 증서(instrument)"라고 할 수 있다.

L/C의 본질은 L/C 개설은행(opening bank)이 수익자(beneficiary)인 매도인이 발행한 환어음의 인수와 지급을 확약한 것으로서 불확실한 매수인의 신용에 은행의 신용이 추가되는 것이며, 은행측에서 본다면 명성의 대여(loan of reputation)라고 할 수 있다.

따라서 L/C는 원래 은행이 지급을 확약해야 하며 은행의 지급확약 없는 L/C는 진정한 의미의 L/C라 할 수 없다.

9. 선하증권조건(B/L Terms)

선하증권(bill of lading)은 무역계약의 선적서류 가운데 3대 서류에 속하므로 충분한 연구가 필요하다. 그러나 일반적으로 전문가가 아닌 이상 선하증권 이면에 인쇄되어 있는 약관까지 깊이 연구할 필요까지 없으나, 이 증권이 뜻하는 기본적 성질 및 내용은 알고 있어야 한다.

선하증권은 일반적으로 다음 3가지의 기본적인 성질을 갖고 있다. 첫째, 선하증권은 그 소지인 또는 피배서인에 물품인도를 청구할 권리인 권리증권(document of title)이다. 둘째, 선하증권은 선박회사에 인도된 물품의 수령증(receipt)이다. 셋째, 선하증권은 화주(송화인 : shipper)와 선박회사 간에 체결된 운송계약의 증거(evidence)이다.

이러한 선하증권의 성질에 비추어 볼 때 선하증권은 해상운송인에 대한 운송품의 인도청구를 표시하는 유가증권이라 정의할 수 있다. 운송인이 그 증권에 기재된 화물을 수취하였음을 확인하고 또한 그 화물을 지정된 목적지까지 운송하여 여기에서 이 화물을 증권의 정당한 소지인(일반적으로 화주)에게 인도할 것을 약정하는 유가증권이다.

정당한 소지인이 증권상의 권리를 행사하여 화물인도를 청구하려면 선하증권을 반드시 제시해야만 한다.

10. 분쟁해법 및 중재조건(Arbitration Clause)

무역거래에 있어서 상품의 품질, 수량, 포장, 절차, 대금결제, 운송, 보험, 서류상에 걸쳐 클레임(claim)이 제기될 수 있다.

이 같은 클레임은 그 내용에서 운송클레임(transportation claim), 보험클레임(insurance claim) 및 무역클레임(trade claim)의 3가지로 분류된다.

운송클레임이란 하역적재, 보관적부(積付), 운송상의 불비, 해상운임 또는 용선계약 체결상의 결함을 원인으로 하여 무역화물의 해상운송 중에 생긴 멸실, 훼손 또는 불착 등에 대해 화주가 선박회사에게 불만을 제기하거나 또는 손해배상을 청구하는 것이다.

그러나 현실적으로 선박회사는 선하증권이나 용선계약서에 매우 광범위하게 면책약관(negligence clause)을 삽입하여 그 책임범위를 한정하고 있다. 따라서 해상운송에 생긴 손해청구에 대해 선박회사는 화물의 불착(non-delivery), 우중하역강제(forced loading or unloading in the ports) 및 싣다가 남은 짐(shut out) 등을 제외하고는 거의 이를 부담하지 않는 것이 사실이다. 이처럼 선박회사에 대해 손해배상 청구를 할 수 있는 범위가 좁아, 화주는 당연히 보험회사의 보험에 의해 해상운송상의 위험을 보전받고자 보험에 부보하게 된다.

그러나 보험회사는 해상운송 중에 일어나는 모든 위험을 담보하는 것이 아니고, 해상보험이 일반적으로 담보한 위험, 또는 특약에 의해 담보한 위험에 직접 기인한 손해는 보험클레임으로서 처리할 수 있으나 운송 중의 주정류의 휘발, 금속류의 녹쇠 또는 장뇌(樟腦)의 풍화 등, 화물 고유의 특성에 기인하여 발생한 손실 등은 해상보험에서 담보하지 않는다.

제3절 수출입화물의 업무 flow

1. 무역에 의한 수출입업무 전개 과정

무역에 의한 화물의 수출입업무는 다음과 같다([그림 3-5] 참조).

[그림 3.5] 수출입 업무 흐름도

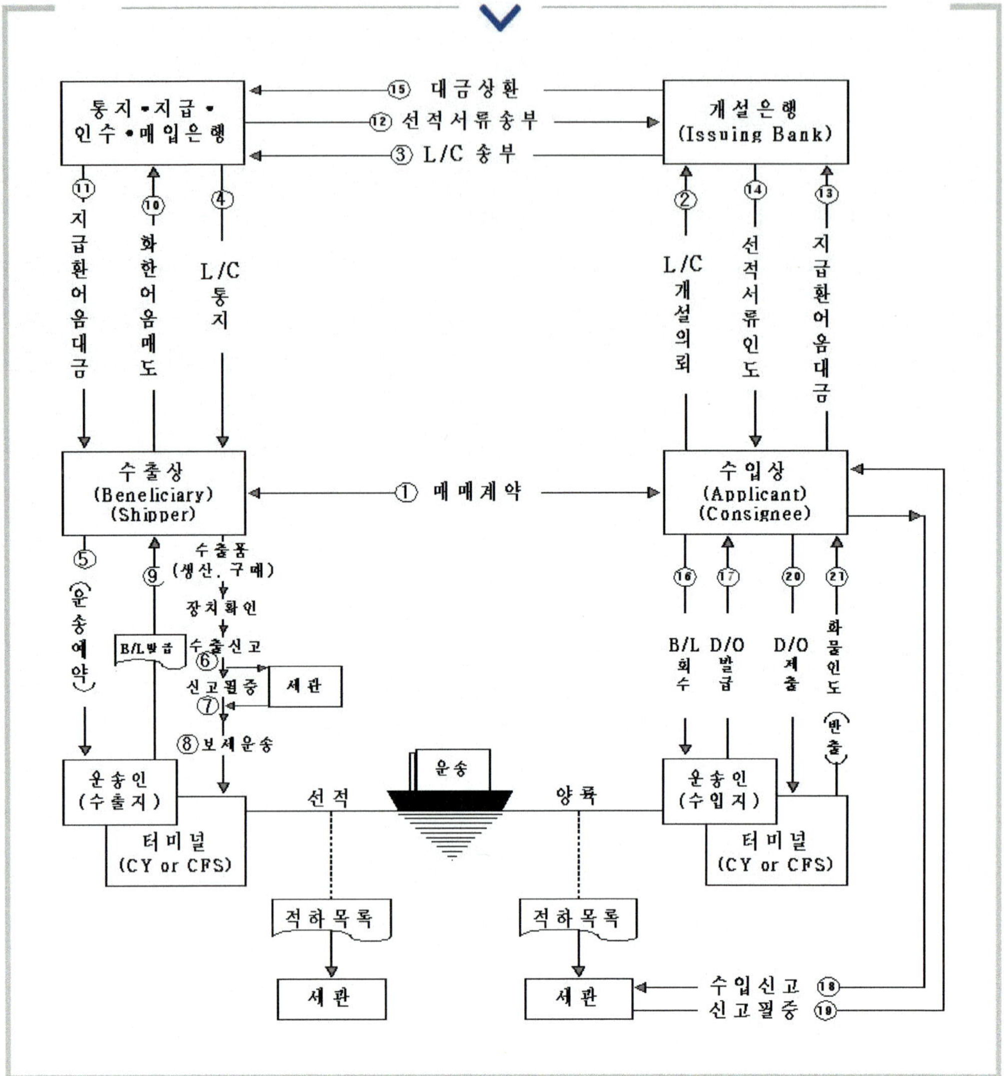

① 수출상과 수입상은 통상 inquiry, offer-counter, offer-acceptance 순서를 밟아 매매계약을 체결한다.

② 수입상이 거래은행에 신용장의 개설을 의뢰하면,

③ 개설은행은 수출상을 수익자(beneficiary)로 하여 신용장을 개설하고 통지은행에 송부한다.

④ 통지은행은 신용장을 수취하고 수출상에게 신용장 도착을 알린다.

⑤ 수출상은 직접제조 또는 구매하여 수출품을 확보하고 선사에 선적을 예약한다.

⑥ 수출품의 검사를 받고 세관에 수출신고(export declaration)를 하고,
⑦ 신고필 날인을 받은 후,
⑧ CY 또는 CFS에 화물을 반입한다.
⑨ 선사는 본선에 화물을 적재하고 선하증권을 교부한다.
⑩ 수출상은 환어음을 첨부한 선적서류를 거래은행에 매도(negotiate)하고,
⑪ 은행은 선적서류를 매입하고 대금을 지불한다.
⑫ 매입(지급)은행은 수입지의 개설은행에 선적서류를 발송한다.
⑬,⑭ 개설은행은 수입상이 상품대금을 지불하면, 선적서류를 인도한다.
⑮ 개설은행은 매입(지급)은행에 대금을 상환(reimburse)한다.
⑯ 선사(또는 대리점)는 수입상으로부터 선하증권 원본을 회수하고,
⑰ 화물인도지시서(D/O: delivery order)를 교부한다.
⑱ 수입상은 관세사를 통해 수입신고(import declaration)를 하여,
⑲ 관세를 납부하고 신고필증을 받는다.
⑳ 수입상은 D/O를 CY 또는 CFS에 제출하고, ㉑화물을 인수한다.

2. 수출 컨테이너화물의 선적과 서류의 흐름

송화인(수출상)은 수출계약 → 신용장 접수 → 상품의 제조 또는 구입→수출검사, 수출신고 등의 절차를 거친 후에 선적을 의뢰한다. 이때 선사의 영업부에 직접 의뢰하는 방법과 포워더를 통해 간접의뢰하는 방법이 있다. 통상 양자간의 운임 차이가 별로 없기 때문에 포워더를 통한 간접의뢰가 많은 편이다. 여기에서는 포워더를 통한 컨테이너 수출화물과 서류의 흐름을 FCL과 LCL로 나누어 설명한다.

선적예약은 화주가 포워더에게 팩스 또는 전화로 선적을 의뢰하면 포워더가 선적요청서(S/R: shipping request)를 작성, 선사에 제출한다. 이때 S/R의 shipper 란에는 화주와 포워더의 이름이 병기된다. 선사는 화주(포워더)로부터 접수한 S/R에 기초하여 선적예약서(booking note)를 작성, 이들을 집계, 예약일람표(booking list)를 작성한다. 예약일람표를 자사(또는 계약) 터미널에 송부, 공컨테이너의 반출 및 적컨테이너의 반입을 준비시킨다.

1) FCL인 경우

[그림 3.6] 수출 FCL 화물의 흐름도

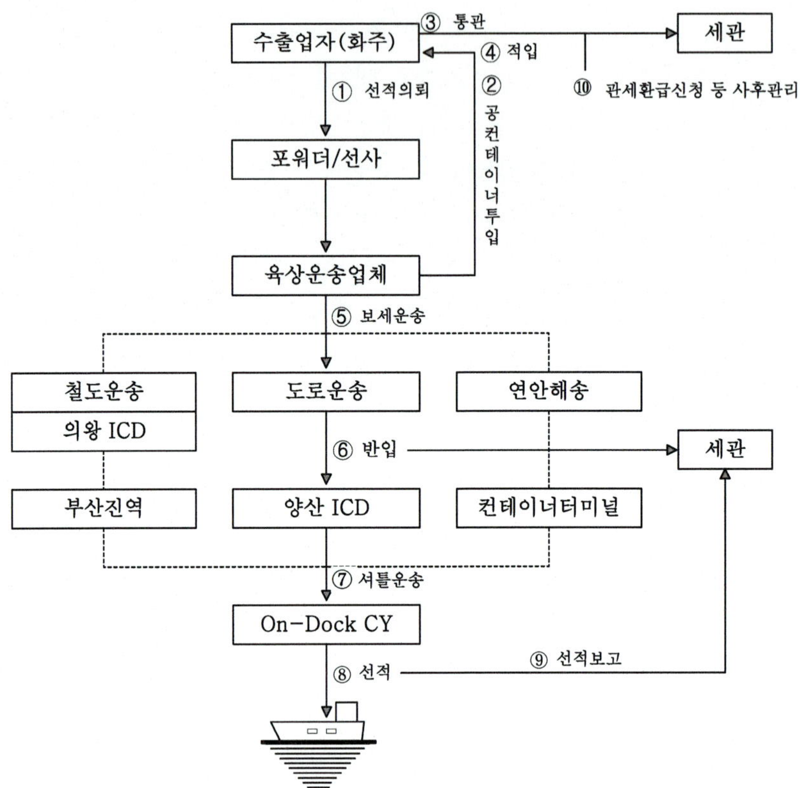

① S/R을 제출한 포워더는 선사에 공컨테이너의 door(화주의 창고) 인도를 요청한다(이를 empty container door order라 한다).

② 선사는 트럭회사에 공컨테이너 인도지시(door delivery or spotting order)를 한다. 화주의 창고가 대전 이북이면 주로 의왕 ICD에서 컨테이너를 인도하고, 대전 이남이면 양산 ICD에서 조달한다.

③ 공컨테이너 대출시 CY operator는 기기수도증(EIR: equipment interchange receipt) 1부를 트럭기사를 통해 화주에게 전달한다.

④ 화주의 창고에 공컨테이너가 인도되는 것은 수출화물이 화주의 창고에서 통관됨을 의미한다. 화주는 세관에 수출통관과 통관후 보세운송허가를 요청한다.

이때 적입장소가 보세구역으로 인정받은 자가장치장(自家裝置場)인 경우에는 타소장치허가(他所裝置許可)가 필요 없지만, 일반창고이면 세관으로부터 타소장치장 허가를 얻어야 한다.

⑤ 세관은 전송화면상 수출신고자료에 하자가 없고 검사를 받아야 하는 품목이 아니면 현품검사를 생략하고 수출신고서에 신고필을 날인한다.

⑥ 통관 후 보세운송은 수입과 달리 별도의 보세운송신청서를 작성하지 않고, 통관용 수출신고로 일괄 처리된다. 통관시 보세운송신고를 병행하는 수출신고서를 사용하면 수출신고필과 함께 보세운송면허도 얻는다.

⑦ 컨테이너에 화물을 적입한 뒤 선사의 봉인(carrier's seal) 또는 세관봉인(필요한 경우)을 부착한다.

⑧ FCL 화물로 충분한 양인데도 화주의 창고에서 통관하지 않을 때는 일반트럭에 의해 벌크(break bulk)상태로 양산 ICD에 반입하여 통관한다. 이때 ICD 자체가 보세구역이기 때문에 타소장치허가는 필요 없다.

2) LCL인 경우

① 화주의 창고에서 LCL 화물을 인수(pick up)한 포워더는 화물인수증에 FCR (forwarder's cargo receipt)을 교부한다.

② LCL 화물은 화주의 창고 또는 의왕 ICD에서 통관 보세운송으로 양산 ICD 또는 on-dock CY로 운송되거나, 미통관 상태로 부산의 양산 ICD 또는 on-dock CFS로 반입하여 통관·혼재·적입한다.

③ 포워더가 집화한 화물이 선사의 CFS에 반입되면 CFS담당자는 포워더에게 부두수령증(D/R: dock receipt)을 교부한다. D/R은 단순히 화물이 CFS에 반입되었다는 사실을 증명하는 서류로서, 화물이 적재된 후 발급되는 선하증권과는 그 성격이 다르다.

④ 포워더가 집하한 LCL 화물이 단독으로 FCL 화물이 안 되면 같은 행선지의 다른 포워더와 joint consolidation, 즉 co-loading을 한다. co-loading은 본선 출항 1~2일전(closing time)까지 혼재 가능한 포워더를 물색, 그의 CFS에 반입·적입시킨다. 선적 후 FBL(forwarder's B/L)을 발급 받는데 이때 FBL은 master B/L의 성격을 갖는다. 포워더의 주 사업이 LCL 화물의 집하·혼재이므로 co-loading은 중요한 업무의 하나이다.

⑤ CFS에 반입되었던 화물이 본선에 선적되면 선사는 포워더에게 master B/L을

[그림 3.7] 수출 LCL 화물의 흐름도

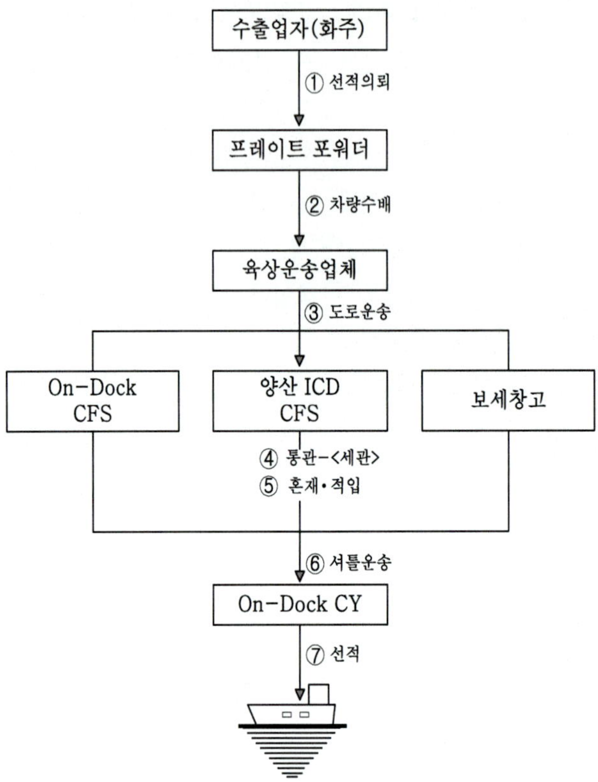

발행하며, 포워더는 화주에게 house B/L(HBL) 또는 FBL을 발행한다. 원칙적으로 HBL, FBL 또는 master B/L은 화물이 본선에 적재된 후에 발급되어야 하지만 관행상 HBL 또는 FBL은 화물이 반입되면 발급된다. 그러나 일반적으로 HBL 또는 FBL 대신 포워더의 화물수령증이 화주에게 발급된다.

⑥ 선사가 포워더에게 발행하는 master B/L은 화물이 본선에 선적된 후에 발행(shipped B/L, on board B/L)되고 있고, 내륙에서 화물을 인수한 경우에는 수취선하증권(received B/L)이 발행된다. 수취선하증권은 ⓐ 선박이 미정된(not decided) 상태, ⓑ 차선(following ship)에의 선적예정, ⓒ 지정선박에의 선적예정 등으로 발행된다.

⑦ 포워더가 화주에게 발행하는 HBL 또는 FBL에는 화주가 포워더에게 지불한 운임이 기재되고, 선사가 포워더에게 발급하는 master B/L에는 포워더가 선

사에 지불하는 운임이 기재된다.

⑧ 화물이 본선에 적재되면 포워더는 수입지의 파트너에게 선적통지(shipping notice)와 함께 선적서류를 송부한다.

3. 수입 컨테이너화물의 양륙과 서류

1) 선사가 직접 인도할 경우

① 선사는 수출지로부터 컨테이너 선적목록(container load list), B/L 목록, 선박출항내용 등을 telex 또는 fax를 통해 접수하고 B/L copy, 적하목록(manifest), 최종본선적부도(final stowage plan), 컨테이너적입도(container load plan), 컨테이너번호목록(container number list) 등을 air mail 또는 courier를 통해 접수한다.

② 본선도착전에 화주에게 도착통지서(arrival notice)를 발송한다.

③ 세관에 적하목록을 전송한다. 관세법상 본선 입항시 세관에 적하목록을 제출・신고해야 한다.

④ 적하목록 및 container load list에 의거하여 양륙한다. 양륙된 FCL은 on-dock CY 또는 양산 ICD에 장치되며, LCL은 on-dock CFS 또는 양산ICD CFS에 반입한다.

⑤ 선사는 수입화물에 대해 보세운송, CY, 지정보세구역, 자가창고, CFS 등 인도 형태별로 배정하여 세관의 확인을 받는다. 수입화물의 배정은 FCL 화물에 있어서는 CY delivery, LCL 화물은 CFS delivery를 원칙으로 한다.

⑥ 수입통관은 원칙적으로 통관지 세관관할 보세구역에 반입, 장치한 후 세관에 수입신고를 해야 이루어진다. 현재 우리나라 수입통관은 on-dock CY 통관 및 세관으로부터 타소장치장 허가를 받은 화주창고에서의 통관이 있다. 수입신고필을 얻기 전에 수입상은 세관이 교부한 신고납부서(납세고지서)에 의거 은행에 관세를 납부해야 한다.

⑦ 보세운송으로 배정된 화물은 보세운송업자가 양륙항에 보세운송을 신고하여 면장을 받아 운송하고, 도착지 세관에 도착보고를 해야 한다. 보세운송의 발착신고는 관할세관에 해야 하며, 세관장은 동 업무를 보세장치장 관리인에게 위임할 수 있어 현재 발착확인업무는 거의 보세장치장 관리인이 대행한다.

⑧ 보세장치장은 선사 또는 포워더가 발행한 original B/L이나 D/O(delivery order)를 소지한 화주에게 화물을 인도한다.

⑨ 공컨테이너 반환은 원칙적으로 픽업했던 CY로 해야 되지만 선사가 지정한 ICD에 반환할 수 있다. 무료장치기간(free time)이 경과된 때에는 컨테이너 지체료(detention charge)가 부과된다.

2) 포워더에 의할 경우(LCL인 경우)

① 수출지에서 선박이 출항하면 수입지의 포워더는 수출지의 파트너 포워더로 부터 선적서류와 함께 선적통지(shipping advice)를 받는다.

② 선적서류를 받은 포워더는 본선 입항전에 화주에게 도착통지서(arrival notice)를 발송한다. 선사와 수출지의 파트너 포워더가 수입지의 포워더에게 도착통지를 하고, 포워더가 다시 화주에게 통지한다.

③ 포워더는 양륙된 컨테이너 배정표를 작성, 선사에 제출하면 선사는 자신이 작성한 배정표와 취합, 최종목록을 작성, 세관에 제출한다.

④ 포워더를 통한 수입통관은 두 가지 방법이 있다. 화주로부터 위임장을 받은 포워더가 자신의 명의로 통관한 후 화주에게 양도하는 방법과 단순대행으로 포워더가 화주의 명의로 통관하는 방법이 있다.

⑤ CY에서의 화물인도는 FCL과 LCL 별 차이가 없다. 포워더는 선사로부터 장치된 CY명을 통보받은 후 선적지의 파트너 포워더가 보내온 master B/L을 선사에 제시, D/O를 받는다.

⑥ 은행으로부터 house B/L을 매입한 수입상은 house B/L을 포워더에게 제시하고, 이미 선사로부터 D/O를 발급받아 화물의 소유권을 확보한 포워더는 화주에게 House B/L과 D/O를 교환·발급하여 화물을 인수하게 한다. 포워더가 발급하는 D/O는 선사의 D/O에 기초하여 포워더가 다시 작성한 것이다.

[그림 3.8] 수입 컨테이너화물의 흐름도

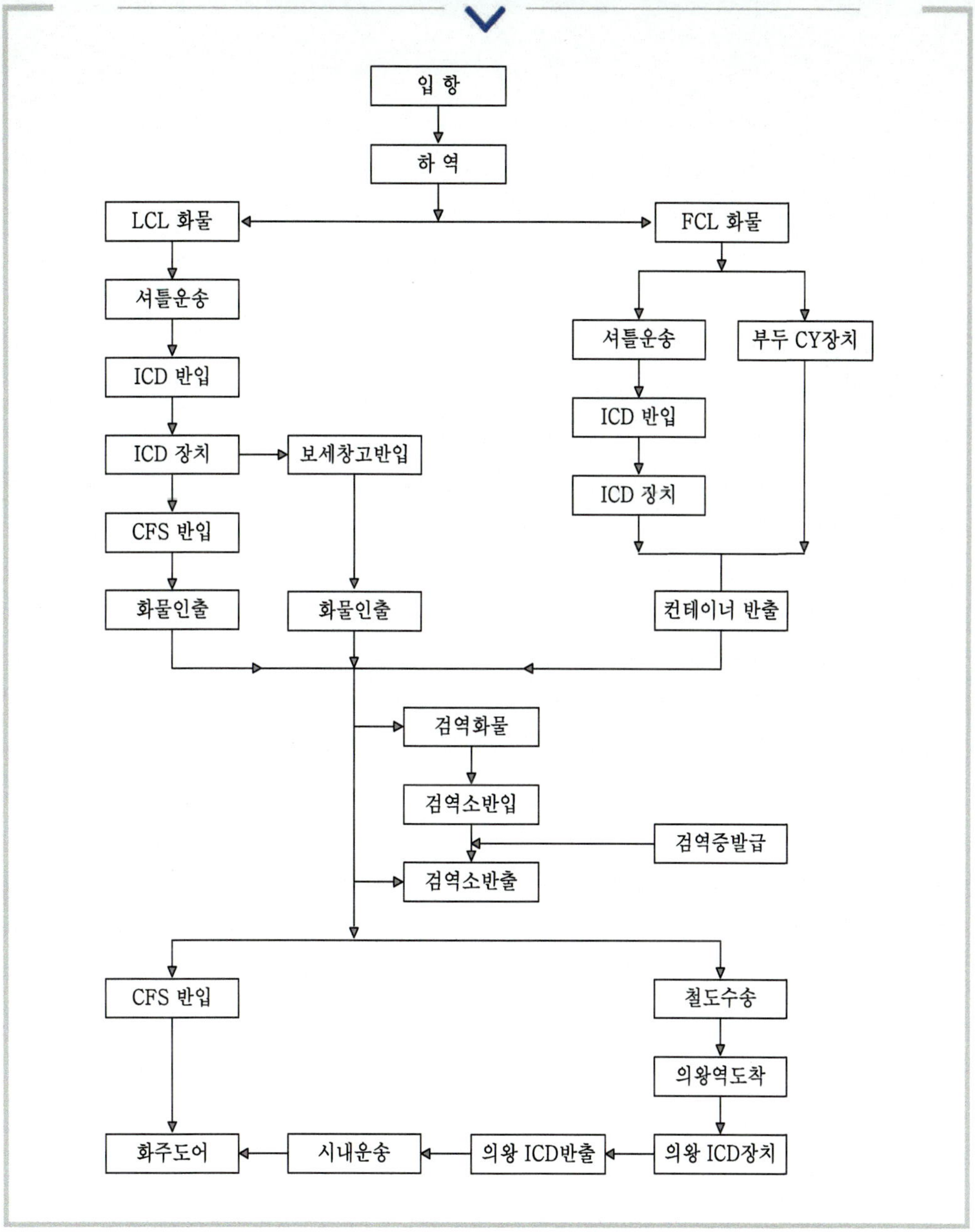

제4장 글로벌 소싱과 국제물류

제1절 세계 환경의 변화

1. 경제적 환경의 변화

1980년대 이후 진행된 탈냉전시대는 획기적인 정보통신의 발달과 함께 지역 중심의 협력체제로 빠른 속도로 변화하고 있다.

세계무역질서를 주도하는 WTO가 창설되고 교역자유화의 범위가 공산품, 농산물은 물론 서비스, 지적재산권에 이르기까지 전 산업으로 확대되면서 이제 기업은 다국적기업이나 초국적기업의 형태를 벗어나 무국적기업으로 변모하고 있으며 이에 따라 기업들은 세계에서 가장 적합한 생산지를 찾아 글로벌 생산네트워크를 형성하고 있고, 초국적으로 자원과 인력을 고용하고 있다.

또 한편으로는 범세계적 무역자유화와 더불어 지역주의 추세는 심화될 예정인데, 이어서 상반된 두 흐름이 병행하여 나타나고 있다.

지역주의(regionalism)란 "지리적으로 인접한 2개국 또는 그 이상의 국가가 동맹을 맺어 회원국 간에는 무역장벽을 완화하거나 철폐하고 비회원국으로부터 수입되는 물품에 대하여는 무역장벽을 그대로 유지하는 지역협정"을 의미한다.

국제경제환경의 변화에 따라 앞으로 국제물류환경도 상당한 변화가 예상된다. 즉, 국가주의(nationalism)가 위축되고, 지역주의(regionalism)가 팽창하는 동시에 자유무역협정(FTA)의 체결이 가속화됨에 따라 국제물류 질서에 많은 변화가 일어나고 있다.

컴퓨터와 인터넷, 정보통신을 이용한 기술들은 개인생활의 변화뿐만 아니라 기업활동에 미치는 영향도 상당히 크다.

생산과 판매, 물류 부문에서도 첨단화된 기술을 이용하고, 기업의 입지는 통신인프라가 잘 구축된 곳이 필수조건으로 선택되며, 지역과 공간에 상관없는 직원의 고용으로 변화하는 외부환경에 빠르게 적응할 수 있는 기업구조로 변신하고 있다.

2. 기술적 환경의 변화

컴퓨터와 인터넷의 발명으로 촉발된 정보통신기술의 비약적 발전은 세계경제의 근본을 바꾸어 놓으며 전 산업에 큰 영향을 끼치고 있다. 컴퓨터, 각종 소프트웨어 및 통신기술 관련 기술을 총칭하는 정보기술의 발달은 가히 혁명적이라고 할 만한 생산성의 증가를 가져 왔다. 이러한 정보기술은 모든 산업에 영향을 줄 뿐만 아니라 기업 의사결정의 어려움을 해결하는 문제에서도 큰 역할을 담당하고 있어, 이제 기업에서 국경을 초월한 생산활동의 통합이나 전략적 제휴는 더 이상 문제가 되지 않고 있다.

또한 인터넷은 거의 모든 산업분야에서 활용되면서 새로운 비즈니스 패러다임을 선보이고 있고, 인터넷을 이용한 전자상거래는 모든 업종으로 확산되고 있다.

전자상거래와 관련된 물류활동 시 적기에 물류업체와 상호 연계된 물류체계를 구축하여 주문은 물론 배송관리와 실시간 화물추적, 제어가 가능하며 물류요구분석 등 온라인상의 거래뿐만 아니라 실질적인 물류서비스를 제공할 수 있는 물류기업의 선택이 필수적인 요소이다.

물류시장의 환경변화와 산업전반에 걸친 전자상거래의 활성화로 인하여 인터넷은 물류산업에 있어 종합물류서비스의 제공, 경쟁력의 확보 및 차별화전략을 추진하기 위한 도구의 하나로 인식되고 있다.

3. 소비자환경의 변화

컴퓨터, 인터넷의 발명으로 시작된 정보사회는 소비자환경의 변화에도 밀접한 영향을 끼치면서 소비자의 요구가 다양하고 고급화, 개성화하는 방향으로 변하고 있다. 전자상거래의 확산은 공간의 제약을 극복한 생산지 직거래인 BtoC 전자상거래와 택배산업을 발전시키는 계기가 되었으며 생산자는 이러한 소비자의 욕구를 충족시키기 위하여 다품종 소량생산의 체제로 생산시스템을 전환하게 되었다.

소비자들의 소비수준 향상으로 구매패턴의 변화가 제품품질과 고객서비스를 중시하는 경향으로 나타나고 있으며, 물류측면에서도 고객서비스를 위해 정확한 물품을 빠르게 전달시켜 주어야 하는 업무가 중요하게 부각되면서 물류활동의 중요도가 기업의 성패를 좌우하고 있다.

4. 기업의 글로벌화

글로벌라이제이션(globalization)은 '단일화'를 의미한다. '단일화'는 '단일의 글로벌 규범과 기준'이라고 요약할 수 있다.

이제 기업은 다국적기업이나 초국적기업의 형태를 벗어나 무국적 형태의 기업으로 변모하고 있다. 이에 따라 기업은 세계에서 경쟁력 있는 생산지를 찾아 글로벌 생산네트워크를 형성하며 초국적으로 자원과 인력을 고용하게 될 것이다.

1960년대부터 증가하기 시작한 다국적기업(MNE: Multinational Enterprises)의 해외직접투자는 1980년대에는 그 증가속도가 세계무역의 증가율을 능가하기 시작하였다. 기업활동의 범세계화를 촉진하고 있는 해외직접투자도 기업의 해외진출과 인수합병(M&A)의 확대 등으로 순수교역보다 빠른 속도로 증가하였다. 이와 같이 세계무역이 규모면에서나 형태면에서 다국적기업에 의해 지배되는 비중이 높아짐에 따라 국제물류관리에 상당한 영향을 미칠 것으로 예상된다.[1)]

또한, 산업사회를 거쳐 오늘날의 정보시대는 실시간 연결된 정보망으로 생산과 판매, 유통의 업무를 수행하며 전체적인 제품의 라이프사이클을 단축시키고 있어 기업의 전략은 이러한 외부환경에 기민하게 대응해야 하는 과제를 안고 있으며, 기업의 비즈니스 대상이 전 세계로 확대되고, 고객서비스 요구의 다양화는 기본적으로 고객의 제품구매효용을 향상시킬 수 있는 물류활동을 요구한다.

최근에 들어서 SCM(Supply Chain Management)의 보급 등으로 기업의 경영관리 시스템이 전자 · 정보화되면서 기업의 물류관리의 전략이 국경을 넘어서는 다국적화가 진전되고 있다.

---

1) 이신규, 국제물류론, 형설출판사, 2005, pp. 165~166.

5. 국제화에 따른 물류패턴의 변화

탈냉전시대의 도래와 함께 세계시장의 글로벌화, WTO의 출범 등 국제무역환경이 빠르게 변화하면서 아시아지역, 특히 중국의 급성장한 공업화 여파로 미국과 유럽, 아시아의 3대축을 중심으로 국제무역의 구도가 형성되고 있다.

앞서 설명한 세계환경의 변화는 국제무역패턴의 변화를 일으키고 또한 국제물류패턴도 함께 변화시키는 요인이 되고 있다.

수출패턴의 변화는 단순수출 중심인 수출지향단계에서 현지지향수출단계, 글로벌화단계로 이행이 된다.

1개 국가를 상대로 수출을 해왔던 1970년대의 단순수출중심인 수출지향단계에서의 물류활동은 국내를 중심으로 한 국제물류와 수출통관 중심으로 물류가 진개되며, 수출업자는 수출화물을 생산하기 위한 원자재의 조달, 보관, 생산에 따른 물류활동과 수입업자가 원하는 운송수단에 화물을 선적할 때까지의 화물이동과 관련된 운송, 보관, 하역활동이 주요 물류활동이 된다.

이 단계에서는 주로 대량운송이 보편화된 운송방법이며 기업이 직접 물류활동의 주체가 되는 경우가 많았다.

그리고 1980년대의 현지지향수출단계에서는 국내물류 활동뿐만 아니라 국제물류활동의 중요성이 강조되며, 본국에서 생산된 주요 부품이나 반제품을 현지국에서 조립판매하는 경우가 많아 다빈도 소량운송이 필요하게 된다. 따라서 물류비용을 절감하기 위하여 여러 물류활동의 연계성이 강조되며, 제3자 물류업체를 통한 물류효율성의 제고를 시도하게 된다. 이에 따라 전문물류업체들이 등장하게 되고 이들을 이용하는 기업들이 증가하였다.

1990년대 이후 2000년대에 들어 확대된 기업의 글로벌화단계에서는 전 세계를 대상으로 조달, 생산, 판매활동이 다면적으로 전개되기 때문에 물류서비스수준과 물류비의 적절한 조화가 요구된다. 이 단계에서는 글로벌기업이 기업 전체의 물류전략을 수립하고 실행함에 있어 신뢰성 있는 전문물류업체로부터 자문을 받을 뿐만 아니라, 기업 전체의 물류업무를 외주 받은 제3자 물류업체와 파트너 관계를 구축하게 된다. 체계적이며 경쟁력 있는 공급사슬을 관리하기 위하여 파트너간의 정보공유는 물론이고, 서로의 핵심역량 강화를 위한 협력체계가 공고해진다.

특히 소비자의 요구에 부응하고 기업이 전략적으로 결정한 물류서비스 수준을 유지하기 위하여 통합적이며 체계적인 물류활동이 전개되고, 이를 위해 다양한 운송전략, 재고관리 및 주문처리전략, 마케팅전략이 수립된다.

기업의 물류체계가 권역별 생산과 물류거점을 중심으로 지역경제권 전체를 담당하는 거점물류체제로 운영되면서 거점물류체계는 기업의 원료·부품의 조달, 조립·가공, 생산, 판매·마케팅, 인사, 재무 및 기술개발 등 기업활동의 전부 또는 일부를 특정 경제권의 투자가치가 높은 지역에 배치하고 동 지역을 거점지역으로 삼아 지역 경영활동을 수행하는 물류관리체계라고 할 수 있다.

글로벌기업은 각 지역의 생산·물류거점을 연계하는 네트워크를 형성하여 경영환경변화에 신속히 대처하면서 각 거점간의 조달·생산·판매를 효율적으로 연계하여 효율성의 극대화를 도모한다. 따라서 다국적기업들은 배후시장의 규모가 크고 관련 산업의 클러스터화가 이루어져 있으며, 조달·생산·판매가 용이한 국제물류체계를 구축할 수 있는 지역을 입지로 선정하여 경영활동을 수행하고 있다.

〈표 4-1〉 기업의 국제화와 물류의 변화 단계

기업의 국제화 단계	국제물류의 발전 단계
단순수출입 중심	수출입 중심의 제물류 단계
거점의 '면'적 전개	운송과 제 물류활동과의 연계성 강화 단계
생산 및 판매의 다면적 전개	복합운송 및 물류전문업의 활성화 단계
경영의 다국적 전개	아웃소싱 및 total distribution 단계
경영의 세계화	Global Logistics 단계, SCM 단계

〈표 4-2〉 국제물류관리체계의 변화

구 분	특 징	생산거점	물류체계
1단계 (수출물류체계)	수출을 중심으로 이루어지는 일련의 물류활동을 관리하는 단계	자국	수출입체계
2단계 (현지물류체계)	국가별 현지자회사를 중심으로 물류·생산활동을 수행하는 단계	현지국	현지국 물류시스템 이용 (자체 또는 현지물류체계)
3단계 (거점물류체계)	지역 물류·생산거점을 중심으로 지역경제권 전체를 담당하는 물류체계	지역거점	거점중심물류체계 (물류전문업자이용)

자료: 광양시, '광양항 활성화를 위한 전략적 복합운송체계 구축방안 연구', 2002.6.

제2절 글로벌 소싱

1. 아웃소싱

소싱(sourcing)이란 경영자원, 즉 토지, 건물, 기계, 공구, 비용 등 설비의 구입, 원재료 및 부품의 매입, 노동력, 자본의 조달 등의 구매활동을 말한다. 하지만 기계설비의 구입은 생산관리, 자본조달은 재무관리, 노동력의 조달은 노무관리에 해당되며 순수한 의미의 소싱은 원재료 및 부품의 구입을 유리한 가격으로 필요한 시기에 적당한 공급자로 합리적으로 구입하기 위한 구매관리를 의미한다.

이러한 소싱활동이 기업내부에서 이루어지면 인소싱(insourcing)이라 하고, 기업외부에서 이루어지면 아웃소싱(outsourcing)이라고 한다.

즉, 아웃소싱(outsourcing)이란 기업의 특정기능을 외부의 전문업자로 하여금 수행하게 하고, 이 업체와 효과적인 관계를 구축함으로써 조직간소화, 조직적응력 및 유연성 강화를 도모하는 혁신기법을 말한다. 아웃소싱의 목적은 기업의 핵심역량을 제외한 다른 업무부문을 외부의 업체에 위탁함으로써 기업경영의 효율을 꾀하며 핵심역량은 지속적으로 향상시켜 기업의 경쟁력과 가치를 증대시키는 데 있다.

요즈음 대부분의 생산기업들은 기업의 생산부문만 핵심역량으로 남기고 판매와 물류부문들은 대부분 외부의 전문업체를 선정하여 아웃소싱하는 형태를 취하고 있다.

한 기업이 모든 부문을 최고로 처리할 수 없는 여건에서 아웃소싱은 핵심역량을 가진 공급자와 가장 능력 있는 유통업체, 그리고 가장 능력 있는 물류기업을 선정하여 조달, 생산, 유통, 물류, 판매를 가장 효율적으로 구성해 낼 수 있는 장점을 가지면서 고객이 원하는 만큼의 양을 적기에 공급해 줄 수 있는 구조로 기업의 경쟁력을 창출하고 있다.

2. 공급사슬관리

공급사슬관리(SCM: Supply Chain Management)란 '원자재를 조달하여 이를 중간재로 변형하고 결국은 완제품을 생산하여 배송시스템을 통하여 고객에게 전달하는 데 관여하는 모든 설비에서 일어나는 통합 활동'이라고 할 수 있다.

따라서 공급사슬관리의 목표는 원재료, 부품, 서비스, 정보 등을 제공하는 공급업체로부터 최종사용자에 이르는 전 과정상의 핵심 비즈니스프로세스들을 일관되고 효율적으로 운영함으로서, 고객 및 여타 이해관계자에게 궁극적인 가치를 제공하는 것이다.

즉, 공급사슬관리가 성공적이려면 공급사슬 내의 기업들은 수요예측, 생산계획, 생산능력 변경, 새로운 마케팅 전략, 신제품과 서비스 개발, 신기술 개발 구매계획, 납기일자, 그리고 구매, 생산 및 배송계획에 영향을 미치는 사항 등에 관한 정보를 공유하며 협력해야 한다.

공급사슬이 물류와 차별화되는 이유는 물류는 목적지로 물품을 이동시키는 것이지만 공급사슬관리는 거기서 한발 더 나아가 전반적인 비즈니스 운영방식을 조직화하고 외부 관련업체와의 상호작용 방식을 조율하며 지속적으로 물류활동을 관리한다는 것이다.

공급사슬의 주요 목적 중의 하나는 '채찍효과'(bullwhip effect)로 알려진 부정적 동태성(dynamics)을 최소화하는 것이다. 채찍효과란 수요의 작은 변동이 공급업체를 거슬러 올라가면서 전파되는 과정에서 점차 과장되어 공급사슬상의 전체 재고수준이 크게 확대되는 것을 말한다.

효율적으로 관리되는 공급사슬은 이러한 채찍효과를 다음과 같은 방법으로 통제하고 있다.

① **수요예측**(demand forecast)

수요의 원천(일반적으로 소매업체)으로부터 정확한 정보를 수집하는 것이 가장 효과적임

② **정보공유**(information sharing)

채널 구성원이 더 많은 정보를 가질수록 보다 더 적절한 의사결정을 할 수 있음

③ **리드타임 단축**(shorter lead times)

재고수준에 대한 최신의 정보를 토대로 생산하도록 함으로써 유연성을 확대함

④ **주문의 일괄처리**(order batching)

일괄처리(batch) 규모를 줄이고 주문횟수를 늘임으로써 수요의 변화가 공급사슬에 보다 쉽고 신속하게 반영되도록 함

⑤ **가격변동 억제**(price fluctuations)

가격변동은 수요변동을 유발하므로 가격을 안정화함으로써 공급사슬의 안정

성을 도모함[2)]

기업들의 아웃소싱 확대는 협력업체간 유기적인 연결의 필요에 의해 SCM (Supply Chain Management)을 탄생시키고, 이러한 SCM의 확대는 기업의 경쟁 형태를 기업과 기업의 경쟁이 아니라 한 기업의 SCM과 다른 경쟁기업의 SCM과의 경쟁구도로 나타나게 되었다.

3. 제4자 물류

제4자 물류(4PL: Forth-party Logistics)란 제조업체나 유통업체 등의 기업들로부터 아웃소싱을 받아 물류서비스를 제공하는 전문 물류업자인 제3자 물류업체(3PL)가 자사가 부족한 부분을 보완해 줄 수 있는 정보통신사업자, 전문컨설팅업체 및 다른 물류사업자 등과 제휴를 맺고 가상조직을 형성하여 공급사슬상의 모든 물류기능에 대한 토털솔루션을 제공하는 서비스방식을 말한다.

제4자 물류는 최근 들어서 물류서비스를 아웃소싱하는 기업들이 단일계약(one-stop service)으로 전문 물류업체로부터 공급사슬 전체를 지원하는 통합된 물류서비스를 제공받고 싶어 하는 수요의 증가에 부응하기 위해 생겨난 새로운 조직형태이다.

따라서 제4자 물류는 모든 영역의 물류서비스를 제공할 수 없었던 기존의 전문 물류업체의 한계를 극복하며, 광범위한 공급체인상의 조직을 관리하고 기술, 능력, 정보기술, 자료 등을 관리하는 공급망의 통합자라고 할 수 있다.

1) 제4자 물류의 특징

① 공급사슬과 공급사슬 내의 복수기업이 관련되는 물류업무를 지원하는 기능을 수행한다.

② 서비스 능력을 상호 보완할 수 있는 타 서비스 제공업체와 연계하여 보다 완전한 공급사슬솔루션을 제공한다.

③ 공급사슬 아웃소싱의 역할을 한다.

④ 제3자 물류의 한계를 극복한 발전적 대안의 하나이다.

2) 신건철・김도훈・Douglas Long, 국제물류, 무역경영사, 2004, p. 59.

⑤ 제3자 물류업체, 컨설팅업체, IT업체들이 가상조직을 형성하여 한 번의 계약으로 공급사슬 전반에 걸친 통합서비스를 제공한다.

⑥ 세계수준의 전략, 기술, 경영관리를 제공하는 것을 목표로 하고 있다.

⑦ 원재료의 조달로부터 최종고객으로의 판매에 이르기까지 공급사슬상에서 발생하는 모든 물류활동을 하나의 조직이 수행한다.

2) 제3자 물류와의 비교

제3자 물류는 특정기업의 물류업무만 수행하여, 공급사슬 전체의 비용절감과 효율을 꾀하는 데에는 한계가 있는 점이 제4자 물류와의 차이점이다.

〈표 4-3〉 제3자 물류와 제4자 물류의 비교

구분	제3자 물류	제4자 물류
활동목적	전문적/객관적인 물류총괄	가상기업의 기능
활동범위	1개 기업(계약기업)의 물류전반	여러 참가기업 간(Value Chain) 경영총괄
활동기준	효율성/신속성	Collaborative VCM (Value Chain Management)
정보활용	엑스트라넷(Extranet)중심	인트라넷(Internet)/인터넷 중심

제3절 국제물류환경 변화

1. 중심항만(Hub Port)에 따른 운송체계 변화

중심항만이란 대형 고속컨테이너 선박이 기항하는 항만 일정지역의 물류중심지 및 환적중심항(Load Center)으로서, 넓은 의미에서 상공업중심지를 지칭하며, 일반적으로 북반구의 3개 대륙인 아시아, 유럽, 북미를 연결하는 기간항로(Main Trunk Route)상의 mother seaport를 중심항만이라 부르고 있다.

중심항만(Hub Port)은 세계 간선항로상에 위치하면서 Hub & Spoke 운항전략에 따라 주변항만에 화물의 운송과 관련된 제반 서비스를 제공하는 항만으로 지역경제 및 주변지역과의 경제협력에 중추적인 역할을 수행할 뿐 아니라 화물의 취급, 선박의 기항에 따른 막대한 수입으로 지역경제 및 국가경제에 큰 기여를 한다.

일반적으로 (포스트)파나막스급 시대에서는 100만 TEU 이상 컨테이너화물을 처리하는 항만은 직기항선 투입이 고려될 수 있는 능력을 가지며, 300만 TEU 이상인 경우 지역중심항만(Regional Hub Port), 1,000만 TEU 이상은 거대중심항만(Mega Hub Port)으로 평가되었다.

2010년 이후 8,000~10,000 TEU급 초대형선박주도시대가 되면서 300만 TEU 이상을 처리해야만 직기항선 투입이 고려될 수 있으며, 900만 TEU 이상일 경우 지역중심항만, 3,000만 TEU 이상일 경우 거대중심항만으로 간주되면서 중심항만 개념이 변화하고 있다.

이러한 중심항만의 출현은 유럽항로 출발에 있어서는 Singapore과 Hongkong, 미주항로 출발은 Tokyo와 Busan이 그 역할을 담당하며 중국(환황해권)을 중심으로 기간항로가 재편되고 황해권역 3대항만(Quingdao, Tianjin, Dalian)에 8,000 TEU급 이상의 모선 직기항이 형성되고 있다.

이러한 추세에 맞추어 선사들은 선박을 대형화함으로써 규모의 경제를 누리면서도 한편으로는 재항비용은 줄여야 했기 때문에 기간항로상에 위치한 몇몇 대형항만으로 기항지를 줄이게 되는 기항전략의 변화를 가져오게 되었다.

[그림 4.1] 동북아 지역의 주요 항만 및 간선망

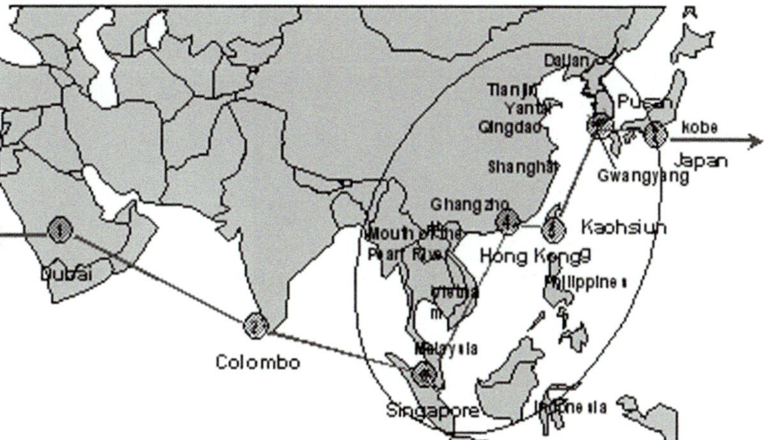

선사들이 기항전략을 소수의 대형항만에만 기항하고 나머지 항만은 피더서비스로 연결하는 중심항-주변항(Hub-Spoke)체제로 전환함에 따라 각국 항만은 중심항이 되기 위한 적절한 항만시설을 구축하며 경쟁중이다.

이에 따라 아시아 경제권에서는 한국을 비롯한 싱가포르, 홍콩, 중국, 일본 등이 급증하는 동북아 지역, 구체적으로 중국의 컨테이너 물동량을 선점하기 위해 경쟁적으로 중심항만 개발을 하였다.

현재 홍콩, 싱가포르의 양대 메가허브항만과 상하이항의 선두체제가 형성되고 있으며, 뒤를 이어 주요 간선항로상의 부산, 카오슝항 등이 지역허브항만으로 자리잡고 있다.

〈표 4-4〉 지역별 컨테이너 처리물량 전망

(단위 : 천TEU)

지 역	2019년	2020년	2021년	2022년	2023년	2024년	2025년
북 미	68,375	67,478	77,955	82,088	85,499	88,331	91,126
북미서안	35,069	34,572	40,214	41,447	42,937	44,150	45,346
북미동안	26,776	26,380	30,544	32,679	34,222	35,504	36,768
걸프만	6,530	6,526	7,197	7,932	8,340	8,678	9,011
유 럽	139,773	135,350	144,194	153,214	157,883	161,886	165,625
북유럽	63,335	60,837	65,471	69,128	70,993	72,524	74,014
지중해&흑해	34,451	34,165	35,640	37,953	39,282	40,527	41,703
아시아	435,174	433,846	465,565	489,411	506,292	521,348	535,952
중화권	252,719	254,656	272,648	286,430	296,439	305,457	314,206
북아시아	68,402	66,085	71,131	73,770	75,572	77,146	78,671
동남아시아	114,053	113,106	121,786	129,210	134,280	138,745	143,075
중 동	38,901	38,992	39,565	41,440	42,738	43,751	44,680
남아시아	30,938	29,395	34,444	36,893	39,271	41,698	44,125
라틴아메리카	48,686	49,351	54,371	55,547	57,635	59,586	61,498
아프리카	28,926	29,375	31,725	33,341	34,855	36,222	37,562
오세아니아	12,994	12,781	14,051	14,586	15,063	15,476	15,878

1. 자료 : Drewry "Container Forecaster & Annual Review 2021/22"
2. 공 "컨" 및 T/S 포함

〈표 4-5〉 세계 환적 항만 순위

(단위 : 천TEU, %)

순위		항만명	2020년			2021년			'21/20
'20	'21		전체물량	환적 물량	환적 비중	전체물량	환적물량	환적 비중	증감률
1	1	Singapore	36,871	31,820	86.3	37,468	32,335	86.3	1.6
2	2	Busan	21,824	12,020	55.0	22,706	12,273	54.0	2.1
3	3	Tanjung Pelepas	9,846	9,275	94.2	11,200	10,663	95.2	15.0
4	4	Port Klang	13,242	8,118	61.3	13,727	8,401	61.2	3.5
5	5	Jebel Ali	13,488	7,014	52.0	13,743	7,146	52.0	1.9
7	6	Tanger Med	5,771	5,385	93.3	7,174	6,700	93.4	24.4
8	7	Rotterdam	14,349	5,094	35.5	15,300	6,120	40.0	20.1
6	8	Colombo	6,855	5,765	84.1	7,253	6,056	83.5	5.1
9	9	Hong Kong	17,969	5,349	29.8	15,298	5,998	39.2	38.2
10	10	Shanghai	43,504	5,059	11.6	47,033	5,826	12.4	15.2

자료 : Drewry "Container Forecaster & Annual Review 2021/22"

2. 컨테이너선박의 대형화

운송수단의 대형화와 관련된 운송업체의 입장은 기본적으로 "Big is Beautiful" 이라는 문구로 표현될 수 있듯이 규모의 경제를 추구하면서 'Mega컨테이너선 시대'가 도래되었다.

항공사의 여객기는 약 700명 탑승 가능한 Super Jumbo Jet기인 Air Bus를 도입하고 있으며, 승객만 4,000명이 탑승 가능한 크루즈선박 운항(선원 1,200명 별도)도 선보이고 있다. 해운에서는 Dry Bulk에서 Capesize급이 주를 이루고 있으며, 컨테이너선박은 규모의 경제 추구 노력이 계속되면서 현재 13,000 TEU급 이상의 선박이 발주되고 있다.

1956년 58TEU급 컨테이너선박이 세계 최초로 등장한 이후, 컨테이너선박의 규모는 지속적으로 증가하여 2017년에는 20,000TEU급 선박의 시대, 2019년부터는 23,000TEU급 초대형선이 전 세계 해상을 누비게 되었다.

2018년 9월 현대상선은 전 세계에서 가장 큰 23,000TEU급 컨테이너 12척 발주를 시작으로 전 세계 조선소에서도 대형 컨테이너선박의 발주가 이어지고 있다.

반면, 초대형 선박은 기항 항만 수 축소가 불가피하므로 글로벌 선사들의 허브항 중심 운항 선대개편이 예상되어, 특정 허브항만으로의 환적 컨테이너 화물의 쏠림현상이 발생하고 있다.

〈표 4-6〉 컨테이너선박 규모 변화 추이

Post-Panamax	80년대 후반 출현 후 현재까지 선박규모가 약 두 배로 증가하여 8,000TEU급 선박이 등장
Ultra Large Container Ship(ULCS)	Lloyd's Register/OSC의 연구결과 도출된 최적규모 12,500TEU급 선박으로서 전장 381m, 선폭 57m, Depth 29m, 최대선적 시 Draft 14.7m, 속력 25knot 선박
Malaccamax	Delft University of Technology의 Niko Wijnolst 교수가 제기한 Draft 21m의 18,000TEU급 차세대 선박 개념으로 경제적 실현 가능성에 대한 논의가 부족

자료: www.iloveshipping.co.kr.

선박 대형화의 초점은 비용절감효과에 있으며 초대형 컨테이너선박(ULCS)은 기존항로 및 터미널 이용을 전제로 구상된 결과 아시아/유럽, TPS(Trans Pacific Service), 펜듈럼서비스에서만 운항이 가능할 것으로 예상된다.

아울러 터미널의 컨테이너 처리속도가 ULCS의 경제성을 좌우할 것으로 예상되며, 컨테이너 처리속도는 자동화와 기술적 개선 등을 통해 현재보다 대략 35% 정도 향상될 수 있으며 시간당 평균 46개의 컨테이너 처리가 가능할 것으로 보인다.

이러한 계산으로 ULCS 한척당 7기의 갠트리크레인이 배치된다면 시간당 평균 320개의 컨테이너 처리가 가능하며 12,500TEU급 ULCS가 한 터미널에서 7,000개의 컨테이너를 처리하는데 대략 입출항시간을 포함해서 27시간이 소요될 것으로 추정되고 있다.

따라서 ULCS는 늦은 항만 소요시간, 건조선가가 130백만 달러에 달하는 높은 자본집약성, 운영유연성 감소 등의 장애요인을 안고 있지만, 이러한 문제점보다는 비용절감효과가 더욱 클 것으로 예상되며, 아시아/유럽항로 운항기준으로 연간 약 100백만 달러의 비용절감이 가능할 것으로 추정되고 있다.

또한, 초대형선은 항로운영 전략상 소수의 항만만을 기항하게 될 것이므로 전통적인 대량화물집산지(배후에 대량소비도시가 있는 곳)에 기항하는 운항패턴에서 대량소비도시가 없더라도 터미널시설이 우수하고 고도의 서비스를 제공할 수 있으며 철도, 도로 등 배후 연계 운송망을 갖춘 특정 터미널에만 기항할 것으로 전망된다.

[그림 4.2] 컨테이너 선박의 대형화 추이

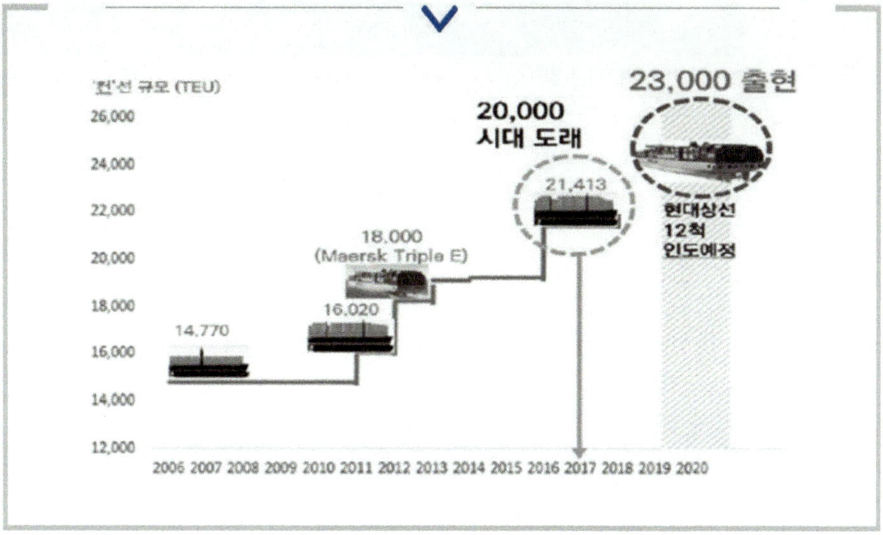

〈표 4-7〉 발주 컨테이너선박 현황

(단위 : 척, 천TEU, %)

선형(TEU)	2021		2022		2023		2024		합계		현재 운항선복	운항선복 대비비중
	선박수	TEU	선박수	TEU	선박수	TEU	선박수	TEU	선박수	TEU		
100-2,000	51	52	57	90	45	73	2	2	155	217	2468	8.8
2,000-3,000	29	71	26	63	19	49	0	0	74	183	1,854	9.9
3,000-5,300	0	0	6	22	40	144	10	35	56	201	3,792	5.3
5,300-10,000	1	5	2	12	11	72	17	105	31	194	6,971	2.8
10,000-12,500	7	83	16	183	3	35	0	0	26	301	1,794	16.8
12,500-14,500 (<52m beam)	2	28	8	108	17	223	21	273	48	631	3,229	19.6
13,000-18,000 (>52m beam)	10	151	18	268	48	725	43	656	119	1,800	1,200	150.0
18,000+	6	142	7	167	32	757	14	300	59	1,396	2,860	48.8
합 계	106	532	140	913	215	2,079	107	1,400	568	4,924	24,168	20.4

자료 : Drewry "Container Forecaster & Annual Review 2021/22"

〈표 4-8〉 초고속 컨테이너 선박과 타 운송수단 비교

구분	Fast Ship	Air Cargo	3,000급 선박
대서양 횡단시간(일)	3.5	0.5	10
door to door(일)	6-7	5-7	25
속도(knot)	36-40	450	20
TEU당 가격	$1,800	$7,200	$500
중량(㎏)당 가격	$0.31-0.45	$1.00-1.60	$0.09-0.18
적재능력(TEU)	1,432	15	3,000

자료 : H 선사 내부자료

〈표 4-9〉 대형 컨테이너선박의 제원비교

선종	TEU	DWT(톤)	길이(m)	선폭(m)	흘수(m)
P&O Nedoyd Southampton	6,674	87,900	300	42.8	14.0
Sovereign Mearsk(1)	6,600	98,000	347	42.8	14.5
Suez-Max Ship	11,989	157,935	400	50.0	17.0
15,000TEU container ship	15,000	220,000	400	66.0	15.0
Malacca-Max container ship	18,154	242,800	400	66.0	21.0

자료 : 한국해양수산개발원

〈표 4-10〉 선박의 규모당 단위비용 비교

선박의 규모	단위당 비용
8,000TEU급	1,000달러
10,000TEU급	930달러
12,000TEU급	781달러
13,000TEU급	633달러
14,000TEU급	500달러
16,000TEU급	370달러
18,000TEU급	259달러

자료 : Drewry Sea & Air Shipper Insight

〈표 4-11〉 컨테이너 선박의 단계적 세대 추이

구분	1세대	2세대	3세대	4세대	5세대	6세대	7세대	8세대	9세대	10세대
길이(m)	190	210	210~290	270~300	290~320	305~310	355~360	365	400	400
속력(노트)	16	23	23	24~25	25	25	25~26	26	26	24
선폭(m)	27	27	32	37~41	40~47	38~40	43	55	69	59
흘수(m)	9	10	11.5	13~14	13~14	13.4~14	14.5	15	15~16	16.5
적재량 (TEU)	1,000	2,000	3,000	over 4,000	over 4,900	abt 6,000	abt 8,000	abt 12,500	15,000	20,000
갑판적	1~2단적	2단8열 2단10열	3단12열 3단13열	3단14열 4단16열	6단16열	6단17열	6단17열	7단22열	28열	-
창내적	5~6단	6단7열 6단8열	7단9열 9단10열	9단10열 4단12열	-	9단14열	9단14열	10단18열	-	-
시기	1960년대	1970년대	1980년대	1984년	1992년	1996년	2000년	2006년	2010년	2015년
선형	개조선	Full Container	Panamax	Post Panamax	Post Panamax	Super Panamax	Super Panamax	Ultra Panamax	Super Ultra Panamax	Super Ultra Panamax

3. 거대선사, 글로벌터미널운영사(GTO)의 점유율 확대

국제복합운송서비스의 발달과 제조업체의 로지스틱스 서비스 필요성 대두, 범세계적 운송망 및 화물유통거점의 확충, 글로벌경영 자원확충을 위한 해운선사의 물류지원서비스 수요가 증가함과 동시에 서비스 범위 및 빈도 제고를 위한 선사간 협력, 글로벌 제휴, 인수・합병(M&A)에 의한 거대선사가 출현하고 있다.

선사의 물류지원 서비스의 거점으로서의 중심항만 부상 및 선사의 전용터미널 확보경쟁이 치열해지고 있으며, 이에 대응하기 위한 이윤극대화 전략으로 진략적 제휴 및 인수합병이 활발히 이루어지고 있다.

또한, 선사들이 자사 산하의 물류전문업체를 신설하는 움직임이 활발히 전개되면서, NOL사의 APL Logistics사 설립과 A.P. Moller(Maersk Sealand)사의 Maersk Logistics가 탄생하였다.

이처럼 선사들이 직접 3PL업체들을 운영하려는 이유는 고부가 물류서비스를 포워더나 전통적인 3PL업체들에게 하청을 주기보다는 사내에서 관련서비스를 조달함으로써 이윤증대를 도모하려는 것으로 볼 수 있다.

따라서 향후 대부분의 거대선사들은 자사 내에서 3PL서비스를 제공할 것으로 예상되고, 이는 결국 선사로부터 선복을 구매하는 화물운송주선인과 선사간 경쟁관계 돌입을 의미하는 것이다.

UPS, FedEx, TPG/TNT 등 대형물류서비스 제공업체들도 현재 포워딩 및 물류기업들의 인수합병 및 전략적 제휴를 적극적으로 추진하고 있으며 이에 따라 트럭운송회사, 포워딩 회사, 물류서비스제공업체, 선사들 간 경계는 점차 없어지고 있다.

〈표 4-12〉 주요 선사별 선대 보유 현황

(단위 : %, TEU, 척)

순위	선사	국적	점유율	총계		자사선		용선	
				TEU	척수	TEU	척수	TEU	척수
1	MSC	스위스	16.9	4,308,612	655	1,603,937	297	2,704,675	385
2	APM-Maersk	덴마크	16.9	4,293,689	738	2,497,516	335	1,796,173	403
3	CMA CGM Group	프랑스	12.8	3,264,643	576	1,424,054	190	1,840,589	386
4	COSCO Group	중국	11.5	2,930,693	476	1,553,344	175	1,377,349	301
5	Hapag Lloyd	독일	6.9	1,753,758	250	1,056,040	111	697,718	139
6	ONE	일본	6.0	1,527,607	208	711,491	84	816,116	124
7	Evergreen	대만	5.8	1,473,972	202	761,919	121	712,053	81
8	HMM	한국	3.2	816,138	74	551,484	35	264,654	39
9	Yang Ming	대만	2.6	663,862	91	211,684	50	452,178	41
10	ZIM	이스라엘	1.7	437,039	117	15,770	5	421,269	112
11	Wan Hai Lines	대만	1.6	414,693	147	269,337	93	145,356	54
12	PIL	싱가포르	1.1	267,129	83	162,091	60	105,038	23
13	KMTC(고려해운)	한국	0.6	156,995	68	86,464	32	70,531	36
14	SITC	중국	0.6	149,903	99	122,102	79	27,801	20
15	IRISL Group	이란	0.6	149,042	32	105,518	29	43,524	3
16	X-Press Feeders	싱가포르	0.6	143,848	93	62,839	36	81,009	57
17	UniFeeder	UAE	0.6	142,155	96	1,118	1	141,037	95
18	Zhoggu Logistics	중국	0.5	120,232	99	70,623	32	49,609	67
19	TS Lines	대만	0.4	113,496	57	65,918	26	47,635	31
20	Sinokor(흥하라인)	한국	0.4	108,063	75	83,349	57	24,714	18
21	Antong(QASC)	중국	0.6	93,599	96	64,469	46	29,130	50
22	China United Lines	중국	0.3	80,905	32	1,967	2	78,938	30
23	Sea Lead Shipping	싱가포르	0.3	72,076	20	-	-	72,076	20
24	RCL	싱가포르	0.2	69,429	37	56,635	33	12,794	4
25	Global Feeder	UAE	0.2	64,864	21	38,676	12	26,188	9
26	Matson	미국	0.2	63,665	27	38,573	19	25,092	8
27	SM상선	한국	0.2	63,025	12	33,298	8	29,727	4
28	Arkas/EMES	터키	0.2	53,049	32	50,557	31	2,492	1
29	Swire Shipping	중국	0.2	51,149	27	44,100	21	7,049	6
30	Emirates Shipping Line	UAE	0.2	50,936	11	2,546	1	48,390	10

자료 : Alphaliner Monthly Monitor 2022.03.

항만운영에도 상업성 도입과 글로벌라이제이션이 지속 확대되고 있다. 항만은 경쟁환경의 기류를 타고 새로운 상황에 부응하기 위해 변화할 수밖에 없었는데 최근 많은 국가들이 민간자본을 투입하여 항만을 건설·운영하거나 또한 정부가 건설했을지라도 민간에게 위탁·임대하여 운영하고 있다.

1990년대 들어 세계 주요 컨테이너터미널 운영업체들은 정기선사의 지속적인 제휴와 합병에 따른 하역서비스 수요의 감소와 선사들의 경영난으로 항만비용 절감에 대한 요구가 계속되면서 자신들의 운영위험을 분산시키고 동시에 추가 수입원을 확보하기 위해서 사업영역을 전 세계로 확대하고 있다.

HPH사는 홍콩을 중심으로 중국 남부와 중부지역에 물류네트워크를 구축하여 홍콩항과의 피더운송 가능성을 제고시키고 있으며 전 세계 기간항로의 항만간 운송서비스를 확대시켰고, PSA는 중국과 동남아시아 지역간 광범위한 항만네트워크를 구축하고 나아가서는 중동, 유럽, 인도 등 전 세계 항만의 연결을 추진하였다.

이러한 컨테이너터미널 운영업체들의 글로벌네트워크 구축은 대자본의 해외투자와 운영이 확대될수록 더욱 강화될 것으로 예상되며 네트워크 항만에서 제외될 경우 화물유치가 어려워져 항만산업의 성장은 기대하기 어렵게 될 것으로 예상된다.

이러한 현상으로 터미널운영사에서도 규모의 경제가 작용하여 메가터미널 오퍼레이터가 등장했으며, 전 세계 컨테이너 물동량 중 대부분을 GTO(Global Terminal Operator)가 처리하고 있다.

2020년 기준으로 〈표 4-13〉에서와 같이 1위 PSA가 전체물동량 392.2(백만TEU)의 15%인 60.4(백만TEU)를 처리하였으며, 상위 6개사의 비중이 전체 처리량의 73%를, 상위 10개사가 전체의 93%를 처리하였다.

〈표 4-13〉 글로벌터미널운영사 처리물량 순위(지분율 기준)

(단위 : 백만TEU, %)

순위		운영사	2019		2020		증감량	증감률
2019	2020		물동량	비중	물동량	비중		
Total			392.2	100.0	389.1	100.0	△3.0	△0.8
1	1	PSA International	60.4	7.5	59.5	7.5	△0.9	△1.4
6	2	China Merchants Ports	41.5	5.2	47.1	5.9	5.6	13.4
2	3	China Cosco Shipping	48.6	6.1	46.2	5.8	△2.4	△4.9
3	4	APM Terminals	46.8	5.8	45.5	5.7	△1.4	△2.9
4	5	Hutchison Ports	45.7	5.7	44.7	5.6	△1.0	△2.2
5	6	DP World	44.3	5.5	44.0	5.6	△0.3	△0.6
7	7	Terminal Investment Limited(TIL)	28.8	3.6	31.8	4.0	3.0	10.6
8	8	ICTSI	10.1	1.3	10.1	1.3	△0.1	△0.5
10	9	SSA Marine	8.3	1.0	7.9	1.0	△0.4	△5.0
11	10	Evergreen	7.6	0.9	7.2	0.9	△0.3	△4.6
12	11	Yildirim/Yilport	7.1	0.9	6.3	0.8	△0.8	△11.0
9	12	CMA-CGM	8.3	1.0	6.3	0.8	△2.0	△24.1
13	13	HHLA	7.0	0.9	6.2	0.8	△0.7	△10.5
14	14	Eurogate	6.6	0.8	5.9	0.7	△0.3	△5.2
15	15	HHM	5.0	0.6	4.7	0.6	△0.3	△6.3
17	16	MOL	3.2	0.4	3.3	0.4	0.1	3.2
16	17	NYK	3.4	0.4	3.1	0.4	△0.3	△7.6
18	18	Bollore	3.2	0.4	3.0	0.4	△0.2	△5.5
19	19	K Line	2.3	0.3	2.2	0.3	△0.1	△3.0
20	20	Yang Ming	2.3	0.3	2.2	0.3	△0.1	△5.6
21	21	SAAM Puertos	2.2	0.3	1.9	0.2	△0.3	12.2

자료 : Drewry "Global Container Terminal Operators Annual Review and Forecast", Annual Report 2021.

4. 중국 중심의 직기항체제 변화

세계에서 가장 역동적인 경제성장을 보이고 있는 동북아지역의 컨테이너 물동량은 전 세계 물동량의 30% 이상을 차지하고 있으며, 기존의 해상운송의 전통적인 루트가 중국을 중심으로 개편되고 있다.

중국효과(China Effect)로 대표되는 중국 중심으로의 국제물류 중심축 변화는 앞으로의 국제물류 전 분야에 있어 중국 중심의 중심축 이동에 따른 운송체계의 변화가 주요변수로 작용하고 있다.

세계 주요 정기선항로를 운항하고 있는 정기선사들은 중국 컨테이너 물동량의 증가추세에 대비하기 위하여 북미 유럽항로의 서비스체제를 급속히 개편하였으며, 늘어나고 있는 중국 물동량의 수급을 위한 중국항만 기항지의 추가, 서비스체제의 개편, 신조선 투입에 따른 선박교체, 신규 서비스 개설 등을 추진하였다.

상해나 청도 등 1개 항만에만 기항하던 상태에서 발해만 북중국항만의 청도, 천진, 대련 등 여러 개 항만을 기항하며, 단일선사의 경우에는 다항 기항체제로, 얼라이언스의 경우에는 1～2개 항만을 교차기항하는 형태로 변모하고 있다.

중국의 컨테이너 물동량이 상대적으로 적고, 항만의 하드웨어가 정비되지 않았을 때는 중국 연안의 물동량 대부분이 피더선에 의하여 인근 주요항인 홍콩, 카오슝, 부산항 또는 일본의 주요항에서 모선으로 T/S되는 형태였으나, 최근에는 중국 내에서 발착되는 컨테이너 물동량이 급증하면서 컨테이너 정기항로가 급속하게 재편되고 있다.

[그림 4-3]에서와 같이 전통적인 세계 기간항로는 북미 – 일본 – 한국 – 대만 – 홍콩 – 싱가포르-유럽으로 항로가 형성되어 있었고, 중국의 항만들은 피더서비스로 운항되었다.

그러나 중국이 급속하게 공업화가 진전되면서 중국항만에 직기항 체제가 늘어나고 있다. 직기항이란 이전까지의 피더선에 의한 서비스를 지양하고 모선이 직접 기항하는 것을 의미하며, 모선이 피스톤방식으로 하는 셔틀서비스는 아니다. 피스톤 방식의 셔틀서비스는 이론적인 효율성에도 불구하고 현실화되지 못하고 있으며, 직기항의 증가란 기존의 서비스 경로에 중국의 주요항을 다시 추가하거나 중국의 주요항을 중심으로 한 새로운 서비스 경로를 신설하는 것을 의미한다.

각 얼라이언스, 독립선사들의 중국 직기항 서비스는 북미항로의 경우, 총 서비스 루프 수 65개 중 56개로 전체 루프의 86%, 유럽항로는 총 37개 중에서 31개 루프가 기항하고 있어 이들 항로를 오가는 선사 전체의 84%가 중국 기항지 서비스를 하고 있다.

중국의 기항지로는 주로 남중국쪽은 염전, 적만, 사구, 동중국쪽은 상해, 영파, 하문, 북중국쪽은 청도, 천진, 대련이다.

[그림 4.4] 전통적인 세계 기간항로

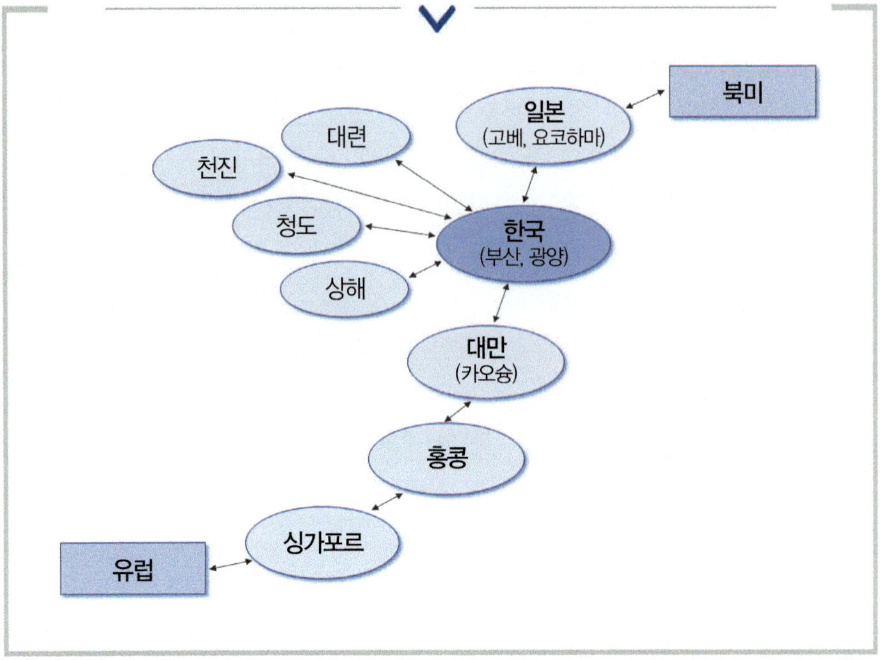

〈표 4-14〉 중국 주요 컨테이너항만 처리 실적

(단위 : 천TEU, %)

구분	2014년	2015년	2016년	2017년	2018년	2019년	2020년	2021년	'21/20 증감률
합계	155,072	159,887	163,900	174,600	183,027	188,298	189,344	192,255	7.2
상하이	35,285	36,537	37,130	40,180	42,010	43,303	43,501	47,025	8.1
닝보/저우산항	19,450	20,629	21,570	24,640	26,351	27,535	28,734	31,080	8.2
선전항	24,030	24,210	24,220	25,250	25,736	25,771	26,553	28,760	8.3
광저우항	16,160	17,397	18,580	20,100	21,920	23,236	23,192	24,180	4.3
칭다오항	16,624	17,436	18,010	18,300	19,315	21,010	22,005	23,700	7.7
텐진항	14,050	14,111	14,500	15,040	16,007	17,301	18,356	20,260	10.4
샤먼항	8,572	9,183	9,600	10,400	10,702	11,122	11,410	12,030	5.4
잉커우항	5,005	5,009	4,690	6,270	6,487	5,480	5,673	5,220	△7.8

자료 : 중국항만컨테이너협회, Alphaliner Monthly Monitor 2022.03.

제4절 세계 해상물동량 변화

1. 1970년대

항만을 통한 해상물동량은 전 세계 교역물동량의 85~95%를 차지하고 있으며 이러한 해상물동량은 세계경제의 변화와 밀접한 관계에 놓여있다.

1970년대 이전까지의 세계경제의 흐름을 살펴보면 북미와 유럽이 주도하면서 일본이 이에 가세하는 수준이었다. 그러나 1980년대에 들어서면서 한국, 대만, 홍콩, 싱가포르로 구성되는 네 마리 용의 아시아 중심시대가 서서히 개막되었고 1990년대 중반이 되면서 그 중심축이 중국의 경제성장으로 급속하게 중국으로 이동하게 되면서 세계경제의 중심축도 북미와 유럽을 세계주축으로 하는 대서양으로부터 아시아로 완전히 이동되었으며 그에 따른 해상에서의 컨테이너 물동량도 마찬가지로 변화되었다고 할 수 있다(〈표 4-15〉 참조).

〈표 4-15〉 국별 컨테이너 운송량 변화(1975~1980)[3]

(단위: 만TEU)

국명	1975	1976	1977	1978	1979	1980
미국	526	558	547	594	724	861
일본	186	238	270	245	289	331
대만	47	65	74	104	134	164
홍콩	80	102	125	122	130	146
싱가포르	22	31	37	53	69	91
한국	18	37	49	50	62	68
필리핀	9	13	16	21	35	42
~~	~~~~~~~	~~~~~~~	~~~~~~~	~~~~~~~	~~~~~~~	~~~~~~~
합계	1,741	2,024	2,299	2,658	3,198	3,651

제2차 세계대전 종전 후 세계는 새로운 시대를 맞이하였고 많은 식민지가 독립하였다. 독립된 신생국가들 중 아시아의 국가들이 비교적 빨리 경제발전을 이룩하여 자립할 수 있었는데 그것은 전후 완전히 파괴되었던 경제를 재건한 일본과 그 뒤를 이은 아시아의 네 마리의 용(한국, 대만, 홍콩, 싱가포르)에 의해서다.

3) 한국해양수산개발원의 해운통계연보, Containerisation International Yearbook, 한국무역협회의 무역통계 참조.

20세기가 시작되던 1900년도에 아시아 국가 중 로이즈통계에 올라 있는 국가는 일본이 유일하였으며, 1970년대에 들어서면서 인도, 중국, 대만, 한국, 싱가포르 등으로 환태평양시대가 개막되었다. 1975년 세계전체 물동량은 적양하를 합하여 약 61억 톤이었는데, 일본이 6억2천만 톤으로 가장 많은 물동량을 처리한 국가였고, 다른 아시아지역은 미미하였다.

해상 물동량 중 국가의 경제력을 가장 잘 나타내는 컨테이너 물동량에서 아시아시대는 더욱 두드러진다. 아시아의 네 마리의 용이 국제경제에서 주목을 받기 시작한 1975년의 전 세계 컨테이너 물동량은 약 1,700만 TEU였다. 그 중 1위가 미국으로서 전 세계 운송량의 약 30%인 527만 TEU를 취급하였고, 2위가 일본으로 10.7%인 187만 TEU를 운송하였다.

아시아의 네 마리의 용의 합계는 168만 TEU로서 4개국 합계가 일본보다 적었고, 세계 컨테이너 운송량에서 점하는 비중도 9.7%였다.

1975년도의 세계 컨테이너 취급량 1위는 단연 미국의 뉴욕으로서 전 세계 취급량의 10%를 차지하는 173만 TEU였다. 일본 항만으로서는 고베가 4위, 요코하마가 13위, 도쿄가 18위였다.

〈표 4-16〉 세계 항만별 컨테이너 취급량(1975~1980)

(단위: 만TEU)

순위	항만명	1975	1976	1977	1978	1979	1980
1	뉴욕	173	172	191	177	177	194
2	로테르담	107	122	131	159	173	190
3	홍콩	80	102	125	122	130	146
4	고베	90	124	136	144	130	145
5	고웅	22	31	35	56	77	97
6	싱가포르	22	31	37	53	69	91
13	요코하마	32	34	45	-	55	72
16	부산	17	35	45	50	58	63
18	도쿄	36	46	50	55	58	63
~~	~~~	~~~~~~	~~~~~~	~~~~~~	~~~~~~	~~~~~~	~~~~~~
	합계	1,741	2,024	2,299	2,658	3,198	3,651

〈표 4-17〉 국별 컨테이너 운송량 변화 추이(1975~2003)[4)]

(단위: 만TEU)

국명	1975	1980	1985	1990	1995	2000	2003
미국	526	861	1,183	1,527	1,956	2,730	3,264
일본	186	331	551	785	1074	1,362	1,456
대만	47	164	307	543	784	1,051	1,208
홍콩	80	146	228	510	1255	-	-
싱가포르	22	91	169	522	1080	1,709	1,844
한국	18	68	127	234	450	853	1,299
필리핀	9	42	65	138	170	360	346
중국	-	-	44	114	467	3,548	6,162
태국	-	-	40	107	196	326	441
인도네시아	-	-	-	-	219	386	456
말레이시아	-	-	-	-	208	461	1,007
인도	-	-	-	-	-	-	391
~~	~~~~~~	~~~~~~	~~~~~~	~~~~~~	~~~~~~	~~~~~~	~~~~~~
합계	1,741	3,651	5,578	8억422	1억3,723	2억2,529	3억310

2. 1980년대

로이즈통계에 의한 1981년도의 해운력을 보면 중국(13위), 싱가포르(14위), 인도(15위), 한국(16위) 외에 홍콩, 필리핀, 인도네시아 등의 국명도 나타난다. 이러한 경향은 더욱 두드러져 한국을 위시한 일본, 중국, 홍콩, 싱가포르, 인도 등의 해운력이 크게 성장한 반면에 유럽의 해운력은 크게 쇠퇴하게 된다.

1985년의 세계 전체 해상물동량은 68억 톤이 적양하 되었는데 아시아에서는 일본이 약 7억 톤으로써 10년 전과 비슷한 비율을 점하였고, 여기에 한국의 물동량이 1억3천만 톤이 추가되어 전 세계 물동량에서 아시아가 차지하는 비중은 12.5%로 늘어났다.

지역별 컨테이너 물동량에서는 1980년에 전 세계 운송량이 3650만 TEU로 배 이상으로 증가하였다. 1위는 여전히 미국이었으나 그 점유율이 23.6%로 떨어졌고 일본도 9%로 떨어졌다. 이에 비하여 네 마리의 용인 홍콩, 대만, 싱가포르, 한국은 합계 471만 TEU가 운송되어 점유율이 12.9%로 급성장하였다.

1981년의 4080만 TEU에서 1985년에는 5570만 TEU로 전체 물동량은 지속적으로 상승하였는데, 일본의 경우 전체 9.1%의 비중에서 9.8%로 상승되었으나

4) Containerisation International Yearbook, 각년호 참고.

네 마리 용은 12.9%에서 14.9%로 상승하였다.

항만별 순위에서는 1981년에 세계 1위의 뉴욕항이 로테르담항에 밀려 2위로 전락되고 1987년에는 홍콩이 1위로 부상하면서 로테르담항이 2위, 그 뒤를 카오슝과 싱가포르가 차지하고 뉴욕항은 5위 밖으로 밀려나게 된다.

〈표 4-18〉 국별 컨테이너 운송량(1980~1985)

(단위: 만TEU)

국명	1980	1981	1982	1983	1984	1985
미국	861	836	872	955	1,090	1,183
일본	331	373	375	411	503	551
대만	164	178	190	242	302	307
홍콩	146	155	165	183	210	228
싱가포르	91	106	111	134	155	169
한국	68	80	86	97	117	127
필리핀	42	55	68	72	65	65
~~	~~~~~~~~~	~~~~~~~~	~~~~~~~~	~~~~~~~~	~~~~~~~~	~~~~~~~~
합계	3,651	4,085	4,229	4,556	5,332	5,578

〈표 4-19〉 세계 항만별 컨테이너 취급량(1980~1987)

(단위: 만TEU)

순위	항만명	1980	1984	1985	1987		
					순위	항만명	취급량
1	뉴욕	194	225	240	1	홍콩	345
2	로테르담	190	254	265	2	로테르담	283
3	홍콩	146	210	228	3	카오슝	277
4	고베	145	182	185	4	싱가포르	263
5	고웅	97	178	190	5	뉴욕	208
6	싱가포르	91	155	169	6	고베	199
13	요코하마	72	110	132	7	부산	194
16	부산	63	105	114	8	기륭	194
18	도쿄	63	92	100	9	LA	158
~~	~~~~	~~~~~	~~~~~	~~~~~	~~~~	~~~~~	~~~~~
	합계	3,651	5,332	5,578		합계	6,725

3. 1990년대 이후

이러한 세계경제의 흐름은 중국의 개혁과 개방으로 더욱 촉진되었다. 중국은 개혁과 개방을 단계적으로 시행하여 그 결과가 실효를 거두면서 세계경제의 중심축이 완전히 중국으로 기울어지게 되었다.

1991년의 세계 10대 컨테이너항만의 물동량 3362만 TEU중에서 아시아 거점항만의 비중이 70.7%(2376만TEU)이며, 2001년에는 74.7%로 증가하였다.

2004년의 전 세계 선복량 합계 중 아시아 주요국가의 비중은 35%이고 상위 20위안에 드는 아시아 국가는 10개국으로서 절반을 점하고 있다.

1995년의 세계 해상물동량 적양하 합계는 94억톤으로서 아시아의 한국, 일본, 중국, 홍콩의 합계 적양하량이 28억5천만톤으로 30.2%의 점유율을 기록하게 되었다. 2003년에는 125억톤이고 중국(15억톤)이 12%를 차지하였다.

지역별 컨테이너 물동량은 1990년 아시아를 중심으로 전 세계 운송량이 8422만 TEU로 늘어났다. 그 중 미국이 1527만 TEU로서 여전히 1위이나 그 점유율은 18.1%로 줄어들었다. 일본은 9.3%로 약간 늘어났고, 네 마리 용인 4개국 합계는 1810만 TEU로 전 세계 점유율이 21.5%로 급상승하였다. 게다가 필리핀과 중국, 태국 등이 상위 20개국에 랭크되었다. 일본과 네 마리의 용, 필리핀, 중국, 태국의 합이 2556만 TEU로서 전 세계 운송량의 35%를 점하게 되었다.

1995년의 컨테이너 물동량에서 홍콩과 싱가포르가 일본을 제치고 2. 3위로 올라섰으며, 상해항이 20위권 안에 진입하고 부산항의 순위가 5위로 상승하게 되었다. 1998년 중국(2471만TEU)이 드디어 미국을 추월하여 1위로 등극하게 된다. 2000년에 들어서면서 20위권 내 아시아 국가의 합계가 1억 TEU를 초과하고 전 세계 컨테이너 운송량의 과반수(44.7%)에 이르게 된다. 그 후 계속해서 아시아의 비중이 높아지면서 아시아 중심시대가 열렸다고 할 수 있다.

2003년에 상해항이 세계 3위로 급부상하고 심천(深圳)항도 세계 4위가 되면서 상대적으로 부산항은 5위로 밀려났고 일본의 제 항만들은 순위가 한참 아래로 뒤쳐지게 되었다.

〈표 4-20〉 1990년 국가별 컨테이너 운송량

순위	국명	만 TEU	구성비
1	미국	1,527	18.1
2	일본	785	9.3
3	대만	543	6.4
4	싱가포르	522	6.2
5	홍콩	510	6.1
9	한국	234	2.8
17	필리핀	138	1.6
19	중국	114	1.4
	태국	107	1.3
~~	~~~~~~~~~~~~~~	~~~~~~~~~~~~~~~~	~~~~~~~~~~~~~~
	합계	8,422	100.0

〈표 4-21〉 1995년과 1998년의 국가별 컨테이너 운송량

1995년			1998년		
순위	국명	만 TEU	순위	국명	만 TEU
1	미국	1,956	1	중국	2,470
2	홍콩	1,255	2	미국	2,416
3	싱가포르	1,080	3	싱가포르	1,513
4	일본	1,074	4	일본	1,052
5	대만	784	5	대만	834
8	중국	467	6	한국	646
9	한국	450	14	말레이시아	302
15	인도네시아	219	16	태국	263
16	말레이시아	208	18	필리핀	244
17	태국	196	21	인도네시아	200
18	필리핀	170	24	인도	198
~~	~~~~~~~~~	~~~~~~~~~	~~~	~~~~~~~~	~~~~~~~~
	합계	1억3,500		합계	1억7,488

〈표 4-22〉 2000년과 2003년의 국가별 컨테이너 운송량

2000년			2003년		
순위	국명	만 TEU	순위	국명	만 TEU
1	중국	3,548	1	중국	6,162
2	미국	2,730	2	미국	3,264
3	싱가포르	1,709	3	싱가포르	1,844
4	일본	1,362	4	일본	1,456
5	대만	1,051	5	한국	1,299
6	한국	853	6	대만	1,208
14	말레이시아	461	8	말레이시아	1,007
15	인도네시아	386	16	인도네시아	456
16	필리핀	360	17	태국	441
18	태국	326	19	인도	391
24	인도	231	22	필리핀	346
~~	~~~~~~~~~~	~~~~~~~~~	~~	~~~~~~~~~	~~~~~~~~~
	합계	2억3,168		합계	3억310

〈표 4-23〉 1990년과 1995년의 세계 항만별 컨테이너 취급량

1990년			1995년		
순위	항만명	만 TEU	순위	항만명	만 TEU
1	싱가포르	522	1	홍콩	1,255
2	홍콩	510	2	싱가포르	1,080
3	로테르담	366	3	카오슝	523
4	카오슝	349	4	로테르담	478
5	고베	259	5	부산	450
6	부산	234	8	요코하마	275
11	요코하마	164	12	도쿄	217
13	도쿄	155	13	기륭	217
20	방콕	101	16	마닐라	168
21	마닐라	101	19	상해	152
23	나고야	89	22	나고야	147
			24	고베	145
~~	~~~~~~~~~~	~~~~~~~~~~	~~~~	~~~~~~~~~~	~~~~~~~~~~
	합계	8,422		합계	1억3,500

〈표 4-24〉 2000년과 2003년의 세계 항만별 컨테이너 취급량

2000년			2003년		
순위	항만명	만 TEU	순위	항만명	만 TEU
1	홍콩	1,810	1	홍콩	2,044
2	싱가포르	1,704	2	싱가포르	1,810
3	부산	754	3	상해	1,128
4	카오슝	742	4	심천	1,061
5	로테르담	627	5	부산	1,040
6	상해	561	6	카오슝	884
14	도쿄	289	12	포트클랑	484
15	마닐라	286	14	청도	423
20	탄중프리옥	247	16	탄중펠레파스	348
21	요코하마	231	17	도쿄	331
22	고베	226	21	천진	301
24	연태	214	22	영파	277
25	청도	212	23	광저우	276
~~	~~~~~~~	~~~~~~~~	24	탄중프리옥	275
~~	~~~~~~~	~~~~~~~~	25	마닐라	255
~~	~~~~~~~	~~~~~~~~	~~~~	~~~~~~~~~~	~~~~~~~~~~
	합계	2억2,529		합계	3억310

〈표 4-25〉 1990년~2010년 세계 컨테이너화물 물동량 변화

(단위 : 백만TEU)

국가	1990년		2000년		2010년		증가율
	처리량	비중	처리량	비중	처리량	비중	
세계	85.9	100.0	233.7	100.0	423.0	100.0	81.0
동아시아	32.3	37.6	105.9	45.3	205.0	48.5	93.6
미주	21.6	25.1	48.6	20.8	79.0	18.7	62.6
유럽	23.1	26.9	55.5	23.7	93.0	22.0	67.6

〈표 4-26〉 세계 주요 항만 컨테이너화물 처리실적(2019~2021)

(단위 : 천TEU, %)

순위			항만명	2019년△		2020년		2021년	
'19	'20	'21		물량	전년대비 증감	물량	전년대비 증감	물량	전년대비 증감
1	1	1	Shanghai	43,303	3.1	43,501	0.5	47,025	8.1
2	2	2	Singapore	37,195	1.6	36,871	△0.9	37,468	1.6
3	3	3	Ningbo-Zhoushan	27,535	4.5	28,734	4.4	31,080	8.2
4	4	4	Shenzhen	25,771	0.1	26,553	3.0	28,760	8.3
5	5	5	Guangzhou	23,236	6.0	23,192	△0.2	24,180	4.3
7	6	6	Qingdao	21,010	8.8	22,005	4.7	23,700	7.7
6	7	7	Busan	21,992	1.5	21,824	△0.8	22,706	4.0
9	8	8	Tianjin	17,301	8.1	18,356	6.1	20,260	10.4
8	9	9	Hong Kong	18,303	△6.6	17,971	△1.8	17,788	△1.0
10	10	10	Rotterdam	14,810	2.1	14,349	△3.1	15,300	6.6
12	12	11	Port Klang	13,581	10.3	13,244	△2.5	13,724	3.6
11	11	12	Dubai	14,111	△5.6	13,486	△4.4	13,700	1.6
14	14	13	Xiamen	11,122	3.9	11,410	2.6	12,030	5.4
13	13	14	Antwerp	11,860	6.8	12,031	1.4	12,020	△0.2
18	15	15	Tanjung Pelepas	9,077	1.3	9,846	8.5	11,200	13.8
16	17	16	LA	9,338	△1.3	9,213	△1.3	10,678	15.9
15	16	17	Kaohsiung	10,428	△0.2	9,622	△7.7	9,864	2.5
21	19	18	LB	7,632	△5.7	8,113	6.3	9,384	15.7
23	21	19	NY/NJ	7,471	4.1	7,586	1.5	8,986	18.5
17	18	20	Hamburg	9,282	6.2	8,500	△8.4	8,799	2.6
20	22	21	Laem Chabang	7,980	△1.2	7,553	△5.4	8,523	12.9
25	20	22	Ho Chi Minh City	7,182	13.3	7,200	0.3	7,950	1.1
24	24	23	Colombo	7,228	2.6	6,850	△5.2	7,249	5.8
35	25	24	Tanger Med	4,802	38.3	5,771	20.2	7,174	24.3
22	23	25	Jakarta(Tanjung Priok)	6,802	0.9	6,170	△9.3	6,750	8.8
37	26	26	Mundra	5,480	△15.6	5,673	3.5	6,665	17.5
33	39	27	Nhava Sheva (Jawaharial Nehru)	5,101	1.0	4,470	△12.4	5,632	25.9
28	29	28	Valencia	5,440	6.1	5,428	△0.2	5,614	3.4
38	38	29	Savannah	4,599	5.7	4,682	1.8	5,613	19.9
26	28	30	Piraeus	5,648	15.1	5,437	△3.7	5,320	△2.2

자료 : Alphaliner Monthly Monitor 2022.03, Lloyd's List ONE HUNDRED PORTS 2021, 2020, 각 항만 홈페이지.

제5장 국제물류와 보험

제1절 해상화물보험

1. 해상보험의 개념

해상보험이란 해상운송 도중에 일어나는 사고에 대해서 보험자가 손해를 보상하여 줄 것을 약속하고 피보험자는 그 대가로서 보험료를 지불할 것을 약속하는 손해보험의 일종이다.

그러나 해상위험으로 인하여 생기는 손해라 하더라도 승객 같은 인명의 상실 및 상해는 해상보험의 범주에 속하지 않는다.

영국 해상보험법(marine insurance act, MIA, 1906) 제1조에는 "해상보험계약은 보험자가 피보험자에 대하여 그 계약에 의해 합의된 방법과 범위 내에서 해상손해, 즉 해상사업에 수반하여 발생하는 손해를 보상할 것을 약속하는 계약이다."라고 되어 있어 해상보험계약은 손해보상을 전제조건으로 하는 일종의 손해보상계약(contract of indemnity)이다.

2. 해상보험의 분류

1) 보험의 목적물에 의한 분류

(1) 선박보험(Hull Insurance)

선박보험은 선박을 보험에 붙여지는 목적물로 하는 것으로서, 선박의 소유 또는 운항에 수반되어 발생하는 각종의 이해관계를 피보험이익으로 하는 보험이다.

따라서 선박보험이 선비 및 운임보험을 포함하고 있지만, 협의로는 선박의 소유이익을 중심으로 하는 보험이다. 대상이익에 속하는 선비를 실제상 선박보험의 보완으로 부보되는 경우가 많다. 선박은 사회통념상 수상항행에 제공되는 구조물을 의미하며, 상법에서는 상행위 기타 영리를 목적으로 항해에 사용되는 선박만을 의미한다. 따라서 이와 같이 상법상의 선박은 항행 상선만을 의미하나 해상보험의 목적물로서의 선박의 개념은 보다 넓어 상선인가 아닌가, 공용선인가 사용선박인가를 묻지 아니하고, 거래통념상의 선박을 부보대상으로 규정하여 모두 포함시키고 있다,

다시 말하면, 건조중의 선박은 상법상의 선박에는 해당되지 않지만, 용골(keel)설치 이후는 선박으로 보고 있고 일반선박과 유사한 벌크선, 뗏목, 기타 해양개발시설 같은 것은 당사자의 합의에 의하여 그 명칭과 관계없이 선박보험의 목적물로 할 수 있다.

선박보험의 주된 대상은 1,000톤 이상의 강철상선을 대상으로 하며, 보통 기간보험으로 인수하고 있다. 또한 선박보험에 있어서는 어선 기타의 선박도 선박보험의 대상으로 하고 있다.

(2) 적하보험(Cargo Insurance)

적하보험은 운송화물을 대상으로 하는 보험이다. 적하보험은 화물의 소유이익이 중심이 되고 있으나 보험증권 중에는 CIF계약의 부보화물에서와 같이 운임, 보험료, 희망이익이 포함되는 경우가 많다.

M.I.A(1906) 제1부칙 '보험증권의 해석에 관한 규칙'(Rules for Construction of Policy: R.C.P) 제17조에 의하면 화물이라는 문언은 상품의 성질을 가진 화물을 의미하는 것이지, 선원의 소지품이나 선내 소비용 식량은 포함하지 않는 것으로 되어 있다.

그러나 이 경우도 특약이 있으면 부보가 가능하다. 운송 도중 시장가격이 변동하기 쉬운 화물에 대하여는 증액보험(Increased Value Insurance)이 이용되고 있다. 가격이 오르면 당초에 부보된 적하보험증권이 비현실적으로 되는, 즉 일부보험의 현상이 일어나므로 보험의 보호가 불충분하게 되기 때문이다.

따라서, 부보금액을 값이 오른 만큼 증액할 필요가 있다. 또 운송 도중 손상으로 인하여 화물의 가치가 소멸되었다 하더라도 수입관세는 정품과 동액 또는 그와 유사한 금액으로 부과되는 경우가 대부분이기 때문에 이에 대비하여 별도로 수입관세를 부보하기도 하는데, 이를 '수입관세보험'이라고 부른다.

(3) 운임보험

본래 운임보험은 후불운임(Freight Collect)과 용선료(Chartered Freight)에 관한 보험으로서, 해상위험에 의하여 선주가 운임의 수득을 하지 못하는 경우에 대비하는 보험으로 이는 수익이익보험의 일종이다.

일반적으로 B/L과 같은 운송계약에는 운임전불 조항이 삽입되어 있어 운임의 피보험이익이 선주로부터 화주에게 이전되어 있기 때문에 운임보험 자체의 수요는 거의 없다. 그러나 운송계약상 후불운임인 경우에는 선주 또는 용선자가 그 항해에 대하여 운임을 부보할 수 있다. 다시 말하면, 용선계약에 따라 용선자로부터 선주에게 지급되는 보수로서의 용선료에 대하여 용선료보험으로 부보하는 것이다.

(4) 책임보험

보상책임의 대표적인 것은 충돌손해배상금과 공동해손분담액을 보상하는 보험으로 그것은 적하보험과 선박보험약관에 의하여 보상되며 독립된 보험으로 취급되지 않고 있다.

① 선주책임상호보험(Protection and Indemnity Insurance)

선박의 운항에 수반하여 선주 또는 용선자에게 발생하는 손해, 비용, 보상책임은 여러 가지가 있는데, 그 중 통상적인 선박보험에서는 기술적으로나 상업적으로나 담보하기 어려운 것이 있다. 다시 말하면, 선박 이외의 다른 물건에 대한 충돌손해보상책임, 선해제거비용, 선원의 사상에 대한 보상책임 및 비용, 선하증권의 면책조항에 보상하지 않는 배상책임 같은 것은 모두 선박보험의 담보대상이 아니다.

이 같은 손해, 비용, 배상책임을 선주 및 용선자의 단독부담으로 무보험 상태로 방치한다면, 해운경영상 어려운 점이 많으므로, 이 같은 종류의 손해를 상호구제하는 형식으로 보상하는 방식을 강구하고 있는 것이 '선주책임상호보험'이다. 통상 우리는 이를 "P&I 보험"이라고 부른다.

P&I 보험에서 보호되는 담보내용을 크게 Protection(보호)과 Indemnity(보상)로 나눌 수 있다. 전자는 주로 선주 또는 용선자의 선박운항에 수반되는 제3자에 대한 책임과 선원에 대한 고용주로서의 책임이고 후자는 주로 화물운송인의 화주에 대한 책임을 의미한다.

② 선박수리자 배상책임보험

수리중의 선박이 사고에 의하여 피해를 입은 경우에 조선소가 선주에 대하여 부담해야 할 배상책임을 피보험이익으로 하는 보험이다. 선박수리자 배상책임보험은 수리를 위하여 관리하는 선박 및 그 적하와 조선소측의 과실로 제3자에 대하여 손해를 끼침으로써 손해배상책임을 부담하는 경우에 조선소의 손해를 보상하는 보험이다.

③ 컨테이너 소유자 · 운영자 배상책임보험

이 보험에는 두 가지가 있다. 첫째는 컨테이너 소유자배상책임보험(Container Owner's Third Party Liability Insurance)이다. 이것은 컨테이너 소유자 및 임차인이 컨테이너 운송중에 컨테이너의 결함 같은 것으로 인한 사고에 의하여 제3자에게 끼치는 신체적 상해 또는 재산상의 손해에 대한 배상책임을 담보하는 보험이다. 둘째는 컨테이너 운영자배상책임보험(Container Operator's Cargo Indemnity Insurance)으로, 이는 컨테이너 소유자 또는 임차인인 컨테이너 운영자의 컨테이너 화물의 화주에 대한 손해배상책임을 담보하는 보험이다.

2) 보험기간에 의한 분류

(1) 기간보험(Time Policy)

이것은 몇 년, 몇 월, 며칠로부터 시작하여 1년간을 보험기간으로 정하는 보험이다.

일반적으로 상선, 어선 같은 것이 대표적이고 선비보험, 선박불가동손실보험, 선주책임상호보험 같은 것도 기간보험으로 하고 있다.

또 뗏목보험인 계류벌보험(繫留筏保險) 같은 것도 기간보험에 속하며, 계선중의 선박을 담보하는 특수한 보험으로 계선보험(Port Risk Insurance)이 있다. 선박보험이 가동중의 선박을 대상으로 하고 있는 반면, 계선보험은 장기간 체류하는 선박을 대상으로 하여 주로 계선중의 항구 내 위험의 담보를 목적으로 하고 있다.

따라서, 이것은 선박이 화물을 싣고 있거나 입거중에 있거나 수리중 또는 검사중에 있을 때를 대상으로 하는 것이 아니고, 관할관청에 정식으로 계선절차를 필한 선박을 대상으로 하는 것이다.

(2) 항해보험(Voyage Policy)

항해보험은 적하보험 및 예항벌보험(曳航筏保險)에서 일반적으로 채택되고 있다. 반면에 선박보험은 원칙적으로 기간보험으로 부보되고 있지만, 경우에 따라서는 항해보험의 형태를 취하는 경우도 있다. 예를 들면, 폐기될 선박의 최후의 항해 또는 특수선이 다른 작업장소에 이동하는 항해 같은 경우가 이에 해당된다.

선박에 있어서 항해보험은 한번의 항해를 단위로 하여 인수하는 계약이기 때문에 항해개시시에 선박의 감항능력이 특히 중요시된다.

(3) 건조보험(Builder's Risks Insurance)

건조보험은 건조중의 선박에 대하여 건조기간중의 육상, 해상위험을 담보하는 보험이다. 조선계약은 일종의 도급계약으로 조선소는 선박을 선주에게 인도하기까지 조선자재 및 건조중인 선박에 대하여 피보험이익을 가지고 있다.

조선소는 각종 자재 및 건조중의 선박에 대한 화재, 홍수, 전복 같은 위험에 노출되고 또 진수 및 시운전시에 충돌, 침몰, 좌초와 같은 위험에 노출되기도 한다. 조선소가 가지고 있는 이 같은 위험을 담보하는 보험이 건조보험이다.

3. 해상손해

해상위험은 항해에 관하여 생기는 많은 사고를 포함하는 포괄적 개념으로서, 해상위험에는 폭풍우, 낙뢰와 같은 사고의 원인이 되는 것도 있고, 침몰, 파손, 좌초와 같은 사고의 형태로 나타나는 것도 있다. 또 어떤 때는 낙뢰의 결과 화재가 발생하고 다음에는 화재로 인하여 선박이 침몰하는 경우도 있어, 여러 위험이 복합적으로 작용하기도 한다.

영어로는 'Perils'이라고 하며 우리는 Maritime Perils(M.I.A, 제3조)를 '해상위험'이라고 번역하고 있다. 이는 피보험 목적물의 우연한 사고로서 보험자가 보상책임을 부담한다는 뜻의 사고(Accident)이다.

손해(Loss)라는 것은 위험발생에 의하여 생기는 피보험이익의 전부 또는 일부의 소멸로서, 해상보험에서는 선박 또는 화물에 대한 피보험이익의 소멸을 의미한다. 사고(Peril)와 손해(Loss)라는 말은 혼동되기 쉬운데, 사고는 가치상실 개념과는 직접관계가 없는 우발적인 사건을 말하는 것이고 손해는 사고의 결과에 의하여 생기는 재산 또는 인명의 손실을 의미한다. 따라서 사고의 결과는 손해이고, 손해의 원인이 사고인 것이다.

영어로는 멸실(Loss) 또는 손상(Damage)이라는 용어가 쓰이고 있으며, 해상보험에서는 'Average'라는 말이 '해손(海損)' 또는 '분손(分損)'이라는 의미로 사용되기도 한다.

1) 물적손해

(1) 전손(全損, Total Loss)

전손이란 선박, 화물 등과 같이 피보험목적물 전부가 담보위험에 의해서 멸실되거나 손상정도가 심해서 구조나 수리비용이 부보된 금액보다 많은 경우이다. 전손은 다시 현실전손(actual total loss) 또는 절대전손(absolute total loss)과 추정전손(constructive total loss)으로 구분된다.

① 현실전손(現實全損)

보험의 목적물이 파괴되어 상품가치가 완전히 없어질 정도로 손해를 입었을 때, 또는 피보험자가 보험목적물의 점유권이 박탈되어 이를 회복할 수 없을 때, 또는 위험에 당면한 선박이 행방불명이 되었을 때, 또는 상당한 기간이 경과되어도 그 소식을 알 수 없을 때는 현실전손이 있었던 것으로 간주한다.

② 추정전손(推定全損)

추정전손은 해상보험에서만 독특하게 인정되는 손해로서 위부(abandonment) 행위가 성립될 경우 추정전손이 인정된다.

보험의 목적물이 현실적으로는 전멸하지 않았으나 그 손해 정도가 심하여 종래 그 목적물이 가진 용도에 사용할 수 없게 되었을 때와 그 수선 및 수리비가 그 목적물이 갖는 시가보다 클 때를 말한다.

③ 위부(委付, Abandonment)

추정전손이 인정될 수 있는 사유가 발생하였을 때 피보험자는 그 피보험 목적물에 대해서 갖는 일체의 권리를 보험자에게 이전하고 대신 전손이 해당되는 보험금을 청구할 수 있는데 이것을 '위부'라고 한다.

④ 대위권(代位權, right of subrogation)

보험자가 보험금을 지불한 경우 보험자는 피보험자를 대신해서 피보험이익에 대한 권리 및 제3자에 대한 피보험자의 권리를 취득하게 되는데 이렇게 취득한 권리를 대위권이라고 하며, 피보험자가 발행한 대위권 양도서에 의하여 보험금을 지급함으로써 그 효력이 발생하는데, 보험자가 취득한 대위권은 보험자가 지불한 보상액 한도 내에서만 유효하다.

(2) 분손(分損)

분손은 피보험목적물의 일부만이 손상을 입는 경우를 말하며, 전손이 아닌 손해는 모두 분손으로 간주된다. 또한 분손은 손해를 단독부담하는가와 이해관계자가 공동부담하는가에 따라 단독해손과 공동해손으로 구분된다.

① **단독해손**(單獨海損, Particular Average)

피보험목적물의 일부 멸실이나 손상으로서 피보험목적물에 대하여 재산상의 이해관계를 갖는 자가 단독으로 부담하는 손해를 말한다.

② **공동해손**(共同海損, General Average)

공동해손은 여러 피보험목적물이 공동의 안전을 위하여 희생되었을 때 관련되는 이해관계자가 공동으로 그 손해액을 분담하는 손해를 말한다.

* 공동해손으로 인정되는 희생손해와 비용손해를 다음과 같이 규정하고 있다.

- 적하의 투하 및 공동안전을 위한 희생으로 생긴 손해
- 선박 화재의 소화에 의한 손해
- 임의 좌초에 의한 손해
- 구조비
- 기계 및 기관의 손해
- 좌초 선박을 가볍게 하기 위한 비용과 손해
- 연료로 사용한 적하와 저장품
- 피난항에 있어서의 비용과 선원의 급료
- 선박의 수선비
- 하역 등의 과정에서 발생하는 손해
- 운임의 손실
- 자금조달비용 및 공동해손손해의 이자

2) 비용손해

① **손해방지비용**(sue and labor charges)

보험계약의 담보위험으로 인하여 발생한 손해를 방지하거나 경감하기 위하여 지출한 비용이다. 손해방지비용은 보험자의 보상책임 범위 내에서 보상된다.

② **구조료**(salvage charges)

위험에 처한 선박 및 적화를 계약에 의하지 않고 자발적으로 구조한 제3자가 해상법에 의해 받는 수고비이다. 즉, 제3자가 임으로 선박이나 화물을 구한 경우, 그 구조자에 대해서 피구조물의 소유자가 지급하는 보수이다.

③ **특별비용**(particular charges)

보험목적의 안전이나 보존을 위하여 피보험자가 지출한 비용으로서 공동해손

이나 구조료가 아닌 비용이다.

④ **충돌보상금**(running down clause)

보험에 부보된 선박이 운행도중 충돌하게 됨으로써 발생하는 피해에 대해 보험자는 피보험자를 보호해서 지급하게 된다.

제2절 협회적하약관

현재 해상보험증권은 단순히 해상보험계약의 성립을 확인하는 문서에 불과하고 해상보험계약의 내용은 모두 협회약관(institute clause)에 의해서 결정되도록 되어 있어 반드시 협회약관이 첨부되어야만 보험증권으로서 역할을 다하게 된다.

협회약관 중에서 협회적하약관(institute cargo clauses: ICC)이 가장 중요하며 1982년도에 개정된 협회적하약관은 ① Institute Cargo clauses(A): A Clause, ② Institute Cargo clauses(B): B Clause, ③ Institute Cargo clauses(C): C Clause의 세 가지 기본약관과 협회전쟁약관(Institute war clauses) 및 협회동맹파업약관(Institute strikes clauses) 등으로 구분된다.

협회적하약관의 세 가지 기본약관은 과거의 전위험담보(All risks: A/R), 분손담보(with average: WA) 및 분손부담보(free particular average: FPA) 조건이 그 명칭상 불합리한 점이 많았기 때문에 이를 각각 A Clause, B Clause, C Clause 로 변경한 것이다. 한편 이들 세 가지 기본약관은 그 내용이 모두 19개조로 구성되어 있는데 제1조의 위험약관, 제4조의 일반면책약관 및 제6조의 전쟁면책약관만 약간 다르고 나머지는 동일하다.

1. 협회적하약관 A Clause

1) 위험약관(Risks Clause)

위험약관은 ICC A Clause에서 보험자가 보상해 주는 책임범위를 구체적으로 규정하고 있는 약관이다. 이 약관에서는 다음의 제4조, 5조, 6조 및 7조에서 규정하고 있는 보험자의 면책위험을 제외한 일체의 피보험목적물의 멸실 또는 손상의 위험을 보험자는 담보한다고 규정하고 있어 보험자의 포괄책임주의를 명백히 나타내고 있다. 따라서 보험사고가 발생할 경우, 그 손해의 원인이 무엇인가를 증명할 책임이 보험자에게 있다.

이 약관은 과거의 전위험담보조건(all risks)과 비슷하지만, 피보험자의 혼동을 방지하기 위하여 불합리한 명칭을 피하고 보험자가 보상해 주는 범위를 명확하게 명시하고 있다.

만약 보험계약자가 A Clause 조건으로 보험계약을 체결하면 보험자의 일반면책위험, 전쟁 및 동맹파업위험 및 선박의 불내항성의 경우를 제외하고는 모든 보험사고에 대해 보상받을 수 있다.

2) 공동해손약관(General Average Clause)

이 약관의 내용은 제4조, 5조, 6조 및 7조에서 또는 이 보험의 기타 조항에서 제외한 원인 이외의 원인에 의한 손실을 피하기 위하여 또는 그것과 관련하여 발생한 공동해손 및 구조비를 보험자가 담보한다는 것이다.

공동해손은 자주 발생하는 해손이지만 그 정산방법과 절차는 매우 복잡하므로 보통 모든 보험증권과 선하증권에는 공동해손약관이 삽입되어 있는데, 만일 이 약관이 없는 경우에는 양륙항의 국법과 정산서에 의해 처리된다는 규정이다.

그러나 오늘날 대개의 보험증권이나 선하증권에 공동해손에 관한 처리는 York-Antwerp 규칙에 의하여 처리된다고 되어 있어 이 규칙에 따라 보전 받게 된다.

3) 쌍방과실충돌약관(Both to Blame Collision Clause)

이 약관은 보험자의 손해보상범위를 확장하여 해상화물 운송계약상 쌍방과실충돌약관에 의하여 피보험자가 부담해야 할 금액 중 보험증권에서 보상받을 수 있는 손해에 관한 부분은 보험자가 지급해 줄 것을 규정하고 있다.

4) 일반면책약관(General Exclusion Clause)

이 약관은 보험자의 면책사항을 7가지로 구분하여 구체적으로 명시한 약관이다. 어떠한 경우라도 보험자는 다음의 손해를 보상하지 않는다.

① 보험계약자의 고의적인 비행에 의한 멸실, 손상 및 비용
② 통상적인 누출손해, 중량 및 수량상의 자연감량, 통상적인 소모

③ 피보험목적물의 포장, 혹은 운송준비의 불충분한 상태로 인하여 발생하는 멸실, 손상 및 비용

④ 피보험목적물 고유의 성질과 하자로 인한 멸실, 손상 및 비용

⑤ 피보험위험으로 인하여 발생된 지연일지라도 지연을 근인으로 하여 발생한 멸실, 손상 또는 비용

⑥ 본선의 소유자, 관리자, 용선자 또는 운항자의 지불불능 또는 재정상의 채무불이행으로부터 생긴 멸실, 손상 또는 비용

⑦ 원자력 또는 핵의 분열 및 융합, 기타 이와 유사한 반응 또는 방사능이나 방사성 물질을 응용한 무기의 사용으로 인하여 발생한 멸실, 손상 또는 비용

5) 불내항성 및 부적합성 면책약관(Unseaworthiness and Unfitness Exclusion Clause)

선박 또는 부선의 불내항성 및 피보험목적물의 안전운송을 위한 선박, 부선, 운송용구, 컨테이너 또는 리프트밴의 부적합성으로 인하여 발생한 멸실, 손상 또는 비용은 보험자가 담보하지 않는다.

6) 전쟁면책약관(War Exclusion Clause)

전쟁위험에 대한 보험자의 면책을 규정한 약관으로서 다음의 사유로 발생한 멸실, 손상 또는 비용에 대해서 보험자는 일체 책임을 지지 않는다.

① 전쟁, 내란, 혁명, 모반, 반란 또는 이로 인하여 발생한 국내투쟁, 교전국에 의하여 또는 교전국에 대하여 행해진 적대행위

② 포획, 나포, 강류, 억지 또는 억류(해적행위 제외) 및 그러한 행위의 결과 또는 그러한 행위의 기도

③ 유기된 기뢰, 어뢰, 폭탄 또는 기타의 유기된 전쟁무기

7) 동맹파업 면책약관(Strikes Exclusion Clause)

종래의 동맹파업, 폭동 및 소요 부담보약관과 동일한 내용으로서 다음의 사유로 발생하는 손해는 보험자가 담보하지 않는다.

① 동맹파업자, 직장폐쇄를 당한 노동자, 노동분쟁소요 또는 폭동에 가담한 자에 의하여 발생한 것

② 동맹파업, 직장폐쇄, 노동분쟁, 소요 또는 폭동의 결과로 생긴 것

③ 테러리스트에 의하여 또는 정치적 동기에 의하여 행동하는 자에 의하여 발생한 것

8) 운송약관(Transit Clause)

원래 로이즈 보험증권에는 보험자의 책임은 화물이 본선의 갑판상에 실제로 적재되는 시점에서 시작된다고 되어 있으나, 이 약관으로 매도인의 창고를 출고하는 순간부터 효력을 발생하도록 확대한 것이다. 즉, 보험기간을 화물이 보험증권상에 기재된 선적항의 창고 또는 보관기간에 관한 특약이다.

9) 운송계약종료약관(Termination of Contract of Carriage Clause)

이 약관은 피보험자의 영향력이 미치지 못하는 부득이한 사정에 의하여 목적지에 도착하기 전에 항해가 종료되는 경우에 계속 담보하기 위한 약관이다.

10) 항해변경약관(Change of Voyage Clause)

이 약관은 보험의 개시 후 목적지가 피보험자에 의하여 임의로 변경된 경우에는 보험자에게 지체없이 통지할 것을 조건으로 추후에 협정되어야 할 보험료 및 보험조건에 의하여 담보가 계속됨을 규정한 특별약관이다.

11) 피보험이익약관(Insurable Interest Clause)

보험을 도박이나 사행과 구별하기 위해 피보험자는 손해발생시에 피보험목적물에 대한 피보험이익을 갖고 있어야 함을 규정한 약관이다.

12) 계속운반비용약관(Forwarding Charges Clause)

이 약관은 중간항구에서 화물의 하역비용, 창고보관료, 계속운반에 따르는 추가경비 등을 보험자가 보상할 것을 확약하는 약관이다.

13) 추정전손약관(Constructive Total Loss Clause)

이 약관에서 밝히고 있는 바와 같이 추정전손에 대한 보험청구는 화물의 현

실전손의 발생이 불가피하다고 인정되거나 또는 화물의 원상회복, 수리 또는 운송하는 비용이 도착지 가격을 초과하리라는 예측하에 정당하게 위부된 경우에 한하여 가능하다.

14) 증액약관(Increased Value Clause)

보험계약을 체결한 후 피보험목적물의 가격이 앙등하여 피보험자가 다시 동일한 피보험목적물에 대하여 증액보험을 체결할 경우 피보험목적물의 보험평가액은 증액된 보험금만큼 증가하는 것으로 간주하며, 손해보상도 원보험자와 증액보험자가 각각의 보험금액만큼 비례하여 보상해 준다.

15) 보험이익불공여약관(Not to Insure Clause)

운송인이나 기타 해상사업에 관련이 있는 수탁자에게 보험계약이 체결되어 있다는 이유로 어떤 이익이나 혜택을 주어서는 안된다는 사실을 주지시킨 약관이다.

16) 피보험자의무약관(Duty of Assured Clause)

이 약관은 담보위험이 발생한 경우 피보험자의 손해방지활동과 운송인, 수탁자, 또는 기타의 제3자에 대한 손해배상청구권을 확보할 것을 피보험자의 의무로서 규정한 약관이다.

17) 포기약관(Waiver Clause)

피보험목적물을 구조, 보호 또는 복구하기 위한 피보험자 또는 보험자의 조치는 위부의 포기 또는 승낙으로 간주되지 아니하며, 또한 각 당사자의 권리를 침해하지 아니함을 규정한 약관이다.

18) 신속조치약관(Reasonable Despatch Clause)

이 약관에서 피보험자는 자기가 지배할 수 있는 모든 상황 아래에서 상당히 신속한 처리를 하도록 규정하고 있다. 피보험자는 손해방지의 의무수행행위도 신속히 해야 하며 항해도 상당한 속도로 수행할 의무가 있는 것이다.

19) 영국법률 및 관례약관(English Law and Practice Clause)

이 약관은 해상보험으로 제기되는 모든 문제를 영국의 법률과 관례에 따르도록 규정한 것이다.

이상 협회적하약관의 내용을 정리하면 다음의 〈표 5-1〉과 같다.

〈표 5-1〉 협회적하약관의 내용

구 분		약 관 명
담보위험 (Risks Covered)	1 2 3	위험약관(Risks Clause) 공동해손약관(General Average Clause) 쌍방과실충돌약관(Both to Blame Collision Clause)
면책조항 (Exclusions)	4 5 6 7	일반면책약관(General Exclusion Clause) 불내항성 및 부적합성면책약관(Unseaworthiness and Unfitness Exclusion Clause) 전쟁면책약관(War Exclusion Clause) 동맹파업 면책약관(Strikes Exclusion Clause)
보험기간 (Duration)	8 9 10	운송약관(Transit Clause) 운송계약종료약관(Termination of Contract of Carriage Clause) 항해변경약관(Change of Voyage Clause)
보험금청구 (Claims)	11 12 13 14	피보험이익약관(Insurable Interest Clause) 계속운반비용약관(Forwarding Charges Clause) 추정전손약관(Constructive Total Loss Clause) 증액약관(Increased Value Clause)
보험이익 (Benefit of Insurance)	15	보험이익 불공여약관(Not to Insure Clause)
손해경감 (Minimising Losses)	16 17	피보험자 의무약관(Duty of Assured Clause) 포기약관(Waiver Clause)
지연의 방지 (Avoidance of Delay)	18	신속조치약관(Reasonable Despatch Clause)
법률 및 관례 (Law and Practice)	19	영국법률 및 관례약관(English Law and Practice Clause)

2. 협회적하약관 B Clause

이 약관은 ICC(A)와 마찬가지로 19개 조항으로 구성되어 제1조의 위험약관만 서로 내용이 다르고 제2조로부터 19조까지는 거의 유사하다.

따라서, 제1조만 설명하기로 한다.

1) 위험약관(Risks Clause)

이 약관에서는 B Clause 상에서 보험자가 보상해 주는 담보범위를 구체적으로 명시하고 있다. 즉, 제4조, 5조, 6조 및 7조에서 규정하고 있는 보험자의 면책사유를 제외하고, 다음과 같은 원인에 정당하게 기인한 보험 목적물의 멸실 또는 손상은 보험자가 보상해 준다.

① 화재 또는 폭발

② 선박 또는 부선의 좌초, 교사, 침몰, 또는 전복

③ 육상운송용구의 전복 또는 탈선

④ 선박, 부선 또는 운송용구와 물 이외의 타 물체와의 충돌 또는 접촉

⑤ 조난항에서 적하의 양하

⑥ 지진, 분화 또는 낙뢰 이 밖에 다음의 위험으로 인해 발생하는 피보험목적물의 멸실 또는 손상도 보상한다.

⑦ 공동해손 희생손해

⑧ 투하 또는 파도에 의한 갑판상의 유실

⑨ 선박, 부선, 선창, 운송용구, 컨테이너, 리프트밴 또는 보관소에 해수, 호수 또는 하천수의 유입

⑩ 선박 또는 부선에 선적 또는 양하작업 중 바다나 갑판에 추락하여 발생된 포장당 전손

3. 협회적하약관 C Clause

이 약관도 ICC(A)처럼 19조로 구성되며 제1조를 제외하고는 거의 같다.

마찬가지로 제1조만 설명하기로 한다.

1) 위험약관(Risks Clause)

이 약관은 보험자의 보상범위가 가장 좁은 조건이며, 종래의 분손부담보조건(FPA)을 좀 더 명확하게 정리한 약관이라고 할 수 있다.

이 조건에서 보상되는 범위는 다음과 같다.

즉, 제4조, 5조, 6조 및 7조의 면책조항에 규정된 손해는 제외하고 다음의 위험에 정당하게 기인된 보험목적물의 멸실 또는 손상은 보상된다.

① 화재 또는 폭발
② 선박 또는 부선의 좌초, 교사, 침몰 또는 전복
③ 육상운송용구의 전복 또는 탈선
④ 선박, 부선 또는 운송용구와 둘 이외의 타 물체와의 충돌 또는 접촉
⑤ 조난항에서 저하의 양하작업 중 발생한 손실

아울러, ① 공동해손희생, ② 투하의 위험으로 인한 보험목적물의 멸실 또는 손상도 보상된다.

〈표 5-2〉 협회적화보험 ICC(A), (B), (C) 비교

담보위험	A	B	C
A. 아래의 사유에 상당한 인과관계가 있는 멸실, 손상			
① 화재 또는 폭발 ② 본선 또는 부선의 좌초, 교사, 침몰, 전복 ③ 육상운송용구의 전복 탈선 ④ 본선 부선 운송용구의 다른 물체와의 충돌 접촉 ⑤ 피난항에서의 화물의 하역 ⑥ 지진 화산의 분화 낙뢰	○	○	○ ⑥번 제외
B. 아래의 사유로 인해 발생한 멸실 손상			
⑦ 공동해손 희생 ⑧ 투화 ⑨ 갑판유실 ⑩ 본선 부선 선창 운송용구 컨테이너 지게차 또는 보관장소에 해수 호수 강물의 유입	○	○	○ ⑨,⑩번제외
C. 추락손			
⑪ 본선 부선으로의 선적 또는 하역작업 중 바다에 떨어지거나 갑판에 추락하여 발생한 포장단위당의 전손	○	○	×
D. A, B 및 C 이외의 멸실 손상의 모든 위험	○	×	×
E. 공동해손 구조비	○	○	○
F. 쌍방과실 충돌	○	○	○

4. 협회전쟁약관(적하)(Institute War Clause: Cargo)

이 약관은 협회적하약관 제6조(전쟁면책약관)에서 보험자의 면책위험으로 규정한 전쟁 위험을 보험자가 담보한다는 특약이다.

구체적으로 부보되는 담보는 다음과 같다.

① 전쟁, 내란, 혁명, 모반, 반란 또는 이로 인하여 발생한 국내투쟁 또는 교전국에 의하여 또는 교전국에 대하여 행해진 적대행위

② 상기 ①에서 담보되는 위험으로 인한 포획, 나포, 강류, 억지 또는 억류 및 그러한 행위의 결과 또는 그러한 행위의 기도

③ 유기된 기뢰, 어뢰, 폭탄 또는 기타의 유기된 전쟁무기

5. 협회동맹파업약관(적하)(Institute Strikes Clause: Cargo)

이 약관 역시 협회적하약관 제7조(동맹파업면책약관)에서 보험자의 면책위험으로 규정한 동맹파업의 위험에 기인하여 발생한 손해를 보험자가 보상한다는 특약이다.

6. 특정상품에 관한 협회약관

이외에도 특정화물에 적용하기 위한 여러 가지의 협회약관이 있다.

제3절 항공화물보험

1. 항공화물보험의 개요

항공운송인은 운송을 위탁받은 화물에 대하여 운송계약을 정해진 대로 고의 또는 과실에 의해서 화물이 멸실 또는 훼손되었다면, 화주·수화인·송화인 또는 기타 배상청구권자에게 책임을 져야 하고 항공운송인이나 그 대리인이 항공운

송 중 손해를 막기 위하여 모든 필요한 조치를 취했다는 것을 증명하지 않거나 그와 같은 조치가 불가능했다는 것을 증명하지 않는 한 면책되지 않는다.

국제항공화물에 관한 국제항공운송약관은 1929년 바르샤바에서 조인된 Warsaw Convention과 1955년에 개정된 Hague Protocol에 준거하며, 과실손해의 경우 배상한도액은 항공화물운송장에 신고가격이 있으면 신고가격까지, 신고가격이 없으면 손해를 입은 화물 1kg당 250프랑이다.

2. 항공화물 책임보험

항공운송인은 과실책임주의에 입각하여 운송약관에 따라 책임을 지지만 이를 커버하기 위하여 책임보험에 부보한다. 이 보험을 화물배상책임보험(freight legal liability insurance)이라고 하며 운송인이 부담할 배상책임액을 보험회사가 부담한다.

항공화물에 대한 책임보험은 항공화물보험, 화주보험과 깊은 관계가 있다. 책임보험은 화물 자체가 아니고 운송인을 보호하자는 것이며 항공화물보험과 화주보험은 화주를 보호하는 성격의 보험이다.

만약 화주가 화물보험에서 보험금을 수령하면 운송인에 관한 손해배상청구권을 보험회사에 양도하여야 하며, 운송인은 보험회사의 배상청구에 대비하여 책임보험에 부보하는 것이다.

3. 항공화물보험

국제항공화물은 대부분 해상적화보험으로 부보되고 있으며, 항공운송의 경우 사고가 발생하면 기체와 화물의 전체가 피해를 입게 되는 사례가 대부분이어서 국제항공화물의 부보조건은 All Risks이다. 런던보험자협회의 "협회항공화물약관"(Institute Cargo Clauses(all risks) (excluding by post)이 사용되며, 본 약관은 내용적으로 ICC(A)와 대동소이하나, 해상화물의 경우는 보험기간의 종료가 본선양화 후 60일로 되어 있는 것에 비하여, 항공화물의 경우는 항공기로부터 양화 후 30일로 되어 있는 것이 다르다.

또한, 항공화물보험에 스스로 보험을 수배할 능력이 없는 일반화주를 위한 보험으로 '화주보험'이 있다. 이것은 간단한 수속으로 부보가 가능하며, 각 항공사 또는 대리점이 보험회사를 대신하여 화주보험을 알선한다.

제6장 국제물류와 물류회계

제1절 물류비 개요

물류비란 재화가 공급자로부터 조달・생산되어 수요자에게 전달되거나 회수・폐기될 때까지의 제반활동(운송, 보관, 하역, 포장, 정보・관리)에 소요되는 모든 경비를 말한다.

우리 기업의 매출액 대비 물류비는 미국, 일본에 비해 높아 원재료의 조달, 생산, 판매 등 물류활동을 효율적으로 관리함으로써 물류비를 절감하는 것이 시급한 실정이며, 물류비 절감을 위해선 조달, 판매 등 물류활동의 영역별 및 운송, 보관 등 기능별 물류비 크기와 비중을 정확하게 산출함으로써 불합리한 물류활동을 파악해 낸 후 그에 대한 개선방안을 마련하는 것이 중요하다.

우리 기업의 매출액 대비 물류비 비율('05, 9.7%)은 미국('05, 7.5%), 일본('05, 4.8%)등 물류선진국에 비해 높기 때문에 물자(혹은 재화)의 조달, 사내, 판매, 리버스 등의 물류활동을 효율적으로 관리함으로써 물류비를 절감하는 것이 시급한 실정이며, 이를 위해서는 영역별 물류활동(조달, 사내, 판매, 리버스 등), 기능별 물류활동(운송, 보관, 하역, 포장, 물류정보관리 등)에 따른 물류비의 규모와 비중을 정확하게 산출하여 불합리한 물류활동을 파악해 낸 후 그에 대한 개선방안을 마련하는 것이 중요하다. 그동안 기업물류비 계산준칙('89년, 생산성본부), 기업물류비 산정활용 매뉴얼('95년, 대한상의), 기업물류비 계산지침('97년, 건교부)을 제정・공표하였다.

2008년 9월 국토해양부(현재의 국토교통부)에서는 물류비 계산이 보다 용이하고 물류현장의 현실이 반영되도록 「기업물류비 계산에 관한 지침」을 개편하여 발표하였다. 「기업물류비 산정지침」이 널리 보급・활용될 경우 기업경영 차원에서도 정확한 물류비 산정이 가능해지고 물류관리가 효율화되는 중요한 계기가 될 것으로 기대되고 있다.

본 장에서는 우리나라 '기업물류비 산정지침(2008)'을 중심으로 내용을 설명하고자 한다.

[그림 6.1] 한 · 미 · 일 매출액 대비 기업물류비 비중(%) 추이

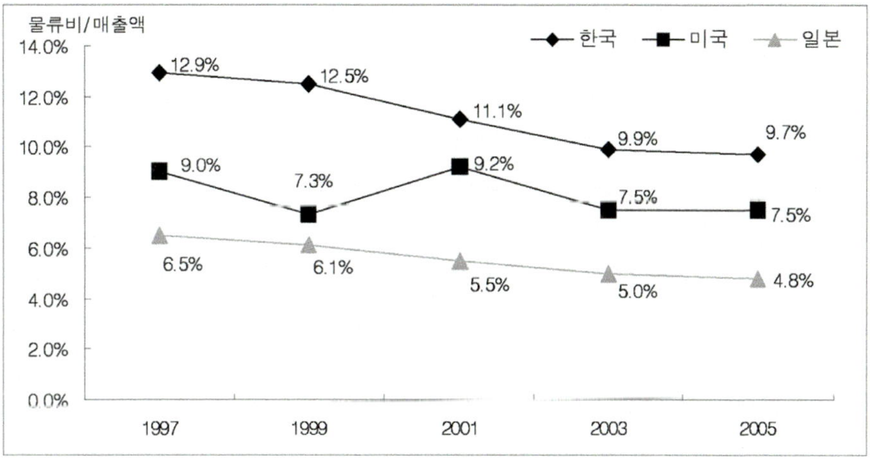

1. 물류비의 정의

미국관리회계사협회(IMA)에 의하면, "물류비(logistics costs)란 원산지로부터 소비자까지의 조달, 사내 및 판매, 재고의 전 과정을 계획, 실행, 통제하는 데 소요되는 비용을 말한다. 물류는 고객의 니즈에 대응하기 위해 비용효과가 가장 높은 방식으로 원재료 및 제품의 효율적인 흐름을 제공할 수 있도록 구입, 운송 및 보관 기능을 통합한다"라고 정의하고 있다.

국토해양부(현재의 국토교통부)의 '기업물류비 산정지침'에서는 "물류비(物流費)란 물류활동을 수행하기 위하여 발생하거나 소비한 경제가치"라고 정의되고 있는데, 이 정의는 기업의 생산 및 영업활동에서 필수적으로 발생되는 물류활동에 사용된 재화나 서비스를 원가 또는 비용으로 파악하는 것을 의미하고 있다. 기

업회계에서는 기업의 영업활동을 기업의 의도(목적)한 주된 영업활동인 제조원가와 부수적인 영업활동인 판매비와 관리비, 그리고 의도하지는 않았지만 정상적으로 발생되는 영업외활동 등으로 구분하고 계산하여 회계처리하지만, 물류비는 기업회계와 같이 구분하지 않고 기업 전체의 활동을 대상으로, 물류활동을 수행하기 위하여 발생하거나 소비한 경제가치가 대상이 된다는 점에서 기업회계기준과는 차이가 있다.

이 지침에서 사용되는 물류의 개념에 대한 정의는 물류의 대상인 재화의 범위, 물류의 영역 및 물류의 기능에 대해 광범위하게 설명하고 있는데, 이들 개념을 구체적으로 살펴보면 다음과 같다.

우선 재화의 범위로서는 원재료, 부품, 상품, 제품 등을 포함하여, 단순히 완성된 제품이나 상품만을 나타내는 좁은 개념이 아닌 원재료나 부품, 가공품 등을 포함한 넓은 개념임을 명시하고 있다. 물류의 영역은 일반적으로 조달, 제조 또는 생산(가공), 판매, 반품, 폐기, 회수의 6가지 과정으로 구분되고 있다. 이 지침에서는 물류비의 영역별 과목을 조달, 사내, 판매, 리버스의 4영역으로 분류하고 있으며, 상기 6과정에 의해 물류의 4영역을 설명하면 다음과 같다.

① **조달물류**

공급자로부터 물자의 조달 또는 구매과정에 발생하는 운송, 조달, 보관, 하역 등의 물류활동

② **사내물류**

물자를 이용하여 제조 또는 생산, 그리고 필요에 따라서는 가공(제조과정외)과정에서 발생하는 공장 내 또는 공장간 운송, 보관, 하역 등의 물류활동

③ **판매물류**

수요자에게 물자를 전달하기 위해서 발생하는 운송, 보관, 하역 등의 물류활동

④ **리버스물류**

판매물류 이후에 발생하는 반품, 폐기, 회수과정에서 발생하는 모든 물류관련활동

2. 물류비 계산의 분류

1) 일반기준

일반기준에 의한 물류비 계산에서는 계산목적을 비롯하여, 물류비의 과목분

류, 인식기준, 계산방법 및 계산서의 5개 조로 구성되어 있다. 물류비의 계산목적에서는 원가회계방식에 의해 실적물류비를 발생요인별로 계산하도록 하고, 물류비의 과목분류는 영역별, 기능별, 지급형태별, 세목별, 관리항목별, 조업도별로 구분을 하고 있다. 그리고 물류비 인식기준은 지침에서 특별히 규정하고 있는 것을 제외하고는 기업회계기준 또는 원가계산준칙에 의한 발생기준을 준거하도록 하고 있으며, 계산방법에 있어서는 물류비 실태파악을 위한 영역별・기능별・지급형태별 물류비와 물류의사결정을 지원하는 조업도별・관리항목별 물류비로 나누어 설명하고, 물류비 계산서를 통해 매 회계연도마다 전기와 당기의 실적을 비교하여 작성하도록 규정하고 있다.

일반기준(一般基準)은 물류비를 상세하게 원천적으로 계산하는 방식으로서, 물류원가계산의 관점에서 보면 원가회계방식에 의한 물류비 계산기준을 말한다.

일반기준은 기업에서 물류비 관리에 필요한 정보, 예를 들어, 제품별, 지역별, 고객별로 운송비나 보관비 등과 같은 상세한 물류비 정보를 입수하기 위해 사용되는 기준이므로 일정 이상의 물류비 관리수준을 가지고 있는 기업에서 활용할 수 있다.

2) 간이기준

간이기준에 의한 물류비 계산에서는 계산목적을 비롯하여, 물류비의 분류, 계산방법 및 계산서의 4개 조로 구성되어 있다. 물류비의 계산목적에서는 실태파악 목적으로 재무회계방식으로 계산함을 목적으로 하고 있으며, 물류비의 분류는 기능별, 지급형태별, 조업도별, 관리항목별로 구분하고 있다. 물류비 계산방법에 있어서는 제조원가명세서 및 손익계산서를 이용하여 물류비를 추계하며, 이자의 경우 자산명세서와 재고명세서를 기초로 계산하도록 하고 있다. 그리고 물류비 계산서를 통해 매 회계연도마다 전기와 당기의 실적을 비교하여 작성하도록 규정하고 있다.

간이기준(簡易基準)은 회계장부와 재무제표(주로 손익계산서와 대차대조표)로부터 간단하게 추산하는 방식으로서, 물류원가계산의 관점에서 보면 재무회계방식에 의한 물류비 계산기준을 말한다. 간이기준은 일반기준과는 반대로 상세한 물류비 정보보다는 개략적인 물류비 정보나 자료정도로도 만족하는 중소기업 등 비교적 물류비 관리수준이 낮거나 물류비 산정의 초기단계의 기업에서 사용하는 기준이다. 이 기준을 사용하면 기업이 필요로 하는 상세한 물류비 정보의 입수는 곤란하지만 해당기업의 회계부문에서 작성하는 회계자료를 통해 물류비 실적을 산출해 낼 수 있다.

일반기준과 간이기준에 의한 물류비 계산절차를 회계의 결산절차와 대비하면 [그림 6-2]와 같다.

〈표 6-1〉 일반기준과 간이기준의 특질 비교

기준 / 항목	일반기준 (관리회계방식)	간이기준 (재무회계방식)
기본적 관점	물류목표를 효과적으로 달성하기 위한 활동에 관여하는 인력, 자금, 시설 등의 계획 및 통제에 유용한 회계정보의 작성이 목적. (기능별, 관리항목별의 업적평가나 계획수립이 가능)	기업활동의 손익상태(손익계산서)과 재무상태(대차대조표)를 중심으로 회계제도의 범주에서 물류활동에 소비된 비용항목을 대상으로 1회계기간의 물류비 총액 추정
계산방식	물류활동의 관리 및 의사결정에 필요한 회계정보를 입수하기 위해 영역별, 기능별, 관리항목별로 구분하여 발생 비용을 집계	재무회계의 발생형태별 비용항목 중에 물류활동에 소비된 비용을 항목별로 배부기준을 근거로 해당 회계기간의 물류비로 추산
장점	영역별, 기능별, 관리항목별 물류비계산을 필요한 시기, 장소에 따라 실시 가능 물류활동의 개선안과 개선항목을 보다 명확하게 파악가능	개략적인 물류비 총액계산에 있어서 별도의 물류비 분류, 계산절차 등이 필요하지 않고, 전담조직이나 전문지식이 부족해도 계산 가능
단점	상세한 물류비의 분류 및 계산을 위한 복잡한 사무절차 작업량이 많기 때문에 정보시스템 구축이 전제	상세한 물류비의 파악이 곤란하기 때문에 구체적인 업무평가나 개선목표의 수립이 곤란하며 물류비 절감효과 측정에 한계

〈표 6-2〉 물류비의 분류체계 총괄 비교표

과목	영역별	기능별	지급형태별	세목별	조업도별
비목	조달물류비 사내물류비 판매물류비 리버스물류비 (반품, 회수, 폐기)	운송비 보관비 포장비 하역비 (유통가공비 포함) 물류정보・관리비	자가물류비 위탁물류비 (2PL, 3PL)	재료비 노무비 경비 이자	고정물류비 변동물류비

[그림 6.2] 일반기준과 간이기준에 의한 물류비 계산절차의 비교

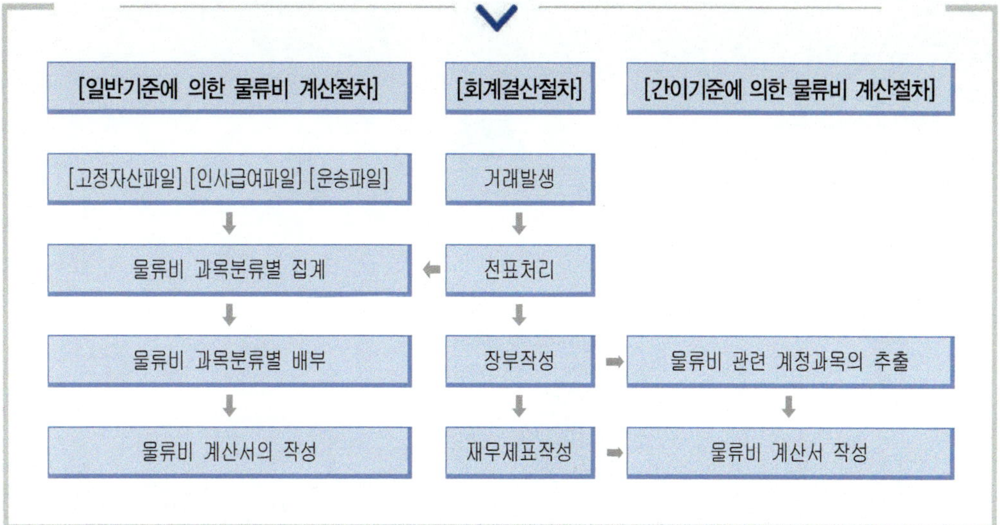

[그림 6.3] 제조업(자동차) 물류프로세스

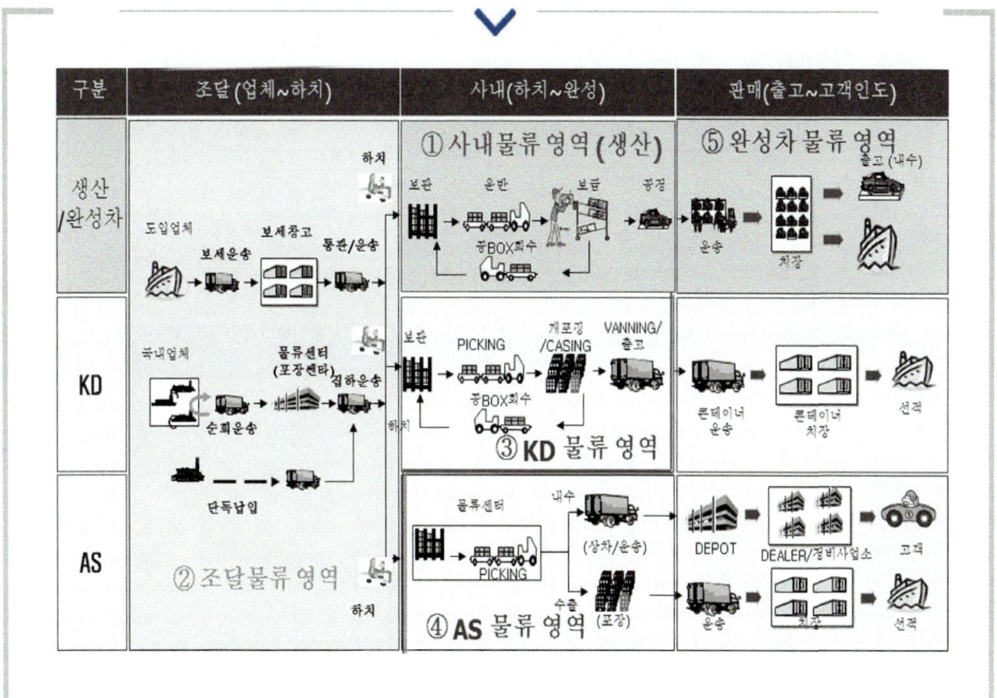

[그림 6.4] 유통업 물류 프로세스

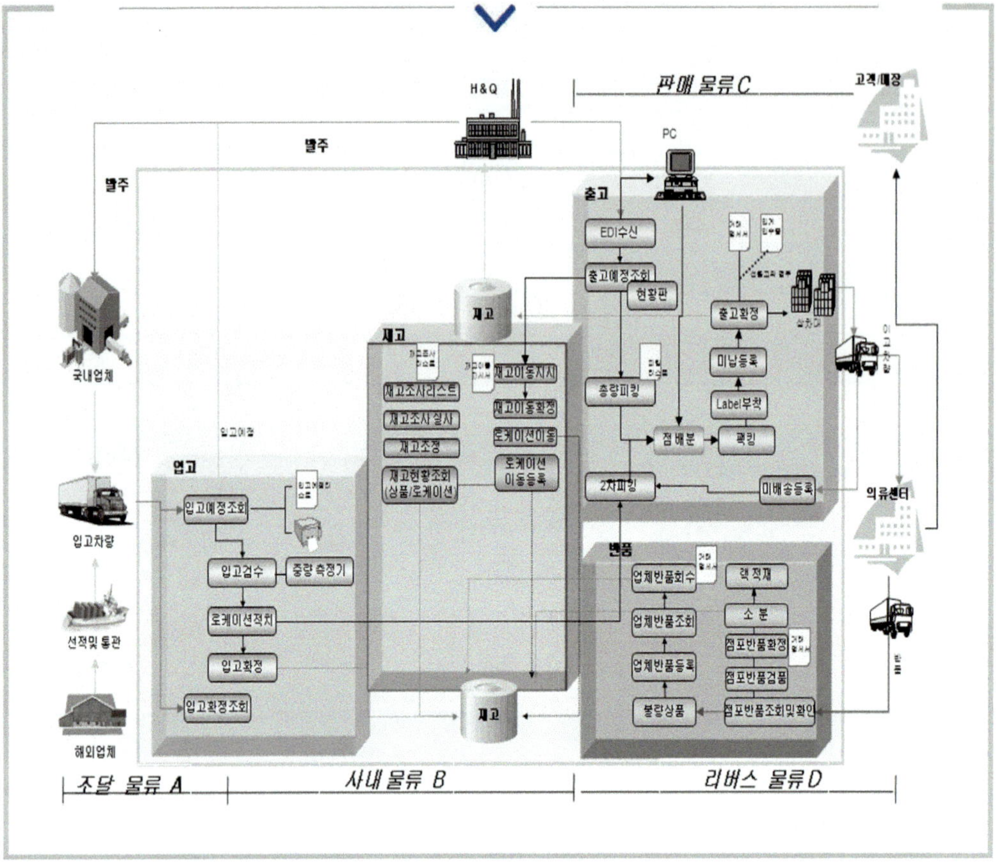

〈표 6-3〉 물류업종의 물류비 분류체계

과목	기능별	지급형태별	세목별	조업도별
비목	운송비 -간선비 -용차비 보관비 포장비 하역비 정보관리비	자가물류비 위탁물류비	재료비 노무비 경비 이자	고정물류비 변동물류비

3. 물류비 계산 목적

기업에서 정확한 물류비를 계산해야 하는 이유는 다음과 같다.

1) 실적파악을 위한 물류비 계산

현재 회사의 물류능력과 원가를 정확히 파악하기 위한 목적으로 정확한 물류비 계산이 필요하다. 이를 위해 물류비 발생항목(비목)을 상세하게 분해하고 각 비목별로 물류활동에서 발생한 비용이 얼마인가를 계산하는 것이 중요하다.

2) 물류비의 의사결정을 위한 조업도별 관리

산정된 물류비를 변동비와 고정비로 구분하여 물류비의 구조적 체계를 분석하고, 우리나라 물류환경에 적합한 기업의 물류전략 등 의사결정에 유용하게 이용될 수 있다.

〈표 6-4〉 물류비 계산을 활용한 분석 사례

구분	물류조건별 물류비 계산	물류채산분석	물류시설의 대체안별 경제성분석
사례	- 다빈도 운송비 계산 - 긴급운송비 계산 - 특별시간 지정운송비 계산 - 소량운송비 계산	- 관리항목별 수익성 분석 · 제품별 분석 · 지역별 분석 · 고객별 분석 · 조직별 분석	- 물류시설의 교체분석 - 물류시설의 이전타당성분석 - 신규 물류시설투자의 경제성분석

제2절 물류비 계산의 일반기준

물류비의 실태를 파악하기 위하여 영역별, 기능별, 지급형태별, 세목별로 구분하고, 물류비를 관리하기 위해 관리항목별, 조업도별로 구분한다.

물류비의 과목분류(科目分類)는 다음과 같이 영역별, 기능별, 지급형태별, 세목별, 관리항목, 조업도별로 구분하고 있으며, 〈표 6-5〉는 이들 물류비 적용대상과 분류체계를 요약한 것이다.

〈표 6-5〉 물류비의 과목분류

	재무회계	기업물류비 산정지침					
	형태별	영역별	기능별	지급형태별	세목별	관리항목별	조업도별
화주 → 제조업 유통업 물류업 운송업 창고업 기타	매출원가 → 판매 및 일반관리비 영업외 비용 →	조달물류비 사내물류비 판매물류비 리버스물류비	운송비 보관비 하역비 포장비 물류정보, 관리비	자가물류비 위탁물류비 물류자회사 물류전문회사	재료비 노무비 경비 (이자)	조직별 지역별 고객별 활동별 등	변동비 고정비

1. 영역별 분류

1) 조달물류비

물자(원자재, 부품, 제품 등을 포함하며 이하 동일)의 조달처로부터 운송되어 매입자의 보관창고에 입고, 관리되어 생산공정(또는 공장)에 투입되기 직전까지의 물류활동에 따른 물류비를 말한다. 조달물류비에는 운송, 하역, 검수, 입고, 보관(조달보관창고), 출고 등의 조달물류과정에 관련되어 발생하는 비용을 포함한다. 비용의 범위는 재무회계상의 자료(주로 손익계산서에 나타나는 회계자료)에 의하면 조달과정에서 외부에 지불한 비용만 나타나게 되므로, 자사 내에서 생산공정에서 투입 직전까지 실시한 검수, 하역, 입출고, 보관 등의 관련 제비용을 모두 포함하여야 한다.

2) 사내물류비

매입물자의 보관창고에 완제품 등의 판매를 위한 장소까지의 물류활동에 따른 비용을 말한다. 다만 재료의 생산이나 제품의 제조공정 내에서 발생하는 비용은 생산원가 또는 제조원가에 산입되므로 물류비에서는 제외시킨다. 특정의 공정(工程)단위나 또는 공장(工場)단위로 구분한 후 공정이나 공장외 또는 공정이나 공장간의 물류비는 사내물류비로, 그리고 공정 내 또는 공장내의 물류비는 생산물류비로 인식하는 것이 유용하다.

사내물류비에는 포장, 운송, 하역, 분류, 보관, 재고 등 사내에서 발생한 물류비를 포함하는데, 이 과정의 비용 분류는 사내의 조직단위별(공장별, 지점별 등), 물류경로별(수·배송의 경로, 직송경로 등), 보관 장소나 위치, 보관방식별(창고보관, 배송센터보관 등) 등과 같이 물류흐름을 보다 구체적으로 도표를 이용하여 나타내면 사내물류비의 범위가 명확해지게 된다.

3) 판매물류비

생산된 완제품 또는 매입한 상품을 판매창고에서 보관하는 활동부터 고객에게 인도될 때까지의 물류비를 말한다.

판매물류비 중 주문이행에 따른 판매물류비는 출고지시에 따라 보관된 제품이나 상품의 피킹, 출고, 상차, 운송, 하차 등의 판매물류에 관련된 비용이 포함된다. 예를 들어, 제조업자에 있어서 공장 등의 제품창고에서 고객에게로 직송하는 경우나, 유통업자에 있어서 조달처나 매입처의 상품 보관창고에서 고객에게 직송하는 경우는 고객으로의 출고 이후의 비용을 판매물류비로 인식한다.

4) 리버스(Reverse)물류비

회수물류비, 폐기물류비, 반품물류비로 세분화한다.

[그림 6.5] 제조기업의 영역별 물류비

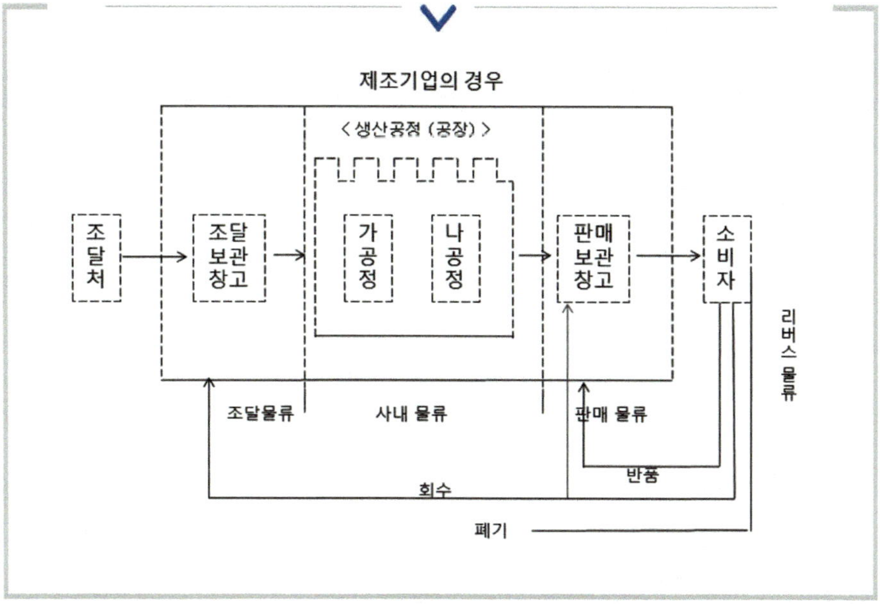

- 회수물류비란 공용기와 포장자재 등이 회수되어 재사용 가능할 때까지의 물류비를 말한다.
- 폐기물류비란 제품이나 상품, 포장용 또는 운송용 용기나 자재 등을 회수하여 폐기할 때까지의 물류비를 말한다.
- 반품물류비란 판매한 제품・상품 또는 위탁 판매한 제품・상품의 취소, 위탁의 취소 등의 물류활동에 따른 물류비를 말한다.

2. 기능별 분류

1) 운송비

물자를 물류거점 간 및 고객에게 이동시키는 활동에 따른 물류비를 말한다. 다만, 개별기업의 물류비 계산목적에 따라 다음과 같이 세분화할 수 있다.

- **운송비** : 기업의 필요에 따라 물자를 물류거점까지 이동시키는 물류비를 말한다.
- **배송비** : 물자를 고객에게 배달시키는 물류비를 말한다.

2) 보관비

물자를 창고 등의 물류시설에 보관하는 활동에 따른 물류비를 말한다.

3) 하역비

유통가공 및 운송, 보관, 포장 등의 업무에 수반하여 상차 및 하차, 피킹, 분류 등 물자를 상하・좌우로 이동시키는 물류비를 말한다.

4) 포장비

물자 이동과 보관을 용이하게 하기 위하여 실시하는 상자, 골판지, 파렛트 등의 물류포장(최종소비자를 위한 판매포장은 제외)활동에 따른 물류비를 말한다.

5) 물류정보 · 관리비

물류활동 및 물류기능과 관련된 정보처리와 관리에 따른 물류비를 말한다. 다만, 개별기업의 물류비 계산목적에 따라 다음과 같이 세분화할 수 있다.

(1) 물류정보비

구매, 운송, 생산, 창고운영, 재고관리, 유통망 등 물류 프로세스를 전략적으로 관리하고 효율화하기 위하여 컴퓨터 등의 전자적 수단을 사용하여 지원하는 활동에 따른 물류비를 말한다.

(2) 물류관리비

물류활동 및 물류기능의 합리화와 공동화를 위하여 계획, 조정, 통제 등의 물류관리 활동에 따른 물류비를 말한다.

[그림 6.6] 물류기능별 물류비의 종류

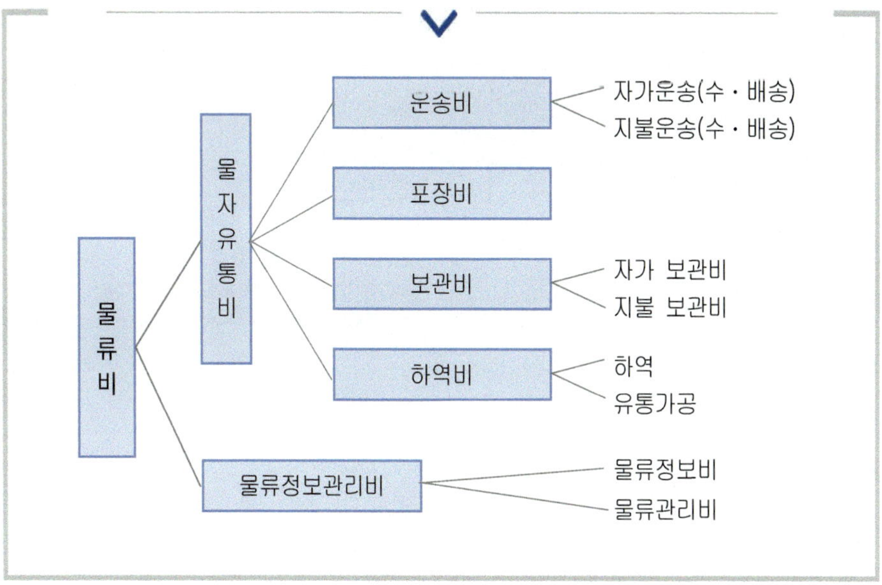

3. 지급형태별 분류

1) 자가물류비

자사의 설비나 인력을 사용하여 물류활동을 수행함으로써 소비된 비용을 말하며, 다시 재료비, 노무비, 경비, 이자의 항목으로 구분한다.

2) 위탁물류비

물류활동의 일부 또는 전부를 타사에 위탁하여 수행함으로써 소비된 비용을 말하며, 물류자회사 지급분과 물류전문업체 지급분으로 구분한다.

[그림 6.7] 지급형태별 물류비 종류

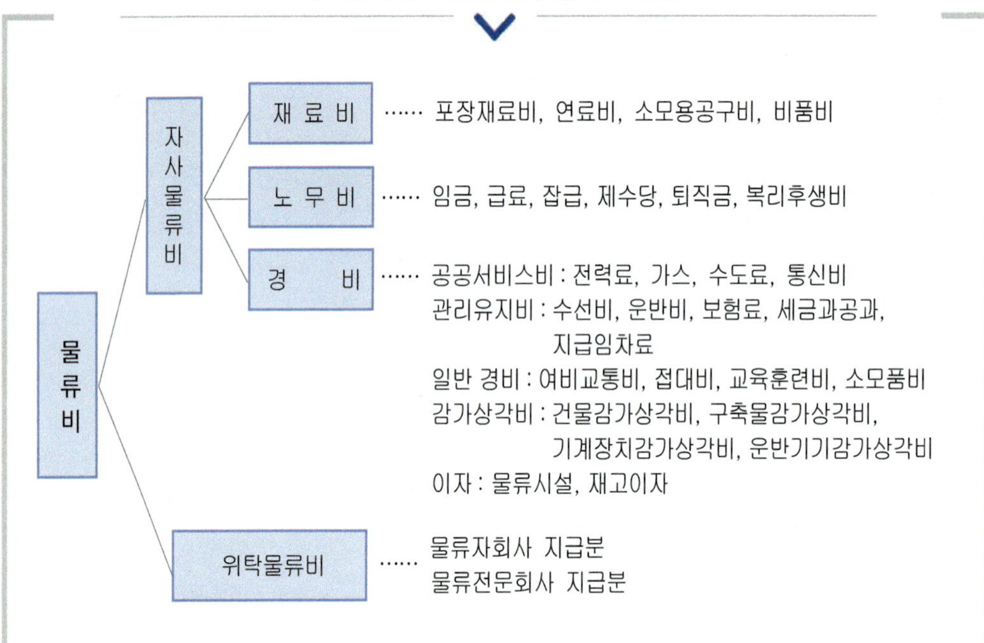

4. 세목별 분류

세목별 분류는 기본적으로 재료비, 노무비, 경비, 이자로 구분한다.

1) 재료비

재료비(材料費)는 물류와 관련된 재료의 소비에 의해서 발생하는데, 주로 포장이나 운송기능에서 발생된다. 포장재료비, 연료비 이외에도 물류활동의 수행을 위한 소모용 공구비, 비품비 등을 포함한다.

2) 노무비

노무비(勞務費)는 물류활동을 수행하기 위해 발생하는 노동력에 대한 비용으로서, 운송, 보관, 포장, 하역 및 관리 등의 전반적인 기능과 조달, 사내, 판매 등의 전 영역에서 발생된다. 노무비의 항목에는 임금, 급료, 잡급 이외에도 물류 관련 종사자에 대한 제수당, 퇴직금 및 복리후생비 등을 포함한다.

3) 경비

경비(經費)는 재료비, 노무비 이외에 물류활동과 관련하여 발생하는 제비용으로서, 주로 물류관리의 기능에서 발생되며, 회계 및 관리부문 등에서 사용하는 계정과목이 전부 해당된다. 필요에 따라서는 다음과 같이 구분할 수 있다.

① **공공서비스비** : 공익사업체에서 제공하는 용역(service)에 대해서 발생하는 비용으로서, 전력료, 가스·수도료, 통신비 등이 포함된다.

② **관리유지비** : 물류관련 고정자산의 운용, 가동, 보전 등을 위해서 발생하는 비용으로서, 수선비, 운반비, 세금과 공과, 지급임차료, 보험료 등이 포함된다.

③ **감가상각비** : 물류관련 고정자산의 시간경과에 따른 가치감소분의 비용으로서, 건물감가상각비, 구축물감가상각비, 기계장치감가상각비, 차량감가상각비, 운반기기감가상각비 등이 포함된다.

④ **일반경비** : 물류관리 목적을 위해서 지출하는 일반적인 물류비로서, 여비, 교통비, 접대비, 교육훈련비, 소모품비 등과 같은 비용항목 이외에도 물류과정에서 발생하는 변질이나 도난, 사고 등에 따른 손실 등이 포함된다.

4) 이자

이자(利子: interest)는 물류시설이나 재고자산에 대한 이자발생분을 의미하고 있는데, '금리(金利)' 또는 '투자보수비(投資報酬費)'라고도 한다. 이 지침에서 이자는 시설부담이자와 재고부담이자로 구분한다.

① **시설부담이자** : 물류시설에 투자되어 있는 자금에 대한 이자부담분만큼의 기회손실을 말한다.

② **재고부담이자** : 재고자산이 존재함으로써 발생하는 재고자산의 가치에 대한 이자부담분만큼의 기회손실을 말한다.

5. 관리항목별 분류

관리항목(管理項目)별 분류는 중점적으로 물류비 관리를 실시하기 위한 관리대상(물류비 계산의 실시단위의 경우는 물류원가계산대상: cost objectives for logistics unit), 예를 들어, 제품별, 지역별, 고객별 등과 같은 특정의 관리단위별로 물류비를 분류하는 것으로 [그림 6-8]과 같이 나타낼 수 있으며, 관리목적(管理目的)별이라고도 칭한다.

① **부문별** : 물류비가 발생되는 부문이나 관리부문등 조직계층단위

② **지역별** : 물류비가 발생되는 지역별 부문이나 조직단위

[그림 6.8] 관리항목별 코스트 종류

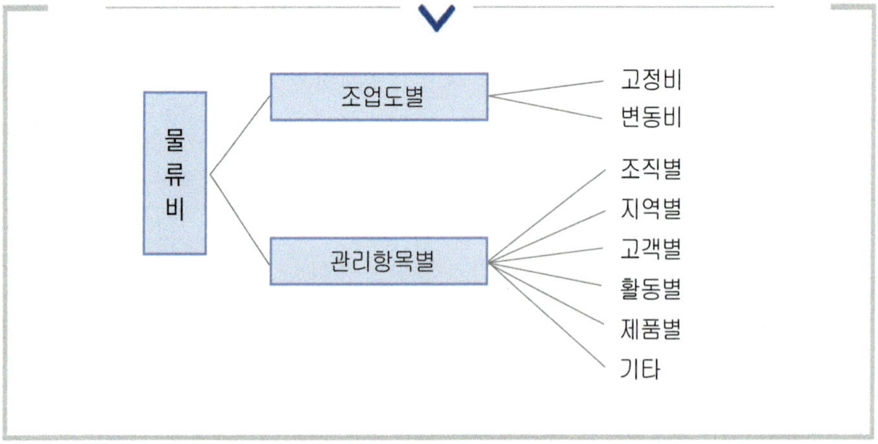

③ **운송수단별** : 철도운송, 해상운송, 육로운송, 항공운송 등의 운송수단
④ **제품별** : 물류활동의 대상이 되는 원재료, 제품, 부품 등의 제품종류
⑤ **물류거점별** : 물류활동이 발생하는 장소로서 물류센터, 창고, 집배소 등
⑥ **위탁업체별** : 물류활동을 위탁할 경우 물류활동 수행업체

6. 조업도별 분류

1) 물류고정비

물류활동의 범위 내에서 물류조업도의 증감과 관계없이 발생하거나 소비되는 비용이 일정한 물류비를 말한다.

2) 물류변동비

물류활동의 범위 내에서 물류조업도의 증감에 따라 발생하거나 소비되는 비용이 비례하여 변화되는 물류비를 말한다.

7. 물류비 계산방법

비목별 계산은 비목별로 물류비를 집계하는 것으로서, 물류비 인식기준에 의해 물류비를 인식하되 구체적인 계산방법은 상기 과목의 분류체계에 의해 영역별, 기능별, 지급형태별, 세목별, 조업도별 관리항목별로 전개해 나간다.

1) 물류비 계산절차

이 지침에서는 분류체계에 의한 비목별 물류비 계산방법에 대해 구체적인 내용을 명시하고 있지 않지만, 분류체계에 의한 영역별 → 기능별 → 지급형태별 → 세목별 계산과정과 방법을 나타내면 [그림 6-9]와 같다. 관리항목별 계산은 다음 항에서 서술한다.

[그림 6.9] 물류비의 비목별 계산과정

[제1단계]	[제2단계]	[제3단계]	[제4단계]	[제5단계]
물류비 계산 욕구의 명확화	물류비 자료의 식별과 입수	물류비 배부기준의 선정	물류비 배부와 집계	물류비 계산의 보고
▪물류비 계산목표 확인 ▪물류비 계산대상 결정 ▪물류비 계산범위 설정	▪물류비 계산대상별 자료 식별 ▪물류비관련 회계자료(세목별)수집 ▪물류기회원가 관련자료 입수	▪물류비 배부기준 결정 -영역별 배부기준 -기능별 배부기준 ▪물류비 배부방법	▪영역별 집계 ▪기능별 집계 ▪지급형태별 집계 ▪관리항목별 집계	▪물류비 보고서 작성 ▪문제점과 대책 제시 ▪물류비 정보의 활용 및 피드백

(1) 제1단계 : 물류비 계산욕구의 명확화

제1단계는 물류비 계산의 목표를 해당 기업의 물류비관리 필요성이나 목표에 의거하여 명확하게 해야 한다. 왜 물류비 계산을 해야 하며, 물류비 계산을 통해 무엇을 요구하고 있으며 또한 산출된 정보는 어떻게 활용할 것인가와 같은 물류비 계산의 욕구(needs)를 명확히 한다.

(2) 제2단계 : 물류비 자료의 식별과 입수

제2단계에서는 물류비 계산을 위해 물류활동에 의해 발생한 기본적인 회계자료 및 관련자료를 계산대상별로 식별하고 입수하여야 한다. 물류비 관련자료는 해당 기업의 계정과목을 중심으로 제공되며 이 자료는 세목별 물류비의 기초자료에 해당한다.

물류비 관련 물량자료로서 물류부문에서 발생하는 업무자료의 종류에는 다음과 같은 것들이 있다.

- **운송관련** : 영역별/제품별/지역별 운송거리, 운송량(ton · km) 등
- **보관관련** : 센터별/지역별/제품별 보관수량(개 · 일 · m^2), 입출고회수 등
- **하역관련** : 물류인원의 영역별/기능별/제품별 등의 작업시간, 상하차수량 등
- **포장관련** : 센터별/지역별/제품별 포장수량(개 · m^3)

(3) 제3단계 : 물류비 배부기준의 선정

제3단계는 회계부문으로부터 물류비 관련 회계자료가 입수되면, 계산대상별로 물류비를 계산하기 위해 물류비의 배부기준과 배부방법을 선정하여야 한다. 영역별, 기능별, 관리항목별(예, 제품별, 지역별, 고객별 등)로 물류비 계산을 실시하기 위해서는, 우선 물류비를 직접물류비와 간접물류비로 구분해야 한다.

〈표 6-6〉 물류비의 배부기준과 배부방법 예시

배부기준과 배부방법		예 시
배부기준의 종류	물량(수량) 기준	물류서비스의 제공정도에 따라 적절히 배부 - 운송비 : 운송량(ton · km), 운송품개수, 운송시간 등 - 보관비 : 보관면적(m^2), 보관량(m^3 · 일수), 보관품개수 등 - 하역비 : 종업원수(명), 작업시간(시간), 하역건수 · 품수 등 - 포장비 : 포장개수, 포장건수, 포장시간 등 - 기타 물류비 : 인력수, 입출고수, 선표발행수 등
	금액기준	물류서비스의 제공정도에 관계없이 일정액을 배부 - 금액 : 원
복수기준의 사용여부	단일기준	물류비 배부기준 중에서 1개 기준만 사용
	복수기준	물류비 배부기준 중에서 여러 기준을 사용
배부방법의 종류	개별배부	물류활동의 특성에 따라 물류비를 개별적 배부
	일괄배부	물류활동의 특성에 관계없이 물류비를 일괄적 배부

(4) 제4단계 : 물류비의 배부와 집계

제4단계에서는, 제2단계에서 입수된 물류비 관련자료를 사용하여 제3단계의 배부기준 및 배부방법에 의해 물류비를 배부하여 집계하는 단계이다. 이 중 직접물류비는 전액을 해당 계산대상에 직접 부과하고, 간접물류비는 선정된 배부기준과 배부방법에 의거해서 물류비의 일정액 또는 일정율을 계산대상별로 배부하고 집계하여 합산한다.

(5) 제5단계 : 물류비 계산의 보고

제5단계는 물류비 계산의 실시에 따른 보고서를 계산대상별로 작성함과 동시에 이 내용을 종합하여 물류활동에 관한 물류비 보고서를 제출하는 단계이다. 물류비 보고서는 〈별지 제1호〉 「물류비 계산서」를 전사 차원에서 합산하여 전사 물류비 보고서를 작성하면 된다.

2) 영역별 계산방법

영역별 물류비 계산은 전술한 영역별 분류에 의해 물류비를 계산하는 것으로서, 영역별 물류비는 세목별로 집계된 물류비를 기능별/자가 · 위탁물류비로 구분하여 집계하면 된다. 이때 중요한 점은 물류영역을 물류비 관리책임과 관련해서 설정하여 어느 범위까지 계산을 할 것인가에 있다.

일반적으로 판매물류비는 대부분의 물류부문에서 담당하고 있기 때문에 별다른 문제가 없겠지만, 조달물류비는 주로 구매부문이나 조달부문에서 비용책임을 갖고 있기 때문에 물류비 범위에 포함할 것인가의 여부, 사내물류비의 경우 생산물류 또는 공장물류와의 경계 내지는 범위를 어디까지 설정할 것인가에 따라 해당 기업에서 산정하는 물류비의 규모가 크게 차이난다.

제조업자의 경우 물자나 제품의 흐름을 도표로 나타낸 후, 세부적으로 각 영역별로 비용의 흐름을 파악하면 기능별, 지급형태별 및 세목별로 입수된 비용의 배분이 가능하게 된다.

유통업자의 경우는 창고나 배송센터, 혹은 점포를 중심으로 해서 조달, 보관 및 진열, 판매되는 상품의 흐름을 도표로 나타낸 후, 세부적인 비용의 흐름을 파악해야만 영역별 물류비의 계산이 가능하다.

특히, 영역별 물류비 계산이 실무적으로 잘 이루어지지 않고 있는데, 그 이유는 물류비의 산출에 따른 활용목적이 분명하지 않거나 혹은 조직체계 등과 부합되는 비용흐름을 나타내고 있지 못하기 때문이다. 영역별 물류비 계산은 물류의 흐름을 통한 비용흐름의 파악이 가능하게 함으로써 어느 부분에서 물류비의 절감 내지는 물류업무의 효율증대를 꾀할 수 있는가를 파악할 수 있기 때문에 매우 중요한 계산과정이라고 말할 수 있다.

반품, 회수 및 폐기과정의 물류비는 리버스물류비에 속한다. 그리고 사내물류비의 경우 공장별, 사업부별, 창고별 등으로 세분시키거나, 판매물류비의 경우 제품별, 지역별, 고객별 등으로 세분시켜서 물류비를 계산하게 되면 더욱 유용한 정보의 입수와 활용이 가능해진다.

3) 기능별 계산방법

기능별 물류비 계산은 각 기능별로 운송비, 보관비, 포장비, 하역비, 물류정보 · 관리비로 분류하여 지급형태별/세목별 물류비를 적절하게 배부하여 합계하면 된다.

운송비, 보관비, 포장비, 하역비에 대해서는 그 기능별 물류특성에 의해 비용 파악이 비교적 용이하기 때문에 비목별로 상세하게 물류비를 구분하여 계산해야 한다. 이때 사용하는 세목별 물류비 자료의 기능별 배부는, 전술한 물류비 계산절차의 제3단계에 따라 물류특성에 따라 해당 기능별로 직접적으로 연관이 있는 직접물류비는 전액을 직접 부과하고, 일부 또는 간접적으로 연관이 있는 간접물류비는 해당되는 일부의 비용을 적절하게 배부해야 한다.

예를 들어, 운전수의 급료나 수당이나 연료비, 차량의 감가상각비 등은 전액 운송비에 귀속되며, 창고관리자의 급료와 수당 및 창고건물의 감가상각비, 전력료, 수도료 등은 전액 보관비에 귀속된다. 하역자와 유통가공자의 임금과 수당, 상하차 작업관련 비용의 경우 하역비로 계산한다.

그리고 물류정보·관리비는 일반적으로 대부분의 비용이 공통비적인 성격과 현업부문보다는 관리부문에 의한 지원비용의 성격을 갖고 있음으로 인해 일괄 계산하여 총액으로 계산하면 된다.

기능별 계산은 물류관리조직이 기능별로 편성되어 있을 경우 비용에 대한 책임소재 등의 파악과 관련하여 매우 중시되기도 한다. 또한, 물류기능별로 채산분석을 실시하여 물류비 절감목표를 설정한 경우 실제 대체적인 방법에 대한 비용트레이드·오프(cost trade-off), 즉 얼마가 절감 가능한가를 나타내는데 유용시 되기 때문에 매우 중시되는 계산과정에 해당한다.

4) 지급형태별 계산방법

지급형태별 물류비 계산은 다음과 같이 실시한다.

자가물류비는 물류활동을 사내에서 실시할 경우 발생하는 모든 비용을 말한다. 주로 사내의 물류활동과 관련하여 조달, 사내의 운송과 보관, 판매 등의 과정에서 발생하는 재료비, 노무비, 경비, 이자를 전부 포함한다.

한편, 위탁물류비는 물류활동의 일부 또는 전부를 외부의 물류업자나 물류자회사에 위탁한 경우 지불하는 요금을 말한다. 이 비용은 주로 운송, 보관 및 포장 등의 활동을 위탁하는 경우에 발생하게 되는데, 예를 들어 지불포장비, 지불운임, 지불창고료 이외에도 입출고료, 수수료 등이 포함된다.

물류원가계산 기간 동안 실제 발생액으로 계산한다. 이 경우 포장관련 요금을 포장비에 지불운임은 운송비, 보관료 입·출고료는 보관비에 하역료는 하역비에 각각 직접 부과한다. 하역비 중 외주비용은 전화, 인터넷사용료, 사무수수료는 기능별 분류가 곤란한 경우에는 합계란에 기록한다.

물류전문회사의 물류비 계산방법은 물류자회사 지급분과 동일하게 판매수량 또는 건수에 견적비용단가를 곱하여 계산한다.

지급형태별 계산의 중요성은 물류비 절감을 위한 물류개선 분석에 있어서 사내활동과 물류자회사, 물류전문회사에 대한 비교분석을 할 경우나, 또는 자사 물류시설의 투자를 위한 경제성 분석이 있어서 비교우위에 대한 분석을 가능하게 해준다.

5) 세목별 계산방법

세목별 물류비 계산은 기본적으로 재료비, 노무비, 경비, 이자로 구분하여 실시하되, 재료비, 노무비, 경비의 각 세부 비목별 계산은 회계부문의 계정과목체계를 준용하도록 하고 있다.

(1) 재료비

재료비는 직접재료비와 간접재료비로 구분하여 직접재료비는 일정기간 동안의 실제 소비량에 소비가격을 곱하여 계산하며 소비량은 출고지시서 등을 계속기록법 또는 재고계산법으로 파악한다. 간접재료비와 직접재료비 중 소비량을 계산하기 어려운 것은 적절한 기준에 따라 일정 기간동안의 매입액과 기초, 기말재고액을 근거로 산출한다.

(2) 노무비

노무비는 직접노무비와 간접노무비로 구분하여, 직접노무비는 일정기간 동안의 각 물류영역에 관련된 실제 작업시간 혹은 작업량에 임률을 곱하여 계산하며, 간접노무비는 직접인건비 중 작업시간 또는 작업량을 계산하기 어려운 것은 적절한 기준에 따라 일정기간 동안 지불액을 기초로 배부한다.

(3) 경비

경비는 실제발생액을 전액 계상하는데, 공통적으로 발생하는 비용이나 간접적으로 발생하는 비용은 해당활동에 대한 서비스 정도나 일정 금액을 적절하게 배분한다. 필요에 따라서는 공공서비스비, 관리유지비, 감가상각비 및 일반경비로 구분하여 경비의 세부특성에 맞추어서 계산하면 차후에 물류경비의 실적분석에 있어서 기간별, 장소별 등의 비교나 증감분석에 유용하게 된다.

이 지침에서는 감가상각비에 대한 인식기준을 기업회계기준의 발생기준에 준거하도록 하고 있다. 따라서, 물류관련 감가상각비는 회계부문의 재무회계시스템에서 계산한 감가상각비를 그대로 사용하는 방법을 채택하도록 하고 있다. 그 이유는 물류관리자의 이해도 향상이나 계산의 간편성, 회계부문과 물류부문의 물류비 자료와의 일치성 등을 고려하고 있기 때문이다.

- **공공서비스비** : 전력, 가스비, 수도료 등은 계산기간의 실제소비량을 측정하여 요금단가를 곱하여 계산한다. 개별 측정치가 없을 때는 청구서와 영수증 등으로 파악한 지불총액을 실제와 가까운 추정배분율을 정하여 배분한다.
- **관리유지비** : 유지비 중 기간별로 지불하는 것은 청구서, 영수증을 근거로 하여 지불액을 계산한다. 몇 개월을 일괄하여 지불하는 것은 월할 계산법을 사용하고 기간 안분하여 그 기간에 맞는 금액을 계산한다.
- **일반경비** : 지불총액을 실제와 가까운 추정배분율을 사용하여 배분한다.

〈표 6-7〉 비목별 물류비 계산방법

<table>
<tr><th colspan="5">물 류 비 비 목</th><th rowspan="2">계 산 방 법</th></tr>
<tr><th>영역별</th><th>기능별</th><th>지급형태별</th><th colspan="2">세목별</th></tr>
<tr><td rowspan="7">판매
물류비</td><td rowspan="5">운송비</td><td rowspan="4">자가</td><td>재료비</td><td>연료비</td><td>차량 등의 운송용 시설・기기에 대해 전액 부과</td></tr>
<tr><td>노무비</td><td>급여
퇴직급여</td><td>운송 관련부문에 대한 급여를 직접 부과하거나 배분을 통해 계산</td></tr>
<tr><td>경비</td><td>감가상각비</td><td>운송용 설비에 대한 감가상각비를 감가상각비시스템에서 구분하여 이체</td></tr>
<tr><td>이자</td><td>시설부담이자</td><td>운송차량별 미상각잔액에 이자율을 곱해서 합산</td></tr>
<tr><td>위탁</td><td></td><td>운송비</td><td>사외에 운송료로 지불한 전표로 구분 및 합산</td></tr>
<tr><td rowspan="2">보관비</td><td rowspan="2">자가</td><td>---</td><td>---</td><td>---</td></tr>
<tr><td>이자</td><td>재고부담이자</td><td>(원재료 및 제품의 월평균 재고금액)×이자율로 계산</td></tr>
<tr><td colspan="6">-- 이하 생략 --</td></tr>
</table>

〈별지 제1호〉

물류비 계산서(일반기준)

제 기 년 월 일부터 년 월 일까지

(회사명:)

지급 형태별	기능별	영역별 / 세목	물류비 총계	조달물류비 물류사업자 지급분(상단) 및 자가물류비(하단)			사내물류비 금액			판매물류비 금액		
				계	변동비	고정비	계	변동비	고정비	계	변동비	고정비
물류비 총계												
위탁 물류비	위탁물류비 합계											
	운송비	소계										
		운송비										
		배송비										
	포장비											
	보관비											
	하역비											
	물류 정보 · 관리비											
그중 물류 자회사 지급분	자회사위탁 합계											
	운송비	소계										
		운송비										
		배송비										
	포장비											
	보관비											
	하역비											
	물류 정보 · 관리비											
자가 물류비	자가물류비 계											
	운송 비	합계										
		재료비										
		노무비										
		경 비										
		이 자										
	운송비	소계										
		재료비										
		노무비										
		경 비										
		이 자										
	배송비	소계										
		재료비										
		노무비										
		경 비										
		이 자										
	포장비	합계										
		재료비										
		노무비										
		경 비										
		이 자										
	보관비	합계										
		재료비										
		노무비										
		경 비										
		이 자										
	하역비	합계										
		재료비										
		노무비										
		경 비										
		이 자										
	물류 정보 · 관리비	합계										
		재료비										
		노무비										
		경 비										
		이 자										

※ 재고부담이자는 보관비에만 포함됨.
기말기준 자가 및 영업창고에 보관된 원자재 · 부품 · 제품 재고금액 × 시중금리율

(단위: 천원)

리버스 물류비													비 고 (작성예시)
			반품물류비			회수물류비			폐기물류비				
계	변동비	고정비	소계	변동비	고정비	소계	변동비	고정비	소계	변동비	고정비		
													*기능별 세부 구분이 곤란한 경우 총액으로 기재
													*수・배송비 구분이 곤란한 경우는 운송비 소계만 작성
													*트럭, 철도, 내항해운 지불비용 등
													*트럭, 철도, 내항해운 지불비용 등
													*팔레트, 박스포장 등 운송포장 지불비용 등
													*창고회사에의 보관료, 임차료 등
													*하역업체, 배송센터 위탁비용 등
													*정보처리센터 지불비용 등
													*기능별 세부 구분이 곤란한 경우 총액으로 기재
													*수・배송비 구분이 곤란한 경우는 운송비 소계만 작성
													*수・배송비 구분이 곤란한 경우는 운송비 소계만 작성
													*운송차량 감가상각, 연료비 등
													*운송인력 인건비(급료와 임금, 제수당)
													*운송차량에 대한 자동차 취득세, 등록세, 보험료 등
													*운송차량 잔여 내구연한 x 시중금리율 등
													*포장재 구입비용, 포장기계 감가상각 등
													*포장작업인력 인건비
													*관련제세공과금, 포장작업실 전기료, 난방비 등
													*포장기계 잔여 내구연한 x 시중금리율
													*창고 시설・설비비, 유지보수비, 감가상각비
													*창고관리인력 인건비
													*창고관련 제세공과금, 전기료, 난방비 등
													*창고・설비 잔여 내구연한 x 시중금리율, 재고비용이자
													*자체하역장비・설비 구입・설치 비용 및 감가상각
													*자체하역장비・설비 운용인력 인건비
													*관련제세공과금 등
													*자체하역장비・설비 잔여 내구연한 x 시중금리율
													*전산실 설치, 정보처리기기, 프로그램 구입・개발비 등
													*정보처리・관리인력 인건비
													*관련제세공과금, 전기료, 난방비 등
													*전산실, 정보처리기기 감가상각 등

※ 비고란은 '작성예시'로서, 구체적으로는 별도의 업종별 '지침 해설'을 참고할 것.

제3절 물류비 계산의 간이기준

간이기준(簡易基準)은 전술한 것과 같이 회계장부와 재무제표(주로 손익계산서와 대차대조표)로부터 간단하게 추산하여 물류비를 계산하는 방식을 말한다. 따라서 간이기준에 의한 물류비 계산목적은 물류비에 대한 실태파악을 위해 실적물류비를 간략하게 추산하여 계산함을 목적으로 한다.

물류비는 일반기준에 의해 원천자료로부터 구분하여 집계하는 것이 요망되지만 전사적으로 체계적인 방법으로 물류비를 계산하지 못하는 기업과 물류비에 대한 상세한 정보를 필요로 하지 않는 기업 등에서는 회사 전체를 대상으로 물류비 총액을 파악하는 목적으로 간이기준에 의해 간략하게 물류비를 계산하기 위한 기준에 해당한다.

간이기준을 이용하면 정확하고 상세한 물류비를 계산할 수 없으며 복잡한 수작업이 요구되기도 하는 등 문제점을 내포하고 있으나, 물류비 계산의 경제성을 고려하여 기업규모가 작거나 일반기준을 적용하기 위한 물류정보시스템을 구축하지 못한 기업 등에서 활용할 수 있도록 하였다.

예를 들어, 간이기준에 의한 물류비 계산은 다음과 같은 기업의 경우 유용하게 활용할 수 있다.

- 물류관리의 초기단계 있는 기업
- 물류비 계산시스템이 확립되어 있지 않은 기업
- 물류비를 산출하기 위한 노력과 비용이 과다하게 드는 기업
- 물류비의 상세한 정보보다 개략적인 총액정보로서 만족하는 기업
- 물류비 계산의 실시까지는 물류관리상 곤란한 중소기업 등

〈표 6-8〉 간이모델에 의한 물류비 분류체계

구 분		코드	계정과목	지급형태별		기능별					물류비
				자가물류비	위탁물류비	운송비	보관비	포장비	하역비	물류정보관리	
손익계산서	제조원가	501 5--	직접재료비 --								
	매출원가	600	매출원가								
	판매비	701 7--	지불운임 --								
	관리비	801 8--	급료·수당 --								
			물류비합계								

1. 기능별 분류

1) 운송비

운송비(運送費)는 물자를 물류거점 간 및 소비자에게 이동시키는 활동에서 소비된 비용을 말하며, 이 비용은 장소에 의한 제품의 효용을 창조하기 위한 목적에서 발생한다.

2) 보관비

보관비(保管)는 물자를 창고 등의 보관시설에 보관하는 활동에서 소비된 비용을 말하며, 이 비용은 시간에 의한 제품의 효용을 창조하는 목적에서 발생한다. 일반적으로 보관비 또는 창고비라고 칭하는 이 비용에는 물지를 단순히 보관하는데 소요되는 비용뿐만 아니라 재고물품에 대해 발생하는 이자도 포함한다.

3) 포장비

포장비(包裝費)는 물류포장활동에서 소비된 비용을 말한다. 여기서 물류포장활동이란 최종소비자에게 인도되지 않고 이동과 보관을 용이하게 하기 위하여 실시하는 포장으로 판매포장과 상대적인 개념을 나타낸다. 따라서, 포장비는 물품, 제품, 폐기물 등을 운송, 하역, 보관하기 위한 물류포장에 소비되는 물류포장비라고 말할 수 있으며, 제품이 생산되는 과정인 생산물류에서 소비된 비용은 생산원가 또는 제조원가에 귀속되기 때문에 포장비에서 제외한다.

4) 하역비

하역비(荷役費)는 물자의 운송과 보관활동에 수반되어 동일 시설 내에서 물자를 상하좌우로 이동시키는 활동에서 소비된 비용을 말한다.

유통가공비(流通加工費)는 물자의 유통과정에서 물류효율을 향상시키기 위하여 이를 가공하는데 소비된 비용을 말하며, 물류활동상의 효율증대를 위해서 발생하는 비용이라고 할 수 있다.

5) 물류정보 · 관리비

물류정보 · 관리비(物流情報 · 管理費)는 물류정보를 처리하는 비용과 물류관리에 소비된 비용을 말한다.

2. 지급형태별 분류

1) 자가물류비

자가물류비는 자사의 설비와 인력을 사용하여 물류활동을 수행함으로써 소비된 비용을 말하는데, 자가물류비의 분류는 일반기준과 동일하게 재료비, 노무비, 경비, 이자로 구분한다.

이 중 이자는 필요에 따라 시설부담이자와 재고부담이자로 분류할 수 있도록 함으로써, 제조원가명세서와 손익계산서로부터 입수되는 자료를 활용하여 필요에 따라 분류 및 계산할 수 있도록 탄력적인 규정만 삽입하고 있다.

2) 위탁물류비

위탁물류비는 물류활동의 일부 또는 전부를 타사에 위탁하여 수행함으로써 소비된 비용으로서, 이 비용은 일반기준과 동일한 분류를 하고 있다.

3. 관리목적별 분류

1) 물류조업도별 계산

물류비를 변동비와 고정비를 계정별로 구분하여 사용하지만 명확하게 구분이 되지 않는 경우는 다음과 같은 방법중 하나를 사용할 수 있다.

① **공학적 방법** : 물리적 투입/산출관계를 분석
② **계정분류법** : 전문가에 의해 변동비와 고정비로 분류/분석
③ **고저점법** : 최고 조업도와 최저 조업도의 원가자료를 이용

④ 산포도법(목측법) : 과거 자료를 도표상 표시하여 측정
⑤ 회귀분석법(최소자승법) : 독립변수와 종속변수의 관계를 규명

2) 관리항목별 구분

관리항목(管理項目)별 분류는 중점적으로 물류비 관리를 실시하기 위한 관리대상(물류비 계산의 실시단위의 경우는 물류원가 계산대상: cost objectives for logistics unit), 예를 들어, 제품별, 지역별, 고객별 등과 같은 특정의 관리단위별로 물류비를 분류하는 것으로 관리목적(管理目的)별이라고도 칭한다.

물류비를 관리항목별로 분류하는 주된 이유는 관리목적에 적합한 물류비 정보를 산출해 내기 위함이며, 이를 통하여 물류활동의 업적평가는 물론 각 관리단위별 채산분석을 통한 원가절감의 실현을 가능하게 해주기 때문이다. 그리고 물류활동의 중점관리목표를 정책적 또는 전략적 차원에서 실시하게 되면 물류정책이나 물류전략의 실효성 등을 검토해 볼 기회를 제공해 주기도 한다.

4. 물류비 계산방법

(1) 계산방법

간이기준에 의한 물류비 계산방법은 다음과 같다.

물류비 계산방법은 제조원가계산서 및 손익계산서의 계정과목별로 물류비에 해당하는 금액을 추계하여 계산한다. 제조원가명세서로부터는 '제조원가' 중에서 물류관련 비용을, 그리고 손익계산서로부터는 '판매비와 일반관리비' 중에서 물류관련 비용을 각각 선택한 후, 적절한 배부기준에 의해 계산하면 된다.

이때 사용하는 적절한 배부기준은 〈별지 제2호〉 비고란을 참고로 제시하였으며, 필요에 따라서는 일반기준에 의한 배부기준과 배부방법을 고려하여 필요한 물류관련 자료를 입수하여 계산하면 된다.

(2) 이자계산

자가물류비에 이자를 포함할 경우 시설부담이자와 재고부담이자를 계산해야 한다. 이때 이자계산은 제조원가명세서 및 손익계산서와는 별도로 자산명세서와 재고명세서를 기초로 하여 계산한다. 계산방법은 일반기준에 의한 이자계산법과 동일하다.

〈별지 제2호〉

물류비 계산서(간이기준)

제 기 년 월 일부터 년 월 일까지

(회사명:)

물류비 구분 / 계정과목		비목별 합계(*1)			기능별											
					운송비			보관비			하역비			포장비		
		합계	변동비	고정비	소계	변동비	고정비	소계	변동비	고정비	소계	변동비	고정비	소계	변동비	고정비
물류비 총계																
제조원가	소계															
	간접노무비															
	복리후생비															
	임차료															
	운임`보관비															
	연료비															
	소모품비															
	감가상각비															
	수도광열비															
	보험로															
	수선비															
	제세금 · 공과															
	기타제조경비															
	:															
판매비 관리비	소계															
	판매원 급료															
	관리원 급료															
	복리후생비															
	여비교통비															
	임차료															
	운임 · 보관료															
	임차료															
	운임 · 보관료															
	차량연료비															
	소모품비															
	감가상각비															
	수도광열비															
	통신비															
	보험료															
	수선비															
	제세금 · 공과															
	포장비															
	지급수수료															
	기타 경비															
	:															
이자	시설부담이자															
	재고부담이자															

※ 1 : 비목별합계 = 기능별 물류비 소계의 합 = 지급형태별 물류비 소계의 합

※ 2 : 하역비의 분리가 가능한 경우만 작성

(단위: 천원)

물류정보비 물류관리비			지급형태별 자가물류비			위탁물류비			계산방법 (예시)
소계	변동비	고정비	소계	변동비	고정비	소계	변동비	고정비	
									물류관련 인원에 비례하여 추출
									간접노무비 계산방법을 적용하여 산출
									물류관련 기기나 설비의 리스료, 렌탈료
									사내 및 생산물류활동에서 발생되는 기타 비용
									물류관련 설비 및 차량에 소요된 유류대금
									물류설비에 소모되는 타이어, 밧데리 등을 적산하여 합산
									감가자산에서 물류관련 기기 및 설비에서 정액법으로 산출
									물류관련 기기나 설비의 비중 또는 물류관련면적 비율
									물류관련 기기나 설비에 대한 보험료를 적산하여 합산
									물류관련 기기나 설비에 대한 수선비를 적산하여 합산
									물류설비에 대한 자동차세, 면허세 등을 추출하여 합산
									물류관련 지급액 계상
									총인건비중 물류관련 시간·업무량 비율
									물류담당 인원에 비례하여 추출
									간접노무비 계산방법을 적용하여 산출
									물류담당 인원에 비례하여 추출
									물류기기나 설비에 대한 리스료, 렌탈료
									물류관련 지급액 계상
									물류용 차량대수 비율에 따라 추출
									물류관련 지급액 계상
									물류용 차량대수 비율에 따라 추출
									물류관련 지급액 계상
									감가자산에서 물류관련 기기 및 설비에서 정액법으로 산출
									물류관련 금액(면적, 인원) 비율에 따라 추출
									물류활동과 관련된 지급액 계상, 물류관련 인원비율
									물류기기나 설비에 대한 보험료를 기입
									물류기기나 설비에 대한 수선비만 추출하여 합산
									물류설비에 대한 조세 등을 추출하여 합산
									공업포장과 관련된 지급액 계상
									물류활동과 관련된 수수료를 추출하여 기입
									판매 및 관리활동에서 발생되는 기타 비용

※ 비고란은 '작성예시'로서, 구체적으로는 별도의 업종별 '지침 해설'을 참고할 것.

① 시설부담이자

시설부담이자는 투자액의 미상각잔액에 이자율을 곱하여 계산한다. 이때 시설투자액의 미상각잔액은 **자산명세서**로부터 물류관련 자산을 추출한 후, 이에 대한 계산시점에서의 감가상각액을 차감하여 미상각잔액을 산정한다.

시설투자액의 미상각잔액 = 취득원가 - 감가상각액의 누적액

② 재고부담이자

재고부담이자는 재고의 평균잔액에 이자율을 곱하여 계산한다. 이때 재고의 평균잔액은 **재고명세서**로부터 월별 기초·기말재고액을 기초로 다음 식에 의해 평균잔액을 산정한다.

$$\text{재고의 평균잔액} = \frac{\text{월초재고} + \text{월말재고}}{2}$$

제7장 국제물류전략

제1절 국제물류계획

1. 국제물류관리의 중요성

세계의 다국적기업은 수출상품의 출하빈도증가, 출하단위 축소, 리드타임(lead time)단축 등의 과제에 직면하여 고도의 정보시스템에 의한 무재고화와 JIT 체제의 구축, 다품종 소량화에 대한 화물의 혼재운송 등의 실시를 모색하고 있는 상황이다. 이의 효율성을 살리기 위해 기업들은 국제경영활동에서 최소비용으로 사업활동을 극대화시킬 수 있는 전략의 핵심으로 물류관리를 활용하고 있다. 이러한 방안으로 판매 및 생산의 해외거점화와 이의 적정배치, 물류센터의 집약화 등을 추진함과 동시에 고객서비스 수준 향상과 물류비용 절감이라는 상반되는 2개의 목표를 지향하는 기업전략을 추구하고 있다.

이와 같이 국제물류관리는 단순한 업무차원이 아닌 기업 최고경영자의 중요정책결정사안 중의 하나로 다루어져야 할 사항이다.

기업은 국제마케팅상에서의 국제유통경로전략 중에서 유통경로가 선정되고 나면 국제적인 판매자는 병참시스템 또는 물류시스템의 개발 및 계획수립에 관한 문제에 직면하게 된다. 국제물류는 병참활동과 생산지로부터 소비지로의 국경을 넘어선 상품의 이동을 포함하는 것이며, 그 주요한 구성요소로는 운송, 보관, 포장, 자재관리 및 재고관리가 있다.

국제물류활동을 효율적으로 추진하기 위해서는 각 영역별 기능들이 시스템적으로 연계되어야만 그 목적을 달성할 수 있으며, 또한 전체 운영시스템의 조화와 균형을 이룰 수 있다.

국제물류활동의 궁극적인 목표는 물류비의 절감에 따른 경쟁력 강화와 급변하고 있는 소비자의 요구에 부응할 수 있도록 소비자 서비스 수준을 향상시킴으로써 기업 또는 국가의 근원적인 경쟁우위의 원천을 확보하는 데 있다.

따라서 이들 활동이 원활히 추진되기 위해서는 운송, 보관, 하역, 포장활동 등을 지원하는 국제물류기지에서의 효율적인 화물처리시스템의 구축, 그리고 물류정보 시스템을 바탕으로 각 시스템들이 유기적으로 연계되어야 한다.

즉, 운송활동이 효율적으로 이루어지기 위해서는 하역의 효율화가 선행되어야 하며, 하역활동이 효율적으로 진행되기 위해서는 포장 및 보관창고의 효율성이 전제되어야 한다. 또한 보관활동이 원활해지기 위해서는 포장활동과 밀접하게 연계되어 진행되어야 하고, 이러한 활동들은 기업의 재고전략 및 운송전략, 그리고 이들을 조화시킬 수 있는 정보시스템과 서로 보완관계를 가지고 있다.

2. 국제물류계획의 수립

물류계획의 수립과정은 첫째, 고객이 원하는 서비스수준을 파악하여 적합한 물류비전의 제시와 물류전략의 방향을 설정한다. 둘째, 물류시스템의 구조적 요소에 대한 것으로 유통경로에 대한 전략과 네트워크 전략을 수립한다. 셋째, 물류의 기능적 요소에 대한 개발단계로서 창고 설계 및 운영, 운송 및 자재관리에 대한 전략적 결정을 한다. 넷째, 실행단계로서 물류정보시스템의 구축 및 운영 그리고 물류 관련 조직을 전략적으로 결정하는 단계이다.

1) 비전의 설정

전략적 물류실행계획 수립의 첫 번째 과정은 비전설정의 단계이다. 비전이란 조직의 미래지향적인 방향과 사업전개의 방향 및 미래상을 가시적으로 표현하는 것이다. 구체적으로 설명하면 기업은 비전을 통하여 구성원들에게 우리가 누구이며 무엇을 할 것이고 어떤 방향으로 나아갈 것이며, 미래의 위상은 어떻게 될 것인가 등에 대하여 공감대를 형성한다. 구성원들의 공감대를 바탕으로 비전을 이룰 수 있는 목표를 설정하고 통합적 차원에서 각자의 역할을 충실히 이행할 수 있도록 유도해야 한다.

그러므로 어떤 조직이나 기업의 비전이 제대로 설정되어 있고, 구성원들에게 잘 인식되어 있다면 전략경영의 효과성을 높이는데 상당한 도움이 된다. 이런 이유들 때문에 전략적 물류계획을 수립하는 첫 번째 단계로서 비전 설정의 과정은 매우 중요하다.

조직내의 공감대를 형성한다는 것은 조직의 결집력을 높이고 사고체계의 통일성을 기할 수 있기 때문에 전략을 실행하는 과정에서 매우 가치 있는 결과를 얻을 수 있다.

물류비전을 설정하기 위해서는 먼저 3가지 요소에 대하여 철저한 준비가 필요하다.

① 기업의 전략적 방향과 기업전략에서 물류의 역할 및 비중을 명확히 제시하고, 물류부문에 대한 요구사항을 도출한다.

② 세분화된 고객별로 물류서비스에 대한 요구수준을 조사, 분석한다.

③ 물류활동에 영향을 미치는 각종 외부요인 및 물류환경에 대하여 조사한다.

2) 물류시스템의 분석

전략적 물류계획 수립의 두 번째 단계는 비전 설정의 단계에서 도출된 물류전략의 방향성을 계층별 10가지 기본요소를 중심으로 분석하는 것이다. 기본요소별 대안들에 대한 분석범위는 크게는 물류활동 전체에 대한 운영차원일 수도 있고, 구체적으로는 세부활동별 생산성과 효율성을 높이는 방안에 대한 것일 수도 있다.

〈표 7-1〉 물류전략의 기본틀(4계층 10요소)

4계층	10가지 요소
전략적 단계	고객 서비스
구조적 단계	유통경로 설계, 네트워크 전략
기능적 단계	창고 설계 및 운영, 운송관리, 자재관리
실행 단계	정보시스템, 정책 및 절차, 시설 및 장비, 조직 및 변화 관리

(1) 물류전략의 목표

물류전략에 대한 혁신적인 접근은 기업의 경쟁우위를 제공할 수 있다. 물류전략은 일반적으로 비용의 절감, 자본의 효율성 제고, 서비스의 개선이라는 3가지 목표를 가진다.

비용의 절감은 이동 및 보관, 재고와 관련된 가변비용을 최소화하는 전략으로 다른 창고입지를 선택하거나 다른 운송수단을 선택하는 방법과 재고량의 조정을 통해 행위의 가치를 높이는 것이다. 이 경우 서비스수준은 일정 수준을 유지하면서 최소비용의 대안을 찾는다. 따라서 이윤극대화가 주요 목표이다.

(2) 물류전략의 가이드라인

① 총비용 개념

물류시스템의 디자인에 있어 핵심은 상쇄분석을 통해 총비용의 개념에서 접근하는 것이다. 비용의 상쇄분석은 다양한 기업활동에서 발생하는 비용을 다른 활동에서 부가되는 이익에서 상쇄하는 것이다. 이는 기업활동이 균형 있고 종합적으로 관리되는 것을 의미하며 전사적으로 물류활동을 최적화하는 개념이다.

예를 들면, 운송서비스의 선택에 있어서 특정 운송서비스에서 요구되는 직접비용과 간접비용은 다른 운송서비스를 선택할 경우의 재고비용에 영향을 미치며, 최적의 경제적 선택은 이들 양 비용의 합이 가장 낮은 선에서의 운송서비스를 선택하는 것이라 할 수 있다.

② 차별화된 유통전략

모든 제품은 동일한 수준의 고객서비스를 요구하지 않는다. 이것이 물류계획 수립의 기초가 된다. 다양한 품목들을 생산, 취급하는 전통적인 기업은 고객서비스 요구, 제품특성, 판매수준 등에 따라 다중적인 유통전략을 수립하고 그것에 기초하여 물류서비스를 제공한다. 그러나 이 전략은 운송과 보관의 경제성이 무시될 수 있기 때문에 적절한 물류비용보다 더 많은 비용을 유발할 수 있다.

이보다 개선된 전략의 하나는 창고를 통해서 이동하는 제품과 생산지에서 고객에게로 직접 공급되는 제품을 차별화하는 것이다. 운송수단의 적재량에 따라 운송비의 구조가 달라지기 때문에 주문량에 따라 물류체계가 구분되어야 한다. 대량의 주문이 이루어지는 경우 공장에서 직접적으로 고객에게 주문제품을 제공하는 것이 유리한 반면, 소량의 주문이 주로 이루어지는 경우에는 창고로부터 제품을 공급하는 것이 유리할 수 있다.

③ 표준화와 공동화

다양화된 물류채널의 운용은 무리한 비용 증가를 요구한다. 이는 재고량과 운송빈도를 증가시킨다. 전략적 결정에 있어서 중요한 문제는 물류비용의 극적인 증가없이 다양한 고객의 요구에 부응하여 어떻게 다양한 물류서비스를 제공할 것인가하는 것이다. 표준화와 동업종 또는 이업종간 물류공동화가 효과적인 대응방안이 될 수 있다.

생산에 있어 표준화는 다양한 부품 및 자재를 효율적으로 통제하고 관리할 수 있도록 한다. 한편 물류공동화는 다빈도 소량운송의 문제점을 해결하여 창고 운영 및 재고관리 등에 효율적인 결과를 유도한다.

3) 물류실행계획의 수립

물류전략의 방향성에 대한 여러 가지 대안 및 핵심요점들에 대하여 비교, 분석하는 과정을 거친 후 그 결과를 바탕으로 물류실행계획을 수립한다. 물류실행계획에는 물류활동의 사명 및 목표, 로드맵의 작성, 부문별 활동계획 그리고 성과 측정기준 등이 포함되어야 한다.

물류실행계획은 전략적, 전술적, 운영적 측면에서의 과업을 언세, 어떻게 수행할 것인가에 대한 계획이다. 이들간의 주요 차이는 계획수립을 위한 시간전망이다. 전략적 계획수립은 1년 이상의 시간전망을 두는 장기적 분야이며, 전술적 계획수립은 통상 1년보다 짧은 중기적 시간전망을 포함한다. 운영적 계획수립은 시간 혹은 일별 기준으로 빈번하게 이루어지는 단기적 의사결정이다. 제품을 어떻게 효율적이고 효과적, 전략적으로 계획된 물류채널을 통해 이동시킬 것인가가 주요 관심사이다.

〈표 7-2〉 전략적, 전술적, 운영적 의사결정의 예

의사결정 영역	전략적	전술적	운영적
운송	수단 선택	계절적 장비 임대	발송, 운송빈도, 운송계약
재고	입지, 통제 정책	안전재고수준	주문충족
주문처리	주문접수, 전달과정 시스템 디자인	주문처리시스템의 미비점 보완	주문처리 : 역주문충족
구매	공급자-구매자 관계 개발	계약 : 선구매	확대, 다변화
창고	취급장비 선택 : 배치디자인	공간이용, 배치모형 개선	주문출고와 재입고
시설 입지	창고의 수, 규모, 입지	규모조정 및 확장	활용성 증대

3. 국제물류계획의 주요 영역

1) 고객서비스 수준

고객서비스 수준은 다른 요소들보다 시스템 디자인에 의해 더 많은 영향을 받는다. 낮은 수준의 서비스는 재고의 집중화, 저렴한 운송수단의 이용을 허용한다. 반면 높은 서비스 수준은 이와 반대이며, 서비스 수준에 대한 압력이 강하면 물류비용은 증가할 것이다. 그러므로 물류계획 수립에서 우선적으로 고려해야 할 것은 서비스 수준의 결정이다.

2) 시설 입지

생산지점과 배송지점 간의 지리적 위치의 격차는 물류계획에 대한 기준점을 형성한다. 시설의 입지선택과 관련된 문제의 범위는 모든 제품의 이동과 공장, 판매자, 항만 등에서 소비자의 수요가 발생하는 곳까지 총 유통비용에 영향을 미치는 보관 및 배송거점을 선택한다. 가장 낮은 비용이 소요되는 지점을 찾거나 또는 대안적으로 최대이윤을 줄 수 있는 곳을 개발하는 것이 시설입지계획 수립의 핵심이다.

3) 재고의사결정

재고의사결정은 탄력적이며 유연한 생산이나 판매를 위해 어느 정도의 재고가 필요한 것인가 결정하는 것을 의미한다. 생산물류의 관점에서 자재소요계획(Material Requirement Planning: MRP)이나 즉납제도(Just in Time: JIT)의 두 가지 전략이 있다. 그리고 제품라인에서 생산되는 다양한 품목들의 보관과 판매를 위한 재고관리는 공장, 지역, 거점창고 등의 입지선정과 밀접한 관계가 있으며, 재고관리수준도 다양하다. 기업이 고려하고 있는 특별한 정책은 시설입지의 의사결정에 영향을 미칠 것이고 따라서 물류전략에서도 심도 있게 고려되어야 한다.

4) 운송결정

운송결정은 운송수단, 운송규모, 경로와 일정선택을 의미한다. 이것들은 공장, 창고, 고객간의 근접성과 운송물량, 운송빈도, 제품특성 등에 의해 영향을 받는다. 재고수준 역시 운송거리와 운송수단, 고객의 요구 등에 의해 영향을 받는다.

운송은 물류활동 중에서 가장 많은 비중을 차지하고 있으며, 재화의 장소적, 시간적 효용을 창조하는 수단으로 제품의 수출입에 있어서는 운송이 제공되어야만 국가간 교역이 이루어질 수 있다. 즉, 운송이란 자동차, 선박, 항공기 및 기타의 운송수단에 의하여 사람이나 재화를 효용가치가 낮은 장소로부터 효용가치가 높은 다른 장소로 이동시키는 물리적 행위, 즉 재화와 용역의 장소적 효용창출활동을 의미한다.

국제운송활동은 계약물품을 공급지(수출지)에서 해외의 수요지(수입지)로 국제적으로 이동시킴으로써 장소효용(place utility)과 시간효용(time utility)을 창출하는 국제적인 용역활동으로 해석할 수 있다. 이러한 운송활동이 이루어지기 위해서는 운송의 대상이 되는 재화와 사람, 운송수단, 그리고 운송을 가능하게 하는 항만, 공항 등의 국제거점 물류시설과 도로, 철도 등 제반 사회간접자본(SOC)이 갖추어져야 한다.

또한 국제운송은 국제적 교역의 바탕이 되는 것으로 공로, 철도, 해상, 항공, 파이프라인 등을 이용한 운송과 이들을 복합적으로 사용하는 복합운송 등이 있다.

그러므로 현대 운송이 추구하는 목적은 보다 많은 수량을 보다 저렴한 운임, 보다 높은 안정성과 신속성을 가지고 운송하는 것을 추구한다.

이들 국제운송에 이용되는 운송수단으로는 선박, 항공기, 철도차량, 트레일러, 파이프라인, 부선(barge) 등이 있다. 최근에는 기업과 개인 간 및 기업과 기업 간의 전자상거래가 급증함에 따라 국제택배서비스의 이용이 활발히 진행되고 있다.

〈표 7-3〉 우리나라 국제화물 운송수단별 운송량 및 분담률

구분 / 연도별	합계(톤)	해운운송량(톤)	분담률(%)	항공운송량(톤)	분담률(%)
2011	1,072,803,693	1,069,565,588	99.7	3,238,105	0.3
2012	1,111,747,051	1,108,538,270	99.7	3,208,781	0.3
2013	1,126,451,308	1,123,205,055	99.7	3,246,253	0.3
2014	1,188,051,936	1,184,641,194	99.7	3,410,742	0.3
2015	1,220,300,498	1,216,781,726	99.7	3,518,772	0.3
2016	1,246,377,969	1,242,597,061	99.7	3,780,908	0.3
2017	1,316,520,988	1,312,489,474	99.7	4,031,514	0.3

자료: 국토교통부.

국제화물운송을 담당하고 있는 운송시스템을 살펴보면 다음과 같다.

(1) 해상운송

해상운송은 선박을 이용하여 해상에서 화물을 운송하는 것으로 국제물품운송 방법 중 가장 오래되었으며 또한 가장 많이 이용하는 운송방식이다.

과거에는 규격화, 표준화되지 못한 화물을 선박의 화물창에 적재하여 운송하는 것이 보편적이었으나, 현재에는 컨테이너라는 규격화된 운송용기에 화물을 적입하여 운송하는 단위화(unitization) 운송방법이 널리 이용되고 있다.

(2) 항공운송

항공운송은 항공기를 이용하여 화물을 운송하는 방법으로 항공기가 대형화되면서 다품종소량운송의 운임 측면에서 경쟁력이 강화되었다. 또한 글로벌화의 진전에 따른 기업활동의 확대와 다양화된 소비자 요구에 부응하는 운송방식으로 그 이용도가 급속히 증가하고 있다.

(3) 복합운송

화물의 전 운송과정에서 비교우위의 운송수단을 두 가지 이상 활용하여 운송과정에서의 효율을 극대화하는 운송방법을 복합운송이라 한다. 전통적으로 국제운송에는 해상운송, 항공운송, 육상운송 등의 한 가지 운송방식을 통한 전 구간 운송이 주로 이용되었다. 그러나 현재에는 운송의 효율성을 제고하고 화주의 요구에 부응하기 위하여 운송구간에 적합한 두 가지 이상의 운송수단을 복합적으로 이용하는 복합운송이 확산되고 있다.

(4) 국제택배서비스

'소화물일관운송'이란 법률적 명칭을 가진 택배업은 화주의 요청에 따라 소형, 소량의 화물을 자기의 책임하에 송하인의 문전에서 수화인의 문전까지 집하, 포장, 운송, 배달 등의 일련의 서비스를 신속하고, 정확하게 배달하는 운송방식이다.

일반적으로 개인 또는 기업화물의 화주로부터 포장단위당 30Kg 이하, 1.5 CBM 이내의 소형 소량화물의 운송을 의뢰받아 화물의 접수, 포장, 운송, 배달, 확인에 이르기까지 일체의 운송서비스를 운송인의 책임 아래 문전에서 문전까지 운송하는 시스템이다.

최근에는 화물운송의 규격제한이 완화되어 보통 100Kg 이상의 화물까지 취급할 수 있는 등 다양한 서비스 개발 및 서비스를 제공할 수 있게 되었으며, 인터넷 상거래와 통신판매, 홈쇼핑 등 무점포시장과 글로벌기업의 거점전략 간

부품운송, 다품종 소량운송이 보편화되면서 국제택배시장이 급성장하고 있다.

(5) 철도운송

철도를 이용하여 물품을 운송하는 방법으로 서구유럽의 인접한 국가들 간의 물품운송에 주로 이용되고 있다. 현재 이념의 장벽이 무너지면서 시베리아횡단철도(TSR), 중국횡단철도(TCR), 아시아횡단철도(TAR) 등과 해상운송을 연계한 복합운송이 더욱 활성화될 것으로 예상된다.

(6) 도로운송

컨테이너를 운송하는 트레일러, 트럭 등을 이용하여 물품을 운송하는 방식으로 서구 유럽, 북미 등 육로로 연결된 국가 간의 국제운송에 주로 이용된다. 소량의 화물운송과 door-to-door운송, 이용의 편의성 때문에 이용도가 크나, 도로의 체증, 서비스 범위의 지역적 한계성 때문에 그 유용성이 감소되고 있다.

(7) 파이프라인 운송

파이프라인 운송은 주로 유류와 가스의 운송 시 이용되는 운송방식이다. 파이프라인은 많은 사람들이 중요한 운송수단으로 생각하기 어렵지만 한번 건설되면 장기간에 걸쳐 안정성, 편의성, 정시성이 매우 뛰어난 운송수단이다. 우리나라의 경우 포항-대구-오산-성남을 연결하는 연장 413Km의 유류운송로가 구축되어 있으며, 북한과 중국의 단동간에 파이프라인 원유운송라인이 구축되어 있다.

4. 물류서비스 수준 결정

1) 물류서비스와 비용 관계

물류서비스와 물류비용 간에는 서로 상쇄관계(trade-off)가 존재하기 때문에 상호간의 균형유지가 무엇보다도 중요하다. 통상적으로 기업들은 물류비를 절감하는 것이 기업경영에 도움이 될 것으로 생각할 수 있지만, 부분적인 물류비의 절감이 기업이 추구하는 목표달성의 관점에서 반드시 도움이 된다고는 할 수 없다.

기업의 전략적인 목표 하에 물류서비스의 수준이 결정되면 전제된 서비스 수준을 유지하면서 물류비를 절감하는 것이 요구된다. 그러므로 물류서비스 수준을 낮추어 물류비를 절감하는 것은 큰 의미를 갖지 못한다.

다시 말하면, 물류비의 절감은 기업들이 해결해야 할 하나의 과제임은 틀림없으나, 그 전제 조건은 각 기업이 설정한 전략적 목표의 달성과 적정서비스의 수준을 유지하면서 추구되어야 한다.

물류서비스 수준의 변화에 대한 고객의 반응을 파악하는 것은 쉽지 않다. 그러나 일정한 지점까지 서비스수준을 높일 경우 판매수익은 증가하다가 어느 지점을 지나면 수익이 체감하게 된다. 〈표 7-4〉에서 보이는 바와 같이 주문충족률 90%에서 공헌이익이 최대가 되었다가 감소하는 경향을 보인다.

〈표 7-4〉 물류비와 고객서비스의 상관관계

(단위: 천원)

주문충족률	평균재고수준	월평균 재고비용	월평균 판매수익	공헌이익
75%	25,000	500	700	200
80%	27,000	540	900	360
85%	30,000	600	1,200	600
90%	35,000	700	1,400	700
95%	42,000	840	1,300	460
98%	55,000	1,100	1,350	250

2) 물류비의 구성

(1) 운송비용

운송비용은 물류비 구성 중에 가장 높은 비중을 차지하는 것으로 전체 운송비용으로 계산되기도 하지만 정확한 분석을 위해 인바운드 운송과 아웃바운드 운송으로 나누어 파악하기도 한다.

(2) 보관비용

창고임대 및 유지비용을 포함하는 것으로 재고유지 비용과 밀접한 관계가 있지만 구별될 필요가 있다. 왜냐하면 자가창고의 경우 재고를 줄인다고 해도 창고유지에 따른 고정비용을 줄이기 힘들기 때문이다. 그러나 창고를 임대해 사용하는 경우, 재고를 줄임으로 보관비의 상당 부분을 줄일 수도 있다.

(3) 재고유지비용

재고를 보관・유지하는데 소요되는 비용으로 일정량의 재고로 인한 기회비용의 상실, 보험비, 저장공간비용, 재고의 분실・도난에 따른 위험비용 등이 포함된다.

(4) 주문처리 및 정보비용

주문의 접수・처리와 관련된 비용으로 EDI의 보편화, ICT기술의 발달에 따른 정보시스템의 구축 및 유지에 드는 비용도 포함된다.

(5) 포장비용

상품의 이동 및 하역, 보관, 판매 등에 적합한 포장을 하는데 소요되는 비용을 말한다. 이것은 단위포장, 내부포장, 외부포장 비용으로 구분될 수 있다.

(6) 하역비용

상품의 보관, 적・양하, 이동을 위해 운송수단이나 보관시설로부터 화물을 처리하는데 소요되는 비용이다.

(7) 일반물류관리비용

통상적인 물류활동을 수행하기 위해 소요되는 본사나 현장의 물류관리 부문의 인건비와 운영비(사무비, 통신비, 시설비 등)를 포함한다.

제2절 국제물류전략 개발의 틀

1. 전략 개발의 기본 원칙

국제물류는 원자재의 조달에서부터 소비자에게 제품이 도달되기까지의 전 과정의 흐름을 관리하는 것으로 국경을 초월하여 이루어지는 활동을 의미한다. 이러한 활동들은 전 세계를 대상으로 사업을 영위하는 기업들에게 상당한 재정지출을 요구한다.

따라서 기업의 국제물류전략 개발과 기본 틀은 각 기업의 물류비를 최대한 효율적으로 절감함을 원칙으로 하여야 한다.

기업의 매출액 대비 물류비 절감을 위해선 조달, 판매 등 물류활동의 영역별 및 운송, 보관 등 기능별 물류비 크기와 비중을 정확하게 산출함으로써 불합리한 물류활동을 파악해 낸 후 그에 대한 개선방안을 마련하여야 한다.

이를 바탕으로 국제물류전략의 틀은 다음과 같은 사항을 유의해야 한다.

① **관리전략**: 적합한 전문 물류관리자 선택
② **운송전략**: 규모의 경제효과를 달성하기 위해 통합전략 활용 - 운송, 보관, 배송, 구매 등
③ **재고품전략**: 연기전략 – 생산과정 등 가치를 부가하는 활동을 가능한 지연
④ **포장전략**: 경제적 포장 – 화물취급이 용이하고 손상을 최소화
⑤ **물류서비스에 대한 전략적 제휴 및 외주 전략**: 기업경쟁성 확보
⑥ **정보시스템 활용전략**: 각 부문을 연결시켜 통합물류시스템 활용

2. 전략 개발의 도구

지난 20년간 즉납제도(JIT), 총체적 품질관리(TQM), 유연생산체제(FMS), 신속대응체제(QRS), 공급사슬관리(SCM)와 같은 새로운 경영방식의 등장과 적용은 물류 발전에 큰 성과를 가져왔다. 그러나 물류활동의 범위가 범 세계화되고, 관련업무의 복잡성이 급속하게 증가함에 따라 물류활동은 세계 각지에 흩어져 있는 시장을 하나의 시장으로 통합하는 역할을 담당하게 되었다. 이러한 국제통합물류시스템 구축에 있어서의 전략은 다음의 사항에 근거하여 개발한다.

① 제품의 가치밀도가 높으면 물류기능 및 재고를 집중시키고 주문이 들어오면 고급 운송수단을 이용하여 신속하게 배달한다.

② 제품표준화의 수준이 낮으면 생산과 물류의 기능들을 분산하고 주문 및 수요에 관한 확실한 정보가 들어올 때까지 지리적 및 가치부가적 지연전략을 활용한다.

③ 운송비용이 총비용에서 차지하는 비중이 크면 생산시설을 분산시켜 고객과의 거리를 단축시킨다.

④ 경쟁이 주로 가격중심으로 이루어지면 생산과 물류를 집중시키고 운송비용을 절감한다.

⑤ 서비스를 위주로 한 경쟁인 경우 물류기능을 분산하여 고객의 주문에 신속히 대응한다.

⑥ 제품이 수명주기상 도입기 혹은 성장기에 있으면 물류기능의 분산 등을 통해 높은 수준의 물류고객서비스를 제공하고, 성숙기 혹은 쇠퇴기에 있으면 물류기능의 집중 및 화물통합을 통해 비용을 절감한다.

3. 국제물류전략의 특성

1) 국제물류전략의 역할

글로벌 경쟁시장을 지향하는 기업은 시장으로부터 제품을 글로벌시장에 맞게 디자인하고, 기업의 각종 재원을 최적화할 수 있도록 그들의 생산공정과 제품관리의 전 과정을 합리화하도록 요구받는다. 따라서 개별기업들은 그들의 국제물류활동이 타 기업에 비해 특성과 강점을 가지고 운용된다는 것을 보여줄 수 있는 물류전략에 기초하여 체계적으로 기능적 활동을 조정해야 한다.

과거 기업들의 최고경영진들은 국제물류활동을 현실상의 영업전술로 생각하여 실세적인 생산요소의 투입 없이 물류전략을 수립했다. 설령 국제물류활동에 기업의 생산요소를 투입한다고 해도 그것들을 단순한 비용으로 생각하여 그 역할을 악화시켜왔다.

이러한 구시대적인 발상에는 여러 가지 이유가 존재하지만 대표적인 것으로 다음과 같은 이유를 들 수 있다. 첫째, 제조기업의 성패를 좌우하는 요소는 생산, 판매, 재무 등의 영역이라는 판단아래 이러한 부문이 물류영역보나 식무상 중요하게 고려되었다. 둘째, 국제물류활동에 따른 공헌도의 평가가 단기적인 관점에서 이루어지는 측면이 있었다. 기본적으로 물류활동의 효율화, 원활화를 위하여 장기적인 관점에서 투자가 이루어져야 가시적인 성과가 나타나는 특성이 있기 때문에 기업측면에서는 자원소모적 분야라는 견해가 존재해 왔다. 셋째, 물류활동이 기업의 전략적 측면에서 다루어져야 할 전문분야가 아닌 기술 및 기능 중심적인 분야라는 인식이 존재했다고 할 수 있다. 기업들은 물류활동을 생산 및 판매활동에 부수되는 기능적이며 기술적인 분야로 인식하고 문제가 발생할 때만 시정해야 하는 분야로 간주하였다.

실제, 기업들은 시장의 반응을 토대로 제품을 생산하고 판매하지만, 직접 제품을 소비자에게 전달하는 과정에서 야기되는 문제점과 소비자의 서비스에 대한 다양한 요구를 간과하는 경우가 많다. 마케팅활동은 소비자의 요구를 분석하지만 국제물류활동은 최종소비자에게 전달하는 전 과정을 책임지게 된다. 따라서 체계적이며 효율적인 물류프로세스의 관리방안과 제품경쟁력의 차원에서 국제물류활동에 대한 전략이 수립되어야 한다.

2) 전략적 물류구조

물류전략의 분석을 단순화하기 위해 물류시스템을 내부물류와 외부물류의 두 부분으로 나누어 생각해 볼 수 있다.

내부물류는 조달 및 생산물류를 의미하는 것으로 상품을 만드는데 필요한 모든 원자재 및 부품의 공급과 생산활동을 포함하는 부분이다.

외부물류는 판매물류와 회수물류를 포함하는 것으로 생산된 제품이 어떻게 생산지에서 소비지로 이동, 보관되며 어떠한 유통시스템을 통해 최종소비자에게 배송, 전달되는지의 문제를 포함한다.

기업의 관점에서는 내부물류와 외부물류 활동을 분리할 수 없다. 그 이유는 최종소비자를 만족시키기 위해 전체적인 흐름을 체계적으로 관리하는 것이 요구되며, 이를 위해 상호 밀접한 연계가 필요하기 때문이다. 그러나 물류시스템을 내부물류와 외부물류로 나누어 봄으로써 조직의 목표에 따라 상호 상쇄관계를 용이하게 규명할 수 있다.

(1) 물류구조의 기본형태

국제물류시스템 구축의 궁극적인 목표는 기업의 경쟁력 제고와 이윤의 극대화에 있다. 기업이 추구하는 목표를 수행하기 위해 수립되는 전략의 기본방향은 산업특성, 제품특성, 기업특성에 따라 달라질 수 있지만 일반적으로 크게 아래의 세 가지로 구분될 수 있다. 그리고 이 세 가지의 기본방향은 단독적으로 혹은 복합적으로 연계되어 추구되어지기도 한다.

① 자원지향적 물류

자원지향적 물류는 최종소비자에게 소비될 제품을 생산하기 위해 필요한 여러 가지 자원의 구매활동과 관리에 초점을 맞춘 물류활동이다. 자원지향적 물류활동에 초점을 맞추는 기업은 원자재 수요가 많은 철강제품, 석유제품 등을 제조하는 기업과 많은 부품을 국외로부터 구매, 조달하여 완제품을 생산하는 기업 등이 이 범주에 속한다. 또한 값싼 노동력과 자본 및 기술 등 생산요소의 획득에 초점을 맞추어 전개되는 물류활동도 자원지향적인 활동에 포함된다.

② 정보지향적 물류

정보지향적 물류는 정보를 경쟁우위의 원천으로 보고 물류활동을 전개하는 기업들이 추구하고 있는 물류전략이라고 할 수 있다. 물류정보시스템은 직접적인 상품의 흐름을 최적화시키기 위한 정보의 흐름을 최적화시키기 위한 정보의 흐름을 토대로 구축된다. 현대 기업의 물류활동은 전자자료교환(EDI), 부가가치통신망(VAN), 전자상거래(EC) 등 정보통신수단의 발달을 매개로 급속히 발전하였다. 뿐만 아니라 정보통신수단을 이용하여 시장의 변화와 소비자의 요구를 파악하여 왔기 때문에 대부분의 기업들은 정보지향적인 물류활동을 추구한다고 볼 수 있다.

특히, 고객의 층이 세분화되고 상품이 다양화된 시장에서 경쟁하는 기업들은 고객의 취향 변화와 기술개발과 관련된 정보에 관심을 가진다. 또한 물류전문기업들은 수배송예약, 화물취급, 화물추적, 화물인도, 통관, 물류컨설팅 등과 관련하여 정보지향적인 물류활동을 전개하여야 한다. 최근 물류기업들은 공급사슬의 관리자로 물류활동을 통해 수집되는 정보들을 공급망내의 타 기업들에게 제공하는 것이 보편화되어 있다. 한편 특정 공급망에 속해 있는 기업들은 공급망 관리자로 물류전문기업 또는 제3자 물류업자를 선택하는 경향이 있다.

③ 소비자지향적 물류

소비자지향적 물류는 최종소비자에 초점을 맞추어 기업의 물류활동을 전개하는 기업들이 추구하는 물류전략을 말한다. 이것의 주된 목적은 새로운 소비자를 확보하는 것뿐만 아니라 현재의 소비자를 지속적으로 관리, 유지하는 것이다. 대부분의 기업들은 최종소비자들의 행동과 요구변화에 신속하게 대응하는 것을 경쟁력의 원천으로 생각하고 있기 때문에 소비자와의 관계에서 직면하는 문제점들을 효과적으로 처리하는 것이 핵심역량이 될 수 있다.

소비자에 초점을 맞춘 물류시스템은 고객의 요구에 대응함에 있어 신속성, 정확성, 유연성을 확보할 수 있도록 구축되어야 한다. 그리고 이러한 특성은 공급망 내 기업들 간의 올바른 협력을 통해서만이 실현이 가능하다.

(2) 물류구조의 통합

① 기능별 통합(Functional Integration)

기능별 통합은 물류의 상호 호환적이며 보완적인 성격을 강조한다. 그러나 대부분의 기업조직은 생산, 판매, 마케팅, 재무, 유통 등을 분리된 영역으로 구분하는 경우가 많다. 물류활동은 이 모든 과정의 영역을 가로지르며 중요한 연결작용과 고객과의 마지막 접점에서 그들의 니즈를 파악할 수 있는 기회를 제공한다. 이런 물류활동을 하나의 기능적인 활동으로 간주하는 것은 기업목표를 수행하기 위한 전략을 수립하는데 바람직하지 않다. 기업은 다양한 활동을 연계시키는 기능을 최적화하기 위하여 각 기능간 협조가 가능하도록 동기를 부여해야 한다.

② 부문별 통합(Sectional Integration)

부문별 통합은 공급사슬상의 업스트림과 다운스트림에 속해 있는 기업들 간 제휴 또는 파트너쉽에 의해 개별 기업의 활동이 독자적이며 단절된 것에서 탈피하여 통합적인 하나의 단위로서 활동하고 협력하는 것을 의미한다.

일반적으로 시장은 공급자와 수요자로 구성되지만, 구체적으로 살펴보면 공급자의 공급자가 있고, 공급자, 제조기업, 도매점, 소매점, 수요자 등 수직적인 공급자와 수요자의 관계가 형성되기 때문에 수직계층을 구축하는 기업들 간에 지속적인 관계개선이 필요하다.

성공적인 공급망의 통합을 위해서는 자원, 조직, 전략 등과 시장에 대한 정보와 지식을 공유해야 한다. 이러한 정보와 지식을 교환함으로써 특정 산업 간, 특정 제품 간 구축된 공급망을 완벽하게 활용할 수 있고 불필요한 장애요인, 또는 부가가치 없이 비용만 상승시키는 비부가요인의 제거가 가능하다.

③ 지리적 통합(Geographical Integration)

국제물류는 국내물류와 달리 여러 가지 면에서 중요한 차이가 있다. 첫째, 국가를 초월한 지리적인 통합이 물류활동의 요소에 어떠한 효과를 미치는지 확인하고 분석해야 한다. 이러한 요소에는 노동생산성, 공정의 적응성, 정부의 규제와 지원, 운송가능성, 사회간접자본, 문화 등이 포함된다. 둘째, 지리상의 격차를 무시한 통합이기 때문에 운송과 유통이 매우 중요하다. 지리적 통합을 통한 물류활동의 효율성은 기업의 수익성에 막대한 영향을 준다. 그러나 지리적으로 흩어져 있는 시설과 시장을 통합적으로 관리하는 것과 수요에 적절히 대처하는 것이 그리 쉽지는 않다.

(3) 전략적 기본방향과 통합전략

자원지향적 물류를 추구하는 기업은 기능적 통합과 지리적 통합과의 관계에 초점을 맞춘다. 세계를 자원공급지로 볼 때 물류의 제 활동을 고려한 기능적 통합과 지리적 통합으로부터 어떻게 이익을 얻을 수 있는지에 관심을 나타낸다.

저비용의 제조원가를 강조하는 기업은 생산비에 대한 엄격한 통제가 필요하기 때문에 인건비를 최소화할 수 있는 지리적 위치를 찾거나, 규모의 경제를 달성할 수 있는 특정지역에 제조를 집중시키려 할 것이다. 저렴한 원자재의 안정된 공급이 기업의 경쟁력이 되는 경우에는 원자재의 획득과 운송이 용이한 지역을 선택하여 부가가치활동을 전개할 수 있다.

정보지향적 물류를 추구하는 기업은 부문별 통합 및 지리적 통합과 밀접한 연관관계가 있다. 이 경우 공급망에 속해 있는 기업들은 자기 기업의 영역이 아닌 다른 영역의 정보를 파트너에게 제공해 주고, 지리적으로 전 세계에 흩어져 있는 다른 지역의 기업에서 발생되는 정보를 제공받아 공급망의 의사결정을 하게 된다. 예를 들면 공급망의 최일선에 있는 공급자들은 신제품에 대한 정보를 업스트림에 있는 공급자들에게 제공할 것이고, 공급망 관리자인 전문물류업자는 정보기반을 바탕으로 전자주문, 물류컨설팅 등 새로운 시장에의 진입이 가능해진다.

소비자지향적 물류를 추구하는 기업은 기능적 통합과 부문별 통합을 중요하게 고려하여야 한다. 소비자 및 시장의 변화에 신속하고 유연하게 대응하기 위해서는 기업내의 물류의 제 기능들이 원활하게 연계될 수 있도록 끊임없이 조정되어야 하며, 공급망에 속해 있는 기업들 간의 돈독한 신뢰 및 협조관계의 구축이 요구된다.[1)]

1) 하영석, 국제물류, 도서출판 두남, 2010, pp. 93~119.

제2부 국제물류시스템

제8장 해상운송

제1절 해상운송의 개요

1. 해상운송의 정의

해상운송은 해양을 통로로 선박을 수단으로 하여 원양항로와 연안항로를 따라 사람 및 물건을 운송하는 것으로 선박에 의한 해상운송업무를 말한다. 따라서 해상운송은 첫째, 선박을 이용하고 둘째, 바다를 운송로로 하며 셋째, 담수는 제외되고 넷째, 운송업무를 행하는 것이다.

2. 해상운송의 특징

1) 대량운송 및 원거리 운송

해상운송의 가장 큰 특징이 대량화물과 중량화물을 실을 수 있다는 점이다.

2) 운송비가 저렴

해상운송의 특징인 대량운송은 규모의 경제에 의한 운송원가를 낮춤에 따라 저렴한 운송료를 산출할 수가 있다. 따라서 해상운송료가 운송수단 중에서 가장 저렴하다.

1986년의 미국 통계에 의한 각 운송수단의 1Ton 당 1Mile 운송비는 〈표 8-1〉과 같고, 우리나라의 국제화물 운송량과 운송분담률은 〈표 8-2〉와 같다.

〈표 8-1〉 각 운송수단별 톤당 운송비

(단위 : cents/Ton, Mile)

운송수단별	단위당 운송비
트럭	22.164
철도	3.94
해운	0.824
항공	50.27

〈표 8-2〉 국제화물 운송량 및 분담률

(단위 : 천톤, %)

	년도	2015	2016	2017	2018	2019	2020
해운	운송량	1,216,782	1,242,597	1,342,489	1,405,912	1,429.150	1,276,228
	분담률	99.7	99.7	99.7	99.7	99.7	99.8
항공	운송량	3.519	3.781	4,032	4,196	4,016	3,071
	분담률	0.3	0.3	0.3	0.3	0.3	0.2

자료: 국토교통부.

3) 운송로의 무한정성

해상운송은 다른 운송수단에 비해 운송로가 자유롭다.

4) 속도가 느림

선박은 많은 이점을 가지고 있어 대부분의 국제화물을 운송하고 있지만, 가장 큰 단점은 시간이 많이 걸린다는 점이다. 선박의 경제속도는 25노트이고 이것을 km로 환산하여 비교하면 약 46km/h가 된다.

5) 국제성을 지님

해상운송은 국제무역의 이차적 수요인 국제물류의 운송수단으로서 상호의존적인 관계로 국제성을 가진다. 세계 경제 추세에 아주 민감하게 영향을 받을 뿐만 아니라, 필연적으로 전 세계를 항해하는 특성 때문에 국제적인 해운시장의 형성과 해상운송의 준거가 되는 국제규칙이 잘 정립되어 있다.

3. 해상운송의 의의

1) 국제수지 개선

자국의 선박을 이용하면 운임뿐만 아니라 수출입 증대를 통한 간접적 외화획득으로 국제수지 개선에 크게 기여한다.

2) 관련산업의 육성

조선공업, 보험업 등 관련산업의 연쇄 유발효과를 가져오는 전후방효과가 크다.

3) 자원의 효율적 배분

국제적인 분업과 교환을 촉진하여 경제활동이 원활해진다.

4) 국방력 강화

유사시 군용선으로 이용할 수도 있고, 특수선으로 개조할 수도 있어 국방력강화에 도움이 된다.

5) 국제경쟁력의 강화

자국선박을 이용한 안정적이고 저렴한 운송은 국제시장에 있어 가격경쟁력을 향상시킨다.

6) 국민소득증대에 기여

수출입에 의존도가 높은 경제구조하에서는 국민경제의 소득 증대면에서 큰 효과를 갖는다.

4. 해상운송계약의 종류

1) 개품운송계약(個品運送契約)

개품운송계약이란 다수의 화주로부터 위탁받은 개개인과의 화물운송 계약을 말한다.

선주 또는 운송인이 선복 수요자로부터 집화된 화물의 운송을 수납하면 이로써 개품운송계약이 체결되며 동시에 그 운송운임이 결정되면 송화인의 청구에 의해서 그 계약을 표시한 선하증권이 발행된다. 본 계약은 주로 정기선의 화물운송에 이용되고 있으며, 계약에 따라서 선하증권, 화물수취증, 화물운송증이 발행된다.

2) 용선운송계약(傭船運送契約)

용선운송계약이란 선주 또는 선주와 같은 입장에 있는 자가, 운임을 받는 대신에 화물을 해상운송하여 주거나 또는 화물운송을 위하여 선복을 제공하여준다는 취지를 합의할 때 이 합의를 용선운송계약이라고 한다. 이 경우 계약의 목적이 만선화물의 운송인가 또는 화물운송을 위한 선복 제공인가에 따라 당사자간에 계약이 이루어지며, 이를 용선계약이라 하고, 이 경우에는 대개 용선계약서가 작성된다.

용선계약은 부정기선 시장에서 주로 이루어지는 계약으로 그 종류를 보면, 항해용선계약(voyage charter), 정기용선계약(time charter), 선박임대차계약 또는 나용선계약(demise or bare-boat charter)으로 나눌 수 있다. 항해용선계약은 일정 항해를 계약의 내용으로 한 것이고 정기용선과 나용선은 기간을 약속하는 용선이다.

〈표 8-3〉 개품운송과 용선운송의 비교

	개품운송	용선운송
형태	선사는 다수의 화주로부터 위탁받은 개개 화물의 운송	선사는 특정의 상대방과 특약하여 선복을 빌려주어 운송
선박	정기선(Liner)	부정기선(Tramper)
화주	불특정다수	특정화주
화물	집화와 같은 비교적 적은 화물	대량살물적화물(원유, 철광석, 석탄, 곡물 등)
계약	선하증권(Bill of Lading: B/L)	용선계약서(Charter Party: C/P)
운임률	공시운임률(Tariff Rate)	수급관계에 의한 시세(Open Rate)
운임조건	Berth term(Liner term)	FI, FO, FIO

5. 선박

1) 선박의 정의

선박이란 해상에서 사람이나 화물을 싣고 공간적 이동을 수행하는 운반수단으로 부양성, 적재성, 이동성을 갖춘 구조물이라 할 수 있다.

2) 선박의 톤수

(1) 총톤수(gross tonnage: GT)

이는 선박의 크기를 표시하는 단위로서 총톤수는 각국의 해운력비교 통계, 관세, 등록세, 도선세, 계선료의 기준이 되고 있다.

(2) 순톤수(net tonnage: NT)

총톤수에서 선원실, 기관실, 선용품창고 등 선박의 운항에 필요한 장소의 용적을 뺀 것으로서 항만세, 톤세, 운하통과료, 등대사용료, 항만시설사용료 산출기준이 된나.

(3) 배수톤수(displacement tonnage)

선박의 전중량에 해당하는 배수용적에 상당한 물의 중량을 표시한 톤수로서 군함의 크기를 나타낼 때 주로 사용하고 있다.

(4) 재화중량톤수(dead weight tonnage: DWT)

선박에 실제로 실을 수 있는 화물의 최대중량을 표시한 것으로서 화물선의 최대 적재능력을 나타내며, 선박의 매매 및 용선료의 산출기준이 된다.

(5) 운하톤수(canal tonnage)

수에즈운하와 파나마운하에서 통항료 산정을 위한 톤수를 말한다.

3) 흘수(Draft)

흘수는 선체가 물속에 잠겨있는 부분의 깊이를 말하며, 수심이 얕은 항만이나 운하의 통과, 하천의 항행 등과 같은 경우에 중요한 의미를 갖는다.

만재흘수(Full load, Full draft, load draft)는 항행의 안전상 허용된 최대의 흘수로서 [그림 8-1]과 같이 항해의 시기, 해역에 따라 적재중량을 제한하는 흘수선을 선박의 측면에 표시하게 되어 있다.

[그림 8.1] 흘수선

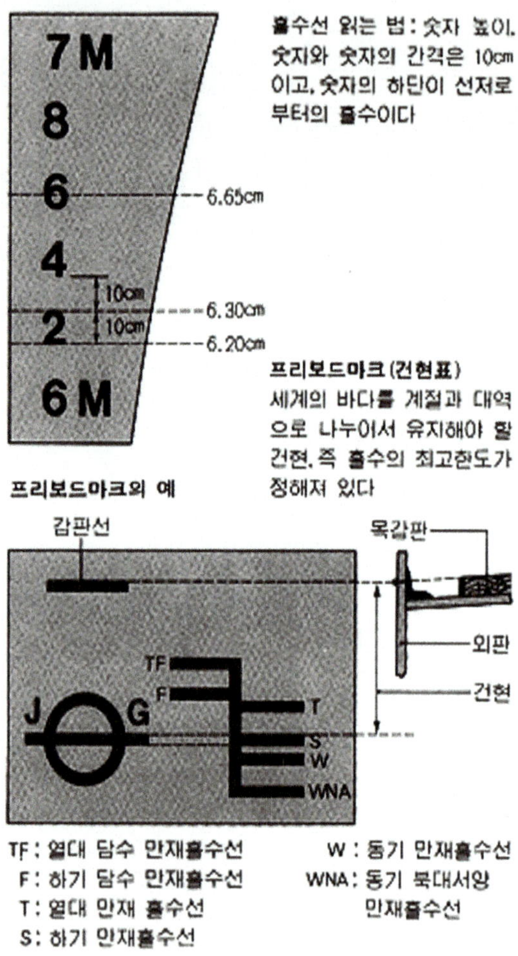

4) 선박의 국적

선박은 해당 국가에 등록을 해야 한다. 세금과 선사 이익의 확대를 위해 편의치적(FOC)을 하기도 한다.

5) 선박의 속력

선박이 1시간에 항해하는 거리를 1해리(1,852m, 6,073ft)로 나타내어 이를 노트(Knot)로 표시한다. 선박의 상용항해속력은 25노트로서 이를 시속으로 환산하면 46.3km가 된다.

6) 선박의 종류

선박은 그 용도에 따라 여객선과 화객선, 화물선으로 크게 나누어지고 또 화물선은 건화물선과 탱커로 구분된다.

컨테이너선은 정기선사에서 제품 또는 반제품의 화물을 컨테이너에 적입하여 운송하는 컨테이너만을 전적으로 실을 수 있도록 설계된 컨테이너전용선이다.

재래선(traditional or conventional vessel)은 컨테이너선과 대조되는 개념으로 컨테이너선이 나오기 이전에 운송에 이용되었던 선박을 말한다.

벌크전용선은 특정화물만을 적재하여 운송의 효율성을 제고할 수 있도록 선박구조, 하역장비, 보관시설 등을 특별히 설계한 선박으로서 석탄전용선, 광석전용선, 목재전용선, 곡물전용선 등이 있다.

특수선은 특수화물의 적재에 적합하도록 설계된 선박으로서 Ro-Ro선, 중량물운반선, LASH선, 동물운반선 등이 있다.

탱커는 원유, 가스, 화공약품 등의 액화 또는 기화된 화물의 운송에 적합하도록 제작된 선박을 말한다.

[그림 8.2] 선박의 종류

- 상선
  - 여객선
  - 화객선
  - 화물선
    - 일반화물선
      - 정기선
        - 컨테이너선
        - 재래선
      - 부정기선
    - 특수화물선
      - 전용선
        - 광석전용선
        - 석탄전용선
        - 곡물전용선
        - 자동차전용선
      - 겸용선
      - 특수선
        - 냉장선
        - 중량화물 운반선
        - LASH선(lighter aboard ship)
      - 탱커선
        - 유조선
        - 화학약품운반선
        - LPG 탱커선(liquefied petroleum gas)
        - LNG 탱커선(liquefied natural gas)
        - VLCC(very large curde carrier)
        - ULCC(ulta large crude carrier)

[그림 8.3] 컨테이너 전용선 구조

[그림 8.4] 컨테이너 전용선

[그림 8.5] LNG 선

[그림 8.6] 예인선

[그림 8.7] 광석전용선

[그림 8.8] 자동차전용선(RO-RO선)

제2절 정기선과 부정기선

1. 정기선(Liner, 定期船)

정기선이란 특정항로를 화물의 유무에 관계없이 규칙적으로 반복 운항하는 운송형태를 말한다. 주로 살화물(bulk cargo)을 운송하는 부정기선과 달리 공산품 등의 일반화물(general cargo) 또는 포장화물을 운송한다. 따라서 운송계약도 부정기선의 일화만선(日貨滿船)의 용선계약(傭船契約)과는 다른 다종다양(多種多樣)의 개품운송계약(個品運送契約)이다.

부정기선을 운송서비스의 주문생산이라고 한다면 정기선은 운송서비스의 시장생산이라고 할 수 있다.

정기선은 비단위화물을 운송하는 재래정기선과 단위화물을 운송하는 컨테이너선으로 분류된다.

1) 정기선의 특징

(1) 반복운항(Repeated Sailing)

일정한 간격으로 지정된 여러 항구를 반복 운항한다.

(2) 일반운송인(Common Carrier)

불특정 다수의 고객으로부터 다종다양의 화물을 운송하는 공중운송인(public carrier)이다.

(3) 고가(高價)서비스(Higher Value)

선박 자체가 부정기선에 비해 고가이며, 화물도 완제품 내지 반제품인 2차 상품이 대종을 이뤄 1차 상품인 원자재 및 농·광산물 등의 부정기선 화물에 비해 고가이며, 운임 또한 부정기선에 비해 비싸다.

(4) 표준계약서(Standard Contract)

부정기선은 화물의 종류, 수량에 따라 운송계약이 다양하게 체결되나 정기선은 화물의 종류, 수량에 관계없이 정형화된 선하증권이 운송계약서 역할을 한다.

(5) 운임표(freight Tariff)

서비스가 공중성을 띠고 있기 때문에 관계당국이 관계하여 운임표를 작성, 공시토록 하고 필요하면 이를 조정하기도 한다.

(6) 대형조직(Large Organization)

다양한 화물의 취급 및 여러 항구를 기항하므로 취항항구마다 영업점을 두어 본사 및 영업점의 조직규모가 부정기선에 비해 훨씬 크다.

(7) 자금집약사업(Capital Intensive Business)

화물이 있든 없든 일정에 맞춰 규칙적으로 운항을 해야 하기 때문에 많은 선박이 필요하고 조직규모도 커서 막대한 자본을 요하는 사업이다.

(8) 해운동맹(shipping conference/rings/cartel)

정기선해운은 특성상 치열한 경쟁을 초래하고 있어 거의 모든 정기선항로에는 해운동맹을 결성하고 있다.

해운동맹은 특정항로에 취항하고 있는 2개 이상의 선박회사들이 모여 기업 자체의 독립성을 유지하면서, 과당경쟁을 회피하고 상호간의 이익을 유지하기 위하여 운임, 해상화물, 배선, 기타 운송조건에 관하여 협정 또는 계약을 체결한 일종의 가격카르텔을 형성하는 것을 말한다.

2) 정기선해운의 운임

선사의 선박을 이용하여 화물을 운송한 대가로서의 해상운임은 시장경제의 원리인 수요와 공급에 의해 결정되는 것이지만 정기항로의 경우 해운동맹 및 협의협정이 있어 시장경쟁이 크게 제약을 받고 있다. 정기선 운임에서는 항로별로 해운동맹이 결성한 운임요율표(tariff rate)를 책정하고 있으나 맹외선사와의 경쟁으로 실제 선사가 징수하는 시장운임(market rate)은 운임요율표보다 낮은 경우가 대부분이며 시황에 따라 변동폭도 크다. 이러한 원인은 운송서비스가 선사단체에 의해 결정하고 선복공급이 비탄력적인 데 있다.

정기선해운 운임 산정의 기준은 중량기준, 용적기준, 가격기준, 컨테이너 단위기준으로 나눌 수 있으며 지급시기에 따라 선지급, 후지급운임이 있다. 일반적으로 기본운임(Basic Rate), 할증운임(Surcharge), 추가운임(Additional Charge)으로 구성된다.

(1) 운임산정의 기준

① 중량(weight) 기준

2240lbs = 1L/T(long ton) – 영국 및 영연방

2204lbs = 1M/T(metric ton) – 유럽제국

2000lbs = 1S/T(short ton) – 미국, 중남미제국

② 용적(measure) 기준

1ton = 40cubic feet – 영국

1ton = 1m^3 – 덴마크, 스웨덴, 북유럽 제국

1ton = 40척(입방척) – 일본

1ton = 480S.F(super feet) – 나왕, 목재에 사용

쌀, 밀 등의 곡물에서는 100석(1석 = 100입방척) 사용

③ 가격기준

금, 은, 보석, 귀금속, 그림 등 고가화물에 대해서는 상업송장의 가격에 종가

운임률, 즉 그 가격에 대해서 일정률(종가률 : ad valorem rates)의 운임이 부과된다. 이러한 운임을 종가운임(ad valorem freight)이라 하고 일반화물의 운임보다 비싸다.

④ 개수(個數) 기준

포장방법이 일정하고 내용물의 용적, 중량 등이 일정한 화물에 대해 단위당 운임에 개수를 곱하여 운임을 결정한다.

이상의 부과방법에 따른 분류방식은 정기선 운임에 대부분 적용하고 있으며 중량보다 부피, 즉 용적이 큰 화물은 용적을 기준하여 운임을 산출하며 이러한 화물을 용적화물이라 하고 중량을 기준으로 하는 화물은 중량화물이라 한다.

용적과 중량의 구별은 40cubic feet, 즉 용적톤의 화물이 중량 2240lbs를 초과하면 중량화물로 취급된다. 정기선의 운임률은 용적톤과 중량톤 중 유리한, 즉 더 높은 운임에 해당되는 운임을 적용한다.

(2) 부과방법에 의한 운임 종류

① 종가운임(Ad Valorem Rates)

귀금속 등의 고가품의 경우 당해 화물의 가격(송장 FOB가격)의 일정률을 운임으로 징수한다. 일반화물에 비해 보관 및 관리에 보다 많은 주의를 요하기 때문에 일반화물에 비해 훨씬 높은 운임이 부과된다.

② 최저운임(Minimum Freight)

화물의 용적이나 중량이 이미 설정된 운임산출 톤 단위에 미달하는 경우 부과하는 운임이다.

③ 소포운임(Parcel Freight)

소포처럼 용적이나 중량이 적어 최저운임에도 미달하는 경우에 부과되는 운임을 말한다.

④ 차별운임(Discrimination Rate)

화물, 장소 또는 화주에 따라 차별적으로 부과되는 운임을 말한다.

⑤ 무차별운임(Freight All Kinds Rate)

화물, 장소 또는 화주에 상관없이 운송거리를 기준으로 일률적으로 부과되는 운임을 말한다.

⑥ 특별운임(Special Rate)

수출조건과는 별개로 해운동맹 측이 비동맹선과 적취경쟁을 하게 되면 일정 조건 하에서 정상 요율을 인하한 특별요율을 적용하는 경우에 사용되는 운임이다.

⑦ 경쟁운임(Open Rate)

선적단위가 큰 화물이거나 운임 부담력이 특히 낮은 품목은 품목별 요율을 별도로 정하지 않고 그 회원사가 임의로 적용을 할 수 있게 함으로써 비동맹선사와의 경쟁을 용이하게 하고 있다.

⑧ O.C.P Rate

미대륙 내에는 육송절차의 종착지, 또는 정거장에 속하는 Overland Common Point(OCP)가 있으며 각 OCP에 대한 일관운송 요금표가 정해져 있다.

⑨ 연락운임(Through Freight)

화주가 화물을 운송 의뢰함에 있어서 그 항로의 사정상 어느 지점에서 환적할 수밖에 없는 경우, 선박회사는 최종 목적지까지의 환적운송을 책임지는 조건으로 전 구간에 대한 운임을 모두 받게 되는데 이를 Through Fright라고 한다.

⑩ 지역운임(Local Freight)

주된 항구 간의 해상운임 이외에 주 항구 이외의 지역으로 이송되어야 할 경우에 발생되는 운임이다.

(3) 할증운임 종류

① 중량할증운임(Heavy Lift Surcharge)

일반화물보다 무거울 경우에 부과하는 할증운임으로 기관차 등 1개의 중량이 상당히 큰 화물에 부과되는 운임이다.

② 용적 및 장척할증료(Bulky/Lengthy Surcharge)

부피가 크거나 길이가 길어 다른 화물과 혼재하기 어렵거나 취급하는데 어려움이 있는 화물에 대하여 부과하는 할증운임이다.

③ 체화할증료(Port Congestion Surcharge)

도착항의 항만사정이 선박으로 혼잡할 경우 신속한 하역이 이루어지지 않아 선박의 가동률 저하로 선박회사에게 손해가 발생함으로 이에 대하여 화주에게 전가하기 위한 운임이다.

④ 통화할증료(CAF: Currency Adjustment Factor)

운임의 지불통화가치 하락에 따른 환차손을 화주에게 부담시킬 경우 운임의 몇 %로 할증요금을 제시하게 된다. 이 경우 부과되는 할증요금이 통화할증료이다.

⑤ 유류할증료(BAF: Bunker Adjustment Factor)

선박운항 비용 가운데 연료비가 20~30%를 차지하고 있는데 선박의 연료는 벙커유가 사용된다. 이 벙커유의 가격이 상승하게 되면 선사의 손실을 보전하기 위해 부과되는 할증운임이 유류할증료이다.

⑥ 선택항할증운임(Optional Surcharge)

선적 시 목적항을 2개 이상 예정했다가 출항 후 1개항을 선택할 때 부과되는 할증운임이다.

(4) 기타비용

① THC(Terminal Handling Charge: 터미널 화물처리비)

컨테이너터미널 입고시점부터 본선의 선측까지, 그리고 본선선측에서 CY gate를 통과하기까지 화물의 이동에 수반되는 화물처리비용을 THC라고 한다.

② CFS Charge

CFS에서 LCL화물을 FCL화물로 적입시, FCL화물을 LCL화물로 적출하여 분류시 부과되는 작업비를 CFS Charge라고 한다.

③ Documentation Fee(서류발급비용)

선박회사가 선하증권(B/L)이나 화물인도지시서(D/O) 발급 시 소요되는 비용을 보전하기 위해 부과하는 비용을 말한다.

④ DDC(Destination Delivery Charge: 도착지화물인도비용)

북미수출의 경우 도착항에서 터미널의 작업비용과 목적지까지의 내륙운송비용을 포함하여 해상운임과는 별도로 징수하는 비용을 말한다.

⑤ Demurrage(지체료)

수화주가 허용된 시간을 초과하여 자신의 컨테이너를 CY에서 반출해가지 않을 경우 선박회사에 지불해야 하는 비용을 말한다.

⑥ Detention Charge(연체료)

화주가 허용된 시간 이내에 반출해간 컨테이너나 트레일러를 지정된 선사의 CY로 반환하지 않을 경우 지불하는 비용을 말한다.

⑦ Wharfage(부두사용료)

기항한 항만 당국에 납부해야 하는 화물에 대한 부두의 입항료를 말하는데 선사는 화주에게 부과시키고 이를 대납하는 형식이다.

⑧ Outport Arbitrary(외항추가운임)

선박이 기항하는 항구이외의 지역행 화물에 적용되는 운임을 말한다.

〈표 8-4〉 해상운임의 기본 구조

<table>
<tr><th rowspan="2">구 분</th><th colspan="2">정기선</th><th>부정기선</th></tr>
<tr><th>동맹운임</th><th>맹외선운임</th><th>선사와 화주간 교섭운임</th></tr>
<tr><td>운임 결정 주체</td><td>운임은 동맹이 결정하여 화주와 동맹이 계약(화주우대제도 있음)</td><td>선사와 화주 사이에 자유롭게 결정</td><td>해운선사 및 용선사(화주)와의 교섭으로 결정</td></tr>
<tr><td>조건</td><td>적재비용과 양화비용은 운임에 포함</td><td>적재비용과 양화비용은 운임에 포함</td><td>· 적재비용, 양화비용해운 선사부담(berth terms)
· 적재비용-해운회사 부담 양화비용-화주 부담(free out)
· 적재비용-화주 부담 양화비용-해운회사 부담(free in)
· 적재, 양화비용-화주 부담(free in & out)</td></tr>
</table>

2. 부정기선(Tramper, 不定機船)

부정기선은 원유, 석탄, 광석, 곡물, 원목, 철강 등 대량의 화물을 화주가 요구하는 그때그때의 시기 및 장소에 맞춰 불규칙적으로 운항하는 운송형태이다. 따라서 특정항로를 일정한 간격을 두고 규칙적으로 반복운항하는 정기선과 대비된다. 정기선은 운임표에 공시된 운임을 수수하고 선주 일방만이 서명한 운송계약을 증명하는 선하증권이 발급되지만, 부정기선은 매번 흥정을 통해 운임이 결정되고 선주와 화주 쌍방이 서명한 운송계약서인 용선계약서(charter party: C/P)가 작성된다.

원래 해운업의 초기형태는 부정기선 형태였으나, 국제간의 무역이 크게 늘고 조선기술과 항해기술이 발달함에 따라 정기선으로 확대발전하게 되었고, 오늘날 컨테이너선의 출현으로 정기선 운항이 더욱 활성화되고 있다. 그러나 정기선과 부정기선은 그 운용면에서 각각 고유의 영역을 갖고 상호보완성이 강해 현대 해운의 기본형태로서 병존하고 있다.

1) 부정기선의 특징

(1) 항로가 일정하지 않음

항로가 일정하지 않고 항차마다 매번 항로가 달라지며 운항스케쥴도 상황따라 결정된다.

(2) 완전경쟁 운임

부정기선의 운임은 불확정운임으로 매 항로나 운송단위마다 일정한 운임률표가 없고 주로 물동량과 선복에 의한 시장가격에 의해 결정된다. 따라서 정기선 운임에 비해 불안정하지만, 부정기선은 통상 저가의 화물을 벌크상태로 운송하므로 운임수준은 정기선에 비해 낮은 편이다.

(3) 소수의 특정 화주

부정기선 운송서비스를 제공하는 운송인은 1인 혹은 소수의 특정 화주(용선자)를 대상으로 운송계약을 체결하고 운송서비스를 제공하는 사적운송인으로 공공성을 갖지 않는다.

(4) 용선계약

부정기선운송에서는 운송인이 소수의 용선자와 개별적인 교섭에 의하여 운송계약을 체결하며, 이러한 형태의 운송계약을 일컬어 "용선계약"이라고 한다.

(5) 대부분 화물이 살화물

부정기선의 화물은 대체로 원유, 철광석, 석탄, 곡물, 시멘트, 합판 등 운임부담능력이 상대적으로 낮은 살화물(bulk cargo)로 주로 한 종류의 화물로 만선(full ship load of single commodity)을 이룬다. 또한 선박은 화물의 성질이나 형태에 따라 벌크선 또는 전용선이 이용된다.

(6) 소규모 조직

부정기선의 경우, 기항하는 항구가 일정하지 않고 화물의 집화나 양륙을 위한 영업 및 업무조직이 별도로 요구되지 않기 때문에 소규모 조직으로 운영이 가능하다.

(7) 3가지 형태의 용선계약

용선계약은 화물운송계약인 항해용선과 혼합계약인 정기용선 및 선박임대차계약인 나용선의 3가지 종류가 있다.

* **화물운송계약**: 항해용선(voyage charter): 선복의 전부 또는 일부를 임대
* **혼합계약**: 정기용선(time charter): 일정 기간 동안 선박의 항행준비를 갖추고 용선인에게 대여

* **선박임대차계약** : 나용선(bareboat charter) : 선박의 감항성의무와 모든 항해비용을 용선인이 부담하며 자가선박과 마찬가지로 선박을 임차하여 영업을 함

〈표 8-5〉 정기선과 부정기선의 특징 비교

구 분	정기선	부정기선
선적제품의 특징	상대적인 고부가가치품	단가가 낮은 재래벌크화물
운항 Frequency	정기 스케줄 보유	부정기적 운항
운임	상대적으로 높음	상대적으로 낮음
Tariff 보유	있음	별도 Tariff 없음
운송계약	개품운송계약(B/L)	용선계약(C/P)
소요자본, 인원	대자본, 대인원	소자본, 소인원
사업자단체	해운동맹	없음
이용화주의 성격	불특정다수	주로 대기업, 종합상사
해운시장의 특성	경쟁제한	완전경쟁에 근접

〈표 8-6〉 부정기선의 항해 · 기간 · 나용선계약 비교

<table>
<tr><th>항해용선계약</th><th>기간용선계약</th><th>나용선계약</th></tr>
<tr><td colspan="2">선주가 선장을 임명</td><td>임대인이 선장 임명</td></tr>
<tr><td colspan="2">용선자는 선복이용, 선주는 운송행위</td><td>임차인이 선박을 일정기간 사용, 운송행위</td></tr>
<tr><td colspan="2">용선자는 화주에 대한 내항성 담보책임 없음</td><td>임차인은 화주에 대한 내항성 담보책임</td></tr>
<tr><td>운임을 화물의 수량 또는 선복으로 결정</td><td>용선료는 용선기간에 대해 결정</td><td>임차료는 일정기간을 기초로 하여 결정</td></tr>
<tr><td>선주부담 : 선원급료, 유지비 및 수선비, 보험료, 상각, 하역비, 항비</td><td>선주부담 : 선원급료, 선용품, 유지비 및 수선비, 보험료, 상각</td><td>선주부담 : 상각, 보험료</td></tr>
<tr><td>용선자부담 : 없음</td><td>용선자부담 : 연료, 항비, 하역비, 제수수료, 예선료, 도선료</td><td>임차인부담 : 항해용선 중 상각이외의 모든 비용</td></tr>
</table>

2) 부정기선해운의 운임

부정기선의 운임 유형에는 항차당 운임계약을 하는 일반시장의 부정기선운임, 공표된 운임률표에 의해 결정하는 정기선로운임, 근래에 발전된 것으로 장기간의 운임률로 결정하는 장기선로운임 등이 있다.

(1) 선지급운임(advance freight, prepaid freight)

운임은 운송행위에 대한 보수이므로 행위가 끝난 후에 지급하여야 하나 관습상 선불하기도 하고 계약에 따라 선불하기도 한다.

(2) 총괄운임(lumpsum freight)

용선계약에 의하여 커버되는 항해단위나 선복의 크기를 단위로 하여 화물운송량과 관계없이 계산, 지급하는 경우에 사용되는 운임이다.

(3) 비율운임(pro-rate freight)

선박이 항해 중 불가항력 등의 이유로 항해를 계속할 수 없을 때 중도에서 화물을 화주에게 인도하고 선주는 자신이 운송한 거리의 비율에 따라 운임을 받을 때 이를 비율운임 또는 항로상당운임이라고 한다.

(4) 공적운임(dead freight)

용선자가 실적재량을 계약물량화물만큼 채우지 못할 경우 그 부족분에 대하여 지급하는 운임으로 부적운임이라고도 하며 일종의 위약금이다.

(5) 반송운임(back freight)

목적항에 화물이 도착하였으나 수화인이 화물인수를 거절하거나 목적항의 사정으로 양륙할 수 없어서 화물이 송화인이나 다른 곳으로 반송되었다면 이때 송화인은 반송운임을 부담하게 된다.

(6) 항해용선계약의 비용부담 형태

기간용선과는 달리 선주가 일체의 경비를 부담하게 되나 항해용선 계약 시 하역비, 항비 등의 운항비를 어느 쪽이 부담하느냐에 따라 다음 몇 가지로 나눌 수 있다.

① Gross Term(form)

선주가 하역비와 항비 등 일체의 경비를 부담하는 방식

② Net Term(form)

용선자가 적하, 양하의 모든 하역비를 부담할 뿐 아니라 하역준비완료 시부터 양하종료시까지의 항비일체를 부담하는 방식

③ FIO Charter
용선자가 적하와 양하의 하역비를 부담하고 선주는 항비를 부담
④ Lumpsum Charter
선박이 목적지 항구에 입출항하게 될 때 발생하는 모든 항비를 선주가 부담

제3절 수출입화물의 해상운송 절차

1. 수출화물의 해상운송

(1) 수출자가 수출화물을 적기(just in time)에 생산하여 수입자가 L/C상에 지정한 선박회사인 경우를 제외하고는 수출자는 선박스케줄을 조회하여 해당선사에 화물이 출고되기 전 또는 수출신고를 전후해서 선사에 선적예약을 하게 된다. 물론 선적예약화물이 FCL이 아닌 LCL인 경우에는 운임의 혜택을 받기 위해서 포워더를 이용하기도 한다.

(2) 수출자는 선적예약을 하기 전에 수출지역이나 수화주의 요청 또는 화물의 특성상 필요한 제반서류, 즉 원산지증명서 등을 준비한다. 수출자 또는 수출자의 수출업무를 대행해 주는 포워더가 선사의 영업부나 예약과에 선적예약을 할 때 제출하는 서류는 상업송장사본, 포장명세서사본, 수출승인서사본(필요시), 그리고 필요한 경우에는 L/C 사본인데, 현재는 통상적으로 선적의뢰서인 S/R (shipping request)만으로 대체되기도 한다. 선적예약 관련서류는 선사마다 또는 포워더마다 서로 상이한 양식을 사용하고 있으며, 대형화주의 경우에는 독자적인 양식을 사용하고 있는 경우도 있다.

(3) 선적 예약 방법으로는 위와 같은 서류를 팩스로 선사에 송부하거나 전산을 이용하여 EDI로 신청한다. 일단 예약된 사항을 변경하는 경우에는 선박이 입항하기 전에 변경사항을 서면이나 구두로 선사에 통지하여야 한다. 특히 양화항을 변경하고자 할 때에는 FCL의 경우 선적을 위하여 하역업자에게 화물이 이송되기 전에 선사에게 변경사항을 전달하여야 한다. 선적 예약이 끝나면 운수회사를 통해 선사와 계약되어 있는 CY로 수출화물을 이동하고 아울러 세관에 도착

보고 후 선적한 뒤 출항하게 된다.

(4) 화물의 선적은 선사와 하역업자 그리고 터미널 간의 업무이므로 화주는 단지 자신이 원하는 일자에 화물이 선적되었는가를 선사나 Off-Dock CY에 문의한다. 화물이 해당선박에 선적이 된 후에 화주는 선사나 포워더로부터 B/L을 발급받게 된다.

(5) B/L 발급의 절차는 해당화물을 운송하는 선사와의 사전지정(nomination) 여부, 포워더 사용여부 등에 따라 다소의 차이가 있으나 일반적으로 선사에 송장, 포장명세서, 원산지증명서를 제출하여 발급받게 된다.

(6) EDI 방식에 의한 선적요청 및 응답

거래당사자가 인편이나 우편에 의존하는 종이 대신 컴퓨터가 읽을 수 있게 합의된 표준화된 자료인 전자문서를 데이터 통신망을 통해 컴퓨터와 컴퓨터 간에 교환하여 재입력과정 없이 직접 업무에 활용하는 정보전달방식으로서 ① SHPREQ(shipping request: 선적요청서), ② SHPRES(shipping response: 선적요청 응답), ③ BLADVI(bill of lading advice: 선하증권 발급통지) 등이 있다.

[그림 8.9] 수출운송 절차(컨테이너 화물)

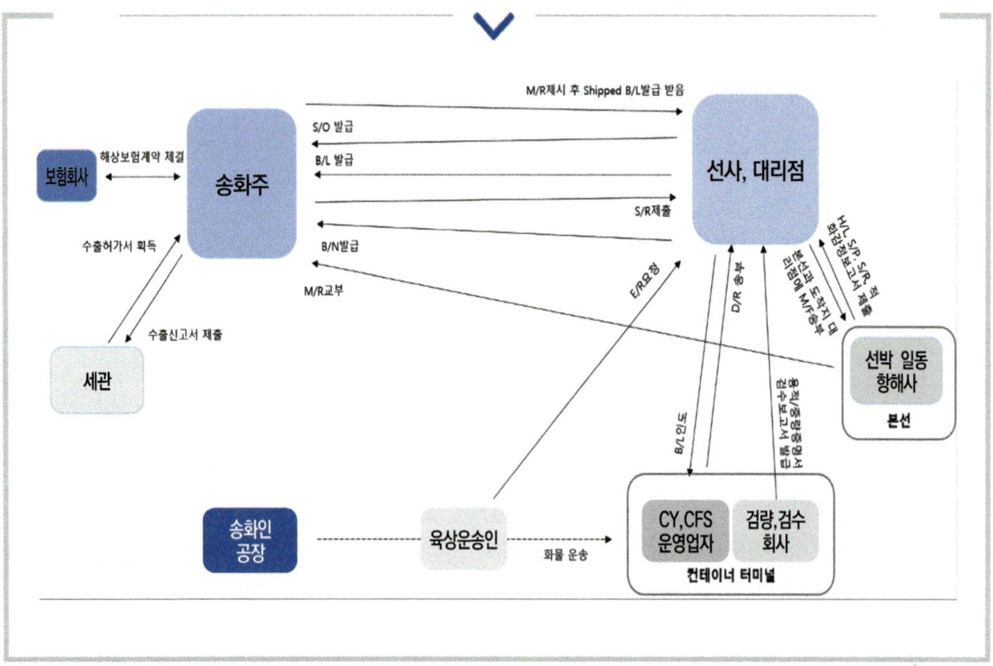

2. 수입화물의 해상운송

(1) 화주가 L/C를 개설하고 수출국의 수출자는 수출화물을 선적하게 되며, 선적한 화물은 해상으로 운송된다.

(2) 수입국의 해당선사와 관련 있는 국내 대리점 혹은 선사는 수출국선사로부터 선적관련 제반서류를 전송받아 화주에게 화물도착통지를 하게 된다.

(3) 화주는 은행으로부터 선적서류 도착통지를 받고 대금결제 후 선적서류 원본을 받아 세관에 관세사를 통해 수입신고를 하게 된다.(화물이 먼저 도착했을 경우는 선적서류 사본으로 은행에서 화물선취보증서(L/G: letter of guarante)를 발급받아 물품을 인수할 수 있음).

(4) 수입신고와 아울러 화주는 선시로부터 FOB 수입일 경우 운임을 정산하고 화물인도지시서(D/O: delivery order)를 발급받아 해당 보세장치장에 수입면장과 함께 제시하고 화물을 인수받는다.

(5) 철도운송의 경우 컨테이너 전용부두로부터 보세운송절차를 밟아 도착항 철도역에서 목적지역까지 운송되고 ICD에 장치된 후 화주의 수입신고를 통히여 통관한다. 위험물인 경우는 하역 후 세관으로부터 배정처를 지정받아 위험물 창고가 있는 곳으로 간이보세 운송된 후 화주의 수입신고를 통하여 통관한다.

(6) CIQ

외국무역선이 입항하게 되면 Customs(세관절차) 이전에 Immigration(출입국절차)와 Quarantine(검역절차)를 받아야 하는데 이러한 3가지 절차를 합하여 CIQ라 한다.

(7) 포워더를 통한 수입인 경우 인수해야 할 선적서류

① 선적서류송부서, ② House B/L copy, ③ Master B/L(원본 및 사본), ④ 상업송장 ⑤ 포장명세서, ⑥ 컨테이너 내부적도(CLP), ⑦ 적화목록, ⑧ 정산서

[그림 8.10] 수입화물 절차 (컨테이너 화물)

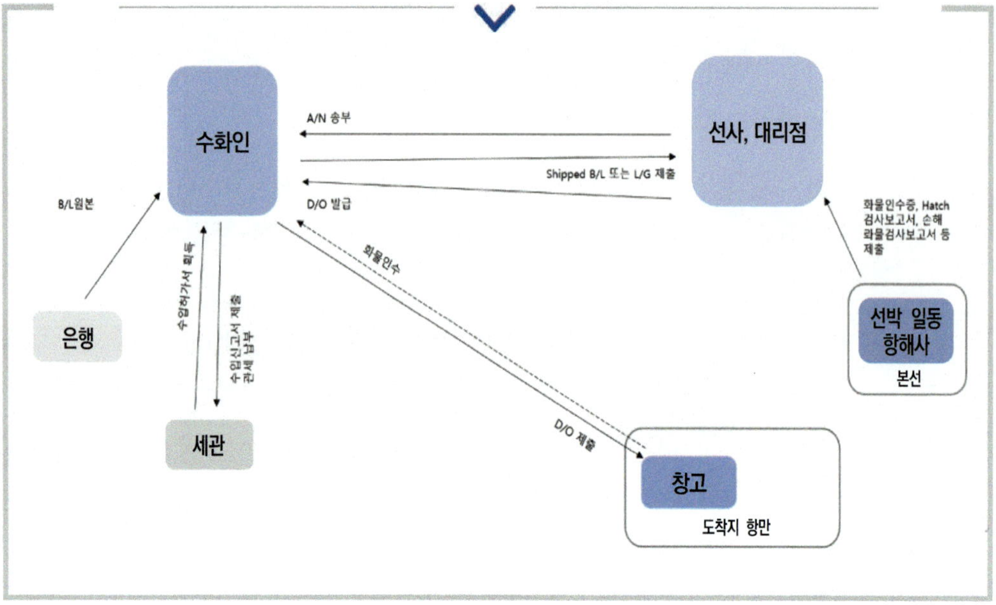

〈표 8-7〉 컨테이너화물의 수출입 물류비 제비용

구 분	종 류	내 용	비 고
항만물류비	하역료		
	ㅇ 일반하역료		하역회사
	- 본선하역료	본선내 하역작업(FIO조건시 화주부담)	
	- 육상작업료	본선하역후 육상작업시(B.T조건)	
	ㅇ 특수하역료	기계하역 및 특수장비사용 하역시 적용	하역회사
	- 컨테이너하역료	선임에 포함되어 선사가 부담	
	unlashing Charge	컨테이너하역전 분리작업시 요금	선사/하역회사
	본선하역료	본선하역료, 마샬링 Charge 등	선사/하역회사
	셔틀요금	부두에서 CY간 운송요금	선사/하역회사
	시내운송료	FCL의 시내운송시 요금	운송회사
	On/Off Charge	컨테이너 상하차 요금	CY
	Marshalling Charge	CY내에서 컨테이너를 Apronn까지 운송하는 비용	CY
	ㅇ 보세창고 작업료		보세창고
	- 하차입고료	보세구역 입고작업시 요금	
	- 출고상차료	보세구역 창고적출시 요금	
	ㅇ 연안하역료	연안화물 하역료	하역회사
	ㅇ 부대요금	하역관련 부대작업시 요금	하역회사
	검수료	화물 검수시 요금	검수검정회사
	검량료	화물 검량시 요금	검수검정회사
	감정료	화물 감정시 요금	검수검정회사
	항만시설사용료(Wharfage)	화물입항 및 장치에 따른 항만시설 사용비용(선사가대납후 화주에게 징수)	항만당국

구 분	종 류	내 용	비 고
보관비	보세장치장/창고보관료	입고일에서 출고일까지 보관료(종가료 + 종량료)	창고, CY업체
	화물경비료	하차입고후 출고상차전까지 보관료	부두관리협회
	냉동창고 보관료	하차입고후 출고상차전까지 보관/작업	냉동창고
국내 운송비	컨테이너 육송료	부두/CY에서 목적지까지 컨테이너 육상운송요금	운송회사
	일반화물자동차 운송료	일반화물의 육상운송요금	운송회사
	철도운송요금	부산항에서 의왕ICD까지 철송운임	철도청
	연안해송요금	부산,인천,군산,여수항간 해송운임	선사
해상 운임 및 부대비	기본운임	항로별 화물운송비용	항로별 운임동맹 및 협의회
		- 톤당운임*환율*수량(FC L: 지역별 컨테이너당 rate)	
		- Prepaid(송화주부담 : CIF, C&F, CFR)	
		- Collect(수화주부담 : FOB, FAS, EX WORK)	
	CAF	환율변동에 따른 가산요율(요금)	〃
	BAF	유가변동에 따른 가산요율(요금)	〃
	THC	본선하역에서 CY반출시까지 컨테이너 취급비용(CFSCharge에 포함되며 수입항로별로 요금상이)	〃
	CFS Charge (LCL Service Charge)	LCL화물의 CFS입고시 취급요금(Stuffing, Devanning)	선사/CFS
	Documentationfee (서류발급비)	B/L, D/O, Arrival Notice 발급시	선사
	DDC(목적지인도비)	북미수출시(320$/TEU, 640$/FEU)	선사
항공	항공운송요금	국내외 항공화물 운송요금	항공사
	ㅇ 통관관련 수수료		관세청, 관세협회,관세사 협회,KT NET
	- 수출검사수수료	수출금액(FOB)의 일정율(0.09 ~ 0.18)	
통관 비용	- 파출검사수수료	수출(교통비실비), 수입(시간당2,000원+교통비실비)	
	- 타소장치허가수수료	수출(건당 4,500원), 수입(18,000원)	
	- 임시개청허가수수료	기본료(평일 4,000원, 휴일 12,000원, 수출은1/4)+ 가산료(근무시간외)	
	- 원산지증명발급수수료	관세양허대상 수출품	
	- 통관수수료	감정가격 * 2/1,000	
	- 기타	정시간외수수료, EDI서비스료 등	
	통관 관련 세금	관세, 특별소비세, 주세, 교통세, 농어촌특별소비세,교육세, 부가가치세, 간이세율, 가산세 등	관세청
	관세사 보수료	수출 : 감가(FOB) * 0.15%	
		수입 ; 감가(CIF) * 2.0%	
	검역관련 요금	식물검역, 수산물검역, 동물검역, 식품검역, 공중위생검역, 수입물품검역 등	동식물검역소
	검사 수수료	CY내 내장통관, 직통관시 컨테이너 취급비용(CY,선사별로 상이함)	CY/선사
기타 비용	적하보험료	수출입화물 운송중 손해보상 비용	손해보험사
	화재보험료	보관기간중 회재보험료 - (감가 * 관세) * 요율	손해보험사
	Forwarder's Handling charge	Forwarder가 선사와 화주간 화물선적을 중개하고받는 수수료	Forwarder

* 주: 컨테이너화물의 경우 ODCY <-> 본선에서 발생하는 하역료, 셔틀료 및 On-Off Charge 등의 제비용은 THC로 해상운임 및 부대비에 포함됨

※ 참고사항

구분	종 류	내 용	비 고
해상 및 항만	Despatch Money(조출료)	약정된 정박기간 만료이전에 하역작업이 완료될 경우 단축된 기간만큼 선주가 용선자(송하인, 수화인)에게 지급하는 금액(체선료의 1/2)	
	Port Congestion Surcharge (체선료)	선박혼잡으로 인해 선박이 체선되는 경우 선박회사나정기선 운임동맹이 화주에게 부과하는 비용	
	Demurrage Charge	CY장치기간중 정박기간을 초과하는 경우 초과일만큼화주에게 부과하는 요금	
	Detention Charge	Full Container가 Empty화될 때까지의 Free Time(무료 장치기간)을 초과했을 때 선사가 화주에게 부과하는 요금	
내륙 운송	운행제한위반(과적차량 범칙금)	도로법상 운행제한 규정을 위반한 운전자, 위반을 지시하거나 요구한 사람에게 부과하는 도로법상의범칙금(200만원)도로교통법상 운전자에게 5만원자동차운수사업법상 사업자에게 30만원* 운송업체들은 단속을 피하기위해 20'컨테이너는 내품중량 17.5톤, 40'컨테이너는 20톤을 최대적재량으로 정해 운송하는 경우가 대부분임	차량축 중 10톤 또는 총중량 40톤을 초과하는 화물차량 및적재중량의 1.1배초과차량
		- 이는 중량제한(40톤)보다는 축중(10톤)에 의해 제한중량을 초과하는 경우가 많아 제한축중을 초과하지 않는 최대적재량을 감안한 것임	

자료 : 무역협회.

제4절 해상운송과 운송서류

1. 해상운송서류의 의의

해상운송서류는 수출화물의 선적 및 선적과 관련된 여러 가지 사실을 증명하는 선하증권 등 운송인이 화주에게 제공하는 해상운송에 대한 사항이 기재되어 발행하는 서류이다.

해상운송서류의 가장 일반적인 것이 선하증권으로서 이는 화주와 운송인 사이의 운송계약의 내용이 기재되어 있으며 운송인이 화주로부터 화물을 수령한 수령증이며 화물과 동일한 효과를 발생시키는 유가증권이다.

선하증권 외에 복합운송에 사용되는 복합운송서류, 유가증권은 아니지만 해상운송에서 제한적으로 사용되는 해상화물운송장이 있다.

한편, 종이로 된 선하증권의 여러 가지 한계로 인해 보다 편리하고 신속하게 선하증권이 이용 가능하도록 정보통신기술의 이용에 따른 전자선하증권 등이 있다.

2. 선하증권(B/L: Bill of Lading)

선하증권은 특정 선박에 거래화물의 운송을 위하여 적재되었다는 사실을 운송인, 선장 또는 그 대리인이 인정하여 서명한 서류로서, 어떠한 조건으로 화물이 운송되었느냐에 대한 언급이 있는 서류로 화주와 선박회사 간의 해상운송계약에 의하여 선박회사가 발행하는 유가증권이다.

일반적으로 선하증권은 신용장 거래 시 중요한 매입서류 중 하나로서 제시되어야 하며 화물이 체화된 서류로 송화인이 화물을 운송인에게 맡기면서 그 증거로 발급받는 서류이고 신용장 발행은행을 수화인으로 하여 개설의뢰인의 대금 미결제시 화물을 담보할 수 있도록 하는 기능을 가진 서류이다.

1) 선하증권의 기능

(1) 권리증권(document of title)

선하증권 자체가 화물 그 자체를 상징하는 권리증권이다. 여기서 권리증권이란 정당한 방법으로 선하증권을 소지한 자는 화물을 청구할 수 있는 청구권과 이를 처분할 수 있는 처분권을 갖는다는 것을 의미한다.

(2) 운송계약의 증빙(an evidence of contract of carriage)

개품운송계약의 경우 따로 운송계약을 체결하는 것이 아니라 B/L이 유일한 운송계약의 증빙서류이다. 반면 용선운송계약의 경우는 용선운송계약서가 작성되고 B/L은 단지 화물의 수령증에 불과하게 된다.

(3) 화물영수증(a receipt for the goods shipped)

선하증권은 운송인이 송화인으로부터 화물을 수령하였다는 추정적 증거로서 역할을 한다.

2) 선하증권의 성질

(1) 유가증권

재산적 가치를 지닌 증권으로서 권리의 발생, 행사 또는 이전의 전부 또는 일부에 있어서 그 증권의 소지를 요구하는 증권이다.

(2) 지시증권

선하증권의 권리자로 지정된 자가 배서나 인도를 통해 선하증권을 양도할 수 있는 지시증권으로의 성질을 갖는다.

(3) 채권증권

B/L의 정당한 소지인은 이를 발급한 운송인에 대하여 화물의 인도를 요구할 수 있는 채권의 성질을 갖는다.

(4) 상환증권

화물의 인도는 선하증권과의 상환으로 청구할 수 있다.

(5) 인도증권

선하증권의 인도는 증권면에 기재된 물품 그 자체를 인도한 것과 동일한 효력을 갖는다는 의미에서 인도증권의 성질을 갖는다.

(6) 처분증권

물품에 대한 처분, 즉 재산권의 변경을 일으키는 법률행위로 운송의 중지, 정리, 양륙항의 변경, 운송물품의 분할 양도, 수화인의 변경, 양도매각, 질권, 저당권의 설정 등을 선하증권으로 가능하여 처분증권의 성질을 갖는다.

(7) 문언증권

증권이 작성된 후에는 운송인과 송화인의 의무는 증권상에 명기된 문언에 의해 이행되어야 하며 운송인은 선의의 선하증권 소지인에 대하여 증권에 기재된 문언에 관한 책임을 지게 된다.

(8) 면책증권

면책증권은 채무자를 위한 면책적 효력이 인정되는 증권으로서 동종의 채권자가 다수인 경우에 한편으로는 채무자에게 채권자를 개별적으로 식별하지 않고도 채무이행을 원활하게 할 수 있도록 하고 다른 한편으로는 채권자에게 증권의 소지에 의하여 권리를 행사할 수 있는 자격을 갖게 한다.

3) 선하증권의 주요 내용

(1) 선하증권에 관한 국제조약

물품이 해상을 통하여 운송될 경우에는, 1924년 헤이그규칙과 1968년 헤이그-비스비규칙 또는 1978년 함부르그규칙에 의해 규율되고 있다.

(2) 헤이그규칙(1924년)의 주요 내용

① Hague Rule의 구성

총 16조로 구성되어 있으며 제3조에 운송인의 의무와 관련된 내용이 규정되어 있으며 제4조에는 운송인의 면책조항이 규정되어 있다.

② 운송인의 의무(제3조)

Hague Rule에서 운송인에 대한 주요의무는 다음과 같다.

내항성(seaworthiness) 담보에 관한 주의 의무, 선박의 승조원 배치, 선박의 의장 및 필수품 보급 의무, 상당주의 의무, 상업과실

③ 운송인의 면책(제4조)

항해과실, 화재, 해상고유의 위험, 천재지변, 전쟁행위, 공적행위, 통치권자의 억지 또는 억류, 검역조치, 송화인의 과실, 동맹파업 및 직장폐쇄, 폭동 및 내란, 해상구조, 화물고유의 하자, 화물포장의 불충분, 하인의 불충분, 잠재하자, 기타 원인

④ 이로(deviation)

인명이나 재산상의 피해를 줄이거나 합리적인 이유에 연유한 이로(離路)의 경우는 면책된다.

⑤ 부지약관(Unknown Clause)

특히 컨테이너화물의 경우, 송화인이 제시한 정보(화물의 개수 등)를 믿고 "화물의 외관상 양호한 상태"로 인도했다는 취지를 기재하여 선하증권을 발행한다. 따라서, 선하증권 이면에 화물의 내용, 중량, 용적, 수량, 품질 및 가격에 대하여는 운송인이 책임을 지지 않는다는 취지의 'unknown clause'가 명기된다.

⑥ 갑판적 화물

이면 약관에 "갑판상에 적재한 화물, 생·동물, 과실, 야채, 어류 및 일체의 부패성 화물, 유리제품, 도자기류, 주물 등 이러한 화물에 발생한 멸실 또는 손상에 대해서는 운송인은 책임을 지지 않는다"라고 규정되어 있다.

⑦ 고가품

이면 약관 중에 "종가운임이 지급되고 그 가격 및 내용이 명기되고 서명된

선하증권이 발급된 경우가 아니면 운송인은 금, 은, 화폐, 증서, 양도가능증서, 정화, 보석, 귀금속, 그림, 자수, 예술품 또는 기타 일체의 고가품에 대한 손해에 대해서 책임을 지지 않는다"라고 규정되어 있다.

⑧ 책임의 한도

운송인은 책임한도가 중량운임의 경우 1포장당 또는 단위당 100Pound이며, 종가운임의 경우 B/L상에 그 가액을 기재한 경우 그 가액이 운송인의 책임한도가 된다.

3. 해상화물운송장(SWB: Sea Waybill)

1) 해상화물운송장의 의의

화물인도의 신속성, 서류의 분실에 수반한 위험해소, 화물처리업무의 합리화 촉진, 경비절감 등 선하증권의 대안으로 1970년대 후반부터 도입되기 시작한 해상화물운송장은 해상운송인이 운송품의 수취를 증명하고 운송인수조건을 알기 위한 목적으로 송화인에게 발행하는 서류로 유가증권의 성격이 배제된 비유통성의 운송서류이다.

2) 해상화물운송장의 장 · 단점

(1) 장점

① 서류제시 없이도 물품 인수가 가능하기 때문에 선하증권의 미도착에 따른 문제가 해소됨

② 번거로운 절차와 담보제공 등으로 불편한 수입화물선취보증제도를 이용하지 않아도 됨

③ 해상화물운송장은 유통성이 없고 유가증권이 아니므로 도난과 분실에 따른 위험성이 없음

(2) 단점

① 권리증권이 아니므로 항해 중 물품의 전매가 불가능함

② 담보력이 없기 때문에 수입지 은행은 수입대금 미결제에 대한 위험이 존재

③ 물품이 수화인에게 인도되기 전까지 송화인은 자유롭게 수화인을 변경할 수 있어 수입지 은행을 수화인으로 하거나 운송품처분불능조항을 삽입하여야 하는 등의 문제가 있음

〈표 8-8〉 해상화물운송장과 선하증권의 비교

기 능	해상화물운송장	선하증권
화물수령증거	있음	있음
운송계약증서	있음	있음
화물권리증서	없음	있음
정당한 수화인	계약으로 지정된 수화인	적정히 배서된 B/L원본소지자
화물인도시 원본상환	SWB 원본상환 불필요	B/L원본 상환요
수화인 기재방식	기명식	지시식 및 기명식
화물에 대한 권리이전	SWB의 교부로 권리가 이전되지 않으며, 계약당사자 약정에 의거	B/L의 교부에 의함
강행적 적용법규	현재 우리나라는 SWB을 규율하는 강행법규 없음	상법, 헤이그비스비, B/L Act, COGSA 등

4. 전자식 선하증권

1) 전자식 선하증권의 정의

전자식 선하증권(Electronic Bills of Lading)은 고속컨테이너선의 출현 및 통신기술의 발달에 따라 선동적인 서면 신하증권의 위기를 극복하기 위해 종이 문서를 전자적인 메시지로 대체하려는 움직임에서 등장한 선하증권으로 이는 새로운 유형의 선하증권이 출현한 것이 아니라 선하증권을 종이로 발행하는 대신 그 내용을 구성하는 정보를 전자적 방법, 즉 EDI 메시지에 의하여 운송물을 인도하는 방법을 지칭하는 것이다. 따라서 전자식 선하증권은 종이 선하증권을 발행하는 대신 그 내용을 운송인이 컴퓨터에 보존하고 운송인과 송화인(매도인) 혹은 양수인(매수인 혹은 전매인)이 서로 EDI 메시지를 전송하고 권리의 증명으로서 개인키(private key)를 사용함으로써 운송품에 대한 지배권과 처분권의 권리를 그 권리자의 지시에 따라 수화인에게 그 정보를 전송하는 형식의 선하증권을 말한다.

2) 블록체인 기반 전자식 선하증권

(1) 세계 최초 블록체인 기반 스마트선하증권 상용화

세계 최초로 블록체인을 기반으로 한 전자식 선하증권 'CargoX'가 상용화돼 이목이 집중됐다. 최근 세계 최초 블록체인 기술 기반의 스마트(전자식)선하증권 'CargoX'(CargoX Smart Bill of Lading)이 성공적으로 발행되어 처리됐다. 2018년 8월 19일 슬로베니아 코페르항(Port of Koper)에 입항한 Ever Safety호는 세계 최초로 전자선하증권을 통해 화물을 처리하여 업무 신속성 및 효율성 제고, 문서보안 강화, 문서전송 비용 절감, 친환경(paper-less) 등을 실현하였다고 발표하였다.

CargoX 스마트선하증권은 전자적으로 발급되며 이는 기존의 선하증권 발급 및 전송시간이 수 일에서 몇 주까지 소요되는 것과는 달리 단 몇 분 만에 발급 및 전송이 가능하며, 특히 전자식 선하증권은 매우 안전하고 신뢰할 수 있는 공개 블록체인 네트워크를 통해 양도되므로 분실, 도난 또는 손상 가능성이 거의 없다는 것이다.

아울러 이번 전자식 선하증권은 중국에서 유럽으로 전송하는데 미화 약 15달러가 소요됐는데 이는 기존의 택배 또는 우편(속달)으로 전달하는 비용의 15% 수준이다. 화주, 화물 수출업자 및 운송사, 검역 및 세관 당국 등 화물 수출입 전 과정의 이해관계자들은 전자식 선하증권의 급속한 상용화 및 일반화를 예상하고 있다.

이번 전자식 선하증권은 발급단계부터 전송, 화물 하역, 화물의 검역 및 세관 절차 등 화물 수출입 전 과정에서 매우 신속하고 안전하게 처리됐고 과정 또한 매우 간단하였다.

수출회사 Hangzhou Doko Garments Co. Ltd.사는 항저우 지역 1,000개 이상의 제조회사 중 하나이며, 약 600개의 여성의류(기성복) 회사 전체 생산량의 50%를 차지하고 있는데, 이 회사 CEO Lin씨는 "전자식 선하증권(CargoX Smart B/L)의 사용을 적극 권장한다. 왜냐하면 선하증권의 발급 및 전송이 쉽고 전 과정이 매우 신속하게 처리되기 때문이다. 또 선하증권의 실시간 열람 및 업무처리가 가능한 것은 큰 장점 중 하나이며 비용 측면에서의 이익도 가져다 줄 수 있어 우리 회사는 현재 CargoX의 사용을 확대할 계획"이라고 밝혔다.[1)]

---

1) 쉬핑뉴스넷, 2018.9.4.

(2) 이스라엘 최대 선사 ZIM, 블록체인 선하증권 플랫폼 출시

이스라엘 최대 선사 ZIM이 전자무역서류를 발행하는 블록체인 플랫폼을 열었다. 2019년 1월 14일 ZIM은 전자선하증권을 발행하는 블록체인 플랫폼을 개설했다고 발표했다.

ZIM은 2018년 한 해 동안 e/B/L 블록체인 플랫폼을 시범 활용했으며, 기업에 있어 블록체인 기술활용은 서류작업뿐 아니라, 이메일, 팩스 등을 거치는 전반적인 업무흐름을 개선하는 것으로 평가했다.

ZIM은 선복량 기준 세계 11위, 이스라엘 1위 업체이며, 며칠에서 몇 주가 걸리던 작업을 블록체인 전자선하증권을 사용해 2시간 만에 처리했다고 밝혔다.[2)]

(3) 블록체인 기반 선하증권 플랫폼 시범 운영 성공

G2 Ocean과 Manuchar NV는 CargoX의 블록체인 기반 스마트선하증권(bill of lading) 플랫폼의 시범운영에 성공했다.

G2 Ocean은 노르웨이의 Gearbulk와 Grieg Star가 합작해 만든 벌크화물운송에 특화된 조인트벤처기업이며 Manuchar NV는 신흥시장 무역전문기업이다.

두 회사는 블록체인 기술 기반 CargoX 플랫폼을 사용한 선하증권 거래를 성공적으로 시행했다. 시범 운영은 중국 신강항과 페루 카야오항 간 화물운송을 대상으로, 중국 신강항에서 2019년 4월 5일에 출발해 페루 카야오항에 5월 26일에 도착하는 거래에 시범 적용했으며 총 9,504 해리를 운항했다. 플랫폼 시범 운영을 위해 5개의 제품을 출하하고 각각의 스마트선하증권을 작성해 성공적으로 거래를 완료했다. 블록체인을 사용한 스마트선하증권 플랫폼은 거래의 신속성 향상, 비용 절감, 보안 강화 등에 큰 효과가 있을 것으로 예상된다.

블록체인 플랫폼은 BDTS(Blockchain Document Transfer System) 기술을 기반으로 하고 있으며 기존의 IT 시스템과 비교해 편리한 선하증권 생성, 명확한 소유권 거래, 보안 향상 등의 강점을 가지고 있다. 문서 소유권 이전을 수분 이내에 안정적으로 신속하게 완료할 수 있으며 예상치 못한 지연을 방지해 비용 절감에도 도움이 될 수 있다.

G2 Ocean의 CEO는 고객과 업체 간의 프로세스를 디지털화하기 위해 블록체인 기반의 스마트기술이 필요하며, 시범 운영의 성공 경험을 살려 고객들에게 부가가치를 제공하기 위해 노력하겠다고 밝혔다.

---

2) TOKENPOST, 2019.1.15.

스마트선하증권 플랫폼의 적용에는 한 가지 문제가 남아 있다. 블록체인 기반의 선하증권 플랫폼이 실제적으로 적용되기 위해서는 보험 적용 문제가 해결되어야 한다. CargoX는 P&I clubs(선주책임상호보험조합)에 시범운영에 성공한 자료를 제공하였다.[3)]

(4) KTNET 블록체인 기술의 전자선하증권(e-B/L) 사상 첫 적용

한국무역정보통신(KTNET)은 포스코인터내셔널과 공동으로 블록체인 기반의 전자선하증권(e-B/L; Electronic Bill of Lading) 플랫폼 구축을 완료하고, 이를 통해 자동차부품의 미국 수출건을 성공적으로 처리했다고 밝혔다.

해당 수출건은 포스코인터내셔널 미국 법인이 수입하는 자동차부품으로, 2022년 11월 3일 부산항 선적과 동시에 운송 선사인 머스크가 e-B/L(트레이드렌즈)을 발급하였으며, 이후 11월 18일 캐나다 벤쿠버항에 하역되었고, 11월 27일 철도운송을 통해 미국 디트로이트에 도착하여 e-B/L을 소각하는 일정으로 진행되었다.

이번 성과는 과학기술정보통신부 산하 정보통신산업진흥원(NIPA)의 블록체인 기술검증 지원과제로 지난 5월부터 추진해온 전자선하증권 플랫폼 개발사업의 결과이다. KTNET은 이를 위해 포스코인터내셔널, 우리은행, 국민은행, 하나은행, 신한은행, DB손해보험과 컨소시엄을 구성하여 플랫폼 개발을 추진해왔다.

KTNET은 이번 사업에서 유가증권인 선하증권에 블록체인과 NFT(Non Fungible Token; 대체불가능토큰)를 활용하여 디지털 유가증권의 유일성을 보증하면서 소유권을 생성, 양도, 증명, 폐기하는 기술을 접목시켜 선하증권의 안전성과 신뢰성을 높였다.

이를 통해 포스코인터내셔널은 수출관련 종이 선하증권을 디지털로 대체함으로써 그간 선하증권 등 종이 선적서류를 수입자에게 국제특송으로 보내는데 따른 시간과 비용을 절감하고 업무 편의성을 제고할 수 있을 것으로 기대하고 있다.

KTNET의 차영환 대표는 "KTNET은 이번 블록체인 기반의 전자선하증권을 시작으로 블록체인이나 AI, 빅데이터 등 신기술을 무역업무에 접목한 서비스를 지속적으로 개발할 계획"이라며, "이를 통해 무역·물류업계의 디지털 전환과 무역경쟁력 제고를 위해 최선의 노력을 기울여 갈 것"이라고 밝혔다.

KTNET은 이번 전자선하증권을 시작으로 포스코인터내셔널과 지속적인 협력

---

3) 해사정보신문, 2019.6.9.

을 통해 전자계약, e-B/L 유통, e-네고 등의 무역업무도 블록체인 기술을 확대 적용한다는 계획이며, 포스코인터내셔널 역시 전자선하증권 거래를 유럽까지 확대하고 디지털 대상 업무도 늘려나간다는 계획이다.4)

[그림 8-10] KTNET 플랫폼을 통한 e-B/L(전자선하증권) 유통절차

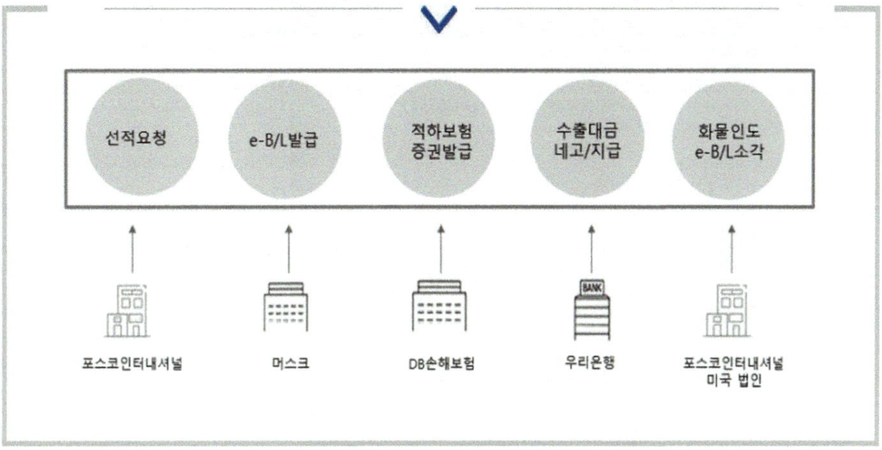

[그림 8-11] e-B/L 유통도

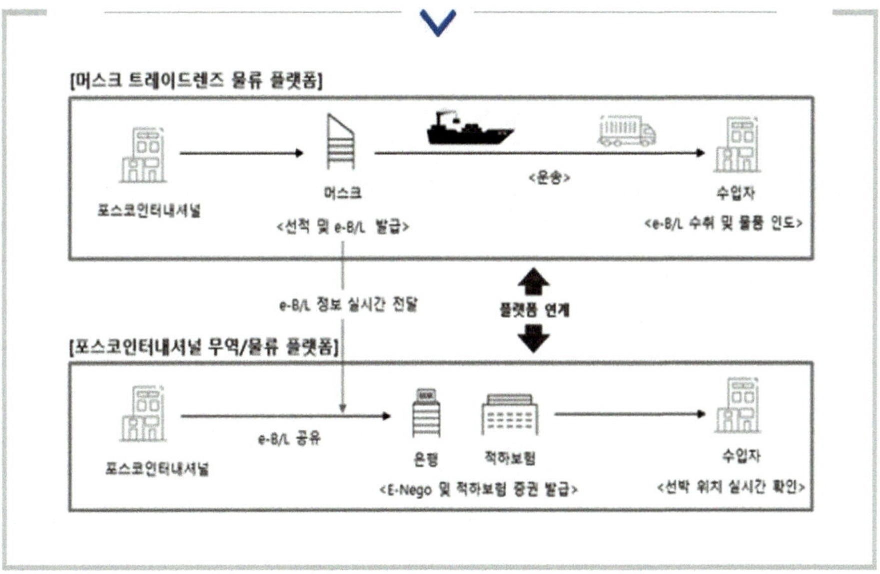

4) 한국무역신문, 2022년 12월 1일.

[양식 1] 선하증권(B/L)

MAERSK LINE

BILL OF LADING FOR OCEAN TRANSPORT OR MULTIMODAL TRANSPORT

SCAC MAEU

B/L No. 855230418

Shipper
A.I.P.E.P.
ASOCIACION INTEGRAL DE PRODUCTORES ECOLOGICOS DE PUMIRI
AV. JUAN PABLO II NO 2926 EL ALTO
TEL / FAX 2-846310

Booking No.
855230418

Export references

Svc Contract
182020

Onward inland routing (Not part of Carriage as defined in clause 1. For account and risk of Merchant)

Consignee (negotiable only if consigned "to order", "to order of" a named Person or "to order of bearer")
COOPERATIVE COFFEES, INC.
302 W. LAMAR ST. SUITE E
AMERICUS, GA 31709 USA
TEL. +1-229-924-3035 FAX +1-229-924-6250
ATTN: BILL HARRIS

Notify Party (see clause 22)
COOPERATIVE COFFEES
302 W LAMAR STREET SUITE E
AMERICUS, GA 31709 USA
TEL (229) 924-3035
ATTN. BILL HARRIS

Vessel (see clause 1 + 19)	Voyage No.	Place of Receipt. Applicable only when document used as Multimodal Transport B/L. (see clause 1)
MAERSK RIO GRANDE	0764	
Port of Loading	**Port of Discharge**	**Place of Delivery. Applicable only when document used as Multimodal Transport B/L. (see clause 1)**
Arica	Newark	

PARTICULARS FURNISHED BY SHIPPER

Kind of Packages; Description of goods; Marks and Numbers; Container No./Seal No.	Weight	Measurement
1 Container Said to Contain 275 BAGS OF 70 KG. NET BOLIVIA WASHED ARABICA COFFEE PRIMERA ORGANIC, CROP 2007 ICO 113-2 INVOICE COMERCIAL No. 0055 POSICION ARANCELARIA: 09011190 000 FDA 11923540592 NA MSKU3962723 ML-SA2906590 20 DRY 8'6 275 BAGS 19470.00 KGS SHIPPER'S LOAD, STOW, WEIGHT AND COUNT	19470.00 KGS	

ORIGINAL

particulars as declared by Shipper, but without responsibility of or representation by Carrier (see clause 14)

Freight & Charges	Rate	Unit	Currency	Prepaid	Collect
Basic Ocean Freight	1500.00	Per Container	USD		1500.00
Bunker Adjustment Factor	0.00	Per Container	USD		0.00
Chassis Usage	0.00	Per Container	USD		0.00
Documentation Fee - Destinat	0.00	Per Bill of Lading	USD		0.00
Handling Charge - Destinatior	0.00	Per Container	USD		0.00
Emergency Bunker Surcharge	0.00	Per Container	USD		0.00
Documentation Fee - Origin	0.00	Per Bill of Lading	USD		0.00

Carrier's Receipt (see clause 1 and 14). Total number of containers or packages received by Carrier.	Place of Issue of B/L
1 container(s)	La Paz
Number & Sequence of Original B(s)/L	**Date of Issue of B/L**
2/THREE	2007-10-04
Declared Value (see clause 7.3)	**Shipped on Board Date**
	2007-09-25

SHIPPED, as far as ascertained by reasonable means of checking, in apparent good order and condition unless otherwise stated herein, the total number or quantity of Containers or other packages or units indicated in the box entitled "Carrier's Receipt" for carriage from the Port of Loading (or the Place of Receipt, if mentioned above) to the Port of Discharge (or the Place of Delivery, if mentioned above), such carriage being always subject to the terms, rights, defences, provisions, conditions, exceptions, limitations, and liberties hereof (INCLUDING ALL THOSE TERMS AND CONDITIONS ON THE REVERSE HEREOF NUMBERED 1-26 AND THOSE TERMS AND CONDITIONS CONTAINED IN THE CARRIER'S APPLICABLE TARIFF) and the Merchant's attention is drawn in particular to the Carrier's liberties in respect of on deck stowage (see clause 18) and the carrying vessel (see clause 19). Where the bill of lading is non-negotiable the Carrier may give delivery of the Goods to the named consignee upon reasonable proof of identity and without requiring surrender of an original bill of lading. Where the bill of lading is negotiable, the Merchant is obliged to surrender one original, duly endorsed, in exchange for the Goods. The Carrier accepts a duty of reasonable care to check that any such document which the Merchant surrenders as a bill of lading is genuine and original. If the Carrier complies with this duty, it will be entitled to deliver the Goods against what it reasonably believes to be a genuine and original bill of lading, such delivery discharging the Carrier's delivery obligations. In accepting this bill of lading, any local customs or privileges to the contrary notwithstanding, the Merchant agrees to be bound by all Terms and Conditions stated herein whether written, printed, stamped or incorporated on the face or reverse side hereof, as fully as if they were all signed by the Merchant.
IN WITNESS WHEREOF the number of original Bills of Lading stated on this side have been signed and wherever one original Bill of Lading has been surrendered any others shall be void.

Signed for the Carrier A.P. Møller - Maersk A/S trading as Maersk Line

As Agent(s) for the Carrier
DEL MAR SHIPPING SRL

This transport document has one or more numbered attachments

제9장 항공운송

제1절 항공화물운송

1. 항공화물운송의 의의

항공으로 운송되는 화물에는 승객의 수화물(baggage)과 항공운송장(air waybill)에 의해 운송되는 화물이 있나. 물류에서 지칭하는 항공화물(air cargo)이란 항공사의 일정한 운송장(Waybill: W/B)에 의거해서 항공기 및 항공기에 준하는 운송수단에 탑재되어 운송되는 모든 대상을 말한다.

항공운송은 해상운송에 비해 안전도가 높으며 포장비가 저렴한 장점이 있어 소량이고, 고가 화물의 장거리 운송에 적합하고 화물의 적기인도를 통해 재고비용과 자본비용의 절감 또는 화물의 손상방지를 기대할 수 있으므로 국제무역에 있어 중요한 운송수단으로 부상되고 있다.

수출입화물에 대한 항공운송의 운송분담률은 중량기준으로 0.3%에 불과하나 금액기준으로는 13% 이상을 차지하고 있어 긴급운송을 요한 급속품목,[1] 중요, 고가, 고부가가치화물의 국제운송에 크게 기여하고 있다.

1) 긴급운송을 요하는 급속물품으로는 일반적인 급속물품(선박, 항공기, 공항내 기계부품의 대체품, 의학상의 혈청, 재해지역 긴급구조품, 납기지연상품, 계절유행상품 등), 시기상 급속물품(정기간행물, 뉴스필름, 이삿짐 등), 물품성질상 급속품목(생선, 식료식품, 생동물, 생화 등)으로 구분할 수 있다.

2. 항공화물운송의 특성

1) 신속성

항공운송은 다른 어떤 운송수단보다 가장 빠르게 운송할 수 있는 최고의 장점을 가지고 있다.

2) 정시성

항공운송은 대체로 정시에 운항되고 운항횟수도 잦다. 따라서 소비자가 원하는 시간대에 화물을 언제든지 운송할 수 있다.

3) 안전성

항공화물운송은 다른 운송수단보다 도난의 위험이 적다. 각국들은 출입국관리, 보세구역관리 및 항공기보호 등의 이유로 외부의 접근을 막기 위한 보안시설 및 설비가 잘 갖춰져 있기 때문이다.

4) 경제성

항공운송은 모든 운송수단 중에서 가장 운임이 비싸나, 운임의 단순비교가 아닌, 납기를 놓쳐 계약불이행을 받게 될 클레임, 물품을 적기에 시장에 출시하지 못해서 발생될 판매손실 등의 경우에는 운임의 차액을 상쇄하고도 남는 경제적 이익을 확보할 수가 있다. 또한 총물류비용을 계산했을 때 비교우위를 가지는 경우도 있으며, 중량이 22kg 미만이면 해상운송보다 항공운송이 더 저렴한 것으로 나타나고 있다.

5) 응수성

항공화물운송 서비스는 교통시설이 전혀 없거나 차단된 지역으로의 화물운송 수요에 즉시 응할 수 있다. 즉, 오지나 바다 한가운데, 전쟁 등으로 도로가 파손되거나 차단된 지역으로의 물품 운송은 항공으로만 가능하다.

3. 항공운송에 적합한 화물

1) 수요의 발생이 긴급한 것

납기가 임박한 수출물품이나 계절 및 투기상품 등은 한정된 기간 내에 운송되어야 하므로 항공운송을 이용하는 것이 적합하다.

2) 시간의 흐름에 따라 가치가 변동되는 화물

식품, 생화, 버섯 및 생선과 같은 부패성화물, 방사성물질, 뉴스필름, 원고, 입찰용 서류 등은 모두 일정시간이 지나면 가치가 손상되는 화물 등은 항공운송이 적격이다.

3) 투하자금이 고가인 물품

보석류, 시계, 현금 등의 고가품은 투하된 자금비용의 부담이 커 가능한 빠른 기간 내에 물품의 가격을 회수할 필요가 있다.

4) 제품의 시장경쟁성 확보 물품(견본품)

시장의 요구를 맞추기 위한 새로운 모델의 견본품은 생산업자와 판매업자 간에 여러 차례의 신속한 교환으로 신제품의 출시를 앞당길 수 있다.

4. 항공기와 ULD

1) 항공기의 분류

항공기의 종류로는 여객기, 화객혼재기, 화물전용기가 있다.

항공화물기는 소형기종과 대형기종이 있는데, 재래식 소형기종은 덱(deck)에 의해 상부와 하부의 구획(compartments)에는 단위탑재용기(united load device : ULD)를 탑재할 수 없고 날개에 화물을 수작업으로 탑재하는 conventional aircraft(narrow body aircraft)가 있으며 대형기종으로 덱(Deck)이 상하부 구획으로 구분되어 하부의 구획에 ULD를 탑재할 수 있는 high capacity aircraft (wide body craft)가 있다.

그 외에도 용도, 전환가능성 등에 의한 분류는 다음과 같다.

(1) 용도에 의한 구분

① **화물기**(all cargo)

상・하부 구획에 화물을 탑재하도록 제작된 항공기

② Combi(mixed/combination)

상부구획에 여객과 화물을 탑승 및 탑재하도록 제작된 항공기

③ **여객기**(passenger)

상부구획에는 여객을, 하부구획에는 위탁수화물 및 화물, 우편물을 탑승 및 탑재하도록 제작된 항공기

(2) 환적가능성에 의한 구분

① **화물전용기**(freighter)

화물만 운송토록 제작된 항공기로서 여객기 전환이 불가능하다.

② **컨버터블**(Convertible)

필요에 따라 화물기에서 여객기로 또는 그 반대로 전환이 가능하다.

③ Rapid or Quick Change

컨버터블의 일종이나 컨버터블보다 극히 단시간 내에 전환이 가능하도록 제작된 항공기

2) 단위탑재용기(Unit Load Device)

항공운송에만 사용되는 것은 항공화물용 컨테이너, 팰릿 및 이글루를 사용하며 대량항공화물 운송에서 단위탑재용기를 사용함으로써 화물의 보호, 신속한 작업 및 취급, 특수화물의 운송, 조업단축에 따른 항공기 가동률을 높이는 등의 장점이 있다.

[그림 9.1] 항공기의 기본 정보

Length 전장	70.66m
Wing Span 전폭	64.44m
Height 전고	19.41m
Max. Range 최대항속거리	8,415km
Cruising Speed 순항속도	916 (Km/h)
최대 화물탑재량	117.55t
최대 화물 탑재용적	24,923cuft
최대탑재 PALLET수(Main Deck)	30 개
최대탑재 LD3수(Lower Deck)	32 개

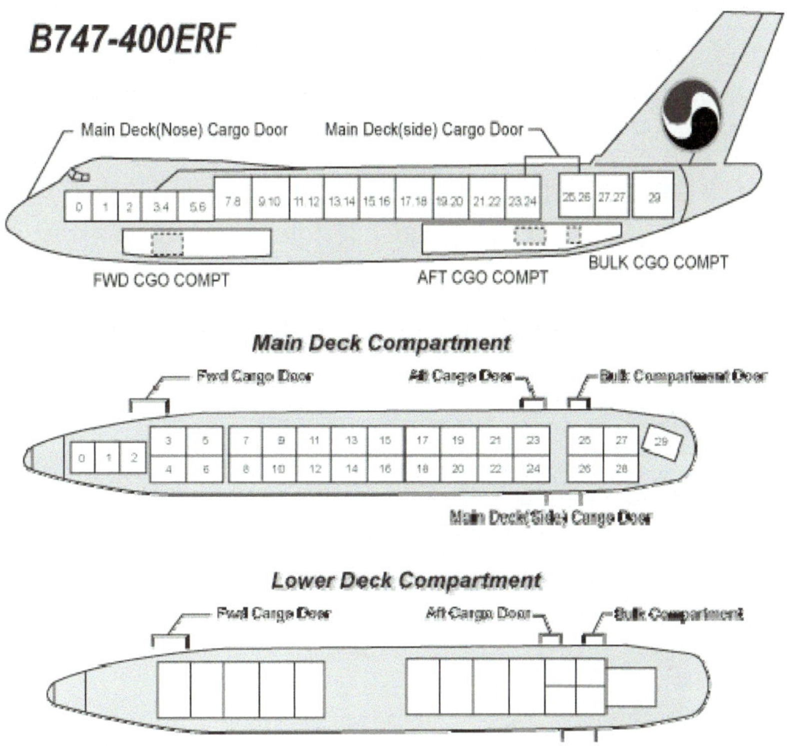

(1) 팰릿류

팰릿은 알루미늄 합금으로 제작된 평판으로 팰릿 위에 화물을 특정 항공기의 내부모양과 일치하도록 적재작업한 후 네트(net, 망)나 스트랩(strap, 띠, 끈)으로 묶을 수 있도록 고안한 장비이다.

(2) Certified Aircraft Containers

별도의 보조장비 없이 항공기 내의 화물실에 탑재 및 고정이 가능하도록 제작된 컨테이너로서 재질은 적재된 화물의 하중을 충분히 견딜 수 있는 강도를 가지고 있으면서도 항공기의 기체에는 손상을 주지 않는 것을 사용한다.

[그림 9-2]에서 보이는 바와 같이 항공기의 위치 모양에 따라 컨테이너의 규격도 각각 다르다.

(3) 이글루(Igloo)

에스키모의 얼음집 모양에서 유래된 것으로서 비구조적 이글루(non-structural igloo)와 구조적 이글루(structural igloo)의 두 가지 형태가 있다. 비구조적 이글루는 'Open-Front' 형태로 밑바닥이 없이 섬유유리(fiberglass) 또는 알루미늄 등의 재질로 만들어지는 것으로 항공기의 내부형태와 일치시켜서 윗면의 모서리 부분이 둥근 형태로 되어 있다. 따라서 팰릿과 함께 사용되어 공간을 최대한 활용토록 고안되었다. 구조적 이글루는 비구조적 이글루를 팰릿에 고정시켜 놓은 것으로서 적재된 화물을 네트(net) 없이 고정시킬 수 있도록 제작되었다.

[그림 9.2] 항공용 컨테이너 종류

ULD Type (IATA Code)	Max Capacity (Tare Weight)	Dimention (Inch)	Utility	Loading possible aircraft Type
LD3 Garment Container (AKE) 	1,588 kg (114 kg)	60.4 x 61.5 x 64	General Cargo Garment	B747 / B747F / B747-Combi B777 / A330 / A300 (Lower Deck Only)
LD3 Refrigerated Container (RKE) 	1,588 kg (260 kg)	60.4 x 61.5 x 64	Perishable CGO Freeze Cargo	

LD3 Refrigerated Container (RKN) 	1,588 kg (257 kg)	60.4 x 61.5 x 64	Perishable CGO Freeze Cargo- Equipped with Automated Temperature System	
LD6 Container (ALF) 	3,175 kg (210 kg)	60.4 x 125 x 64	General Cargo	
LD9 Container (AAP) 	6,033 kg (277 kg)	88 x 125 x 64	General Cargo	B747 / B747F / B747-Combi B777 / A330 / A300
LD9 Refrigerated Container (RAP) 	6,033 kg (519 kg)	88 x 125 x 64	Perishable CGO Freeze Cargo	
GM1 Container (AMA) 	6,804 kg (410 kg)	96 x 125 x 96	General CGO Garment	B747F B747-Combi (Main Deck Only)
MD11F M1 Container (AMJ) 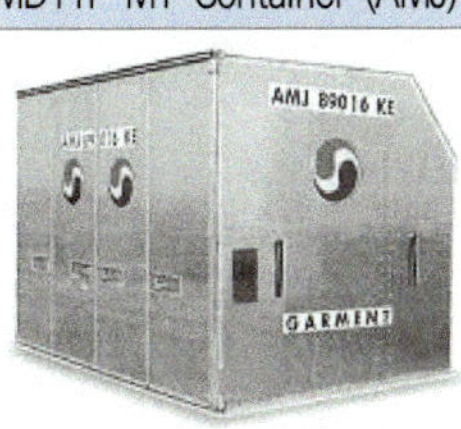	6,804 kg (475 kg)	96 x 125 x 96	General CGO Garment	B747F B747-Combi (Main Deck Only)

Horse Stall (HMA) 	6,804 kg (945 kg)	96 x 125 x 94.5	Horses	B747F (Main Deck Only)
MD11F Horse Stall (HMC) 	6,804 kg (875 kg)	96 x 125 x 94.5	Horses	B747F (Main Deck Only)

[그림 9.3] 항공용 팰릿 종류

ULD TYPE (IATA CODE)	MAX CAPACITY (TARE WT)	Dimention (W X L, Inch)	UTILITY	AIRCRAFT TYPE
88Inch Pallet (PAP, PAG) 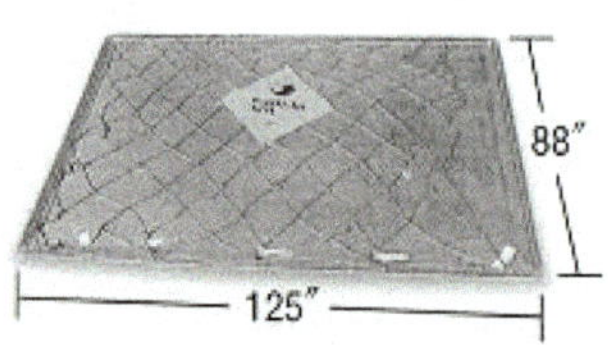 	6,033kg (122kg)	88 X 125	General Cargo	B747 / B747F / B747-Combi B777 / A330 / A300
96Inch Pallet (PMC) 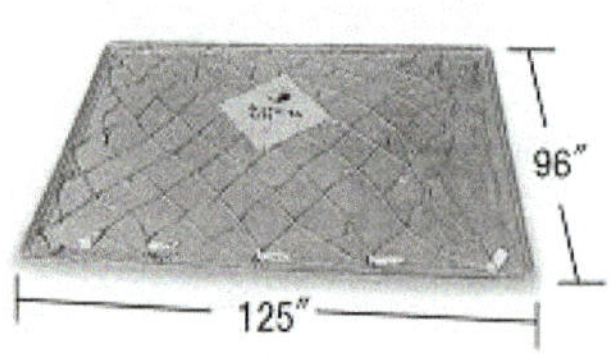 	6,804kg (130kg)	96 x 125	General Cargo	

Half Pallet (PLB) 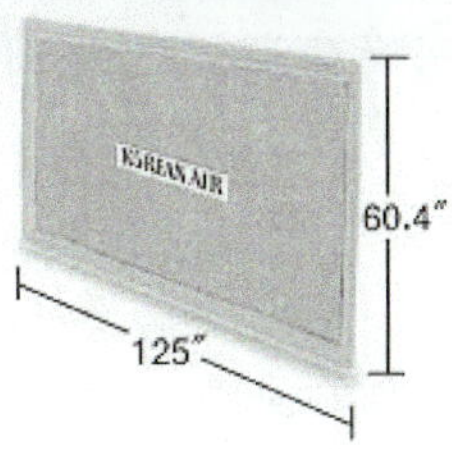	3,176kg (90kg)	60.4 x 125	General Cargo	B747 / B747F / B747-Combi B777 / A330 / A300 (Lower Deck Only)
16FT Pallet (PZA) 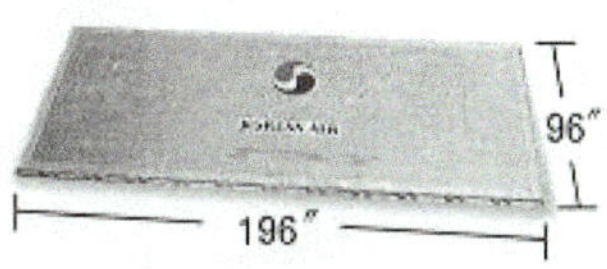	11,340kg (387kg)	96 x 196	General, Long &Heavy Cargo	B747F B747-Combi (Main Deck Only)
20FTPALLET (PGE, PGF) 	13,608kg (555kg)	96 x 238.5	General, Long &Heavy Cargo	B747F B747-Combi (Main Deck Only)

제2절 수출입 항공화물의 운송

1. 수출항공화물운송

송화인은 항공화물의 운송의뢰를 구두의뢰하거나 서면의뢰를 하는데 대부분 서면으로 혼재업자(항공화물운송대리업, 항공운송주선업자)에게 의뢰한다. 그 이후 절차는 다음과 같다.

(1) 보세구역 내에 수출화물 반입 후 자가통관의 허가를 받지 않은 수출업자는 반드시 통관업자를 통해서 수출신고를 해야 하며, 이때 필요한 서류는 수출신고서, 수출승인서, 상업송장, 포장명세서, 검사증 등이다.

(2) 통관절차가 완료된 화물의 운송장은 항공화물운송대리점에서 화물인도인수증(cargo delivery receipt)과 함께 해당 항공사에 접수시킨다. 운송장에는 Invoice, Packing List, GSP, C/O, 검사증 등 목적지에서의 통관에 필요한 서류가 첨부된다.

(3) 항공사는 화물인도인수증(cargo delivery receipt)에 접수확인을 기재한 후 검수원에게 전달하여 화물을 인수토록 한다. 화물인수 시 화물의 포장상태, 파손여부, 마킹(marking)과 라벨(label)의 정확성, 개수 및 수량의 일치 여부를 확인한다. 운송장의 중량과 실화물의 중량이 다른 경우에는 운송장의 중량을 정정해야 한다.

(4) 항공사는 해당 항공편의 항공기 특성을 고려하여 사용 ULD 및 적재작업 방법 등의 작업지시를 담당 검수원에게 하달하고 검수원은 작업지시에 의거 적재작업을 실시한다.

(5) 적재작업이 완료된 화물은 중량배분을 위해 계량한 후 항공기로 이동된다.

(6) 항공사는 항공기의 안전운항 및 화물의 안전운송을 고려한 탑재작업 지시를 하달하고 작업 결과를 통보받는다.

(7) 화물기의 경우 적화목록이 완성되면 기용품 목록과 함께 세관 승기실에 제출하여 출항허가를 얻은 후 탑재된 화물의 운송장 및 출항허가, 적화목록, 로드 시트(load sheet : 항공기의 무게, 탑재화물의 중량, 항공기 weight & balance를 나타내는 서류)를 운항 승무원에게 인계한 다음 항공기는 목적지를 향해 출발한다.

[그림 9.4] 수출항공화물의 운송절차

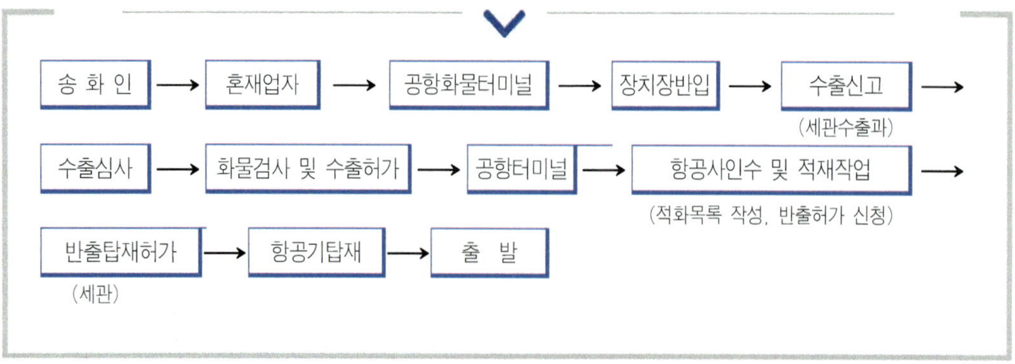

2. 수입항공화물운송

(1) 항공기가 도착하면 운송장 및 출발지 출항허가, 적화목록 등을 세관 승기실에 제출하여 입항허가를 얻은 뒤 화물은 화물터미널로 인도되어 운송장과 적화목록을 대조하여 수입지화물의 안전을 위해 물품여부를 확인하고 냉동 등을 요하는 물품은 적절한 조치를 취한다.

(2) 적화목록은 통과화물의 경우에는 세관에 미적허가를 신청하고 도착화물일 경우에는 창고배정 및 보세운송을 위해 세관보세과로 이송한다.

(3) 창고배정작업이 완료되면 운송장은 통관지역에 따라 화물터미널에 있는 항공사 지점이나 영업소로 보내지며 수화인에게 전화 등을 통해 도착통지를 한다. 혼재화물일 경우는 항공사로부터 AWB을 인도받은 복합운송주선업체가 도착통지를 한다.

(4) 외국물품이 통관되지 않은 상태에서 화물터미널 이외의 지역으로 운송될 경우 보세운송 허가를 받아 보세운송 되면 수입신고를 하여 수입통관(구비서류 : 수입신고서 3부, 상업송장, 포장명세서, I/L, 원산지증명서, AWB, 보험증권, 기타) 절차 후 수입면장을 발급받아 장치된 화물을 반출한다.

이와 같은 수입항공화물의 흐름은 [그림 9-5]와 같다.

[그림 9.5] 수입항공화물 흐름

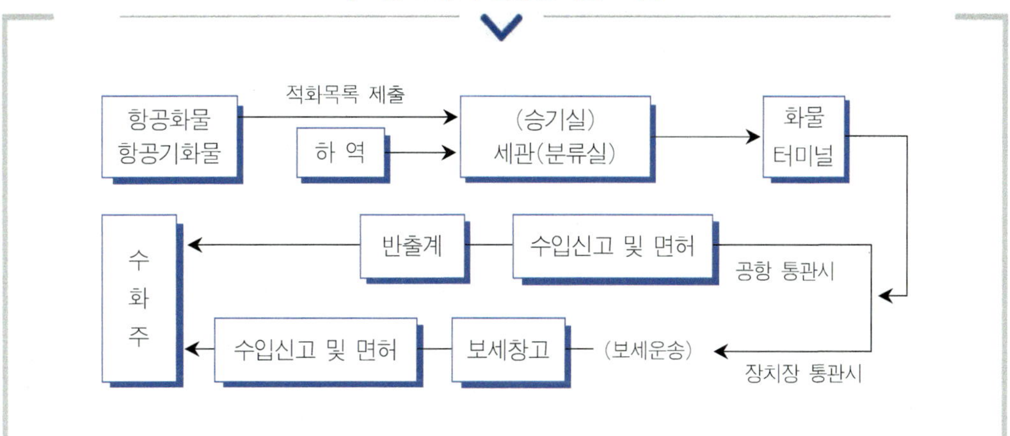

(5) 항공화물도 해상화물의 L/G처럼 화물은 도착하였으나 선적서류가 도착하지 않은 경우에 항공화물인도승낙서(letter of guarantee: L/G)를 이용한다. L/G 발급제도는 수입화물이 도착하였으나 기적서류의 원본이 은행에 도착하지 않은 경우, 은행이 수입대금 또는 이에 상응하는 담보를 확보한 뒤 화주에게 동서류를 발급하고 항공사측에 대하여 화물인도를 해도 좋다는 승낙을 하여 수입통관하는 절차이며 통관절차는 다음과 같다.

[그림 9.6] L/G이용 수입통관 절차

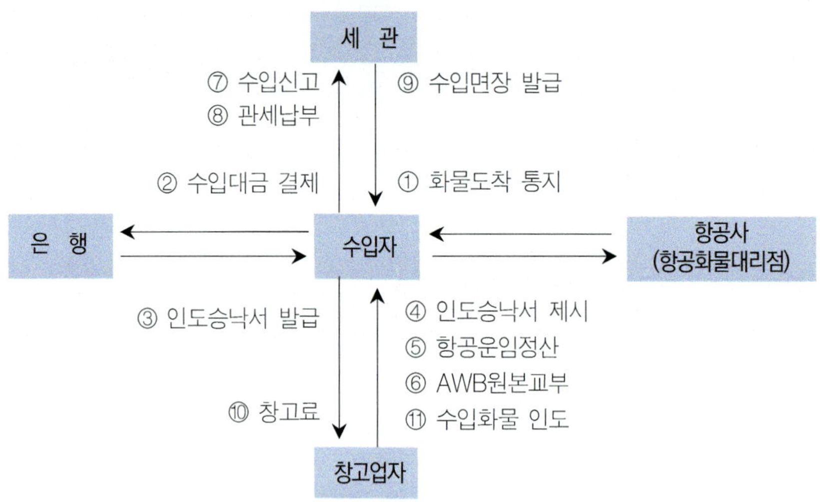

(6) L/G 발급신청 시 필요서류

① 발급은행 소정의 선취보증서 및 보증서 발행신청서 각 1부

② AWB사본

③ 상업송장사본

④ 화물도착통지서

⑤ 기타 필요서류(각서 등)

3. 항공화물 포워더

1993년 12월 항공법 개정으로 항공화물운송대리점업이 삭제되어 종전의 항공법에 의한 운송취급업자들은 복합운송주선업자로 업종을 전환하였다. 이에 따라 현재 항공화물 포워딩업을 규정하고 있는 법규 및 업종은 화물유통촉진법에 의한 복합운송주선업이며, 복합운송주선업자가 종전의 항공화물대리점 및 항공운송주선업자의 기능과 역할을 동시에 수행하고 있다.

1) 항공화물 포워더의 기능

(1) 항공화물운송대리점업으로서의 기능

종전의 항공법 제2조에는 항공화물운송대리점업(일반대리점, air cargo agent)을 "항공운송사업자 또는 항공운송 총대리점업자를 위하여 유상으로 항공기에 의한 화물의 운송계약체결을 대리하는 사업"이라고 정의하고 있다.

항공화물운송대리점(agent)으로서의 복합운송주선업자는 송화인과의 계약주체인 항공회사를 대신해서 그 회사의 대리판매를 하면서 항공운송장(air waybill)을 발행하고 화물판매 수수료를 수취하며 통상적으로 수출 및 수입화물 모두에 대해 트럭 등에 의한 육상운송과 수출입면허, 창고반출입 업무를 대행하는 등 항공화물의 흐름을 원활히 하는 보완기능을 수행한다.

항공화물운송대리점의 행위를 하는 경우는 항공운송주선을 하는 경우와는 달리 자기의 명의로 운송하는 사업이 아니므로 독자적인 항공화물운송장을 발행하지 못한다.

이와 같은 항공화물운송대리점으로서의 역할을 구체적으로 살펴보면 다음과 같다.

① 수출입항공화물의 판매 및 유치(selling transportation)

대리점의 주요 역할은 항공사를 대신하여 세계 각국으로의 수출입화물의 항공수요를 개발하여 유치하고 운송계약을 체결하는 것이다.

② 운송을 위한 준비(ready for carriage)

- 항공화물운송장(AWB)의 작성

  화물의 중량, 크기, 품목 등을 사전에 점검하여 AWB를 작성한다.
- 운송서류의 준비

  · Shipper's Letter of Instruction

· Commercial Invoice
· 출발지, 도착지 세관이 요구하는 각종 통상 관련 서류
· 화물의 성질에 따라 작성되는 서류

- Marking of Packages

  AWB상의 화주성명, 주소와 일치되게 각 패키지 단위로 정확히 표시되어야 한다.

- 포장(packing)

  화물의 내용에 적합하게 정상적인 항공운송이 가능하도록 포장되어야 하며 특히 위험품, 생·동물은 관련규정에 의해 포장되어야 한다.

- Labeling of Packages

  화물의 성질에 따라 관련 라벨이 각 패키지 단위로 잘 보이게 부착되어야 한다.

③ 수출입 통관수속 대행

일반적으로 수출화물에 대한 통관은 송화인의 요청에 따라 대행되며 절차가 간편하지만 수입화물의 경우에는 통관절차가 복잡하다. 도착지 국가에 도착한 화물은 적법한 절차에 따라 세관에 신고되어야 하며 화물의 신고내용은 정확해야 한다. 세관이 요구하는 통관절차에 어긋날 경우 그것이 고의적인 것이 아니라 하더라도 법적인 제재를 받는 경우가 있다.

④ 트럭운송(trucking)

화물의 항공운송 이전, 이후의 pick-up 및 delivery를 위해서 대리점은 지상 트럭운송을 주선한다. 화물의 최초 출발, 최종 도착지점은 출발, 도착지의 공항이 아닌 제조업자의 공장 또는 수화인이 원하는 특정지점으로 공항과 공항 외에서 이루어지는 효율적인 트럭운송의 주선이야말로 대리점의 주요한 역할이라 할 수 있다.

항공화물은 트럭운송에 의해서 지연되어서는 안 되고 pick-up, delivery의 장소, 시간, 트럭운송시설 등 제반요건이 고려되어 가장 저렴한 운임으로 고객에게 서비스되어야 한다.

⑤ 기타 서비스 활동

- 수출입운송과 관련한 자문(consultancy)
- 보험(insurance)

  화주는 항공운송 중 화물의 분실, 손실에 대비하기 위해 보험에 부보하며 보험부보의 형태는 3가지로 나뉜다.

  · 화주가 직접 일반보험에 부보

- 화주가 대리점에 보험부보를 의뢰할 때 대리점이 서비스 측면에서 보험회사를 주선하여 고객의 이름으로 보험계약을 체결하고 고객으로부터 보험료를 징수하여 보험회사에 납부하는 방법
- 고객이 요구시 항공사 화주보험에 부보하여 AWB의 'Amount of Insurance' 란에 보험금액을 기입하고 항공사에 보험료를 지불하는 방법

– 트레이싱(Tracing)

항공화물의 증가에 따라 화물사고의 빈도는 높아지고 있으며 대리점은 항상 화물이 정해진 루트에 의해 움직여지고 있는가를 체크하고 사고 발생 시 즉각적인 조치를 취할 수 있어야 한다.

[그림 9.7] 항공화물운송대리점의 업무절차

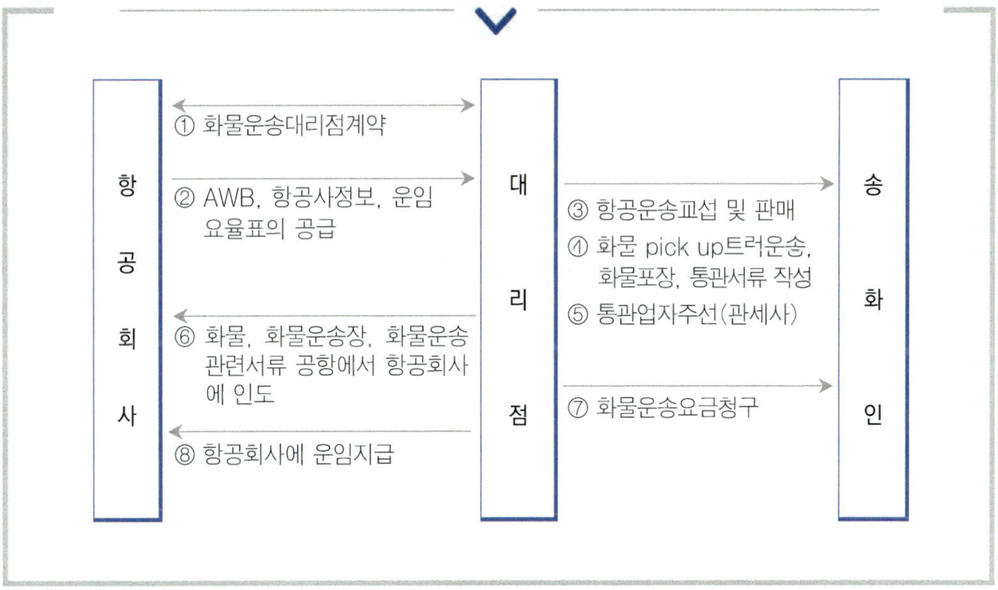

(2) 항공운송주선업자로서의 기능

항공운송주선업자(air freight forwarder, consolidator)는 스스로가 송화인과의 계약주체로서 독자적인 운송장(air waybill), 운송약관, 요율을 가지고 있다.

따라서 항공운송주선업자는 항공사와 유사한 입장에 있으나 현실적으로 항공기를 갖고 있지 않으므로 집화한 화물을 운송하기 위해서는 항공사가 발행하는 화물운송장(master air waybill)에 의해 자신을 송화인으로 하여 항공사의 운송약관에 의한 운송계약을 체결해야만 한다.

항공사의 운임은 한 건으로 운송되는 화물의 중량이 커짐에 따라 kg(혹은 lbs)당 적용요율(rate)은 더 낮은 것을 적용받을 수 있도록 되어 있으므로 주선업자는 이것을 근거로 하여 영업을 하게 된다. 특히 주선업자들의 업무 중 혼재운송을 전문으로 하는 전문혼재업자(consolidator)는 직접 화주를 상대로 영업을 하지 않고 주선업자의 화물만을 취급한다.

항공운송주선업자는 해상화물주선업자(ocean freight forwarder)와 마찬가지로 운송수단(항공기)을 갖고 있지는 않지만 자체적으로 설정한 요율 및 운송약관을 적용하고 House Air Waybill을 발행하면서 개개의 송화인과 운송계약을 체결하고 운송책임을 부담하며 수탁(집화)한 화물을 하나의 화물로 모아서 스스로 송화인이 되어 항공회사에 운송을 위탁한다.

이들이 혼재한 화물을 항공회사에 인도하면 항공회사는 운송계약 및 화물수령의 증거로서 Master Air Waybill을 발행하여 혼재화물을 운송하고 주선업자가 발행한 House Air Waybill은 화물과 함께 목적지로 발송되며 또한 송화인이나 수화인에게 교부된다.

항공운송주선업자의 주요 역할은 앞의 항공화물운송대리점의 역할은 물론, 수출항공화물의 경우 화물을 혼재하여 항공회사와 운송계약을 체결하고 화물의 출발, 환적, 도착 등 일련의 화물이동을 Following-Up(추적조사, 사후검토)한다. 수입항공화물의 경우에는 수입통관 및 문전화물인도(door to door delivery)를 위한 조치를 취하며, 수화인을 위한 수입관세 지급을 주선하기도 한다.

목적지에서 혼재화물을 분류해야 하는 경우 혼재업자의 현지법인 또는 현지 포워더에게 이것을 위탁하는데 혼재화물처리를 위탁받은 대리점을 보통 혼재화물인수대리점(break bulk agent)이라 하고, 혼재화물인수대리점(break bulk agent)은 목적지에 도착된 혼재화물을 수화인별로 분류하여 각 수화인에게 인도하는 업무를 담당한다. 즉, 혼재화물이 목적지에 도착하면 항공회사로부터 항공운송장을 받아 House Air Waybill별로 화물을 분류하여 수화인에게 항공화물의 도착을 통지하고 통관절차를 대행(주선)해 주며, 운임후불의 경우 수화인으로부터 운임을 징수하고 출발지의 혼재업자에게 송금하는 업무를 행한다.

[그림 9.8] 항공운송주선업자의 업무 절차

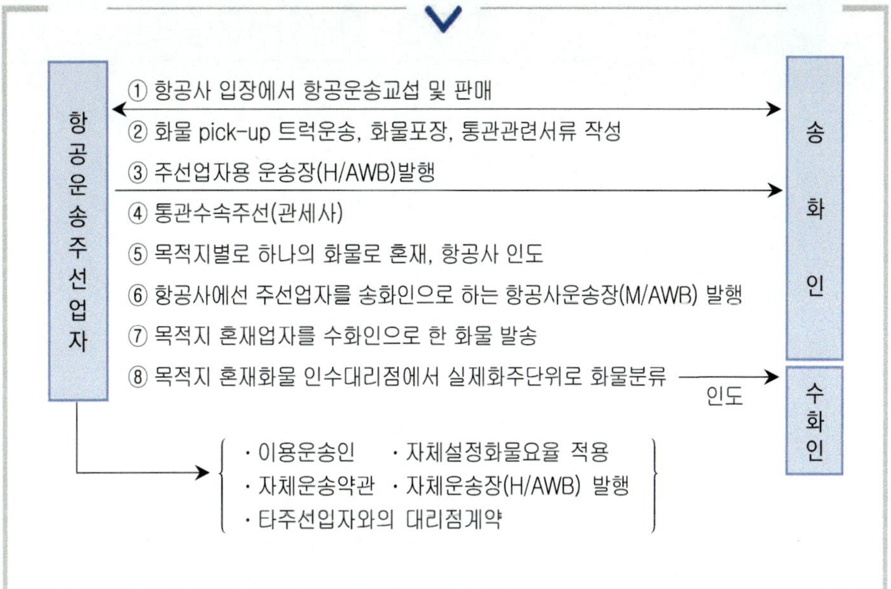

〈표 9-1〉 항공화물운송대리점과 항공운송주선업의 비교

내 용	항공화물운송대리업	항공운송주선업
자체 Tariff	없음(항공사 Tariff 사용)	있음
운송약관	없음(항공사 약관에 준함)	자체약관 사용
수화인	매건당 Consignee가 됨 (Master AWB)	혼재화물인수대리점 (break bulk 및 reforwarding)
수 익	IATA의 5% 커미션이나 기타 수수료	IATA의 5% 커미션 외에 · 항공운임 중량체감의 의한 화주로부터의 수령금과 항공사 지불운임과의 차액 · 혼재에 의한 Volume Weight의 감소
AWB	One AWB (항공사의 Master AWB)	자체 House AWB 사용

제3절 항공화물운송요금

1. 항공화물운송요금의 종류

항공화물의 운송요금은 일반적으로 요율(rate), 요금(charge), 기타 수수료에 의해 결정된다.

1) 요율(rate)

항공화물 운송요금의 산정기본이다. 항공운송기업이 화물운송 대가로서 징수하는 운임을 중량단위당 또는 단위용기당 금액으로 나타내는 것인데 대개 노선별로 요율표(tariff)를 정해놓고 있다. 화물요율의 중량단위로는 미국의 경우 파운드를, IATA 및 미국을 제외한 주요국에서는 kg을 사용한다.

2) 요금(charge)

화물운송에 관련한 부수적인 업무와 설비사용에 대한 비용이다. 팰릿 등 ULD의 재정형료, 위험품 취급수수료, 결제수수료 등이 이에 해당된다.

3) 기타 수수료

기타 서비스에 대한 각종 수수료

2. 항공화물 운송운임 및 요율의 결정 절차

항공화물 운송서비스의 가격결정은 항공운송기업이 독자적으로 결정할 수 있는 것이 아니라 정부의 개입하에서 세계 주요 항공사들이 가맹하고 있는 IATA (International Air Transport Association: 국제항공운송협회)에서의 결정과 당해국의 인가를 거쳐 결정된다. IATA운임조정위원회(Cargo Traiff Coordinating

Conference)는 화물운임을 심의하고 결정하는 기관이다. 운임조정위원회는 운항원가의 분석과 화물운임, 요율설정, 통화규정 또는 국제항공화물 판매 및 처리에 종사하는 중간업자의 수수료 수준 등 관계규칙의 설정 변경을 협의하여 결정하고 있다. 즉, 국제선의 운임은 원칙적으로 관계 양 당사국의 허가로 발효되지만 많은 국가와 도시 간 수많은 항공사에 의해 항공노선이 연결되어 있으므로 이들간의 혼란, 조정과 지나친 운임경쟁 방지의 목적하에서 IATA운임조정회의의 집단적 토의를 통해 결정된다.

여기서 결정된 사항에 대해서는 총회 및 이사회 등 IATA 다 기관의 간섭이 불가능하며, 이 결의는 운임조정에 참가하고 있는 전 회원을 구속한다.

최근 미국에서는 독점금지법, 항공산업 규제완화 등으로 인해 항공운송기업이 자유로운 운임 및 요율을 결정하고 있으며, 일본의 경우도 항공운임을 일종의 공공요금으로 취급하여 미국과 마찬가지로 항상 IATA 결정대로 인가하고 있지 않다.

[그림 9.9] 국제항공운임의 결정과정

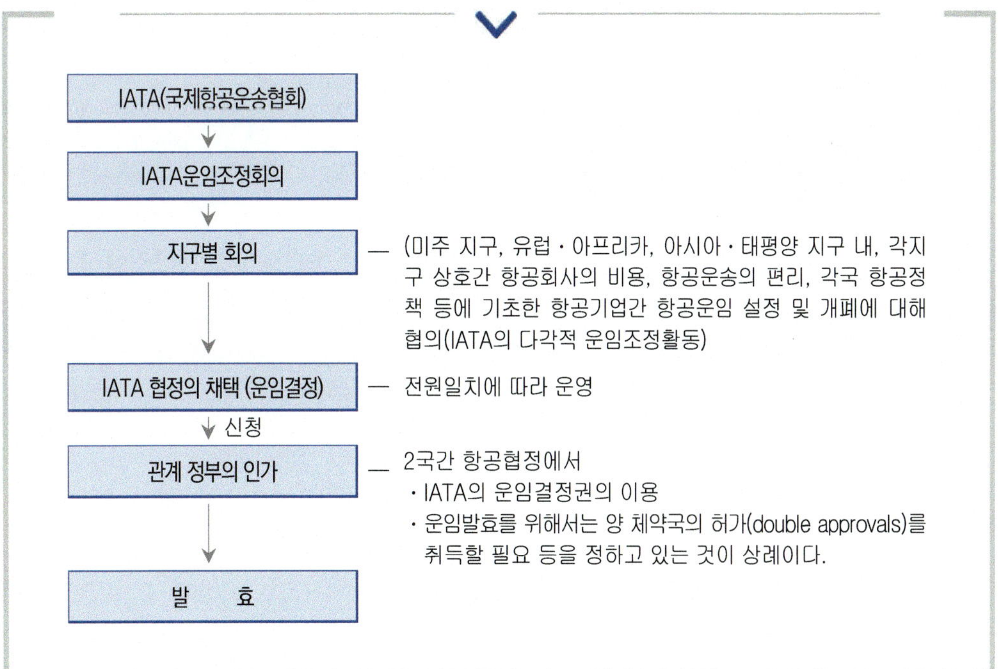

〈표 9-2〉 IATA Traffic Conference Area(TC Area)

TC Area	지역 정의	Sub Area
TC 1	북남미 대륙 / 인근도서	1. Caribbean
		2. Mexico
		3. Long Haul
		4. Within South America
TC 2	유럽 , 아프리카 , 중동	1. Within Europe
		2. Within Africa
		3. Within Middle East
TC 3	아시아, 태평양 / 인근도서	1. South Asian Subcontinent
		2. South East Asia
		3. South West Pacific
		4. Japan, Korea

3. 운임결정의 일반원칙

우리나라는 IATA의 "The Air Cargo Tariff I & II" 및 "Tariff Co-ordinating Conference Regulation"에 따라 항공화물의 운임을 산출하는데 그 산출의 기초가 되는 일반원칙은 다음과 같다.

① 요율, 요금 및 그와 관련된 규정의 적용은 운송장의 발행당일에 유효한 것을 적용한다.

② 항공화물의 요율은 공항에서 공항까지의 운송만을 위하여 설정된 것이며 부수적으로 발생되는 이적, 통관, 집화, 인도, 창고, 보관 혹은 그와 유사한 서비스에 대한 요금은 별도로 계산된다.

③ 항공화물의 요율은 출발지국의 현지통화로 설정되며 출발지로부터 목적지까지 한 방향으로만 적용된다.

④ 별도로 규정이 설정되어 있는 경우를 제외하고는 요율과 요금은 가장 낮은 것으로 적용하여야 한다.

⑤ 운임은 출발지에서의 중량(chargeable weight)에 kg/lb당 적용요율을 곱하여 산출한다.

⑥ 모든 화물요율은 kg당 요율로 설정되어 있으나 미국 출발화물의 요율은 lb(파운드)당 및 kg당 요율로 설정되어 있다(단, BUC(bulk unitization charge: 단위

탑재용기요금)의 경우 미국출발화물도 kg당 요율로 설정되어 있다).

⑦ 운임 및 종가요금(valuation charge)은 함께 선불이거나 도착지 지불이어야 한다.

⑧ 화물의 실제 운송경로는 운임산출시 근거로 한 경로와 반드시 일치할 필요는 없다.

⑨ IATA Tariff Coordination Conference에서 결의하는 각 구간별 요율은 해당정부의 승인을 얻은 후에야 유효한 것으로 이용할 수 있다.

4. 요율의 종류

1) GCR(general commodity rate)

일반화물요율로서 모든 항공화물 운송요금의 산정 시 기본이 되며 다음에 설명하는 SCR 요율 및 화물등급별운임률(class rate)의 적용을 받지 않는 모든 화물운송에 적용되는 요율이다.

운송요금 산정을 위해서는 화물의 중량이 먼저 결정되어야 하는데, 결정방법으로는 실제 중량에 의거한 방법 외에 가볍고 용적이 큰 화물에 대해 용적(volume)을 중량으로 환산하는 방법이 있다.

운송요금은 결정된 중량에 기본요율을 곱하여 산정되는데, 이때 중량이 증가함에 따라 기본요율보다 더 낮은 중량단계별(weight break) 요율을 적용하여(우리나라에선 45kg, 100kg, 200kg, 300kg, 400kg 등을 기준으로 한다) 인센티브(incentive)를 부여하고 있다. 또 매우 작고 가벼운 물품의 경우, 산정된 운송요금이 최소한의 취급수수료에도 미치지 못할 경우가 있으므로 이를 보완하기 위해 최저요금(minimum charge)을 설정하여 징수하고 있다.

2) SCR(special commodity rate)

특정품목 할인요율로서 corate라고도 부른다. 화물운송의 유형상, 특정구간에서의 동종품목 반복운송에 대하여 수요제고를 목적으로 코드로 분류된 특정품목에 GCR보다 낮은 요율을 설정한 요율이다.

이 요율은 항공화물의 판매상 중요한 비중을 차지하고 있으며 육상 및 해상운송과의 경쟁성을 충분히 감안하여 결정된다. 일본의 경우 SCR에 의한 운송이

출하물 운송의 30~35%를 차지하고 있으며 할인율은 20% 이상에 이르고 있다.

결국 SCR은 시장에 근거한 차별화된 요율이며 품목마다 다르게 설정되어 있어 다른 품목의 영향은 별로 받지 않는다.

3) Class Rate(commodity classification rates)

품목분류요율을 말하는 것으로 몇 가지 특정품목에만 적용되며 특정지역 간 또는 특정지역 내에서만 적용되는 경우도 있다.

이 요율은 대개 GCR(일반화물)의 백분율에 의한 할증 또는 할인으로 표시된다. 따라서 화물등급별운임률(class rates)은 일반화물요율보다 높게 설정되는 경우와 이보다 낮게 설정되는 경우로 두 가지 방식이 있다.

먼저 GCR의 일정비율이 할인되는 품목에는 첫째, 신문, 잡지, 정기 간행물, 점자 타이프, 점자책, 카탈로그, 서적 등이며, 팜플렛, 캘린더, 포스터 등에는 적용되지 않는다. 둘째, 화물로 운송되는 개인용 의류, 신변품으로서 이는 여객이 소지한 항공권을 기준으로 공항간 운송에 한하여 적용된다.

화물등급별운임률(class rate)이 적용되는 품목 중 할증되는 것으로는 귀금속, 보석류 등 따로 정해진 귀중품이거나 생・동물과 시체(human remains) 등이다.

4) Valuation Charge

종가요금으로서 항공화물운송에 있어서 사고가 발생했을 때 항공기업의 최대 배상한도액은 헤이그의 규칙에 따라 kg당 20달러로 정해져 있어 화주가 손해배상을 청구해도 통상 그 한도액을 초과하여 배상을 받을 수는 없다. 그러나 항공운송장(AWB)에 그 화물의 실제가격을 신고하면 실손해액을 배상받을 수 있는데, 이때 화물가액의 일정비율로부터 종가요금이 가산된다. 결국 종가요금은 손해배상과 직접적인 연관관계를 가진 요금이라고 할 수 있다.

* 우리나라의 종가요금 산정방식

(운송신고가격-총중량×kg당 달러) $\begin{bmatrix} \text{USD20/kg} \\ \text{USD9.07/lb} \end{bmatrix}$ ×0.5%

5) BUC(bulk unitization charge)

단위탑재 용기요금으로서 우리나라 미주행 항공화물에 적용되는 요율체계로서 이른바 단위탑재용기(ULD: unit load device)별로 중량을 기준으로 요금을 미리 정해놓고 판매하는 것을 말한다.

즉, 8종류의 ULD타입별로 한계중량(pivot weight)을 정해놓고 그에 따른 요금을 책정하여 이를 사용하는 대리점이 화물을 채우든 못 채우든 그만큼의 금액을 지불하게 하는 것으로 항공사의 공급스페이스를 대리점이 사전에 매입하는 것과 같은 방식이다.

항공사는 일정 규모의 스페이스(space)를 사전에 판매하여 공급량을 조절할 수 있고 관리의 효율성도 기할 수 있다. 따라서 대리점이나 주선업체들은 자신들이 유치한 다양한 형태, 부피의 화물을 자유롭게 혼재할 수 있다는 장점이 있다.

BUC는 국제항공화물의 혼재가 크게 늘어나는 추세 속에서 가장 큰 비중을 점하고 있는 요금체계로서, 단위탑재용기의 타입별로 실제중량과는 상관없이 최저요금(pivot charge)과 최저중량(pivot weight)이 정해져 있고 최저중량을 넘을 경우에는 초과된 중량(kg)에 부과되는 초과요율(over pivot rate)을 곱한 금액으로 징수되며 단위탑재용기에 넣어서는 안 되는 품목은 따로 규정되어 있다.

〈표 9-3〉 한국-북미 주요 노선별 단위탑재용기 요금표

(단위: U$)

ULD 형태	PIVOT W/T (kg)	PIVOT Charges		
		LA행	시카고행	뉴욕행
1/1S	5,000	13,700	15,250	16,250
2H	3,040	8,330	9,277	9,880
2/2Q	2,530	6,932	7,717	8,223
2A	2,390	6,549	7,290	7,768
5	1,690	4,631	5,155	5,493
8	680	1,863	2,074	2,210
Over Pivot Rates(kg)		2.20	2.44	2.67

〈표 9-4〉 한국발 항공화물 태리프

(단위: 원)

지역	M	N	45kg-	100kg-	300kg-	500kg-	1000kg
LA	54,800	5,670	4,450	4,090	3,920	3,840	3,770
암스텔담	67,200	11,780	8,840	7,760	7,070	5,930	-
홍콩	33,200	4,130	3,120	2,900	2,480	-	-

5. 기타 요금

1) 입체지불수수료(disbursement fee)

(1) 입체지불금(disbursements or disbursement amount)

입체지불금이란 송하인의 요구에 따라 항공사, 송하인 또는 그 대리인이 선불한 비용을 수화인으로부터 징수하는 금액을 말한다. 항공사는 이러한 서비스에 대한 대가로서 입체지불금에 일정한 요율을 곱하여 산출된 금액을 입체지불수수료로 징수하고 있다.

(2) 입체지불금의 종류

- 항공사가 선불한 비용 : 항공화물 화주보험료
- 송화인이 선불한 비용 : Trucking Charge(Surface Charge), Pick-up Charge, Handling Charge, AWB 작성 수수료, 기타 송화인이 요청한 금액

(3) 수수료 수준

- 입체지불금이 USD50 미만일 때 : 운송장당 USD8
- 입체지불금이 USD50 이상일 때 : 입체지불금의 10%에 상당하는 금액이며, 최저요금은 USD20이다.

2) 착지불수수료(charges collect fee)

운송장상에 운임과 종가요금을 수화인이 납부하도록 기재된 화물을 착지불화물이라 하는데 이러한 화물에 대하여 운임과 종가요금을 합한 금액에 일정률에 해당하는 금액을 착지불수수료로 징수하고 있다.

항공사가 착지불수수료를 징수하는 목적은 운송료를 송하인으로부터 화물인수 시 징수하지 않고 목적지에서 수화인에게 징수하는 것에 대한 위험을 방지하고 운송료를 타국통화로 징수하여 자국으로 송금하는 데 대한 환차손 보전 및 송금업무에 대한 대가, 그리고 착지불운송의 억제에 있다. 우리나라의 도착 착지불수수료의 수준은 운송료(weight charge+종가요금)의 2%이며 최저요금은 운송장당 USD10이다.

3) 부대비용

화물취급수수료(handling carge), Pick-up Service Charge, AWB Fee 등이 있으며 위험품인 경우에는 위험품취급수수료가 있다.

제4절 항공화물운송장(AWB: Air Waybill)

1. 항공화물운송장의 의의

항공화물운송장(air waybill)은 항공회사가 화물을 항공기로 운송할 때 발행하는 화물수취증을 말하고 항공운송장 또는 항공화물수취증이라고도 부른다. 미국 및 유럽 등에서는 위탁화물운송장(consignment note 또는 air consignment note)이라고 부르고 있다.

항공화물운송장은 송화인과 운송인 사이에 항공화물의 운송계약이 체결되었다는 것을 나타내고 또한 송화인으로부터 항공화물을 운송하기 위하여 화물을 수령하였다는 증거서류가 된다.

항공화물운송장은 IATA에서 그 양식과 발행방식을 규정하고 있다. IATA 결의 600호에 발행방식, 운송장 계약조항, 화물의 수탁, 매뉴얼(manual), 항공화물운송장, 전송(transmittable) 항공화물운송장 등이 규정되어 있다. 현재의 항공화물운송장의 양식은 1968년에 IATA에서 제정한 신양식(form)이다.

항공화물운송장은 유통성이 없는 단순한 화물송장으로서 선하증권과는 다르다(〈표 9-5〉 참조).

〈표 9-5〉 항공화물운송장과 선하증권의 비교

항공화물운송장 (air waybill)	선하증권 (bill of lading)
유가증권이 아닌 단순한 화물운송장 비유통성(non-negotiable) 기명식 수취식(항공화물은 창고에서 수취하고 AWB 발행) 송화인이 작성	유가증권 유통성(negotiable) 지시식(무기명식) 선적식(shipped : 화물은 본선에 선적 후 B/L 발행) 선박회사가 작성

2. 항공화물운송장의 기능

1) 운송계약서

AWB는 송화인(for shipper)과 항공운송인 간의 항공운송계약의 성립을 입증하는 운송계약서이다. 그러나 운송장은 12매(3매의 원본과 9개의 부본)로 구성되어 있어 그 전부가 모두 운송계약서는 아니며 송화인용 원본 No.1이 이에 해당된다.

2) 화물수취증

항공화물운송장은 항공운송인이 송화인으로부터 화물을 수취한 것을 증명하는 화물수령증의 성격을 가지고 있다.

3) 요금계산서

화물과 함께 목적지에 보내져 수화인(for consignee)이 운임 및 요금을 계산하는 근거자료로서 사용된다.

4) 보험계약증서

송하인이 AWB에 보험금액 및 보험가액을 기재한 화주보험(air waybill)을 부보한 경우에는 AWB의 원본 No.3이 보험계약의 증거가 된다.

5) 세관신고서

수출입신고서 및 통관자료로서 사용된다.

6) 화물운송의 지시서

AWB에 송화인이 화물의 운송, 취급, 인도에 관한 지시를 기재할 수 있다.

7) 국제화물운송계약조항 기재

AWB 원본 3매에는 그 이면에 국제화물운송약관의 주요 내용인 계약조항이 기재되어 있다. 이 계약조항은 일부화주 보험조항을 제외하고는 IATA항공사에서 공통적으로 사용한다.

[그림 9.10] 항공화물 운송장의 구성

번호	색	용도	기능
원본 1	녹색	발행항공사용	- 운송 계약서 - 운임 등 회계처리용
원본 2	적색	수화인용	- 화물과 함께 목적지 수화인에 인도
원본 3	청색	송하인용	- 화물 접수 영수증 - 운송 계약서
부본 4	황색	인도 항공사용	- 화물 인도 증명서 - 운송계약이행 증거서류 (수화인 서명)
부본 5	백색	도착지 공항용	- 도착지 세관관계용
부본 6 부본 7 부본 8	백색	운송참가 항공사	- 2, 3번째 항공사 운임 정산용
부본 9	백색	발행 대리점	- 발행 대리점 보관용
부본 10 부본 11 부본 12	백색	예비용	- 필요에 따라 사용

3. 항공화물운송장의 종류

항공화물이 일정한 운송장에 근거해서 항공기에 탑재하는 모든 물품이라고 정의한다면 물품운송의 주체에 따라 대표하는 운송장도 다를 수밖에 없다. 항공운송장은 발행주체와 혼재화물의 주종 및 공급주체에 따라 다음과 같이 분류된다.

1) 발행주체에 따른 구분

(1) 항공사 AWB

Carrier's AWB라고도 하며, 특정 항공사 전용으로 해당 항공사의 Logo가 인쇄되어 있는 일반화물과 혼재화물(Consolidated shipments)에 대한 운송장이다.

(2) 포워더 AWB

포워더의 Logo가 인쇄된 운송장으로 혼재화물의 개별화물(individual shipments)에 대한 자가운송장이다.

(3) Express Waybill

Integrator's AWB로서 쿠리어사업자들이 사용하는 급송품운송장을 일컫는다.

(4) AV7

항공우편에 대해 우편주체가 발행하는 일종의 운송장이다.

2) 혼재운송의 주종(主從)에 따른 구분

(1) 마스타 AWB

Carrier's AWB로서 항공사가 포워더에게 발행하는 경우를 Master Airwaybill (MAWB)이라 칭한다. 이 경우 운송업자는 Principal(主)로 Master가 된다.

(2) 자가운송장

House Airwaybill(HAWB)은 포워더소유의 운송장이다. 포워더가 고객에 대한 운송인으로서의 책임과 권리를 갖는 증표가 된다.

(3) 하우스마스타 Waybill

Consolidator's AWB로서 만일 포워더가 또 다른 포워더와 합동혼재하는 경우 운송인의 입장에서 Principal이 되는 쪽의 자가운송장을 House Master Airwaybill (HMAWB)이라 일컫는다.

3) AWB 공급 주체에 따른 구분

(1) 항공사 AWB

항공사가 Stock을 관리하고 포워더에게 직접 발행하는 항공사 AWB이다.

(2) Neutral AWB

CASS[2] AWB 라 부르기도 한다. 은행이 Stock을 관리하고 CASS 가입 포워더

---

2) Cargo Accounting Settlement(항공화물운임정산시스템)이란 지역의 포워더와 항공사를 회원으로 가

에게만 발행하는 AWB이다. 특정항공사의 Logo가 없기 때문에 중립(Neutral) AWB이라 부른다. 은행이 발행하는 AWB은 다수의 항공사를 함께 취급하는 포워더가 전산시스템을 이용해서 발행하며 발행 시 해당항공사의 코드를 입력하면 AWB에 항공사의 Logo가 프린트된다.[3)]

4. 항공운임 정산

IATA Resolution 제 851조에 의거 항공사와 포워더간에 직접 정산하는 복잡함을 피해 정산기구를 두고 일괄청구, 정산하는 항공화물운임정산제도(CASS: Cargo Accounts Settlement System)를 각국에서 채택하고 있다.

2009년 5월부터 우리나라를 포함한 80개 국가에서 CASS제도를 시행하고 있으며, CASS- Korea에는 항공사 42개, 포워너 277개가 참여하고 있다.

(1) CASS 구성원 및 역할

CASS는 항공사, 포워더, 정산소, CASS 사무국으로 구성되어 있다.

항공사는 정산소에서 Billing(청구)을 위한 자료를 제출하고, 포워더는 청구서 접수 및 송금, 정산소는 Billing(청구서류)을 생산하여 배포하며 포워더로부터 수납 및 항공사에게 이체하는 역할을 담당한다. 사무국은 항공사와 대리점간 담보관리 및 업무조정과 Neutral AWB를 관리한다.

(2) CASS의 운임정산 절차

① 항공사로부터 운송한 AWB Data 수집 (정산소)

② AWB Data를 토대로 운임청구자료 생산 (정산소)

③ 각 포워더에 청구서의 생산 및 배포 (정산소)

④ 청구서 내용 Audit 후 정산소에 기한 내 송금 (포워더)

⑤ 송금된 운임은 중앙결재 계좌에 예치, 각 항공사 계좌로 송금 (정산소)

입케 한 후 항공화물운임을 공동으로 정산하는 제도를 말한다. 포워더는 일정금액을 지정은행에 담보한 후 약정된 Neutral AWB를 불출 받고, 월 단위로 판매대금을 지정은행에 납입한다.

3) 정재락, 항공물류이론과 실제, 도서출판 두남, 2003, pp. 340~341.

[양식 2] 항공화물운송장

180 **8052 0005** **180-8052 0005**

Shipper's name and address	Shipper's account number	Not negotiable Air Waybill (Air Consignment note) issued by KOREAN AIR LINES CO., LTD.	*KOREAN AIR LINES* CABLE ADDRESS : "KOREANAIRLINAES" C.P.O. BOX 864 41-3 SEOSOMUN-DONG CHUNG-GU, SEOUL, KOREA
		Copies 1, 2 and 3 of this Air Waybill are originals and have the same validity.	
Consignee's name and address ☎ Telephone :	Consignee's account number	It is agreed that the goods described herein accepted in apparent good order and condition(excepted as not) for carriage SUBJECT TO THE CONDITIONS OF CONTRACT ON THE REVERSE HEREOF. THE SHIPPER'S ATTENTION IS DRAWN TO THE NOTICE CONCERNING CARRIER'S LIMITATION OF LIABILITY. Shipper may increase such limitation of libility by declaring a higher value for carriage and paying a supplemental charge if required.	
Issuing Carrier's Agent Name and City		Accounting Information	
Agent's IATA Code	Account No.		
Airport of Departure(Addr. of First Carrier0 and Required Routing			

to	By First Carrier (Routing and destination)	to	by	to	by	Currency	CHGS CODE	WT/VAL PPD	WT/VAL COLL	OTHER PPD	OTHER COLL	Declared Value for Carriage	Declared Value for Customs

Airport of Destination	Flight/Date (For Carrier Use Only)	Flight/Date	Amount of Insurance	INSURANCE : If carrier offers insurance, and such insurance is requested in accordance with conditions on reverse hereof, indicate amount to be insured in figures in box marked 'amount of insurance'.

Handling Information

(For USA only) These commodities Licensed by U.S. ultimate destination ....Division contrary to U.S. law is prohibited.

No. of Pieces RCP	Gross Weight	kg lb	Rate Class Commodity Item No.	Chargeable Weight	Rate/Charge	Total	Nature and Quantity of Goods (incl. Dimensions Volume)

Prepaid	Weight Charge	Collect	Other Charges
	Valuation Charge		
	Tax		
	Total Other Charge Due Agent		
	Total Other Charge Due Carrier		
Total Prepaid		Total Collect	
Currency Conversation Rates		cc Charge in Dest. Currency	
For Carriers Use Only at Destination	Charges at Destination	Total Collect Charges	**180-8052 0005**

제10장 국제복합운송시스템

제1절 국제복합운송의 개념

1. 국제복합운송의 정의

국제 간의 화물운송은 오랫동안 해운, 육운(철도, 트럭), 공운으로 각 분야별로 독립적으로 발달해 왔다. 따라서 우리나라에서 미국 내륙으로 화물 운송할 경우, 화주는 미국 항구까지의 운송에 대해서는 해운회사와, 그리고 항구에서 화물인수 후로는 철도 혹은 트럭회사와 별도 계약을 체결하여 최종목적지까지의 운송을 수배해야 했다.

그러나 최근에는 해운, 육운, 공운과 같은 복수의 운송수단을 결합하여 해외의 목적지까지 일관하여 운송하는 국제복합운송(international multimodal transportation, international combined transport)[1] 이 널리 이용되고 있다.

복합운송(multimodal transportation)이란 복수의 운송모드(multimodal)에 의한 두 지점 간의 운송(transportation)이라는 의미이며, 해륙운송에 공통하여 사용할 수 있는 해상컨테이너(marine container)의 출현으로 국제복합운송이 가능해졌다.

국제복합운송의 정의는 복합운송인이 물품을 그 관리하에 둔 어떤 장소에서 지정된 다른 나라의 어떤 장소까지의 복수운송계약에 의해 적어도 2가지 다른 운송방법에 의한 물품의 운송을 말한다.

---

1) transportation을 어원적으로 보면 trans(횡단, 관통, 변화, 이전)+portation(혹은 portage) (운반, 화물), 즉 to carry across를 의미하며 이는 고립에서 해방을 뜻한다. 또한 communication, communicare의 어원은 to share with others, 또는 to make common의 뜻을 갖고 정보 또는 community로서 사회 형성기능뿐만 아니라 공공교통기관의 지배적인 형태로서의 common carrier와 깊은 관계를 갖고 있다(山岡浩之・岡野行秀 編, 『交通經濟學講義』, 青林書院新社, p. 12 참조).

따라서 국제복합운송은 두 가지 이상의 운송수단을 이용하여 하나의 운송계약에 의해서 2개국 간에 이송되는 물품운송을 말한다.

2. 국제복합운송의 의의

국제복합일관운송은 세계적으로 컨테이너운송의 발전을 기반으로 화주기업의 물류합리화의 요청이나 운수업자의 경영사정 및 물류업에 있어 규제완화의 진전 등을 배경으로 최근 급속하게 발전하고 있다.

국제복합일관운송 발전의 제일 큰 요인은 컨테이너의 등장으로 시작된다. 국제복합일관운송은 컨테이너운송의 발전과 함께 하고 있으며 국제운송에서 컨테이너선의 활용에서부터 다른 종류의 운송기관과의 결합이 원활하게 진행되고 있다.

컨테이너선의 장점은 운송의 일관성, 적재하역의 합리화, 운송의 신속성, 운송의 안전성 · 확실성, 물류비용의 저렴화 등이며, 컨테이너선을 이용하여 국제복합일관운송을 실시하는 것에서부터 국제 간의 'Door to Door'의 운송이 가능하다는 것이다.

이전 재래선의 경우 화주에 의해 곤포된 화물은 그대로 선적되어 운송되었는데 하역방법이나 선박의 속력, 기항지 등이 각 선사들의 운영기술에 의해 서비스의 수준이 달랐다. 또한 화물을 어떻게 적부하고 안전운송을 하는가의 대응방법에는 선원의 실력에 따라 차이가 있었다. 그러나 컨테이너선이 등장하면서 재래선 시대처럼 각 선사의 특징이나 세일즈 포인트(sales point)가 점차 없어지고 화물의 운송기술 면에서 별 차이가 없어졌다. 따라서 선사들은 이처럼 균일화된 운송상태에서 벗어나 특화된 서비스를 개발했어야 했고 항만에서 내륙으로 부가가치를 추가한 서비스를 개발한 것이 복합운송이다.

컨테이너 운송을 개시한 당초에는 재래선 시대와 별 차이 없이 항만에서 항만까지의 운송이었고 내륙의 운송은 거의 화주가 운송수배를 했었다. 미국의 경우 인구가 많은 동해안 지역으로 가는 화물이 많았다. 그런데 컨테이너화 이후로는 재래선 시대와는 달리 서해안에서 양륙되어 내륙을 거쳐 동부로 가는 화물이 많아지고 있다.

복합운송을 이용할 경우, 컨테이너선으로 부산에서 L.A까지 10일, L.A에서 뉴욕까지는 DST로 5일이 소요되므로 총 15일이면 화물이 도착하게 된다. 이에 비해 해상운송으로 파나마운하를 경유하여 뉴욕까지 운송하면 19일이 소요되므로,

미국 서안에서 양륙하여 철도운송하는 것이 4일 빨리 도착하게 되는 것이다.

또한, 재래선으로 운송될 잡화는 나무상자나 카턴(carton)형태가 많아 이와 같은 곤포상태로 넓은 북미대륙을 횡단하면 필연적으로 화물의 손상이 많아진다. 그러나 컨테이너에 적입하여 항구에서 양륙한 후 트럭이나 철도로 운송하면 화물의 안전운송 면에서 별문제가 없다.

따라서, 컨테이너 운송방식으로 북미대륙을 안전하게 횡단할 수 있게 되었고 또한 운송시간이 단축되어 화주의 비용절감에 기여하게 되었다. 즉, 선박과 철도 그리고 트럭을 결합하여 화물을 최종적으로 고객의 문전까지 배송하며 전 운송구간을 책임지는 복합운송이 활발해지기 시작하였다.

3. 국제복합운송의 요건

국제복합일관운송은 국제 간 잡화, 개품류의 운송합리화를 도모하기 위한 것으로서 컨테이너를 매체로 하는 유닛로드시스템을 기반으로 하여 ① 최초의 복합운송인의 단일책임으로 ② 복합운송증권을 발행하고 ③ 전 구간 단일요율로 운송하는 것을 요건으로 한다.

운송의 방법으로는 전 구간 운송을 인수하여 그 일부 또는 전부를 타 운송인에게 하청운송을 위탁하는 방법(이용운송)으로 실시되고 있으며, 그 경우 운송책임은 네트워크라이어빌리티시스템(network liability system)을 대부분 채용하고 있어, 일관책임이지만 하청운송기관에 따라서 복합운송인의 책임원칙 또는 책임한도액이 달라진다.

또한 일관운임도 개별운송기관의 운임보다 높게 책정하고 있는 경우도 많으며 운송로드에 있어서도 'Door to Door' 서비스가 행하여지지 않는 경우도 있다.

4. 국제복합운송의 장점

1) 총물류비의 절감

Door to Door의 운송서비스에 있어서 서류작성, 통관, 사고처리, 기타 수속을 국제복합일관운송업자(복합운송인)의 일괄책임하에 실시하므로 화주는 결과적으로 총물류비의 절감으로 이어진다.

2) Just in Time에 의한 물류합리화

해외자회사 주재원 및 관계인들과의 연계나 정보 네트워크 정비, 화물추적관리(cargo trans), 적절한 운송수단의 선택 등의 JIT 서비스가 가능하고 이들에 의한 물류합리화가 이루어진다.

3) 운송방식의 다양화에 의한 화주 요구의 적정대응

화주의 다양한 국제운송 요구에 대응해서 최적의 운송방식의 제공이 가능하다. 예를 들면 유럽의 경우 종래의 해상이나 항공운송에서 Land Bridge, to Air Service 및 포워더의 일관운송서비스가 있으며, 화주측에서는 운송비용, 운송일수, 재고관리, 생산관리 등에 부합하는 운송방식의 채용이 가능하다.

5. 국제복합운송인

1) 국제복합운송인(combined transport operator: CTO, multimodal transport operator: MTO)의 개념

국제복합운송인은 국제복합일관운송을 이행하는 것 또는 그 이행을 수배하는 것을 약속하는 복합운송계약을 체결하여 송화인(consignee)이나 운송인 또는 그 대리인이 아닌 자기 자신이 그 계약이행에 관한 모든 책임을 인수하는 자를 말한다. 현재 국제복합운송에 있어서 현실의 주제자는 캐리어(carrier, 선사, 항공회사) 및 포워더(forwarder, 항운업자, 창고업자, 육운업자, 물류자회사 등) 등이 활약하고 있다.

UNCTAD/ICC 규칙에서 "복합운송인은 복합운송계약을 체결하고 또한 운송인으로서 그 계약이행의 채무를 부담하는 자를 의미한다"라고 규정하고 있다.

2) 국제복합운송인의 유형

(1) 캐리어형

캐리어형 복합운송인은 실제 운송수단을 소유하고 있는 실제운송인(actual carrier)이 복합운송계약을 체결하고 운송활동을 수행하는 형태로서 해상운송인형, 항공운송인형, 철도운송인형, 도로운송인형 복합운송이 있다.

실제운송인형 복합운송은 실제로 한 가지 이상의 운송수단을 소유하고 있는 운송업자가 화주와 복합운송계약을 체결하고 전 운송구간에 걸쳐 모든 책임을 부담하고 직접 운송활동을 수행하는 형태이다.

캐리어형은 자기가 운영하는 정기항로의 연장선에서 육상운송에 맞추어 서비스를 제공하며 과거 실적을 활용하여 집화력이 강하고 운송의 신뢰성이 높다고 할 수 있다.

(2) 포워더형

포워더형 복합운송인은 운송수단을 직접 소유하지 않고 실제운송인처럼 운송계약의 주체로서의 기능과 역할을 수행하는 자에 의해 복합운송계약을 체결하여 화물을 운송하는 형태로서 계약운송인(contracting carrier)이 화주와 복합운송계약을 체결할 때는 운송인으로서의 역할을 수행하는 것이며, 운송계약을 맺은 계약운송인이 다시 운송을 이행하기 위해 실제운송인과 운송계약을 체결할 때는 화주로서의 역할을 하게 된다. 무선박운송인(non-vessel operating common carrier: NVOCC),[2] 국제운송주선업자(International freight forwarder), 해상운송주선업자(ocean freight forwarder), 항공운송주선업자(air freight forwarder), 통관업자 등이 이에 해당되며, 이 중에서 해상운송주선인이 가장 대표적인 운송인이 된다.

포워더에 의한 서비스의 이점은 Door to Door의 세부적인 서비스가 가능하며 화주는 간단한 수속에 의해 안심하고 의뢰할 수 있으며, 맹외선(盟外船) 이용이나 'by Pass Routs'의 활용, 혼재 차익의 이용, 부대작업의 일괄실시 등으로 보다 낮은 운임을 산정함으로써 화주에 대한 총 물류비 절감의 기여가 가능하다. 또한 아시아, 미국 등의 내륙지역까지 일관운송 등 다양한 운송루트가 가능하기에 화주가 편리하며, 컨테이너에 FCL보다 LCL로써 소화물을 수출하는 화주에게는 운임의 절감과 취급의 편리함을 가져오게 한다.

3) 국제복합운송인(Freight Forwarder)의 역할

전통적인 복합운송주선인의 기능은 화주의 대리인으로 적절한 운송수단을 선

---

2) 미국에서는 연방해사위원회(federal maritime commission : FMC)가 1963년에 NVOCC(non-vessel operating common carrier : 비선박운항업자)에 있어서의 운송인 개념을 나타내었는데 이것이 1984년 6월에 발효한 미국신해운법(Shipping Act of 1984)으로 도입되었다. 동법3조 17항에서 'NVOCC란 자기가 직접 선박을 운항하지 않는 운송인이며, 화주에 대하여는 해상운송인'이라고 명시하고 있다.

택하여 운송에 따르는 일체의 부대업무를 처리하였으나, 오늘날의 복합운송 체제하에서는 독자적인 운임체계를 갖추고 집화, 분배, 혼재업무 등을 행하는 운송의 주제자로서의 역할을 수행하고 있다.

운송주선인은 계약운송인형 복합운송인으로서 실제 운송인에 대해서는 화주의 입장이 되고 화주에게는 운송인의 입장이 되어 책임과 의무를 수행한다.

운송주선인을 총칭하여 Freight Forwarder라고 하고, 이는 Forwarding Agents, Shipping and Forwarding Agents, International Forwarding Agents, Foreign Freight Forwarders, Shipping Agents, Air Freight Forwarder 등으로 표시되며, 국문으로는 운송주선업자, 국제운송주선인, 복합운송인, 복합운송주선인 등으로 혼용되어 사용하고 있다. 그러나 실제적으로 〈표 10-1〉에서 보이는 바와 같이 Freight Forwarder의 내용과 역할은 국가별로 다소 상이한 점을 가지고 있다.

〈표 10-1〉 복합운송주선업의 개념에 대한 각국의 내용[3)]

구분	순수 주선인 형태	운송의 주체로서의 포워더	기 타
영국	Forwardering Agent	점차적으로 업무영역이 확대	
독일		Spediteur	
프랑스	Transitaire	commissionaire de transport (자기명의, 자기계산)	
벨기에		commissionaire de transport (자기명의, 자기계산)	
일본		해상운송주선업	
미국	Ocean Freight Forwarder	NVOCC	Domestic Freight Forwarder(국내운송주선)
한국		복합운송주선업	

우리나라의 경우, 해상운송주선업과 복합운송주선업이 1996년 6월 29일 정기국회에서 '복합운송주선업'으로 일원화되어 통합되었다.

운송주선인은 화주, 즉 수출업자를 대신하여 선적수속, 선적서류의 작성, 화물의 본선에의 인도, 혼재업무를 주로하며 주요기능은 다음과 같다.

3) 송선욱, 국제운송론, 도서출판 두남, 2004, p. 300.

① 전문적 조언자

화주의 요청에 따라 해상, 철도, 도로운송의 소요비용과 시간, 신뢰성, 경제성을 고려하여 가장 적절한 운송로를 채택하게 해주고 운송수단, 운송로에 바탕을 두고 화물의 포장형태 및 목적국의 각종 운송규칙을 알려 주며 운송서류를 용이하게 작성하도록 하는 등의 조언을 해준다.

② 본선과의 화물인도 및 인수

수출업자인 송화인의 위탁에 의해 수출화물을 본선에 인도하거나 수입업자인 수화인의 위탁에 의해 수입화물을 본선으로부터 인수한다.

③ 운송계약의 체결 및 선복의 예약

Freight Forwarder는 통상적으로 자기의 명의로 운송계약을 체결하지 않으나, 때로는 특정화주의 대리인으로서 운송계약을 체결한다.

④ 운송관련서류 작성

선하증권, 통관서류, 원산지증명서 등을 화주를 대신하여 작성하거나 화주가 작성해야 하는 기타 서류에 대한 자문을 한다.

⑤ 통관절차 수행

주요 항만이나 공항에 사무소를 두고 화주를 대신하여 통관 및 이에 부수되는 절차를 수행한다.

⑥ 비용 등의 지급

화주가 부담해야 하는 모든 비용을 화주를 대신하여 지불한 후 나중에 정산한다.

⑦ 보관업무

운송주체로서 자기창고를 가지고 LCL화물의 포장, 통합, 분배 또는 혼재업무를 수행하거나 화물을 보관하는 서비스를 제공한다.

⑧ 보험업무의 수배

화물보험에 대한 전문가로서 화주를 대신하여 가장 유리한 조건으로 보험수배를 하고 보험사고가 발생할 경우 화주가 보험금의 지급을 청구하는데 필요한 모든 조치를 이행한다.

⑨ 화물의 집화, 분배, 혼재 서비스

선적지에서 LCL 화주로부터 인수한 화물을 하나의 운송단위로 혼재하거나 목적지에 도착된 혼재화물을 각 화주별로 분배하여 인도하는 역할을 한다.

4) 국제복합운송증권

복합운송증권에는 Multimodal Transport B/L, Combined Transport B/L, Intermodal Transport B/L, Through B/L, FIATA B/L, Combined Transport Document(CTD) 등의 다양한 종류가 있다.

[양식 3] 국제복합운송증권

Shipper *Haesung Industrial Co., Ltd.* *C.P.O. Box 7917 Seoul, Korea*		B/L No.: *GCS1004* ◆ *K.S. LINE* KOREA SHIPPING CORPORATION **COMBINED TRANSPORT BILL OF LADING** Received in apparent good order and condition, unless otherwise stated herein, the total numbers or quantity of containers or packages or units enumerated below for transportation from the port of loading to the final destination subject to the terms thereof (see terms of carriage and other terms on reverse).	
Consignee *To the order of* *Chase Lincoln First Bank N.A.*			
Notify party *Wilson & Co. Inc. 50 Liberty Street,* *New York N.Y. 10005, U.S.A.*			
Pre-carriage by	Place of receipt		
Ocean vessel *KAJA-HO*	Voyage No. *V-27*	Flag	Place of delivery
Port of loading *Busan, Korea*	Port of discharge *New York*	Final destination	

Seal No. Marks & No.	No. of containers or pkgs	Description of goods	Gross weight	Measurement
DES *NEW YORK* *LOT NO* *C/NO. 1-62* *MADE IN KOREA*	*62 Cartons*	*3,539 KGS OF 100% POLYESTER* *SATIN CREPE WOVEN FABRIC* *PLAIN DYED* *SIZE 44/45 INCH x ABT 25 MTR* *L/C NO. IMP20748* ** FREIGHT COLLECT **	*3,679 KGS*	*24.5 CBM*

Total No. of containers or Packages (in words)

Freight & Charges	Revenue tons	Rate	Per	Prepaid	Collect
	AS ARRANGED				

Freight prepaid at *Seoul*	Freight payable at	Place of issue *Seoul, Korea*
Total prepaid	No. of original B/L *(3)*	Date of issue *March 3, 20XX*
Laden on board the vessel Date *January 9, 20XX* By		In witness whereof the agent or carrier has signed Bill of Lading all of this tenor and date one of which being accomplished the others to stand void. KOREA SHIPPING CORPORATION *(signature)*

그 중에서도 국제복합운송주선협회연맹(International Federation of Freight Forwarders Association: FIATA)이 1970년 도입한 FIATA B/L이 가장 널리 사용되고 있다.

복합운송증권은 선하증권과 마찬가지로 화물운송계약서이며 유통이 가능한 유가증권이므로 지시식 또는 기명식으로 발행되며, 지시식으로 발행된 경우에는 배서에 의해 양도가 가능하다는 점도 선하증권과 성격이 동일하다.

이와 같은 복합운송증권은 복합운송인에 의하여 발행되는데 복합운송인은 운송수단을 소유하고 있지는 않지만 계약의 주체로서 송화인과 운송계약을 체결하고 전 구간의 운송에 대한 책임을 지게 된다.

이와 같은 복합운송증권의 특징을 정리하면, ① 복합운송인이 전 운송구간에 대해서 화물의 멸실, 손상에 대한 일괄책임을 지는 내용을 담고 있고 ② 선하증권과 달리 운송인 뿐 아니라 운송주선인에 의해서도 발행될 수 있으며 ③ 화물이 본선적재 전에 복합운송인이 수탁 또는 수취한 상태에서 발행된다는 것이다.

제2절 컨테이너 운송

1. 컨테이너화와 정기항로

1) 컨테이너의 시초

컨테이너는 제2차 세계대전 중 미군의 군사물자운송을 위하여 본격적으로 해상운송에 사용되었다. 미 육군은 코넥스 컨테이너(CONNEX container)라 불리어지는 용적 295입방피트, 외형치수 86″×63″×610 1/2″의 컨테이너를 사용하여 군수물자를 세계적인 규모로 운송하였던 것이다.

그 후 베트남전쟁에서의 해상컨테이너 사용이 일반화물 컨테이너화의 계기가 되었고 상업화한 컨테이너 화물의 해상운송은 1950년대 후반, 미국의 연안항로부터 시작되었으며 시랜드와 마트슨이 개척자로서 거의 같은 시기에 해륙일관운송으로 출발하였다. 양자 다 같이 당시 철도와의 격심한 경쟁과 화주서비스 향상에 부응하기 위해 운항코스트의 대폭 삭감과 항로운영의 철저한 합리화에 쫓겨 이에 대한 근본적인 타개책을 컨테이너 운송에서 찾으려고 하였다.

시랜드사(SeaLand Service Inc.)의 창시자 맥크린(Malcom P. McLean)은 트럭운송업을 경영하고 있었는데 1955년에는 선박회사를 매수하여 해상운송분야에 진출하였다. 그는 육상운송 분야에서 성공한 피기백시스템(piggy back system: 철도화차에 장거리 운송용 트레일러를 대량으로 적재하여 운송하는 도로운송과 철도운송의 복합방식)을 해상운송에도 응용할 수 있다고 생각하여 가설갑판을 설치한 맥스톤(Maxton)호에 의해 1956년 4월 뉴욕-휴스턴간에 컨테이너 16개의 시험운송을 하였고, 그 결과 하역비가 대폭 절감된다는 것이 입증되었다.

그 후 크레인하역에 적합하도록 컨테이너에 특수장치를 하고 선박의 선창(船艙) 내에는 컨테이너의 모서리에 해당하는 곳에 수직으로 '山'모양의 셀 가이드(cell guide: 컨테이너 네 귀퉁이에 해당하는 장소에 화물창저(艙低)에서 창구(艙口) 부근까지 수직으로 설치한 강철 가이드)를 설치하여 이것으로 컨테이너를 쉽게 적재할 수 있게끔 개조하였다.

한편 스웨덴 태생의 선장 윌리엄 마트슨이 창설한 마트슨사는 하와이-미국 태평양연안 간의 항로와 남태평양 항로 등을 경영하고 있었다. 1956년 하와이 항로의 대화주인 설탕업자로부터 운임인하의 요구를 받아들여 설탕 등의 벌크 적재화물(bulk cargo)과 잡화의 효율적인 운송방법에 대해 면밀한 분석·연구를 거듭하였다. 그 결과 운송코스트에 차지하는 하역비의 비중이 매우 크다는 것과 적재하역을 위한 정박시간이 전체시간의 2분의 1에 달한다는 것을 알게 되었고, 그 타개책으로 설탕을 창내적재, 컨테이너를 갑판적재하는 새로운 방식을 고안해 내었다. 1958년 8월 8″×8.6 1/2″×24″형 컨테이너 20개를 상갑판에 적재한 하와이안 머천트(Hawaiian Merchant)호가 호놀룰루-샌프란시스코 간의 항해를 시작, 마트슨사의 컨테이너 운송은 그 후 성공리에 발전을 거듭하게 되었다.

2) 정기항로의 컨테이너화

1966년 4월 SeaLand사가 C-2형 개조 풀컨테이너선 4척의 선대를 북대서양항로에 투입한 것을 계기로 국제정기항로의 컨테이너 시대가 막이 올랐다. 이 회사는 뉴욕, 네덜란드의 로테르담, 서독의 브레멘, 영국의 그레이트 야머스간에 주 1회의 서비스를 개시하여 세계 해운계에 큰 파문을 던졌다. 그 후 컨테이너화의 물결은 놀라울 만큼 빠른 속도로 전 세계에 퍼졌고, 1973년까지 모든 주요 항로가 컨테이너화되어, 국제복합운송시대에 돌입할 기초를 마련하였다.

이처럼 컨테이너화의 진전을 가속화한 배경에는 해상운송의 합리화나 운송서비스의 표준화에 대한 해운선사와 화주의 요구에 부합한 데 이어 경쟁업체가 하는 것을 따라하는 집단심리와 자사만 컨테이너화가 늦어지는 것이 아닌가 하는 불안감, 선행투자그룹으로서의 장점(merit)을 최대한 살려 남해항로에서 특권적인 지위를 확보할 수 있다는 확신 등이었다. 그러나 컨테이너화에는 풀컨테이너 선대건조, 선박적재능력의 3배에 상당하는 각종 컨테이너의 보유, 터미널 확보, 트랜스테이너, 스트래들 캐리어, 섀시, 트레일러 등 특수하역기계조달 등의 막대한 투자금이 필요하여 쉽사리 동참하기는 어려웠다.

한편 거액의 자금조달 분담과 기업리스크 분산을 위해 컨테이너항로의 운영에는 선사 간 그룹을 결성하여 공동운항을 하거나 타 그룹과 협조하는 방식 등이 나타났다. 마트슨사는 1967년 태평양항로의 컨테이너 운송에 진출하였는데 일본선사는 이에 대항하기 위해 선복대차(space charter)방식을 개발하였다. 이 운영형태는 공동운항의 각 선사가 각각 컨테이너선을 제공하여 컨테이너 선대를 구성하고 그룹 내의 배선조정, 터미널의 공동사용 등 각사가 각각 자기회사 선박을 운항, 관리하는 독특한 방식이었다. 그 특징은 자사선과 타사선의 공간을 서로 융통하면서 선대 중의 어느 선박에서나 자사 공간을 가진 다음 각 사별로 집화, 선하증권 발행을 한다는 점이다.

이에 대해 유럽선사는 기업연합체인 컨소시엄(consortium) 결성의 길을 걸었다. 구성원의 컨테이너선을 정기용선하여 협조 배선하는 완만한 결합에서부터 각사의 집화기구 일원화, 나아가서는 독립기업체에 가까운 제 기능을 갖는 견고한 결합까지 그 양상은 다종다양하게 펼쳐졌다.

세계 주요항로의 컨테이너화 진전은 다음과 같다.

(1) 제1단계(1966년~1973년) - 선진국간 항로가 개설된 시기

① 북대서양 항로(북미동해안 - 유럽)

1966년 4월 SeaLand사가 C-2형 개조 풀컨테이너선을 투입한 것을 시작으로 동맹선사가 잇달아 뒤를 이어갔다. 미국선사가 단독운항형태를 한 데 대해 유럽선사는 ACL 등 컨소시엄형식으로 이에 대항하였다.

② 대양주 항로(호주 - 유럽)

1969년 OCL와 ACT의 영국선사 그룹과 서독, 프랑스, 이탈리아, 네덜란드, 호주의 선박회사가 AECS(Australia Europe Container Service)라는 거대한 컨소시엄을 결성하여 컨테이너화를 개시하였다. 투입선박은 영국 8척, 서독 2척, 프랑스, 네덜란드, 이탈리아, 호주 각 1척의 합계 14척(1,320~1,590TEU형)이었다.

(2) 제2단계(1976년~1981년) – 선진국과 개도국간 항로

1973년에 발생한 오일 쇼크에 의해 컨테이너화의 진전은 한때 정체하였으나 1976년부터 선진국과 개도국을 연결하는 항로를 중심으로 컨테이너화의 움직임이 다시 시작되었다. 그 대표적인 것은 다음과 같다.

① 유럽・지중해 – 중동 항로

1976년 7월 Sealand사가 833-1,089TEU형의 개조컨테이너선 4척으로 배선을 개시하였으나 1977년부터는 서독, 프랑스, 네덜란드 및 벨기에 선사도 'European Middle East Container Group(EMEC)'라는 컨소시엄을 결성하여 배선을 개시하였다. 그 후 EMEC와 OCL, 중동선사의 United Arab Shipping Co,(UASC)의 컨소시엄으로 발전하였다.

② 유럽 – 카리브해 항로

1973년 영국, 서독, 프랑스, 네덜란드 선사에 의해 설립된 'Caribbean Overseas Lines(CAROL)'이 1976년 12월부터 1,160TEU형의 컨테이너선 1척, 440TEU형의 세미 컨테이너선 2척으로 배선을 개시하였다.

③ 유럽・지중해 – 남아프리카 항로

1977년 7월 영국, 서독, 프랑스, 네덜란드, 이탈리아, 벨기에, 남아프리카 선사가 'Southern Africa Europe Container Service(SAECS)'라는 컨소시엄을 결성하여 1,309~2,450TEU형 컨테이너선 4척과 702TEU형의 세미 컨테이너선 1척으로 배선을 개시하였다.

④ 유럽 – 서아프리카 항로

1977년 11월 덴마크의 'East Asiatic Company Ltd, (EAC)'가 1,000TEU형의 컨테이너선 1척으로 배선을 개시하였다.

⑤ 북미 – 중동 항로

1978년 5월 UASC가 세미 컨테이너선 2척으로 배선을 개시하여 1980년부터 800TEU형의 개조컨테이너 4척을 투입하였다. 1979년 4월 스페인의 'Ibero Lines'이 824TEU형 2척으로 미국 - 지중해 - 사우디아라비아의 배선을 개시하였다.

⑥ 호주 – 중동 항로

1978년 8월 파키스탄의 'Gulf Shipping Lines'이 432TEU형 컨테이너선 1척으로 배선을 개시하였으며, 또한 1980년 11월 일본우선(郵船)이 일본을 기점으로 하지 않는 소위 3국간 컨테이너 항로로서 600TEU형 2척으로 배선을 개시하였다.

⑦ 유럽 · 지중해 – 동아프리카 항로

1981년 1월 영국선 3사가 'British East African Containers(BEACON)'를 결성하여 1,100TEU형 컨테이너선 2척과 544TEU형 세미컨테이너선 1척으로 배선을 개시하였다. 이 밖에 1981년 중에 극동 - 서아프리카, 북미 - 남미 동안, 유럽 - 인도 등의 항로에서 컨테이너화가 시작되었다.

2. 컨테이너 용기

1) 컨테이너의 정의

컨테이너란 물적유통부문의 포장, 운송, 하역 및 보관 등에서 육 · 해 · 공의 연합으로 경제성, 신속성 및 안전성을 최대한으로 충족시키고 화물의 운송도중 이적 없이 일관운송을 실현시킨 혁신적인 운송도구로서, ISO에서 규정하고 있는 다음의 구비조건을 갖춘 용기를 말한다.

① 화물을 보관할 수 있도록 완전히 또는 부분적으로 싸여 있을 것
② 일정기간에 재사용이 가능한 충분한 내구력을 가질 것
③ 운송도중 운송경로 또는 운송수단이 바뀌는 경우 화물의 이적없이 일관운송을 할 수 있도록 설계될 것
④ 1개의 운송수단에서 타 운송수단으로의 전환이 쉽고도 빨리 될 수 있게 하는 장치가 붙어 있을 것
⑤ 화물을 싣고 내리기에 편리하게 설계될 것
⑥ 내부용적이 $1m^3$($35.3ft^3$) 이상일 것

컨테이너 규격의 통일운동은 1958년 7월 미국에서 시작되었다. 미국규격협회인 ASA(American Standard Association)는 폭과 높이를 8피트로 정하고 길이는 10 · 20 · 30 · 40피트의 4종류를 공식적으로 분류하였고, 1969년 10월 ISO(국제표준화기구)는 높이가 8피트인 컨테이너의 경제성이 별로 없다고 인정하여 8피트 6인치 높이를 국제규격으로 추가하였다.

현재 선박에 적재되어 운송되는 컨테이너의 대부분은 20피트와 40피트이며, 높이는 8피트 6인치이다.

2) 컨테이너의 종류

(1) 재질에 따른 분류

해상운송에서 사용하는 컨테이너는 철(Steel) 또는 알루미늄(Aluminum) 재질로 된 것을 주로 이용하고 있으나 특수한 것으로 외벽에 강화 플라스틱인 FRP (섬유강화 플라스틱: Fiberglass Reinforced Plastics)를 사용한 것도 있다.

① **철재 컨테이너**(Steel Container)

컨테이너의 외판 및 구조재가 강판 및 강재로 만들어져 있으며, 용접으로 조립된다. 전체 구조가 용접으로 조립되어 수밀성이 높으면서 파손 시 보수가 용이한 것과 가격이 알루미늄의 약 60%인 장점이 있으나, 해수에 의한 염분 부식이 빠르고 자체 중량이 무거우며 수리 시 도장비용과 시간이 많이 소요되는 단점이 있다. 내용연수는 사용조건에 따라 일정하지 않으나 동일조건에서는 알루미늄보다 짧다. 현재 전체 컨테이너의 85%를 점유할 정도로 보편화되어 있다.

② **알루미늄 컨테이너**(Aluminum Container)

알루미늄과 철강재로 제작된 컨테이너로 컨테이너의 외관 및 구조재는 알루미늄 합금으로 만들어져 있고, 4각의 모서리 끼움쇠(Corner Fitting)와 앞, 위의 틀은 철강재로 되어 있다. 알루미늄 컨테이너는 기본적으로 가벼우며 내구성이 비교적 크다는 장점이 있다. 그러나 제작비용이 매우 비싸고, 바닷물에 부식되기 쉽다. 또한 강도가 약하여 약한 충격에도 파손될 수 있는 단점이 있다. 현재 전 세계 보유량은 전체 컨테이너의 14% 수준이다.

③ FRP **컨테이너**(Fiberglass Reinforced Plastic)

컨테이너 강화 플라스틱(Plastic)을 유리섬유로 보강하여 베니어합판의 표면에 접착제를 붙여 만든 컨테이너로서 판의 두께가 얇고(20㎜ 내외) 내부용적이 크다. 또한 충격 및 방열성이 좋아 일반 잡화와 특정한 화물용으로 사용되고 있다.

④ **스테인레스 컨테이너**(Stainless Steel Container)

특수화물 적재를 목적으로 제작되는 Tank Container 또는 냉동 컨테이너의 제작에 주로 사용된다. 강도가 강하고 내부식성 및 내마모성이 강하다는 이점이 있지만 자체 무게가 다소 무거운 단점이 있다.

(2) 용도에 따른 분류

① **일반화물용 컨테이너**(Dry Cargo Container)

액화화물이 아닌 화물로 온도조절을 필요로 하지 않는 일반잡화를 운송하는,

가장 보편적인 컨테이너로 이용되고 있는 컨테이너의 대부분을 차지하고 있다.

선사 및 관련 업체에서는 Dry Freight Container, Dry Container, Dry Cargo Container, General Purpose Container 등으로 호칭하고 있다.

② **냉동 컨테이너**(Reefer Container)

생선이나 고기류 등의 온도조절이 필요한 화물을 운송하기 위하여 설계된 단열재의 컨테이너를 말한다. 단위 냉동화물뿐만 아니라 온도변화에 민감한 화물과 일정한 온도가 필요한 화물, 즉 과일, 야채 등 보냉을 위한 식료품, 전자부품 등의 운송에 이용되고 있다.

냉동 컨테이너는 컨테이너선 및 냉동장치장의 전원과 연결되는 플러그가 장치되어 있으며, 통상 영상 26℃에서 영하 28℃까지 냉각시킬 수 있는 냉동설비를 장비하고 있어 전 운송과정을 통하여 냉동기를 작동해 지정온도를 유지할 수 있게 되어 있다. Reefer Container, Refrigerated Container로 불리며, 일본에서는 Refcon이라고도 한다.

③ **오픈탑 컨테이너**(Open Top Container)

기계류, 철강제품, 판유리 등 중량화물 운송에 적합한 컨테이너로 천장을 개방할 수 있도록 캔버스(Canvas) 덮개로 되어 있다. 화물을 적화할 때는 크레인을 이용하여 위쪽으로 하역할 수 있는 것이 특징이다.

④ **플랫폼 컨테이너**(Platform Container)

ISO 기호는 P로 총칭하며, 드라이 컨테이너의 천장과 측면을 제거한 모양으로, 양단 벽을 뗐다 붙였다 할 수 있도록 되어 있다. 주로 높이와 가로가 컨테이너의 표준보다 초과된 화물에 이용된다. 기계류, 강재, 원목 등의 중량물을 전후, 좌우 또는 위에서 지게차로 하역할 수 있다. 상부구조에 따라 코너 기둥이 없는 단순한 플랫폼(Platform), 고정형 플랫랙(Fixed flatrack), 접철식 플랫랙(Collapsible Flatrack) 등이 있다.

⑤ **탱크 컨테이너**(Tank Container)

식품, 유류 및 화학제품 등 액체화물을 운송하기 위한 탱크를 갖춘 컨테이너를 말하며, 구조는 일반용, 위험물용, 고압가스용 및 독극물용 등이 있는데 고압, 저압 및 보온용의 가열장치를 갖춘 것도 있다. ISO 분류도 형식그룹 기호가 TN으로 표기되는데 기호는 T0부터 T9까지 있다.

⑥ **하이큐빅 컨테이너**(High Cube Container)

ISO 규격 컨테이너는 높이가 8피트 6인치이지만 그 보다 높이가 1피트 높은 9피트 6인치인 컨테이너를 말한다. 보통 20피트형 보다는 40피트형의 컨테이너에 하이큐빅이 많으며 별명으로는 Jumbo Container라고도 부른다. 하이큐빅 컨테이너는 높이가 높아 나라에 따라서는 국내 통행을 제한하기도 한다.

⑦ 기타 컨테이너

이외에도 Side Open Container, Car Container, Pen or Livestock Container 등이 있으며, ISO 분류체계 외 일반 컨테이너 중 특수용도를 위하여 내부가 개조된 컨테이너도 있다.

하이드 컨테이너(Hide container)라 불리는 동물 생피운송전용 컨테이너는 운송 중 생피로부터 생피기름 등이 흘러나오지 않게 컨테이너 마루에 100~200리터 정도의 탱크인 이중저를 설치하여, 운송기간 중에 흘러나온 액체를 저장할 수 있는 구조로 되어 있으며, 악취방지 및 water cleaning을 위해 컨테이너 내부를 FRP로 코팅한다.

컨테이너 내부에 옷걸이(Hanger)를 걸 수 있는 줄(String), 또는 막대(Bar)를 설치한 Garment or Hanger Container라는 것도 있다.

[그림 10.1] 일반 컨테이너

[그림 10.2] 냉동 컨테이너

[그림 10.3] 오픈 탑 컨테이너

[그림 10.4] 플랫 랙 컨테이너

[그림 10.5] 탱크 컨테이너

3) 컨테이너화의 이점

컨테이너화는 개품화물을 단위화(unitization)하여 육상, 해상 및 공로(公路)를 통한 화물운송을 신속·안전, 경제적으로 수행하게 하며, 물적유통(physical distribution)에 있어서 포장, 운송, 하역, 보관 등의 전 과정을 일관운송할 수 있는 혁신적인 운송체제로서 '컨테이너 혁명'이라고 까지 불리워지고 있다.

재래정기선의 운송대상화물은 잡화로서 화물의 형태가 천태만상(千態萬象)이었다. 천태만상의 화물을 선박에 적재하거나 양하할 때 기계의 힘을 크게 빌리지 못하였는데, 그 이유는 화물의 표준화가 되어 있지 않아서였다. 컨테이너 혁명이라고까지 불리워지게 된 이유에는 화물의 표준화로 기계의 힘을 빌려 하역의 생산성을 크게 향상시켰기 때문이다.

당시 기계화로 인한 생산성은 이전 인력에 의한 하역생산성의 30배를 능가했다고 하며, 따라서 선박회사의 항차수는 이전과 비교할 수가 없이 증가되었고 결국 선사의 이익을 가져오게 하였다.

컨테이너화의 주요 이점을 살펴보면 다음과 같다.

(1) 물적유통 관리상 total cost의 절감

① 운송경비의 절감 : 컨테이너 운송시 freight all kinds(品目別 無差別運賃) 요율적용에 따른 비용 절감과 해륙의 통운송(通運送)으로 총비용 합리화에 의한 비용 절감

② 포장비 절감
③ 임해창고(臨海倉庫)의 보관 생략
④ 금리부담의 절감과 자본의 회전 증대 : 고속화를 통해 운송기간이 단축됨으로써 투하자본의 조기회수와 금리부담의 경감
⑤ 장비의 효율적인 이용
⑥ 재고 관리비 절감
⑦ 보험료, 인건비 등의 감소

(2) 고객서비스의 향상

① 화물인도의 신속화
② 운송일정의 보증
③ 하역시간의 단축
④ 선적서류의 간소화

(3) 안전성

① 하역작업시 안전성 제고
② 운송 전 과정상 화물의 안전성 확보
③ 기후상의 안전
④ 기타(도난, 변질 등) 안전

(4) 국제복합운송의 가능화

컨테이너운송은 육해공의 일관운송(unit load transportation)과 협동일관운송(協同一貫運送, intermodal transportation)을 가능케 함으로써 door to door, 즉 point to point system을 출현시키는데 결정적인 역할을 수행하였다.

(5) 선사와 화주의 측면

선사는 하역시간 단축, 선박가동률 향상 등의 이점이 있고, 화주는 포장비 절감, 내륙운송비 절감, 운송기간 단축에 따른 상품의 유통비용 감소, 선박 운항스케줄의 안정화에 따른 재고조정 가능, 화물손상 감소 등의 혜택이 있다.

3. 컨테이너화물의 유통경로

컨테이너운송은 대량생산방식을 운송분야에 도입하려는 것이므로, 운송량을 보다 큰 단위로 묶어서 컨테이너 전용열차(container unit train) 또는 컨테이너 전용선 등의 대량운송에 적합한 운송수단에 의해 이루어진다. 재래방식과 같이 항만만을 접점으로 하는 것이 아니고, 화물집배의 거점으로 내륙에 depot를 설치한다. 이런 시스템을 흔히 hub & spoke라고 한다.

컨테이너 1개 분량의 단일화주의 화물은 FCL(full container load)화물이라 하여 화주의 공장 또는 창고 등에서 컨테이너에 적입되어 내륙데포에 반입되며, 컨테이너 1개 분량이 안 되는 여러 화주의 소량화물은 LCL(less than container load) 화물이라고 하여, 내륙데포에서 목적지 및 적입의 적합성 등을 고려하여 다른 화물과 혼재(consolidate)된다. 이처럼 내륙데포에 집하된 화물은 컨테이너 전용열차로 터미널에 운송되며, [그림 10-6]은 전형적인 컨테이너 일관운송 루트를 제시한 것이다.

[그림 10.6] 컨테이너화물의 유통 경로

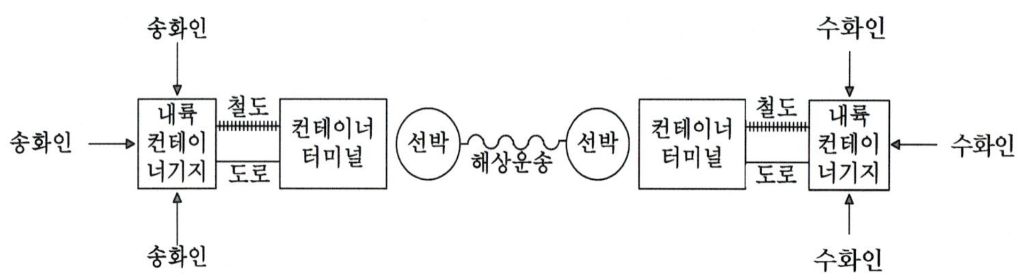

4. 컨테이너화물의 운송형태

컨테이너운송은 재래선과 달리 화물의 양과 목적지, 집화방식 등에 따라 운송형태가 다르며 이에 따른 운임구조, 책임한계 등에 차이가 있다. 주요 운송형태는 다음과 같다.

(1) CY → CY(FCL→FCL)

수출지 CY에서 수입지 CY까지 FCL 형태로 운송되며, 컨테이너 장점을 최대한 이용할 수 있는 방식이다. 수출지의 공장 또는 창고에서 컨테이너에 만재한 화물을 그대로 선적항 및 양륙항을 거쳐, 최종목적지인 수입상의 창고까지 컨테이너 개폐 없이 운송 가능하므로 이는 화물량이 많은 수출상과 수입상 간에 이용되며 운송의 3대 요소인 신속성, 안전성, 경제성을 충족시킬 수 있다.

(2) CFS → CFS(LCL→LCL)

수출지 CFS로부터 수입지 CFS까지의 운송방식이다. 운송인(통상 포워더)이 다수의 송화인으로부터 LCL 화물을 모아 수출지 CFS에서 행선지별 컨테이너에 혼재하고 수입지의 CFS에서 다수의 수화인들에게 분류·인도하는 방식이다. 통상 포워더를 이용하므로 forwarder's consolidation이라 한다.

[그림 10.7] CFS → CFS(LCL → LCL)

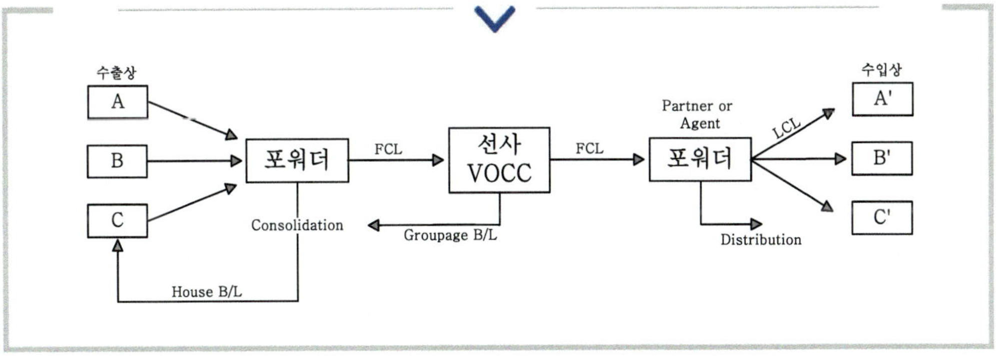

(3) CFS → CY(LCL→FCL)

운송인(통상 포워더)이 다수의 송화인으로부터 화물을 모아 CFS에서 컨테이너에 혼재한 후, 수입지 CY에서 수입상에게 인도하는 형태이다. 대형 백화점 또는 종합무역상사가 다수의 수출상으로부터 물품을 수입할 때 이용하며, 통상 수입지의 포워더에게 운송을 의뢰한다. buyer's consolidation이라 한다.

[그림 10.8] CFS → CY(LCL → FCL)

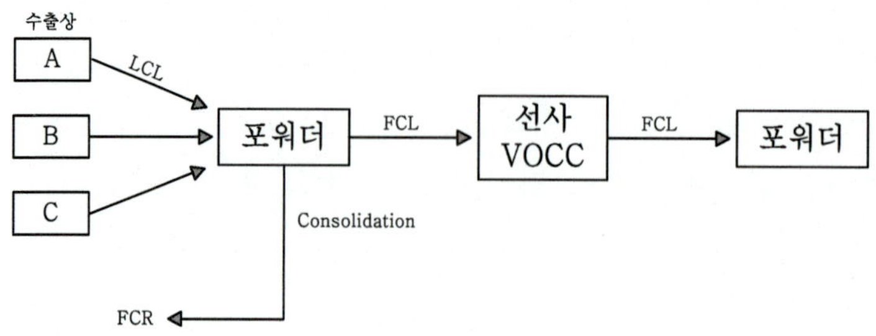

(4) CY→CFS(FCL→LCL)

CFS→CY 방식이 뒤바뀐 형태로 수출지 CY로부터 수입지 CFS까지의 운송방식이다. 1인의 송화인, 다수의 수화인 구조를 갖고 있으며, shipper's consolidation이라 한다. 선적지에서 수출상이 FCL을 보내면 수입지 CFS에서 화물을 인출(devanning)하여 다수의 수화인들에게 배분하는 방식이다. 실무에서는 거의 이용되지 않고 있다.

제3절 국제복합운송의 주요형태

1. 해공복합운송(S&A: Sea & Air)

Sea & Air 운송은 해상운송과 항공운송을 결합한 국제복합일관운송이다.

선적지를 출발한 해상운송과 해외중계지에서의 항공운송이 접속하여 해상운송의 저렴성과 항공운송의 신속성으로 출발지(發地)에서 최종목적지까지 주체적으로 일관운송을 행하는 것이다.

S&A는 이용자인 화주에게는 운송일수와 이용운임이 'All Air'나 'All Sea'의 중간에 있으므로 운임이 너무 비싸거나 운송일수가 많이 소요되는 경우 경제적이고 유효한 운송수단이 된다. 이러한 운송은 유럽, 중남미, 미국 동안으로 향

하는 루트와 특히 유럽으로 향하는 장거리 루트를 중심으로 발전하고 있다.

S&A 운송은 해상운송과 항공운송을 유효적절하게 편성할 수 있기 때문에 다음과 같은 장점이 있다.

첫째, 해상운송에 비해 소요일수가 짧은 운송방식이다. 즉, 우리나라에서 출발하여 유럽을 향할 경우 북미 경유 루트 시에는 1/2, 동남아시아 경유 루트에서는 2/3의 운송일수가 단축된다.

둘째, 항공운송에 비해 운임이 상당히 절감된다. 즉, 우리나라에서 출발 유럽행의 경우 북미 경유의 루트는 약 1/3, 동남아 경유 루트는 약 1/2의 운임으로 가능하다.

셋째, 유럽 등 내륙목적지로 향할 경우 항공화물은 해상화물에 비해 통관이 신속·간단하여 화주에 대한 배송도 빠르게 진행된다.

넷째, 상품수요에 부응할 수 있고 각 운송조합을 바꿀 수도 있으며, 운송일수 등을 상세하게 조정하거나 적량운송이 가능하여 화주측에서는 재고조정이 가능하므로 재고비용절감에 크게 기여한다.

최근 기업에 있어 생산합리화의 진전이나 판매전략의 전개 및 물류관리에 중점을 두게 됨으로써 수주에서부터 도착까지의 시간, 비용을 고려한 운송수단의 선택이 중요시되고 있다. 해상운송과 항공운송을 절충한 제3의 운송수단으로서 S&A 운송의 수요는 물동량의 증가와 함께 합리적인 물류관리 개념인 JIT를 무역경영에 도입함으로써 날로 증대되고 있으며, 더욱이 제품운송의 증대나 생산공장의 해외 현지진출에 따른 반제품, 부품 등의 수출증대는 적량을 적시에 운송하는 방식으로서 그 수요가 가속화되고 있다.

S&A 운송은 수요가 증대됨에 따라 루트도 다양화되고 있어 북미, 중남미는 물론이고 유럽, 중근동, 아프리카, 오스트레일리아 등으로 확대하고 있다. S&A 운송은 캐리어인 항공사가 자사노선을 축으로 루트를 선정하고 왔었던 것이지만 최근에는 포워더에 따라 독자적인 네트워크 형성으로 자유로운 선택의 조합에 따라 행해지고 있고 서비스도 다양해지고 있다.

시장에서의 신규참여업자도 늘어나고 있으나, 현재 S&A 운송의 서비스나 상품개발은 항공회사, 포워더 등에 의해 행해지고 있는데, 최근에는 집화력을 가지고 자사 상품개발력이 있는 포워더가 주제하는 S&A 운송이 크게 향상되고 있다. 집화력이 부족한 포워더는 항공회사의 대리점으로서의 기능을 담당한다.

1) 유럽 루트

일반적으로 북미 경유, 러시아 경유, 동남아 경유 등의 루트가 있다. 가장 빠른 루트는 홍콩 경유인데 운임은 가장 높다.

① 북미 경유

1962년부터 개시된 이 루트는 운송량이 가장 많으며 컨테이너선으로 북미 서안의 시애틀, 밴쿠버, 로스앤젤레스 해상으로 운송하고 이곳을 거점으로 유럽 각지로 항공운송하는 것이다.

② 러시아 경유

이 루트는 1968년부터 러시아항공(Aeroflot)이 주재하는 복합운송이다. 해상으로 러시아 극동지역 항구까지 해상운송하여 컨테이너나 트레일러로 블라디보스톡 공항으로 육송되고 러시아항공의 화물기에 따라 모스크바를 경유, 유럽 각 도시지역으로 운송한다.

③ 동남아 경유

해상으로 홍콩, 방콕, 싱가포르 등의 항구로 운송하고 그곳에서 항공운송을 하는 루트이다. 최근 동남아시아 출발의 유럽행 항공화물이 증가하고 있으나 항공기의 공간확보가 불안정하고 S&A 화물선적은 크게 향상되지 못하고 있는 실정이다.

[그림 10.9] S&A 유럽루트

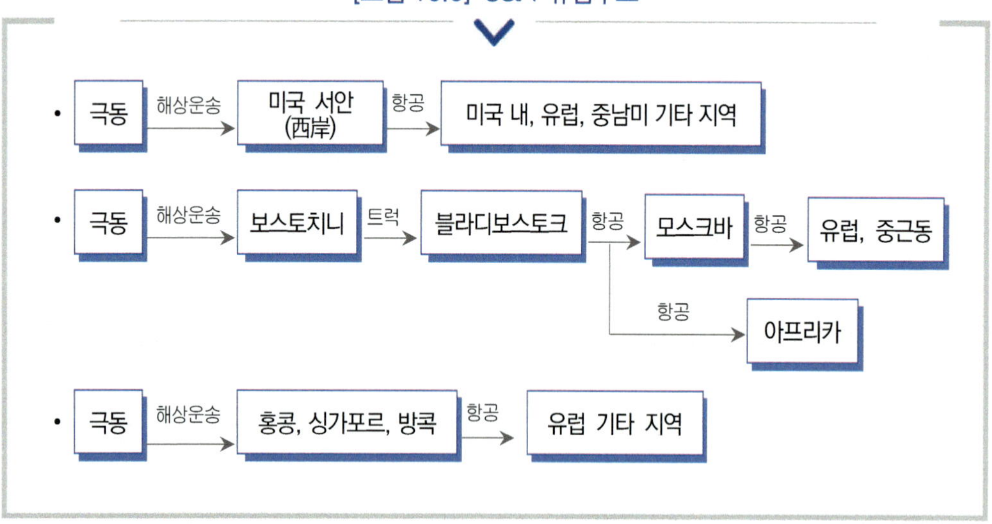

2) 미국 내 루트

우리나라에서 컨테이너선으로 북미 서안인 시애틀이나 로스앤젤레스에 해상운송하고 그곳을 중계지로 미국 내륙 또는 미국 동안(東岸)으로 운송하는 것이다.

3) 중남미 루트

해상 컨테이너선으로 미국 서안까지 해상운송하고 그곳에서 중남미로 운송하는 루트와 서안에서 마이애미로 운송한 뒤 그곳을 중계지로 하여 중남미에 운송하는 루트 등 2가지가 있다. 운송일수가 약 18~20일이므로 해상운송에 비해 상당히 단축되는 것이며 중남미 항만에서 내륙중계서비스 불만이 해소됨으로써 이 루트의 수요가 높아지고 있다.

4) 기 타

이상의 루트 외에 홍콩, 방콕을 중계지로 하여 중근동 연안, 아프리카에 운송하는 루트, 마르세이유까지 해상운송하고 아프리카에 운송하는 루트, 방콕까지 해상운송한 뒤 인도에 운송하는 루트 등이 있다.

2. 해륙복합운송

국제화물운송의 해상운송 컨테이너화는 해상운송과 항만운영의 효율성을 크게 신장시켰으며 또한 내륙운송의 발달에도 크게 기여하였다. 해상운송의 컨테이너화는 해운선사들의 기능과 역할이 크게 확대되어 'Port to Port' 운송보다는 'Door to Door' 운송에 관심이 집중되고 있다.

따라서 이제까지 해상교역에서는 일반적으로 내륙운송, 항만통과, 해상운송의 3가지 단계에서 발생하는 물류비용만 고려하였으나 이제는 총 물류비와 총 운송기간에 관심을 갖게 되어 선사들은 컨테이너 선박에 의한 운송서비스는 물론이고 컨테이너화와 내륙운송망을 연결하여 효율적인 화주의 문전운송에 대한 내륙운송서비스에도 관심을 갖게 되었다.

이러한 의미에서 랜드브리지(land bridge)의 일반적인 개념은 해상운송에 해당되는 구간에서 내륙운송을 이용한다는 것을 뜻한다. 랜드브리지의 운송목적은 운송비 절감과 총 운송시간의 단축이다. 이를 위해 해운선사들은 주요내륙운송수단과의 연결이 가능한 항구에 내륙운송화물을 집결시켜 규모의 경제(economy of scale)를 모색하게 되었으며, 이는 해상화물운송의 컨테이너화와 내륙운송이라는 복합운송의 발전을 진전시킨 것이다.

1) 아메리카 랜드브리지(ALB)

아메리카 랜드브리지(America land bridge: ALB)는 우리나라 주요 항구에서 미국 서안항(오클랜드, LA)까지 컨테이너선으로 운송하고 미국 내륙에선 철도로 운송한 뒤 뉴올리언스 등에서 다시 해상으로 유럽 주요항 내지 유럽 내륙에까지 일관운송하는 선사 주재의 운송서비스이다. 이 루트는 1972년 Seatrain이 랜드브리지의 운임을 공표하고 개시했던 것이 최초이다. 그 뒤 1975년 SeaLand사가, 1980년에는 APL이 운송서비스에 참여하였다

[그림 10.10] ALB 루트

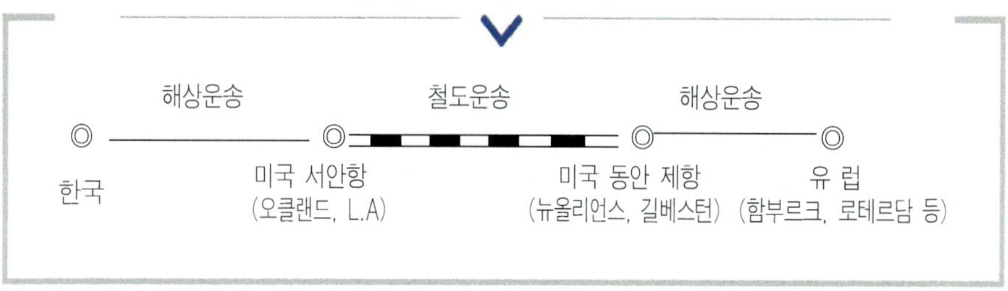

2) 캐나다 랜드브리지(CLB)

캐나다 랜드브리지(Canada land bridge: CLB)는 포워더 주재에 따른 것으로 극동에서 밴쿠버 또는 시애틀까지 컨테이너로 운송하고 그곳에서 캐나다철도(CPR, CNR)를 이용하여 몬트리올까지 운송한 뒤 다시 유럽 각 항구로 해상운송하는 복합일관운송이다. 이 CLB는 1979년 일본의 미쯔비시 창고가 CP Rail과 공동으로 개발한 루트이다.

[그림 10.11] CLB 루트

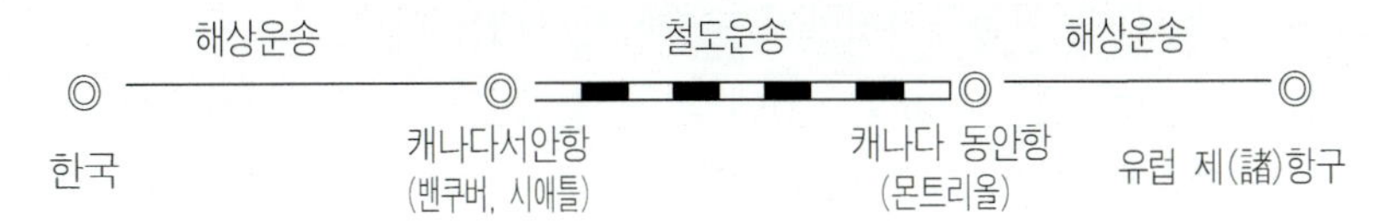

[그림 10.12] 북미지역 랜드브리지 경로

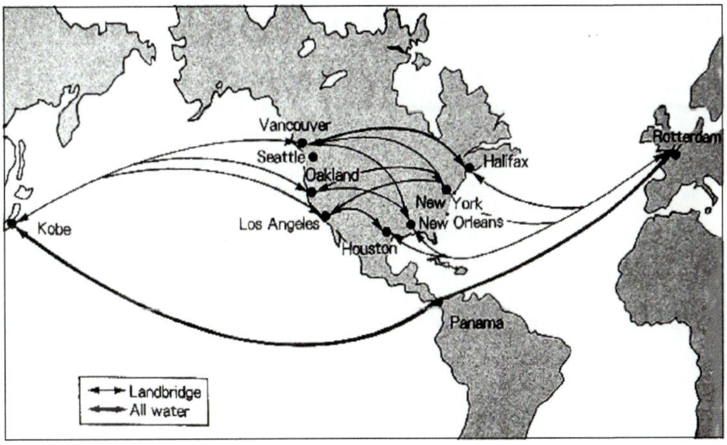

3) 시베리아 랜드브리지(SLB)

시베리아 랜드브리지(Siberian land bridge: SLB)는 컨테이너선을 이용하여 러시아의 보스토치니 항구(이전에는 나호드카 항구가 이용되었음)까지 해상운송하고 그곳에서 러시아 국내는 시베리아철도로써 육상운송하고 국경에서 철도, 트럭, 선박 등으로 결합(또는 반대의 코스로 운송)하여 최종목적지까지 운송하는 포워더 주재의 국제복합일관운송이다. 이것을 TSCS(trans Siberian container service)라 부른다.

보스토치니 항구에서 대륙횡단철도에 운송 후 유럽, 중동의 각 목적지까지 접속운송수단의 종류는 철도, 선박, 트럭 등의 3가지 방법이 있는데, 첫째, 철도

(trans rail)로는 러시아 서부 국경역까지 약 10,000km 운송되고 러시아철도의 광궤가 1,520mm이기 때문에 표준궤도인 1,435mm의 유럽철도로 국경역에서 옮겨 실어 최종목적지까지 운송하는 방법이다.

둘째, 선박(trans sea)에 의한 방법은 보스토치니항에서 러시아대륙횡단철도로 레닌그라드 및 기타의 항구까지 운송한 뒤 그곳에서 최종목적항까지 러시아 선박으로 운송하는 방법이다. 마지막으로는 트럭(tracons)인데 대륙횡단철도 종점에서 러시아트럭으로 유럽 각국의 목적지까지 내륙운송하는 방법이다. 이 3가지 운송방법 중에서 가장 많이 이용되는 것이 철도이다.

[그림 10.13] 시베리아 랜드브리지 경로

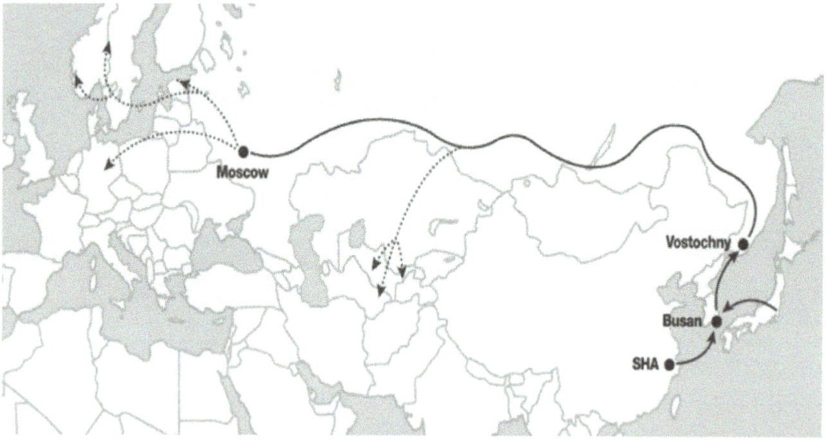

이러한 SLB는 1971년 3월 소련극동선박공사(far east shiping Co.: FESCO)에서 일본-나호토카 사이에 운행한 것이 본격적인 운송의 시발점이었으며, 그 뒤 매년 발전하여 집하지역은 일본, 한국, 대만, 홍콩, 필리핀 등까지, 그 목적지도 서유럽을 비롯한 동유럽, 북유럽, 지중해, 중동, 북아프리카 등으로 확대되었다.

4) 중국 랜드브리지(CLB)

중국 랜드브리지(China land bridge: CLB)는 한국, 일본 등에서 중국의 연운항 또는 상해, 천진, 대련 등으로 컨테이너 화물을 해상운송하고 그곳을 거점으로 철도를 이용하여 중국대륙을 횡단하거나 시베리아철도에 접속하여 유럽, 중동 등으로 일관운송하는 것을 말한다. CLB는 한국에서 로테르담까지의 거리가 약 10,900km이고 SLB는 약 13,000km이므로 SLB에 비해 거리가 약 2,000km가 짧으며 운송일수의 단축이나 운임을 절감할 수 있는 노선이다.

[그림 10.14] 중국 랜드브리지 경로

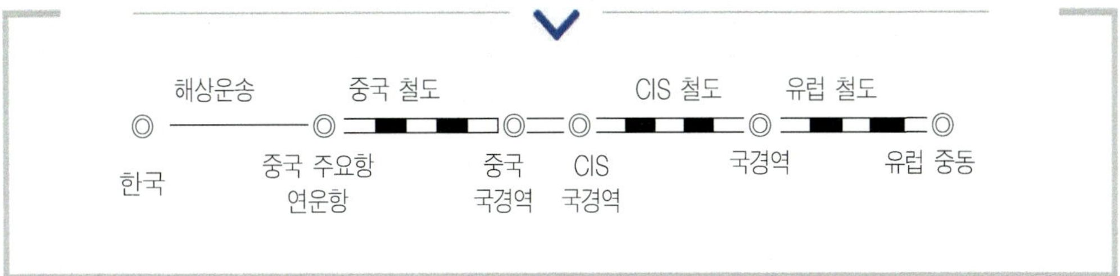

5) 미니 랜드브리지(MLB)

미니 랜드브리지(mini land bridge: MLB)는 해운선사가 주재하는 운송서비스로서 극동 - 북미서안 간을 해상운송하고 서안항에서 북미의 동안항 등으로 철도운송한다. 또한 컨테이너 일관운송으로 북미동안 항로의 우회로(by pass)적 역할을 하고 있다. 통상 철도화물터미널에서 화물의 인수인계가 이루어지지만 선사의 CY, CFS에서도 인수도가 이루어진다. 극동에서 뉴욕까지의 해상운송거리는 9,800마일이지만 서안 경유 철도운송은 7,600마일로 2,200마일이 단축된다.

[그림 10.15] 미니 랜드브리지 경로

6) 인테리어 포인트 인터모덜(IPI)

인테리어 포인트 인터모덜(interior point intermodal: IPI)은 최소한 두 개 이상의 운송수단, 일반적으로 해상과 철도를 이용하여 미국의 내륙지역까지 수출입컨테이너 화물을 운송하는 것으로서 마이크로 브리지(micro bridge)라고도 불린다. 북미항로에 취항 중인 많은 해운선사들은 미국 내륙지역으로 향하는 국제복합일관운송이며 극동에서 미국 서안항까지 해상운송하고 미국 서안에서 미국 내륙도시에 철도나 트럭으로 일관 운송하는 것이다.

미니 랜드브리지 서비스는 미국 동안까지 해상운송대체수단으로 'Port to Port'의 서비스인 데 비해 인테리어 포인트 인터모덜 서비스는 미국 내륙 주요 도시까지의 'Port to Point'의 복합일관운송 서비스로, 내륙 주요 도시의 철도, 터미널 또는 선사보유 CY까지 서비스가 행해진다.

[그림 10.16] IPI 루트

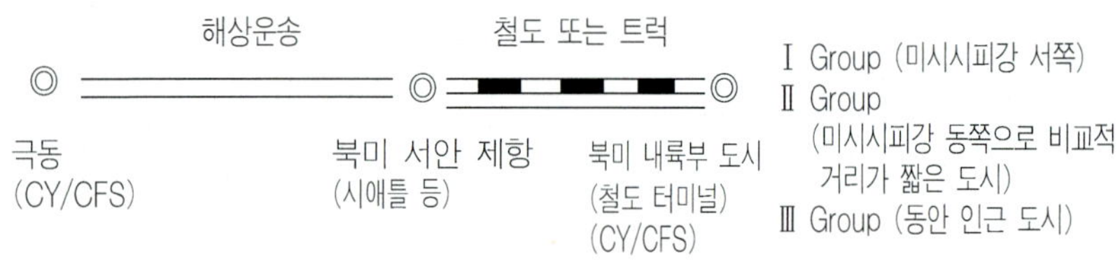

[그림 10.17] IPI 경로

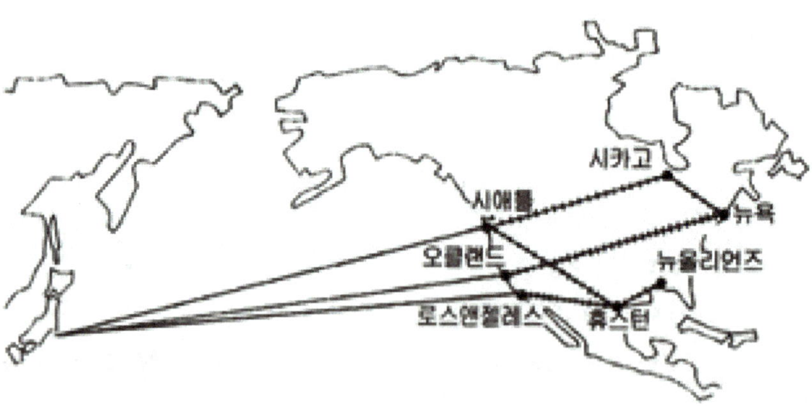

7) 리버스 인테리어포인트 인터모덜(RIPI)

리버스 인테리어 포인트 인터모덜(reversed interior point intermodal: RIPI)은 컨테이너선으로 극동에서 파나마운하 경유, 미국 동안 제 항구까지 해상운송하고 그곳에서 철도, 트럭으로 접속하여 내륙도시로 운송하는 선박회사 주재의 운송서비스이며 'Reversed Micro Bridge (RMCB)'라고도 불린다.

이 RIPI는 IPI 서비스에 대항하는 수단으로 1980년에 미국 동안을 취항하는 US Line 등에 의해 시작되었다.

[그림 10.18] RIPI 루트

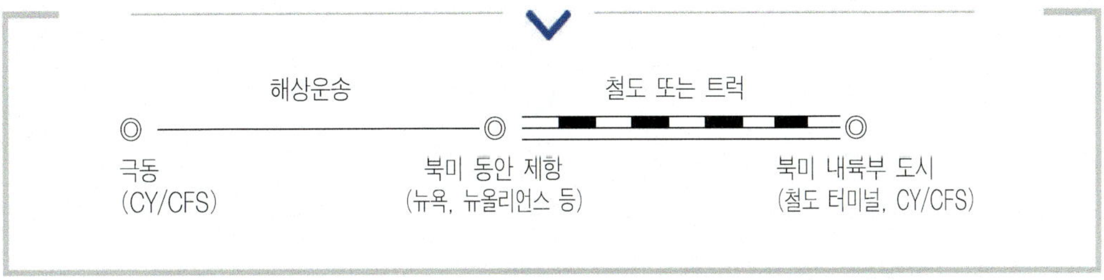

[그림 10.19] RIPI 경로

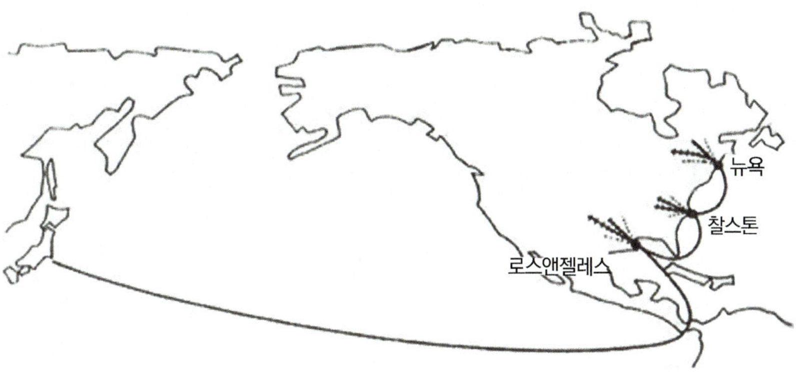

8) 아시아 지역 해륙복합일관운송

한국-아시아 지역간의 해륙복합 일관운송으로는 포워더의 주재에 따라 한국과 중국, 일본, 몽골, 기타 동남아 제국을 맺는 루트가 주류이다.

아시아지역 외 기타 지역으로는 한국-호주, 한국-아프리카, 한국-중남미 등의 해륙복합일관운송 루트가 있다.

〈표 10-2〉 부산 - 로테르담 국제운송 운송거리 비교

(단위: km)

전구간 해상운송		복합운송	
수에즈경유	20,000	ALB	20,000
파나마경유	23,000	SLB	13,000
케이프타운경유	27,000	CLB	11,000

[그림 10.20] 세계 주요 해상운송로

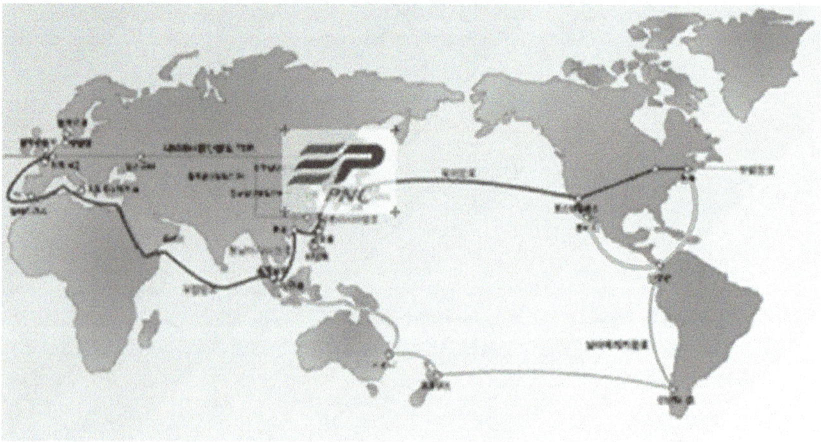

제11장 내륙운송시스템

제1절 국내운송의 의의

1. 운송의 정의

국가간의 물류활동인 국제물류활동을 수행하는 과정에는 필연적으로 내륙운송이 포함된다. 내륙운송의 선택방법에 있어서도 총마케팅비용에 입각하여 그 운송수단을 결정하게 되는데, 국내운송에서 사용되는 운송수단으로는 자동차와 철도, 그리고 연안운송을 이용한 선박이 해당된다.

근래의 운송은 단순한 재화의 장소적 또는 공간적 이동이란 개념에서 탈피하여 마케팅 관리상 물류시스템 합리화의 한 요소로서 작용하며, 운송외의 수주, 포장, 보관, 하역, 유통가공을 포함하는 총마케팅비용의 절감과 고객서비스의 향상이라는 관점에 주안점을 두고 물류활동을 전개하고 있다.

운송은 이와 비슷한 용어로도 많이 혼용해서 사용되고 있는데 조금씩 미묘한 차이가 있어 그 용어를 정리하면 다음과 같다.

* **운송** : 재화의 이동을 서비스의 공급이라는 측면으로 해석
* **교통** : 재화의 이동을 현상적으로 파악
* **운수** : 행정상의 운송이나 상법 등 법률상의 운송과 동의어
* **운반** : 한정된 범위에서의 운송
* **배송** : 상거래 성립 후 고객이 지정하는 수화인에게 화물을 배달 및 발송
* **운송** : 운송과 같은 뜻으로 주로 일본에서 많이 사용

2. 운송수단의 결정

트럭, 철도, 내항해운, 항공 등 운송수단의 선택은 물류효율화에 중요한 의의를 가지며, 그 운송시스템이 구하는 운송서비스와 운송코스트를 종합적으로 감안해서 결정할 필요가 있다, 이 경우 단일의 운송수단으로 운반해도 좋고, 복수의 운송수단을 포함해서 운송해도 좋을 것이다. 운송수단을 결정할 때 판단기준이 되는 운송기관의 서비스 특성 요소는 다음과 같다.

* **운임** : 운임의 고저
* **운송시간** : 도착시간의 장단
* **빈도성** : 몇 회 수배송되는가?
* **운송능력** : 운송량의 대소
* **화물의 보전성** : 운송중의 파손 또는 오염
* **적합성** : 로트 사이즈가 적합한가?
* **시간적 확실성** : 도착시간의 확실성
* **탄력성** : 운송 수요활동에의 적응
* **네트워크성** : 다른 운송기관과의 연결
* **정보성** : 화물의 현재 위치정보

위의 요소 중 어느 요소에 선택의 비중을 두는가는 개개의 운송수요에 따라 다르지만, 일반적으로 운임과 운송시간이 가장 중요한 선택요소가 되며, 구체적인 선택은 이것들의 요소 중 운송수요의 각 관점에서 종합적으로 평가해서 행하게 된다.

물류의 목적에서와 같이 물류의 하위기능들 간에도 트레이드-오프(trade off) 관계가 성립되는데, 예를 들면, 재화의 빈번한 이동은 운송비를 높이지만, 보관비용과 재고유지비용은 적게 들며, 운송비를 줄이려고 단위운송을 하게 되면 반대의 경우가 발생한다.

또한, 고도의 안전과 확실하고 신속한 화물운송은 당연히 운송비용이 높아지게 된다.

〈표 11-1〉 국내 화물운송량 및 분담률

(단위 : 천톤, 분담률(%))

			2015	2016	2017	2018	2019	2020
화물	철도	운송량	37,094	32,555	31,670	30,915	28,664	26,277
		분담률	1.9	1.6	1.6	1.5	1.4	1.4
	공로	운송량	1,761,291	1,799,565	1,854,011	1,895,686	1,847,241	1,788,917
		분담률	91.3	91.1	91.4	92.6	93.1	92.8
	해운	운송량	128,611	143,227	142,587	120,327	107,408	111,513
		분담률	6.7	7.2	7.0	5.9	5.4	5.8
	항공	운송량	288	293	290	273	259	182
		분담률	0.1	0.1	0.0	0.0	0.0	0.0

자료: 국토교통부.

제2절 화물자동차 운송

1. 화물자동차 운송의 의의

화물자동차란 화물을 운송하기 적합하게 바닥면적이 최소 $2m^2$ 이상인 화물적재공간을 갖추고, 화물적재공간의 총적재화물 무게가 운전자를 제외한 승객이 승차공간에 모두 탑승했을 때의 승객의 무게(1인당 65kg으로 한다)보다 많은 자동차로서 다음에 해당하는 자동차를 말한다.

① 화물적재공간의 윗 부분이 개방된 구조의 자동차, 유류・가스 등을 운반하기 위한 적재함을 설치한 자동차, 화물을 싣고 내리는 문을 갖춘 적재함이 설치된 자동차(구조・장치의 변경을 통하여 화물적재공간에 덮개가 설치된 자동차를 포함한다) 등 승차공간과 분리된 화물적재공간이 있는 자동차

② 화물적재공간과 승차공간이 동일 차실 내에 있으면서 화물의 이동을 방지하기 위해 격벽을 설치한 자동차로서 화물적재공간의 바닥면적이 승차공간의 바닥면적(운전석이 있는 열의 바닥면적을 포함한다)보다 넓은 자동차

③ 화물을 운송하는 기능을 갖추고 자체 적하, 기타 작업을 수행할 수 있는 설비를 함께 갖춘 자동차

화물트럭에 의한 공로운송은 각국의 도로망 확충 및 운송차량의 발달과 대형

화 추세에 따라 그 나라의 종합운송 체계의 핵심적인 역할을 수행하며, 다른 운송수단을 연결하여 마무리 운송을 해결하는 유일한 운송수단으로 지역내 운송이나 지역간 운송에 있어 매우 중요한 역할을 담당하고 있다.

트럭운송의 특징은 다음과 같다.

첫째, 기동성과 신속한 배달이 가능
둘째, 신속하고 정확한 문전간 운송 실현
셋째, 운송기능의 유통가공 확대에 일체화 납품가능
넷째, 소량의 운송단위, 에너지 다소비형의 운송수단
다섯째, 복합일관운송 등의 운송네트워크 형성의 중심
여섯째, 노드와 링크 양단에 걸쳐 도로 혼잡, 소음, 진동, 배기가스 등

2. 화물자동차의 종류

1) 소유기준 분류

(1) 자가용 트럭

트럭의 소유자가 자기의 차를 이용하여 자기화물을 운반하는 것으로, 자가용 트럭은 실동률이나 실차율 면에서 영업용 트럭에 비해 열세이다.

(2) 영업용 트럭

타인의 운송수요에 대해 화물을 운반하는 트럭을 말한다.

2) 구조기준 분류

(1) 보통 트럭

보통 트럭은 트럭 중에서 가장 일반적인 자동차로서 차종은 적재량 1톤 미만의 소형차로부터 13톤의 대형차까지 다양하다.

(2) 트레일러

트레일러는 자동차의 동력부문과 적화부문으로 나눌 경우 적화부문을 말하며, 일반적으로 풀트레일러, 세미트레일러, 폴트레일러의 3가지로 대변할 수 있다.

① 풀트레일러(full trailer)

총 하중을 트레일러만으로 지탱되도록 설계되어 선단에 견인구, 즉 트랙터를 갖춘 트레일러이다. 돌리와 조합된 세미트레일러는 풀 트레일러로 해석된다.

② 세미트레일러(semi-trailer)

세미 트레일러용 트랙터에 연결하여, 총 하중의 일부분이 견인하는 자동차에 의해서 지탱되도록 설계된 트레일러이다.

③ 폴트레일러(poll trailer)

기둥, 통나무 등 장척의 적하물 자체가 트랙터와 트레일러의 연결부분을 구성하는 구조와 트레일러로서, 거리는 적하물의 길이에 따라 조정할 수 있다.

④ 돌리(dolly)

세미 트레일러와 조합해서 풀 트레일러로 하기 위한 견인구를 갖춘 대차를 말한다.

* 트레일러의 장점

트레일러는 대량 신속을 위한 차량으로서 대형화, 경량화, 화물적재의 효율성과 안정성, 타 운송수단과 협동일관운송(복합운송)이 가능한 구조를 구비하고 있다.

- 트랙터의 효율적 이용
- 효과적인 적재량
- 탄력적인 작업
- 트랙터와 운전자의 효율적 운영
- 일시보관기능의 실현
- 중계지점에서의 탄력적인 이용

(3) 전용 특장차

적화작업, 기타의 작업을 행할 수 있는 기계장치를 설치한 차량으로서, 냉동차, 덤프차, 믹서차, 분립차, 운송차, 액체운송차 등이 있다.

(4) 합리화 특장차

전용 특장차에 화물의 적재, 하역의 합리화를 위한 설비기기를 장착한 차량을 말하며, 기기장비차, 측면전개차, 적화하역합리화차, 시스템차 등이 있다.

3) 연결형식 기준

(1) 모터트럭(motor truck)

일반 화물자동차에 트렉터의 트레일러가 완전히 붙어있는 차량

(2) 세미트레일러(semi-trailer truck)

연결장치가 끼워진 하나 이상의 차축을 가진 트레일러를 갖춘 트럭

(3) 풀트레일러(full trailer truck)

자기중량과 화물의 전 중량을 소화할 수 있는 구조를 가진 트레일러가 붙어 있는 트럭

(4) 폴트레일러(pole trailer truck)

대형 목재, 대형 파이프, 교각 등의 장척화물 운반용 트레일러가 부착된 트럭

(5) 연결차(motor vehicle combination)

대형 중량화물을 운송하기 위해 1대 이상의 견인 자동차를 연결한 상태의 차량

4) 컨테이너 운송차량

(1) 세미트레일러 운송차(semi trailer combination)

1대의 트렉터에 1대의 세미 트레일러를 연결한 방식의 차량

(2) 더블버틈트레일러 운송차(double bottom trailer combination)

제1의 세미트레일러에 제2의 세미트레일러를 연결한 방식의 차량

(3) 풀트레일러 운송차(full trailer combination)

풀트렉터와 풀트레일러를 연결한 상태의 화물자동차

[그림 11.1] 화물자동차 종류

3. 화물자동차 운송의 장단점

1) 장점

① 문전에서 문전으로 일관운송이 가능
② 근거리 운송에 적합
③ 화물포장이 간단
④ 수요대응의 유연성

2) 단점

① 대량운송에 부적합
② 장거리 운송시 운임부담
③ 교통사고, 공해문제가 발생
④ 에너지 다량소비

4. 우리나라 화물자동차 운송제도

1) 화물자동차운송사업

"화물자동차 운송사업"이란 다른 사람의 요구에 응하여 화물자동차를 사용하여 화물을 유상으로 운송하는 사업을 말한다. 이 경우 화주(貨主)가 화물자동차에 함께 탈 때의 화물은 중량, 용적, 형상 등이 여객자동차 운송사업용 자동차에 싣기 부적합한 것으로서 그 기준과 대상차량 등은 국토교통부령으로 정한다.

〈표 11-2〉 화물자동차운송사업의 허가 기준(제13조 관련)

구분/업종	일반화물자동차 운송사업	개인화물자동차 운송사업
허가기준 대수	20대 이상	1대
사무실 및 영업소	영업에 필요한 면적	없음
최저보유 차고면적	화물자동차 1대당 해당 화물자동차의 길이와 너비를 곱한 면적	해당 화물자동차의 길이와 너비를 곱한 면적. 다만, 주사무소가 있는 특별시·광역시·특별자치시·특별자치도·시 또는 군의 주차 여건과 교통상황 등을 종합적으로 고려하여 최대적재량 1.5톤 이하 (특수자동차의 경우 총중량 35톤 이하) 화물자동차를 소유하고 있는 개인화물자동차 운송사업자에게 차고지를 설치하지 않도록 해당 지방자치단체의 조례로 정한 경우에는 차고지를 설치하지 않을 수 있다.
화물자동차의 종류	「자동차관리법」에 따른 화물자동차 또는 특수자동차	「자동차관리법」에 따른 화물자동차 또는 특수자동차
업무형태	업무형태를 제한하지 않음	업무형태를 제한하지 않음. 다만, 집화등만을 위해 허가를 받으려는 경우에는 국토교통부장관이 고시하는 시설 및 장비기준을 갖추고, 화물을 집화·분류·배송하는 형태의 운송사업을 하는 운송사업자와의 전속 운송계약을 통해 그 운송사업자의 명의로 사업을 수행할 것

자료 : 화물자동차운수사업법 시행규칙 〈별표 1〉, 〈개정 2019.6.28.〉.

2) 화물자동차 운송주선사업

"화물자동차 운송주선사업"이란 다른 사람의 요구에 응하여 유상으로 화물운송계약을 중개·대리하거나 화물자동차 운송사업 또는 화물자동차 운송가맹사업을 경영하는 자의 화물 운송수단을 이용하여 자기 명의와 계산으로 화물을 운송하는 사업(화물이 이사화물인 경우에는 포장 및 보관 등 부대서비스를 함께 제공하는 사업을 포함한다)을 말한다.

〈표 11-3〉 화물자동차 운송주선사업의 허가기준(제38조 관련)

항목	허가기준
사무실	영업에 필요한 면적. 다만, 관리사무소 등 부대시설이 설치된 민영 노외주차장을 소유하거나 그 사용계약을 체결한 경우에는 사무실을 확보한 것으로 본다.

자료 : 화물자동차 운수사업법 시행규칙 〈별표 4〉, 〈개정 2019.6.28.〉.

3) 화물자동차 운송가맹사업

"화물자동차 운송가맹사업"이란 다른 사람의 요구에 응하여 자기 화물자동차를 사용하여 유상으로 화물을 운송하거나 화물정보망(인터넷 홈페이지 및 이동통신단말장치에서 사용되는 응용프로그램을 포함한다. 이하 같다)을 통하여 소속 화물자동차 운송가맹점(제3조제3항에 따른 운송사업자 및 제40조제1항에 따라 화물자동차 운송사업의 경영의 일부를 위탁받은 사람인 운송가맹점만을 말한다)에 의뢰하여 화물을 운송하게 하는 사업을 말한다.

〈표 11-4〉 화물자동차 운송가맹사업의 허가기준(제41조의7 관련)

항목	허가기준
허가기준 대수	50대 이상(운송가맹점이 소유하는 화물자동차 대수를 포함하되, 8개 이상의 시·도에 각각 5대 이상 분포되어야 한다)
사무실 및 영업소	영업에 필요한 면적
최저보유차고면적	화물자동차 1대당 그 화물자동차의 길이와 너비를 곱한 면적(화물자동차를 직접 소유하는 경우만 해당한다)
화물자동차의 종류	제3조에 따른 화물자동차(화물자동차를 직접 소유하는 경우만 해당한다)
그 밖의 운송시설	화물정보망을 갖출 것

자료 : 화물자동차 운수사업법 시행규칙 〈별표 5〉, 〈개정 2022.6.28.〉.

제3절 철도운송

1. 철도운송의 의의

철도는 자동차와는 달리 궤도운송만을 목적으로 대형자본이 투자되기 때문에 투자규모가 크고 전문화 및 고정화됨으로써 영업이익이 적정수준을 넘지 못한다고 할지라도 처음 투자에 대한 회수이익이 증대할 가능성이 있다면 계속적인 추가투자와 영업활동을 수행해야 하는 특징이 있다. 이 같은 이유에서 많은 국가에서 초기에는 국영 및 공공 독점기업으로 운영하였으나 그 합리성이 문제가 되어 지금은 민영화하여 운영되고 있다.

철도운송은 대량의 상품을 운임부담이 적고 원거리로 운송하는 데 이용되는 운송수단이며, 트럭과 연계하여 일관운송이 가능해 복합운송수단으로도 많이 이용된다.

2. 철도운송의 종류

1) 차취급

차취급이란 화물을 대절한 화차에 싣고 운송하는 것을 말하며, 일반적으로 대량이고 장거리 운송에 많이 이용된다. 대절 시 통상 1차 단위를 원칙으로 하나 2차 이상의 화차에 걸쳐서 운송할 때에는 사용대차를 1단위로 간주하고 있다.

일반적으로 철도의 화물운송은 차취급을 많이 이용하며, 화차는 유개차, 무개차 또는 특수화물 운송에 적합한 여러 가지 형태가 있다. 현재에는 특수화차와 함께 화주가 직접 운용하는 기업화차도 증가하는 추세이다.

2) 컨테이너취급

컨테이너취급이란 문전에서 문전까지 일관운송함으로써, 종래의 철도운송의 약점을 극복한 운송형태를 말한다. 이 형태는 철도와 자동차를 결합한 대량운송을 위한 최적의 운송방법이다.

(1) TOFC(Trailer on flat car) 방식

컨테이너의 철도운송 방식으로 화차 위에 고속도로용 트레일러를 함께 적재한 운송방식이다. 장거리 정기노선 운송의 효율성을 높이고 트럭에 의해 지역간의 신속한 집화 및 인도를 위해 두 운송체제가 결합한 방식이다. 철도역에서 하역장비 없이 컨테이너를 적재 및 하역할 수 있다.

(2) COFC(Container on flat car) 방식

경사로를 이용하여 하역기기 없이 컨테이너만을 화차에 적재하여 운송하는 컨테이너의 철도운송방식으로 대량 컨테이너를 신속히 운송하기에 적합한 방식이다. 이 방식은 TOFC 방식보다 발전되어 보편화되어 있으며, 각종 크레인, 피기베커(piggy-backer) 트렌스테이너 및 포크리프트 등이 장비된 역에서 컨테이너만 분리하여 하대에 싣는다.

3) 혼재차취급

통운업자가 일반 화주들로부터 소화물의 운송을 위탁받고 이를 행선지별로 차취급이나 컨테이너 단위로 재취합하여 철도의 차취급이나 컨테이너취급으로 운송함으로써 그 운임의 차액을 취득하기 위한 운송제도이다. 통상적으로 화주는 통운업자와 계약을 체결하여 통운업자는 철도회사와 운송계약을 맺는다.

4) 화물취급

화물취급에는 소화물을 그 목적물로 하여 객차편으로 운송하는 방식인 소화물취급과 여객이 출발역에서 운송을 위탁하는 방식인 수화물취급이 있다.

5) 철도화물 운임 체계

(1) 일반화물 운임

- 거리(km)×톤수×임률(45.9원)
- 일반화물 최저운임 : 화차표기하중톤수의 100km에 해당하는 운임
  (하중부담을 하지 않는 보조차 및 갑종철도차량 : 자중톤수 100km 운임)

(2) 컨테이너화물 운임

- 거리×규격별 임률(20' 40' 45')

- 컨테이너화물 최저운임 : 규격별, 영·공별 100km에 해당하는 운임

〈표 11-5〉 철도운임 체계 (2022. 10. 기준)

구 분		운임단가(km)	최저운임
일반화물		45.9원/톤	화차표기하중톤수의 100km에 해당하는 운임
컨테이너	20피트	516원	규격별, 영·공별 100km에 해당하는 운임
	40피트	800원	
	45피트	946원	
공컨테이너		규격별 영컨테이너 임률의 74% 적용	

자료: 철도공사 홈페이지.

6) 철도화물 운송절차

[그림 11-2] 철도화물 운송절차

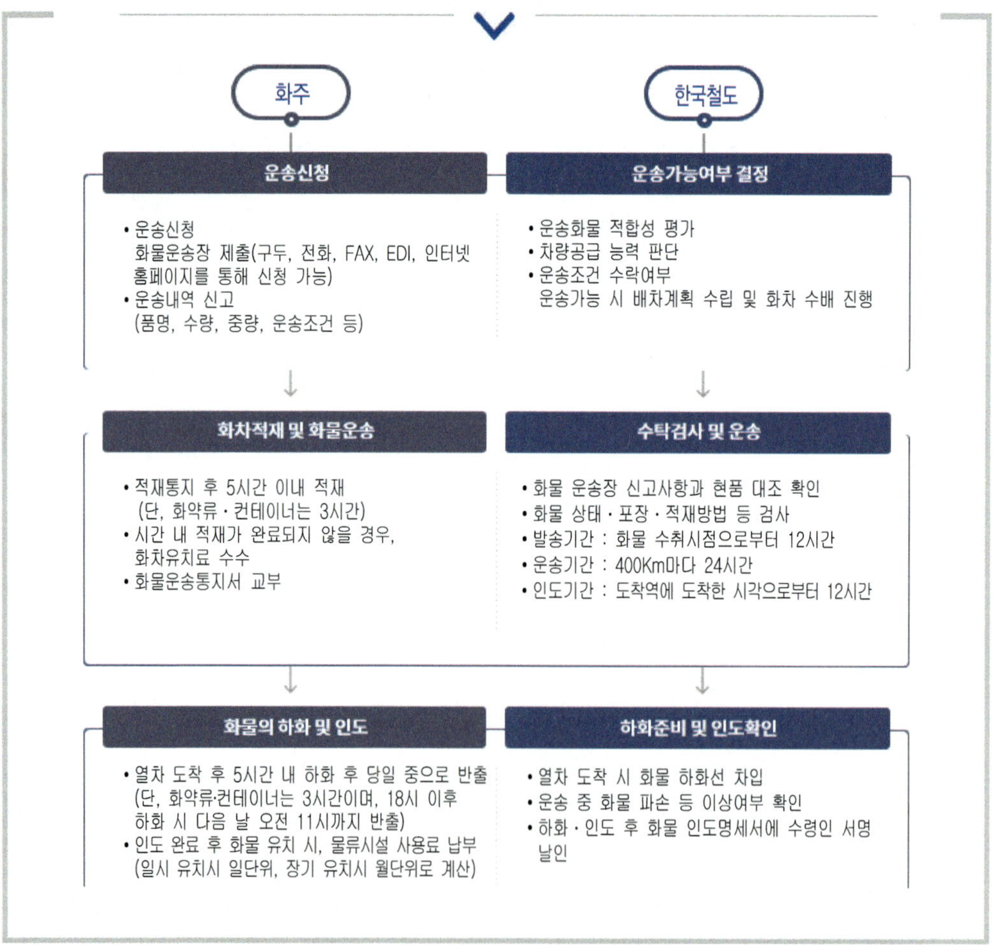

3. 화물운송용 차량 종류

(1) 유개차(Box Car) - 포대화물, 제지류 등, 양측에 슬라이딩 도어

(2) 전개형 유개차(Full Door Box Car) - 측문전개형과 자동록킹장치

(3) 컨테이너형 유개차(Container Box Car) - 용도전환 사용 가능

[그림 11.3] 철도 화차 종류

ㅇ 유개차(Box Car)

- 포대화물(양회, 비료 등), 제지류 등을 수송하기 위한 차량

ㅇ 무개차(Condola Car)

- 유개차에 적재할 수 없는 석탄, 자갈, 대화물 등 여러 종류의 화물을 수송할 수 있는 차량

ㅇ 자갈차(Ballast Hopper Car)

- 자갈차는 선로노반에 사용할 자갈을 수송하기 위한 차량

ㅇ 곡형평판차(Depressed Center Flat Car)

- 특대형 화물 수송용 차량, 중앙부 저상 구조로 대형 변압기, 군장비 등을 적재

ㅇ 컨테이너차(Container Carrier Car)

- 수출입 컨테이너화물 수송차량으로 컨테이너 규격(20', 40')에 따라 적화할 수 있도록 되어 있음

ㅇ 유조차(General Service Tank Car)

- 유류수송용 차량

ㅇ 벌크시멘트차(Bulk Cement Tank Car)

- 시멘트 수송 전용 차량

ㅇ 차장차(Caboose Car)

- 승무원이 탑승하여 후부 열차 감시 및 열차안전 운행 등의 업무를 하기 위한 설비를 갖춘 차량

ㅇ 소화물차(Baggage Car)

- 신문, 잡지 등 소형, 경량화물수송에 적합한 차량, 승무원실(15㎡)과 화물실(85㎡)로 구성

(4) 곡물차(Grain Hopper Car) - 양곡, 사료 등
(5) 무개차(Gondola Car) - 지붕이 없고, 석탄, 자갈 등 다종화물
(6) 일반호퍼차(General Service Hopper Car) - 무연탄운송
(7) 자갈차(Ballast Hopper Car) - 선로 자갈 운송차량
(8) 일반유조차(General Service Tank Car) - 유류운송용 차량
(9) 벌크시멘트차(Bulk Cement Tank Car) - 시멘트 운송 전용차량
(10) 아스팔트 조차(Asphalt Tank Car) - 가열관 설치, 아스팔트 운송
(11) 황산 조차(Sulfuric Acid Tank Car) - 진한 황산 운송
(12) 컨테이너차(Container Carrier Car) - 규격별 컨테이너 운송
(13) 냉동컨테이너차(Refrigerated Container Carrier Car)
(14) 코일강판 운송차(Steel Coil Carrier Car) - 원통 코일강판 운송
(15) 곡형평판차(Depressed Center Flat Car) - 특대형 화물 운송용
(16) 자동차 운송차(Car Carrier) - 승용차 전용 운송, 1량에 8-14대
(17) 소화물차(Baggage Car) - 신문, 잡지 등 경량화물 운송

4. 철도운송의 장단점

1) 장점

① 장거리 운송일수록 운송비용이 저렴하다
② 안전도가 높다
③ 계획운행이 가능하다
④ 전국적인 철도망을 가지고 있다
⑤ 운임의 할인제도가 있다
⑥ 기후에 크게 영향을 받지 않는다

2) 단점

① 마감운송의 경우 환적작업이 필요하다
② 열차편성에 시간이 걸린다
③ 화차의 소재관리에 어려움이 있다
④ 배차의 탄력성이 없다

⑤ 운임설정의 경직성이 있다
⑥ 적재중량당 용적량이 적다
⑦ 문전에서 문전까지의 운송이 곤란하다

제4절 연안 및 수로운송

1. 연안운송의 의의

연안운송이란 화물운송 시 선박을 이용하여 연안 간을 운송하는 방식을 말한다.

우리나라는 현재 공로 및 철도운송이 한계점에 도달하여 산화물과 컨테이너 화물 등의 연안해상운송의 중요성이 날로 더해 가고 있다.

수출 컨테이너화물의 연안해상운송은 1989년 8월부터 (주)한진에 의해 부산-인천 간의 해상보세운송이 시작되었고, 현재는 컨테이너 연안운송으로 풀컨테이너 전용선이 부산과 인천 간을 운항하고 있다.

연안운송을 통해 운송되는 화물은 석유, 시멘트, 철강제품, 모래 등 국가 기간산업에 필요한 화물이다. 도서지역에 대한 생필품의 운송은 연안화물선이 전담하며, 국가 연안운송의 경제성은 다른 운송수단에 비해 탁월하고, 운송비용이 가장 적게 들며 환경친화적인 운송수단이다.

우리나라의 연안운송은 경제성장에 따른 물동량의 증대로 육상운송의 체증이 심화되어 물류비가 상승함으로써 이를 해결하기 위한 대체 운송수단으로 필요성이 부각되고 있다. 즉, 컨테이너화물의 전체 물동량의 95% 이상이 부산 및 광양항을 통하여 처리되고 있으며 컨테이너화물을 운송할 때에는 지나치게 공로운송에 의존하여 고속도로 및 국도의 극심한 정체와 도로파손 등으로 물류비가 상승하고 있다. 따라서 대량화물 운송수단인 선박을 이용하여 주로 연안항 사이를 왕복하는 컨테이너 물동량을 운송함으로써 교통체증을 완화하고 물류비를 감소시킬 수 있는 연안운송 활용이 요원하다.

연안해상운송을 이용하는 국내업체는 아직까지 소수이며 이들이 연안해상운송을 이용하는 주요한 이유로는 육로운송의 극심한 교통체증, 운송화물의 용적이 비대하여 육로운송의 곤란, 운임저렴, 통관용이 등을 꼽고 있다.

2. 연안운송의 필요성

1) 운송비 절감

화물의 특성상 기·종점이 일정 지역에 편중되어 있고, 화물의 출발지와 목적지가 임해지역이거나 항만과 근거리에 위치한 화물을 운송할 경우 연안운송을 많이 이용한다.

연안운송은 각종 운송수단에 비해 톤, km당 비용이 가장 저렴한 물류비 절감형 운송수단이다.

이러한 연안운송은 장거리, 대량화물 운송에 가장 경제적이나, 화물의 특성이나 1회 운송하는 화물량, 그리고 출발지나 목적지에 따라 철도운송이나 연안운송이 선택적으로 활용된다.

2) 대량화물의 국내운송

선박을 이용하는 연안운송은 1회에 운송하는 화물량이 육상의 트럭이나 열차에 비해 수십 배 내지 수백 배 이상으로 운송할 수 있어 규모의 경제효과를 거둘 수 있다.

3) 중요자원의 안정적 운송

연안 해운은 국가 기간산업 발전에 필수적인 원자재, 즉 유류, 가스, 시멘트, 철제품, 모래, 컨테이너 등을 안정적으로 운송함으로써 적기에 수출 및 내수용 원자재를 투입하고 산출물을 적기에 수출할 수 있도록 지원하는 역할을 담당하고 있다.

4) 도서지역에 필요한 운송

연안운송 선박은 섬이 많은 도서지역에 안정적으로 생필품을 공급하고 있으며, 카페리선 등은 도서주민과 관광객을 운송하는 역할을 담당한다.

5) 남북 물자교류 활성화에 대비

남북 간 경제교류가 확대되고, 남북 간 도로와 철도의 연결 등 남북 물자교류가 활발해지면 남북 간 연안운송도 확대될 것으로 전망된다.

6) 국가안보상 필요

해운은 전쟁이나 분쟁 발생 시 필요한 군수물자를 운송하고, 병력을 운송하는 역할을 수행하며, 연안 해운도 국가 안보와 관련하여 필요한 보급물자와 인력을 공급하거나 해상로를 차단하기 위한 수단으로 활용된다.

3. 연안운송의 장단점

1) 장점

① 저 코스트
② 대량운송 가능
③ 장거리운송에 적합
④ 대륙 간 운송 가능
⑤ 환경오염 최저

2) 단점

① 운송속도가 비교적 늦다
② 항만시설비에 과다 비용
③ 하역비가 높다
④ 운송시간의 정확성이 떨어진다
⑤ 기후에 좌우되기 쉽다

4. 카페리를 이용한 연안운송

1) 카페리운송의 의의

카페리(Car Perry)는 자동차와 여객을 동시에 운송할 수 있는 선박이다. 기존 카페리는 도서 지방을 연결하는 주요 운송수단으로 활용되었지만, 최근 장거리 카페리는 한일항로, 한중항로 등에 취항함으로써 차량과 컨테이너를 동시에 운송한다.

카페리 항로에는 대체로 컨테이너선과 카페리가 경쟁관계를 형성하고 있으며, 운임 수준은 카페리선이 컨테이너선보다 다소 높고, 운송시간은 카페리선이 컨테이너선보다 빠르다. 카페리는 적은 인력으로 운항이 가능하며, 산업단지와 섬 관광지를 연결하여 지역개발에 기여하고, 생동물과 생선, 과일 등의 직송이 가능하여 상품의 수급조절과 가격 안정에 기여하고 있다.

카페리(car ferry)는 선박의 특성과 자동차의 기능을 유기적으로 결합한 일관운송수단으로서 그 운송방식은 컨테이너선과 거의 유사하다. 이 같은 카페리를 이용하여 세계 여러 나라에서는 연안해상운송에서 내항 컨테이너선과 치열한 경합을 벌이고 있다.

이 두 운송수단은 모두 해륙복합운송에 의해 운송합리화를 추구하나 내항 컨테이너선은 규격화된 컨테이너를 조직화된 운송체계에서 운송하지만 카페리는 불특정 다수, 다종류의 여객이나 자동차 및 공산품 등의 화물을 운송한다는 점에서 차이가 있다.

기본적으로 페리운송은 화물의 운송을 일반 해상운송방식으로 처리해야 할 구간에서 상하역작업을 하지 않고 차량과 화물을 하나의 화물로 간주하여 운송하는 개념임과 동시에 화물의 상하역작업을 Lift-on, Lift-off 방식이 아닌 Roll-on, Roll-off 방식으로 처리함으로써 운송에 많은 이점을 주고 있다.

2) 카페리운송의 장점

(1) 하역비 절감

페리운송에서는 차량이 화물을 적재한 상태로 직접 배에 적재되기 때문에 화물 자체의 하역작업이 필요 없게 된다. 따라서 별도의 하역비가 발생하지 않는다.

(2) 신속한 운송

페리운송에서는 차량이 선박에 직접 적재되기 때문에 하역시간과 운송시간이 단축된다.

(3) 화물의 안전성 향상

부두에서 별도로 화물의 하역작업이 필요 없어, 화물의 파손 및 분실 가능성이 감소된다.

(4) 운행거리 단축

도서지역이 아닌 협・만 지역을 운항하는 페리선의 경우에는, 차량으로 원거리를 돌아 운행하는 비효율성을 제거하고 직선거리로 운행함으로써 전체적인 운행거리와 시간을 단축하는 효과가 있다.

(5) 차량의 고정비 절감

무인트레일러방식에서는 견인차를 적재하지 않고 타 화물운송에 투입함으로써 견인차량의 고정비를 절감할 수 있게 된다.

(6) 차량 운전기사의 인건비 절감

무인도선방법에서는 운전기사가 승선하지 않기 때문에 선박의 운항시간 동안 운전기사는 다른 운송업무를 수행할 수 있게 되어 결국 인건비를 절감할 수 있게 된다.

3) 카페리운송의 종류

(1) 차량페리

페리선 중 주로 승객과 일반화물, 일반 승용차 및 화물차량을 적재하고 운행하는 페리선을 말한다.

(2) 열차페리

페리선 중 철도 화차를 적재하고 운항할 수 있는 특수설비를 갖춘 선박이다. 선박 안에 화차가 진입할 수 있는 레일이 설치되어 있으며 부두와 선박을 유연하게 연결시킬 수 있는 특수한 설비들이 요구된다.

4) 카페리운송의 운영방법

(1) 유인도선방법(제1방법)

유인도선방법이란 화물자동차를 운전하는 기사가 직접 그 선박에 탑승하여 부두에 선박이 도착하면 직접 차량을 운전하여 운송하는 방식으로 주로 단거리 운송에 많이 이용된다.

(2) 무인도선방법(제2방법)

유인도선과 같이 화물자동차를 페리를 이용하여 도선하는 방법이나 해당 선박에 운전기사가 탑승하지 않고 차량만 선적한 후, 목적지에 도착하면 다른 운전기사가 운행을 하는 방식이다.

(3) 무인트레일러방법(제3방법)

무인도선방법과 유사하나 일반 화물자동차를 도선시키는 방법이 아니라 화물을 적재한 트레일러만을 도선시키는 방법이다. 트레일러만을 도선시키기 때문에 견인차(트랙터)와 운전기사가 운항시간 동안 불필요하게 운휴하는 시간이 삭감되며, 트랙터가 도착지에 운행함으로써 발생할 수 있는 각종 문제(운행허가, 타 운전기사의 운전에 따른 고장 발생 등)를 방지할 수 있다.

(4) Train-ship 피기백방법(제4방법)

활발하게 이용되고 있는 방법은 아니지만, 철도운영 회사가 철도운송을 활성화하기 위하여, 양단의 페리부두에 인접하여 대규모의 철도역을 설치하고, 피기백시스템에 의하여 운송된 트레일러나 화물자동차를 페리 부두에서 페리로 환적하고, 도착지에서도 차량을 하역한 후 다시 철도를 이용하여 최종목적지까지 운송하는 방식이다.

5. 수로운송

수로운송은 강이 발전되어 있는 국가에서 연안운송과 같은 효과를 가져온다. 특히 우리나라에서는 한강, 낙동강과 같은 도시와 연결되어 있는 강을 연안운송과 연결하여 화물운송에 이용하면 국내운송의 대부분이 육로운송에 의존하면서 발생하는 많은 문제점들을 해소할 수 있을 것이다.

우리나라에서는 처음으로 수로운송을 위해 한강을 이용한 서울과 인천을 연결하는 경인운하를 건설하기 위한 경인운하주식회사가 1999년 11월에 공식 출범하였고 2009년에서 2011년까지 개발단계를 거쳐 경인 아래뱃길이 탄생하였다.

경인 아라뱃길은 우리나라 최초의 운하로서 총사업비 2조 2458억원을 투입하여 인천 서구 오류동(서해)과 서울 강서구 개화동(한강)을 연결해 그 사이로 배가 다닐 수 있도록 만든 인공수로이다.

폭 80m, 수심 6.3m, 총길이 18km의 아라뱃길은 컨테이너선박 최대 250TEU까지 운반할 수 있는 선박이 다닐 수 있도록 평상시 수심 6.3m 이상을 유지하고 있다.

경인 아라뱃길이 탄생되면서 생긴 경인항에는 1단계로 총 16개의 선석이 운영되고 있으며, 화물운송 뿐만 아니라 여객운송, 유람선을 운항하여 한강과 서해를 잇는 관광루트도 선보이고 있다.

[그림 11.4] 아라뱃길

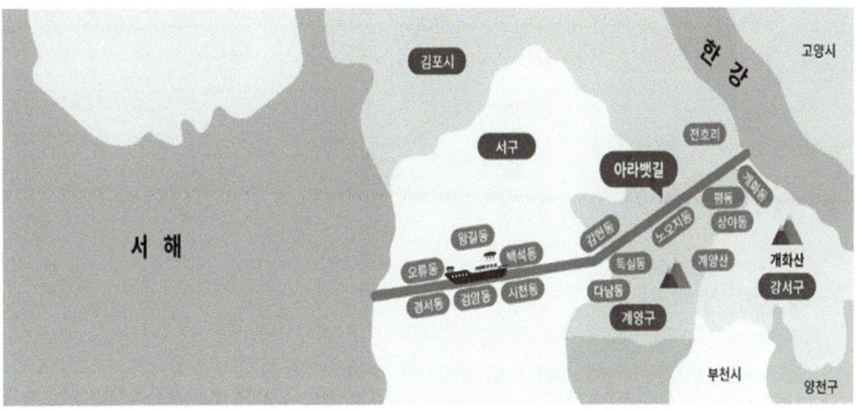

제 12 장 항만물류시스템

제 1 절 항만의 개요

1. 항만의 의의

1) 항만의 정의

항만은 천연 또는 인공에 의하여 외해의 풍파를 피해서 비교적 안전하게 선박이 정박할 수 있는 장소로서 수륙(水陸)교통의 연락시설을 갖추고 있는 곳을 말한다. 항만은 영어로 하버(harbor) 또는 포트(port)라는 용어로 쓰이고 하버는 천연 또는 인공에 의하여 선박의 안전한 박지(泊地)가 될 수 있는 장소로서 보다 넓은 전 항역(港域)을 말하며, 포트의 경우는 이러한 조건에 수륙연락시설을 갖춘 곳을 의미한다. 우리나라에서는 항구(港口), 포구(浦口), 나루(津) 등으로 불리어 왔다. 항만의 어원적 의미는 육상에서 해상 또는 해상에서 육상으로의 입구(入口)라는 뜻이 된다.

항만의 개념은 물리적인 측면뿐만 아니라 경제적・사회적인 측면에서 고찰할 필요가 있다. 항만은 해륙교통의 접속점에서 터미널 활동으로서 여객과 화물을 선박에 싣는 서비스를 제공하는 장소이며, 이를 매체로 하는 경제활동과 사회활동의 장소로서 의의를 갖게 된다.

항만에 대한 법률적인 측면에서 항만의 개념을 살펴보면 법령의 목적에 따라 약간의 차이는 있으나 항만시설, 영조물(營造物)로서의 항만, 선박이 정박하는 수역(水域), 육해교통의 연락기능을 영위하는 수역 등으로 사용되고 있으며, 항만법에는 항만에 대한 직접적인 정의는 규정하지 않았으나 소정의 항만시설과 수역, 육역(陸域)에 의하여 일체적으로 구성된 일정한 장소로서 항만관리자의 관리하에 있는 구역을 항만으로 정하고 있다.

2) 항만의 중요성

항만은 일국(一國)의 경제발전을 주도하는 상공업활동의 창출을 통해 국제무역 증진에 중요한 역할을 한다. 항만은 경제성장의 선행조건적 시설로서 해운 및 무역의 촉진이라는 직접적인 효과와 연관산업을 발전시킨다는 간접효과에서 그 중요성을 찾아볼 수 있다.

다시 말해 사회간접시설에 속하는 항만시설의 확충과 효율적인 항만운영은 상품의 수입가격을 낮추고 수출경쟁력을 강화하는 촉매역할을 하게 되며, 자국 항만의 비효율적인 운영과 시설의 미비는 항비(港費)와 선비(船費) 등의 증가로 인해 운송비용이 상승되어 국제경쟁력을 상실하게 된다. 특히 싱가포르, 홍콩, 네덜란드 등은 효율적인 항만관리를 통해 항만을 경제성장의 촉매로 활용하고 있는 나라들이다.

하나의 운송 시스템은 연결점(nodes: 항만), 운송수단(modes: 철도, 고속도로, 항공, 내륙수로, 해상) 및 물적유통(flows: 물량과 사람을 운송하는 운송수단이 운송로를 따라 이동하는 것)으로 구성된다. 그중에서도 항만은 특히 중요한 연결점이라고 할 수 있다. 이는 바다와 육지의 접점에 위치하여 많은 물동량과 사람들을 해상 운송수단에서 육지의 운송수단으로 이동시키는 곳이고, 반면에 육지에서 바다로 이동시키는 장소이기 때문이다.

무역이 한 나라의 경제뿐만 아니라 세계 경제발전에 필수적인 성장의 엔진으로 대두되기 시작하면서 무역에 교통이란 개념이 더욱 중요하게 부각되었으며, 해상운송은 무역의 한 부분으로서 발달해 왔다. 이러한 해상운송은 항만의 역할 없이는 이루어질 수 없다.

항만은 한 나라의 경제발전을 직접적으로 주도하는 중공업활동의 전진기지로서도 중요한 역할을 하고 있다. 유럽 항만의 역사를 볼 때, 함부르크, 앤트워프, 마르세이유, 로테르담 등은 항만을 확장하고 현대화하면서 지역경제 발전에 커다란 활력소가 되어 왔다. 이러한 중요성은 비단 선진국에만 국한된 것이 아니며 국제무역 의존도가 높은 나라일수록 항만의 역할은 지대하다. 항만은 상품의 수출입 기능을 수행하는 육해상 운송의 연결지로서 뿐만 아니라 생산수단으로서도 더욱 중요성이 강조되고 있다.

3) 항만물류의 특성

물류활동은 일반적으로 상류(商流)와 물류(物流)로 나눌 수 있으며, 항만은 무역이나 국내의 상행위 등의 상류활동과 더불어 재화 및 서비스의 이동으로써의 물류활동이 함께 수행되는 곳이라 할 수 있다.

항만물류는 기본적으로 운송, 보관(또는 저장), 포장, 하역 및 정보의 5가지 기능으로 구성되어 있으며, 활동형태는 해상운송과 육상운송의 결합으로 이루어진다. 이 중에서도 중추적인 역할을 수행하는 하역이 가장 중요한 기능이 되며, 운송, 보관 및 포장 기능은 하역활동을 효율적으로 수행하기 위한 부수기능으로서의 역할을 담당하고 있다.

항만물류는 생산과 소비를 연결하는 유통활동의 일부로서 항만이 지니고 있는 터미널 기능을 기반으로 하는 물리적인 경제활동으로서 항만의 특수한 사정 등과 관련하여 항만물류는 다음과 같은 특성을 가진다.

첫째, 항만물류의 제약성이다. 항만은 공공의 소유이며, 공공단체에 의하여 공공의 목적을 위해 관리되고 있기 때문에 항만물류 또한 공공성이 강하며, 여러 가지 제약이 따른다. 제약은 시설, 장소, 노동력 및 요금에 영향을 미치게 된다.

둘째, 항만물류의 불규칙성이다. 항만에 있어서 재화의 움직임은 해상운송과 밀접한 관계가 있어 불규칙적인 특성을 지니고 있으며 이러한 불규칙성에 대응하는 일이 중요한 과제가 된다.

셋째, 노동집약적인 특성을 지니고 있다. 항만물류의 주체가 하역이어서 노동력이 서비스의 중심적 위치를 차지한다. 물론 노동력을 줄이기 위한 기계설비의 합리화와 자동화가 추진되고 있으나 유입되는 재화의 다양성으로 기계설비의 한계가 있기 때문이다.

넷째, 항만물류의 수동성 또는 피동성이다. 항만물류는 기본적으로는 항만을 경유하는 재화의 움직임을 대상으로 하며, 이러한 재화의 유통은 상행위(商行爲)에 의하여 발생되는 것이기 때문에 상류에 종속되는 물류만 취급할 뿐 항만물류 자체가 수요를 창출하는 것은 아니다. 항만물류는 필연적으로 수동성을 띠게 된다.

다섯째, 항만물류서비스의 즉시성이다. 항만물류서비스는 무형적인 생산물의 일종으로 생산과 동시에 판매되어 소비되는 즉시성 및 비저장성을 본질로 하고 있다. 이는 일반 상품이 생산, 보관, 판매의 과정을 거쳐 매매되고 있는 것에 비하면 매우 다른 특성이라고 할 수 있다.

2. 항만의 기능

항만은 해륙교통의 중계지로서 선박에 의한 해상운송을 안전하고 용이하게 하며, 육상운송과의 연락을 원활히 하는 터미널(terminal) 기능이 기초적인 것으로 되어 있다. 최근의 항만역할은 교통부문의 터미널 기능을 제공하는 것 뿐만 아니라 경제사회의 지속적인 발전과 항만도시 형성에 기여하는 등 관련되는 범위가 확대되고 있다. 항만의 기능은 크게 터미널 기능, 경제적 기능, 부가가치 창출 기능(도시조화 기능, 해양관광 기능, 국제물류거점 기능)으로 구분된다.

1) 터미널 기능

항만은 해상교통과 육상교통의 접속장소를 중심으로 한 터미널이다. 해륙교통의 접속점으로 국내 교통망의 주요한 일부분을 구성하고 있을 뿐만 아니라 해외 여러 나라의 교통망과 연결되어 있어, 해운과 육운을 연계하고 매개하는 터미널 기능이 항만의 기초적인 기능이다.

터미널 기능에는 상거래와 유기적인 관련이 있는 유통기능이 주체이며, 해상과 육상의 교통과 밀접한 관련이 있게 된다.

해상교통에서는 선박의 효율적인 운항이 중요하며, 선박회전율 제고, 터미널 비용 최소화, 선박운항회전율 향상을 위해 항만시설, 설비 및 집화(集貨), 하역, 수송 등이 그 배후지와 연계운송을 효율적이고 원활하게 할 수 있도록 하는 것이 매우 필요하게 된다. 따라서 항만은 전 교통체계에 있어서 중요한 터미널로서 해륙교통을 이용하는 사람과 화물의 유통합리화를 위한 역할을 맡고 있다.

2) 경제적 기능

항만은 해륙운송의 연계장소로서 물자유통의 생산과 소비의 공간적·시간적 간격을 효과적으로 극복하기 위한 연락조정의 역할을 한다. 이러한 면에서 항만은 물자유통을 원활히 함으로써 생산력을 증대시키고 동시에 시장형성을 강화시켜 소비를 창출하게 하는 효과를 가져온다.

항만은 터미널 기능을 기반으로 하여 물자유통의 합리화를 추진함으로써 시장확대와 생산력 증대에 의한 경제성장에 기여하는 경제적 기능을 지니고 있다.

특히, 원료의 수입과 제품수출을 해외에 의존하고 있는 우리나라는 국민경제

발전상 생산의 합리화와 유통의 합리화가 크게 요청되고 있으며, 유통비용 절감에 따른 제품가격 인하는 국제시장에서의 경쟁에 효율적으로 대응할 수 있는 전략이 되고, 지속적으로 기업이 성장할 수 있는 방법이어서 항만의 효율성에 따른 유통비용 인하는 매우 중요하다.

또한 항만은 항만 관련 산업의 유통과 용역 등의 생산, 판매장소로서 경제사회의 물자유통과 분배의 원활화를 이끌어 지역경제의 확대와 지역간 상호교류 및 외국과의 무역증진 등의 효과를 가져온다.

3) 부가가치창출 기능

(1) 도시조화 기능

항만은 터미널 활동과 연관된 무역, 상거래, 공업, 정보, 금융 등의 산업기반을 강화하는 역할을 하고 직·간접으로 관련된 경제활동 분야의 집적과 인구집중을 가져온다. 항만을 중심으로 한 도시화는 항만도시를 형성하게 되고 여러 가지 부가가치 경제활동을 창출시킨다.

또한, 대도시에 입지한 항만에서는 시민과 항만과의 유기적 조화를 도모하고자 도시문화의 형성 및 도시 재개발, 항만 친수공간 조성 등으로 시민복지와 생활문화의 향상을 도모하고 있다.

(2) 해양관광 기능

항만의 친수 공간화를 통하여 시민과 유기적인 관계를 형성하고 시민의 해양관광과 레저 등 문화생활의 향상을 도모하고 있다. 항만에 대부분 의존했던 도시경제도 항만을 비롯한 보관, 운송, 가공하는 화물위주의 단일기능 항만에서 친수, 해양관광, 해양레저, 해양문화 등을 포함하는 복합기능의 항만으로 변하고 있다.

(3) 국제물류거점 기능

국제물류관리체계의 변화와 함께 오늘날의 항만기능은 더욱 복잡해지고 다양화되어 종합화물 유통기능, 산업공간 기능, 생활공간 기능, 국제물류 촉진 기능을 갖추게 되었다.

최근의 항만들은 공급사슬(supply chain)의 중심연결고리로 산업·생활공간이 되는 동시에 부가가치물류(value added logistics)를 제공하는 종합물류기능을 수행하는 역할을 담당하고 있다.

각국들은 항만공간과 항만배후단지를 자유무역지역으로 지정하여 조립가공, 포장, 상표부착, 분류와 혼재 등 다양한 부가가치 물류 관련 산업을 유치하고 원료, 반제품, 완성품의 수출입과 환적활동 등 국제물류거점으로서의 역할을 수행한다.

3. 항만의 종류

1) 용도에 의한 분류

항만을 이용하는 선박의 종류에 따라 분류하면 다음과 같다.

(1) 상항(commercial port)

외국과의 무역화물 또는 국내화물을 주로 취급하는 항만으로 정기선이 주로 입출항하는 항을 정기선항(liner port), 부정기선이 주로 입출항하는 항을 부정기선항(tramp port)이라 한다.

(2) 공업항(industrial port)

공업지대를 배후지로 갖는 경우가 많으며, 공업항에 입출항하는 선박은 원유, LPG, 광석 등을 운반하는 유조선을 비롯하여 광석전용선, 살물선(bulk ship) 등 전용선이 많다.

(3) 어항(fishery port)

어선의 정박, 어획물의 양륙, 출항준비 등을 담당하는 항이다.

(4) 페리항(ferry port)

자동차, 철도차량, 여객 등을 운송하는 선박인 페리가 입출항하는 항이다.

(5) 레크레이션항(marina)

마리나는 요트, 모터보트 등과 같은 위락용 보트의 정박, 보관 등을 하는 항으로서 도시 근교의 리조트 지역에 있는 경우가 많다.

(6) 군항(naval harbour)

군사상의 특수한 목적을 지니고 있으며, 주로 함정의 정박, 수리, 보급 등을 수행하고 있는 항을 말한다.

(7) 피난항(refuge port)

소형선박이 태풍, 황천 등을 피하기 위한 항이다.

2) 입지에 의한 분류

항만이 입지하는 위치에 따라 다음과 같이 분류한다.

(1) 연안항, 해항(coastal port)

해안선에 위치한 항이며, 해항이라고도 한다.

(2) 하구항(estuary port)

큰 강 입구에 위치한 항이다.

(3) 하천항(river port)

큰 강의 강줄기에 위치한 항이다.

(4) 호수항(lake port)

호수 내에 위치한 항이다.

(5) 운하항(canal port)

운하의 입구 또는 출구에 있는 항이다.

3) 건설방법에 의한 분류

방파제 등과 같이 외곽시설의 유무에 따른 분류이다.

(1) 천연항(natural port)

갑(岬), 섬 등에 의해 풍랑이 차폐된 곳에 자연적으로 형성된 항만을 말하며, 외곽시설의 대부분은 인공적으로 건설되어 있는 경우가 많다.

(2) 인공항(artificial port)

① 기존의 항만입구에 방파제를 건설한 것
② 직선의 해안선을 방파제로 둘러싼 것
③ 육지에 굴착하여 건설한 것
④ 인공섬과 같이 대규모 매립에 의해 건설된 것 등이 있다.

4) 항만의 발전유형에 따른 분류

전통적으로 항만은 배후지역에 대해 독점적인 지위를 향유했다. 이 경우 항만은 배후지의 크기에 따라 처리수요가 결정되며, 거대한 배후지역을 갖는 항만일수록 크게 성장했다. 항만과 배후지역과의 공간적 관계를 항만의 중심성이라 한다. 그러나 복합운송의 발달에 따라 항만은 배후지역의 화물뿐만 아니라 다른 지역의 화물을 환적하거나 육상운송으로 연결해 주는 역할을 맡게 되었나.

항만은 자체의 배후지역 이외의 지역과도 배후지 관계가 성립되는데, 이를 항만의 중계성이라 한다. 항만의 발전과 그 위상은 항만의 중심성과 항만의 중계성에 의해서 결정된다고 할 수 있다.

항만의 유형을 기간항로의 기항여부 및 환적물동량의 비중을 기준으로 분류해 보면 기간항로의 기항지에서 제외되는 피더항(feeder port)과 기간항로의 기항항으로 분류하고, 후자를 다시 환적위주항(transshipment hub port), 직접기항항(direct-call port), 중심항(hub and load-center port)으로 분류하기도 한다.

그러나 항만의 중심성과 중계성의 측면에서는 화물처리량의 규모에 따라 중소형항과 거대항, 환적 및 통과화물의 처리정도에 따라서 지역항과 중심항으로 구분할 수 있다.

(1) 지역항(regional port)

항만 발전에 있어서 초기단계의 항만으로, 그 기능이 주로 당해 항만의 배후지역의 화물만을 처리하며, 규모가 별로 크지 않은 항만을 지역항이라 한다. 지역항은 배후지역의 물동량이 많지 않고 다른 배후지역과의 연계부족으로 통과 및 환적물동량도 적어 항만으로서의 중심성과 중계성이 취약하다.

(2) 지역중심항(regional hub port)

배후지역이 작아 중심성은 부족하나 훌륭한 입지로 인해 중계성이 뛰어날 경우,

항만의 규모에 비해 환적화물의 취급 비중이 큰 항만이 등장하게 되며, 이를 지역중심항이라 한다.

(3) 지역거대항(regional mega port)

거대한 소비지나 생산지를 배후에 둔 항만으로 화물처리량 측면에서는 크게 성장했으나 기능면에서는 여전히 당해 항만과 가까운 배후지역 및 자국화물의 처리를 위주로 하여 지역적인 항만에 머물고 있는 항만을 지역거대항이라 한다. 지역거대항은 중심성은 강하지만 중계성이 부족하여 환적화물의 비중이 낮다.

(4) 거대중심항(mega hub port)

거대한 배후지역과 훌륭한 입지를 바탕으로 여러 지역 및 여러 국가와 화물을 중계할 수 있는 충분한 능력을 갖추고 다양한 물류서비스 제공으로 광범위한 지역의 중심항만 역할을 수행하는 항만을 거대중심항이라고 한다.

5) 운영형태에 따른 분류

(1) 지주항(landlord port)

포트오소리티(port authority)나 항만 관계기관이 기본 하부시설, 일반서비스, 공통적 이해관련의 서비스만 제공하고 민간의 부두운영자(선사, 하역회사, 전문부두운영업자 등)가 적절한 임대차계약을 통해 일정기간 부두를 운영하는 항만이다. 항만당국은 최소한의 항만시설만 제공할 뿐 항만운영에는 실질적으로 간여하지 않는다.

(2) 도구항(tool port)

전체 또는 상부구조시설이나 화물하역에 필요한 장비들을 항만당국이 제공하고 항만당국이 민간기업의 영역을 어느 정도는 제한하지만, 직접적인 화물하역에는 개입하지 않는다. 다만, 고객이 필요로 하는 기타 항만서비스는 민간부문이 주도권을 갖고 있거나 또는 독립적 기관이 책임을 진다.

(3) 운영항(operating port)

항만당국이 일반 서비스뿐만 아니라 항만의 하부구조시설과 상부구조시설 전체를 제공하고, 선박과 육상운송 수단 사이의 화물이동까지 책임을 지는 항만이며, 서비스항(service port)이라고도 한다. 통제경제 체제하의 사회주의국가 항만들이 대부분 운영항에 해당된다.

6) 행정목적상의 분류

우리나라 항만법에서는 항만의 구분 및 지정을 무역항과 연안항으로 구분하여 해양수산부장관이 체계적이고 효율적으로 관리·운영케 하고 있으며, 무역항은 세분하여 국가관리무역항(국내외 육·해상운송망의 거점으로서 광역권의 배후화물을 처리하거나 주요 기간산업 지원 등으로 국가의 이해에 중대한 관계를 가지는 항만)과 지방관리무역항(지역별 육·해상운송망의 거점으로서 지역산업에 필요한 화물처리를 주목적으로 하는 항만)으로 나누고, 연안항은 국가관리연안항(국가안보 또는 영해관리에 중요하거나 기상악화 등 유사시 선박의 대피를 주목적으로 하는 항만)과 지방관리연안항(지역산업에 필요한 화물의 처리, 여객의 운송 등 편익 도모, 관광 활성화 지원을 주목적으로 하는 항만)으로 구분하고 있다.

〈표 12-1〉 국가관리무역항과 지방관리무역항 구분(제3조제2항 관련)

구 분	항 명
국가관리무역항 (14개)	경인항, 인천항, 평택·당진항, 대산항, 장항항, 군산항, 목포항, 여수항, 광양항, 마산항, 부산항, 울산항, 포항항, 동해·묵호항
지방관리무역항 (17개)	서울항, 태안항, 보령항, 완도항, 하동항, 삼천포항, 통영항, 장승포항, 옥포항, 고현항, 진해항, 호산항, 삼척항, 옥계항, 속초항, 제주항, 서귀포항

※ 항만법 시행령 [별표 2] 〈시행 2022.7.5.〉

〈표 12-2〉 국가관리연안항과 지방관리연안항의 구분(제3조제3항 관련)

구 분	항 명
국가관리연안항 (12개)	용기포항, 연평도항, 격렬비열도항, 상왕등도항, 흑산도항, 가거항리항, 거문도항, 국도항, 후포항, 울릉항, 추자항, 화순항
지방관리연안항 (19개)	대천항, 마량진항, 송공항, 홍도항, 진도항, 땅끝항, 화흥포항, 강진항, 녹동신항, 나로도항, 진촌항, 중화항 부산남항, 구룡포항, 강구항, 주문진항, 애월항, 한림항, 성산포항

※ 항만법 시행령 [별표 2의2] 〈개정 2022.7.4.〉

4. 항만과 관련한 법률

1) 항만법(법률 제18701호, 일부개정 2022.1.4., 시행 2022.7.5)

이 법은 항만의 지정·개발·관리·사용 및 재개발에 관한 사항을 정함으로써 항만과 그 주변지역 개발을 촉진하고 효율적으로 관리·운영하여 국민경제 발전에 이바지함을 목적으로 한다.

2) 선박의 입항 및 출항 등에 관한 법률(법률 제19008호, 일부개정 2022. 10. 18)

이 법은 무역항의 수상구역 등에서 선박의 입항·출항에 대한 지원과 선박운항의 안전 및 질서 유지에 필요한 사항을 규정함을 목적으로 한다.

3) 공유수면 관리 및 매립에 관한 법률(법률 제18755호 일부개정 2022. 01. 11)

이 법은 공유수면(公有水面)을 지속적으로 이용할 수 있도록 보전·관리하고, 환경친화적인 매립을 통하여 매립지를 효율적으로 이용하게 함으로써 공공의 이익을 증진하고 국민 생활의 향상에 이바지함을 목적으로 한다.

4) 항만운송사업법(법률 제17007호, 일부개정 2020. 02. 18)

이 법은 항만운송에 관한 질서를 확립하고, 항만운송사업의 건전한 발전을 도모하여 공공의 복리를 증진함을 목적으로 한다.

5) 항만공사법(법률 제17171호, 일부개정 2020. 03. 31)

이 법은 항만공사를 설립하여 항만시설의 개발 및 관리·운영에 관한 업무의 전문성과 효율성을 높임으로써 항만을 경쟁력 있는 해운물류의 중심기지로 육성하여 국민경제의 발전에 이바지함을 목적으로 한다.

6) 항만재개발 및 주변지역 발전에 관한 법률(법률 제18661호, 시행 2022, 6, 29)

이 법은 노후하거나 유휴상태에 있는 항만과 주변지역을 체계적이고 효율적으로 개발하고 정비하는 데 필요한 사항을 규정함으로써 항만의 성장잠재력과 주변지역의 도시경쟁력을 높여 지역 및 국민경제의 발전에 이바지함을 목적으로 한다.

7) 국제항해선박 및 항만시설의 보안에 관한 법률(법률 제17615호, 일부개정 2020. 12. 08)

이 법은 국제항해에 이용되는 선박과 그 선박이 이용하는 항만시설의 보안에 관한 사항을 정함으로써 국제항해와 관련한 보안상의 위협을 효과적으로 방지하여 국민의 생명과 재산을 보호하는데 이바지함을 목적으로 한다.

제2절 항만산업

1. 항만산업의 의의

항만은 세계의 관문이며 많은 화물의 대부분이 항만을 통하여 세계 각국으로 수출입되고 있다. 우리나라의 경우 여러 나라의 선박이 물품을 싣고 우리나라 항만에 집인하여 화물을 내리고 또한 자국의 물품을 선적하여 세계 여러 목적지로 운송한다.

항만은 유통기구의 일대 근간을 이루고 있으며 이곳에서는 여러 가지의 작업이 이루어지고 있다. 수출할 화물을 모아 선적할 때까지 보관하고 목적지별로 구분하여 선박에 적재하는 일련의 작업, 수입하는 화물을 선박으로부터 내려 보관하고 화주별로 구분하여 배송하는 작업, 작업의 단계마다 수량을 대조하고 중량 및 용적을 검사하는 작업이 있고, 최근과 같이 유닛로드시스템(unit load system)의 하역이 추진되면서 개개의 화물을 하역에 적합한 형태로 포장하는 작업, 화물의 내품을 검사하고 내국화물을 외국화물로 교체하는 작업, 기타 선박에 연료 · 식품 · 식수를 공급하는 작업 등이 있다.

항만의 물자유통은 화물을 집배(集配)하는 기능, 보관하는 기능, 검수 · 검량 · 감정하는 기능, 하역하는 기능, 포장하는 기능, 세관수속의 기능을 구비하고 이러한 기능이 유기적으로 원활하게 수행됨으로써 항만의 기능을 발휘할 수 있는 것이다. 이들 제 기능은 긴밀한 연관이 있으면서 각각 별개의 작업과 독립된 기업이 존재하고 있으며 총칭하여 항만산업이라 한다.

항만산업은 항만의 터미널 기능과 관련하여 그것을 매체로 물자유통과 용역의 경제활동을 전개하고, 조직적으로 독립분야를 형성하고 있는 기업집단이라고 할 수 있다.

항만에 있어서 물자유통 용역으로서는 하역, 운송, 보관, 포장, 정보, 통관 등의 제 용역으로 되어 있고 이러한 제 용역은 유기적으로 결합하여 항만의 터미널

기능으로서의 물자유통을 효과적으로 수행하고 있다.

우리나라의 경우, 항만 관련 서비스는 항만운송사업법에 의해 항만운송사업(검수, 검량, 감정업), 항만운송관련사업(항만용역업: 통선, 경비, 줄잡이, 선박청소, 선박급수, 물품공급업, 선박급유업, 컨테이너 수리업)으로 구분되어 있으며, 그 중에서 항만운송사업이 대부분을 차지한다.

2. 항만운송사업

항만운송사업은 화주와 선박운항업자로부터 위탁을 받아 항만에서 해상운송에 선행하거나 후속하여 화물을 선박에 적화하거나 화물을 선박에서 양화 또는 부선으로 운송하며 여기에 관련된 화물의 수도(受渡), 검수(檢數), 검량(檢量) 등을 하는 사업으로 화물을 해상운송하는 과정에 있어 없어서는 안 될 중요한 역할을 담당하고 있다.

항만운송사업은 해륙운송의 접속점에서 화물을 중계하는 역할을 담당하면서 항만의 터미널기능을 수행한다.

또한 항만운송사업은 항만운송사업법에 의하여 국가가 관리하며 공공의 복리증진을 꾀하고 있다. 항만운송사업법은 다시 항만하역사업, 검수사업, 감정사업, 검량사업의 4가지로 나뉘며 그 밖에 항만운송관련사업이 있다.

1) 항만하역사업

항만하역사업은 항만에서 화물을 선박에 적화·양화하거나 보관, 장치, 운송 등 항만에서 화물의 유통과정을 담당하는 사업으로 그 업무의 범위에 따라 일반하역사업과 한정하역사업으로 구분한다. 일반하역사업은 그 업무의 범위가 한정되어 있지 않은 것을 말하며, 한정하역사업은 위탁자의 취급화물 등 업무범위가 한정된 것을 말한다.

2) 검수사업

선적화물을 적화 또는 양화하는 경우에 그 화물 개수의 계산 또는 수도의 증명을 행하는 사업이다. 검수에 종사하는 사람을 검수사(tallyman or checker)라 하며, 검수는 화주측과 선박회사측이 각각 그 대리인으로서 위탁을 받아 검수사가 행한다. 검수사업은 이것을 조회 · 확인하고 화물의 정확한 수도를 증명해 주는 업무이다.

3) 감정사업

선적화물의 적재에 관한 증명조사 및 감정을 하는 사업이다. 감정에 종사하는 사람을 감정사(surveyor)라고 하며, 감정사는 그 방면에 대한 고도의 지식과 경험이 있어야 한다. 감정업무로는 화물상태의 검사, 창구검사, 적부검사, 흘수검사, 화물 손해검사, 선박기계 등의 가격감정, 컨테이너 검사 등이 있다.

4) 검량사업

선적화물을 적화 또는 양화하는 경우에 그 화물의 용적 또는 중량의 계산 또는 증명을 행하는 사업이다. 검량에 종사하는 사람을 검량사(sworn measurer)라고 하며, 검량사에 의하여 화물의 중량 · 용적의 산정을 하고 용적중량증명서가 발행된다. 용적중량증명서는 선박회사와 화주와의 사이에 수도화물의 중량 용적 및 수량의 증명이 되고 선적지시서(S/O: shipping order)와 선하증권(B/L: bill of lading) 등에 기재될 뿐만 아니라 운임과 선적비용 계산의 기초가 된다.

3. 항만운송 관련사업

1) 항만운송 관련업 체계

항만은 [그림 12-1]과 같이 선박과 화물의 수출입활동과 관련하여 제반시설, 장비, 서비스 등의 종합적인 개념으로 이해될 수 있다. 항만운영관리 주체는 해양수산부이며 관련 행정기관은 세관, 법무부출입국관리소, 항만검역소 등이 있다. 흔히 CIQ(customs, immigration, quarantine)라고 하여 세관, 출입국관리소, 검역소를 함께 부르기도 한다.

화물에 대한 서비스 활동은 하역업, 창고업, 검수업, 검량업, 화물주선업, 예부선업, 통관업, 그리고 항운노동조합, 장비시설임대업 등이 있으며, 선박에 대한 서비스 활동은 통신중계업, 도선사업, 예선업, 급수업, 급유업, 선박수리업, 선박대리점업, 용달업 및 줄잡이업 등이다.

[그림 12.1] 항만체계의 기초적 모형

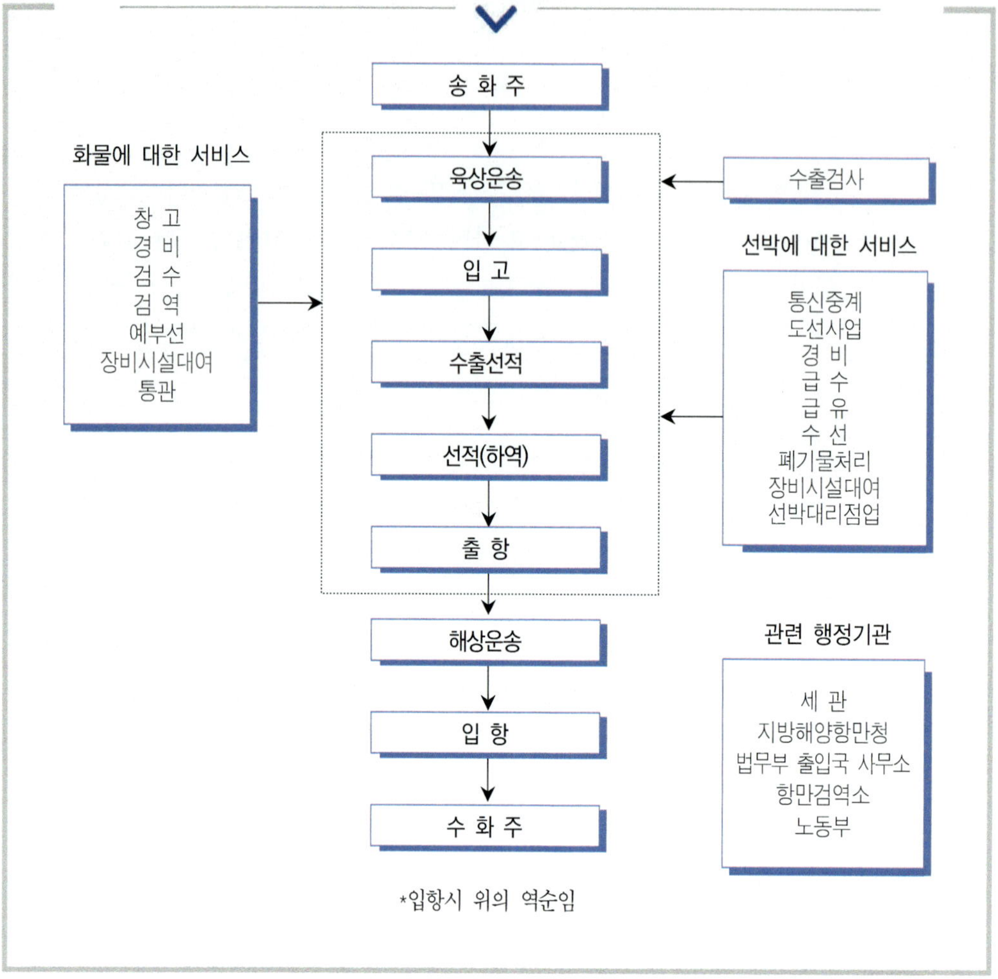

2) 주요 항만운송관련사업

항만 내에서 선박에 물품 또는 역무(役務)를 제공하는 사업으로서 항만운송관련사업(항만관련업)을 영위하고자 하는 자는 항만별로 해양수산부령이 정하는 바에 의하여 지방해양항만청장의 허가 또는 등록을 해야 하며, 주요업종은 다음과 같다.

[그림 12.2] 항만관련업 체계

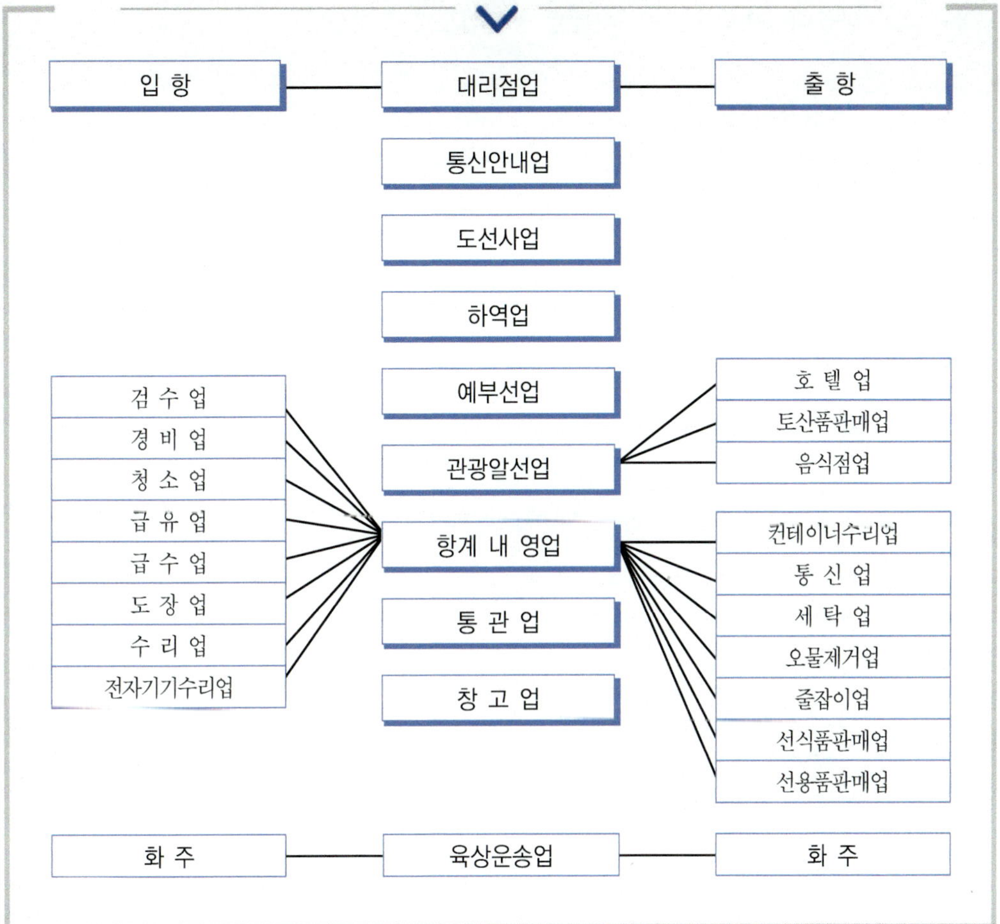

(1) 항만용역업

항만용역 사업에는 통선으로 본선과 육지간의 연락을 중계하는 행위, 본선의 경비 또는 본선의 이안 및 접안을 보조하기 위한 줄잡이역무 제공, 선박청소, 오물제거, 소독, 폐물수집, 폐유수집, 화물고정, 도장(塗裝) 또는 경미한 선박수리 등을 행하는 행위, 선박용청수 공급, 기타 해양수산부장관이 정하는 행위 등을 영위하는 업종이 있다.

(2) 물품공급업

물품공급업이라 함은 본선 또는 선원이 필요로 하는 선용품(船用品)과 선식(船食), 기타의 물품공급이나 선원의 의류 등을 세탁하는 사업으로서 보세수입물품 등 수입물품을 공급대상으로 하는 수입물품 공급업과 수입물품이 아닌 물품을 공급대상으로 하는 국내물품 공급업으로 구분한다.

(3) 선박급유업

선박에 사용되는 연료유를 공급하는 사업이다.

(4) 컨테이너 수리업

운송 또는 하역작업에서 컨테이너가 파손되는 경우 이를 수리하는 사업이다.

4. 항만물류산업

우리나라의 항만운송사업법에는 항만과 관련한 산업의 구분으로 항만운송사업, 항만운송관련사업으로만 규정하여 정의하고 있으나, 일각에서는 물류의 중요성과 함께 글로벌화에 따른 거점물류체계의 구축을 위하여 항만운송사업과 항만운송관련사업을 포함한 항만물류산업에 대한 정리를 단행하여 국제물류체계 구축에 이용하고 있다.

항만과 관련한 항만물류의 내용은 항만과 물류활동의 기능이 결합된 것으로 항만의 터미널기능을 포함한 물류기초시설에서부터 물류활동을 통하여 공급자로부터 소비자에 이르기까지 존재하고 있는 시간적, 공간적 간격을 효과적으로 극복하기 위한 물리적인 경제활동을 모두 포함하고 있다. 따라서 항만물류산업은 운송, 하역, 보관, 포장, 정보 등 모든 서비스를 포괄하고 있다.

물류산업의 특성상 단일 업종만 취급하는 업체뿐만 아니라 여러 가지, 즉 두 가지 이상의 업종을 병행하는 항만물류업체도 많이 존재한다. 복합물류업체의 유형은 업체가 몇 가지의 업종을 다루는가에 따라 2종, 3종 복합업으로 분류가 가능하며, 3종을 초과하는 업체의 경우에는 종합물류업체로 분류한다. 구체적인 업종별로 분류하면 〈표 12-3〉과 같다.

[그림 12.3] 항만물류산업의 분류

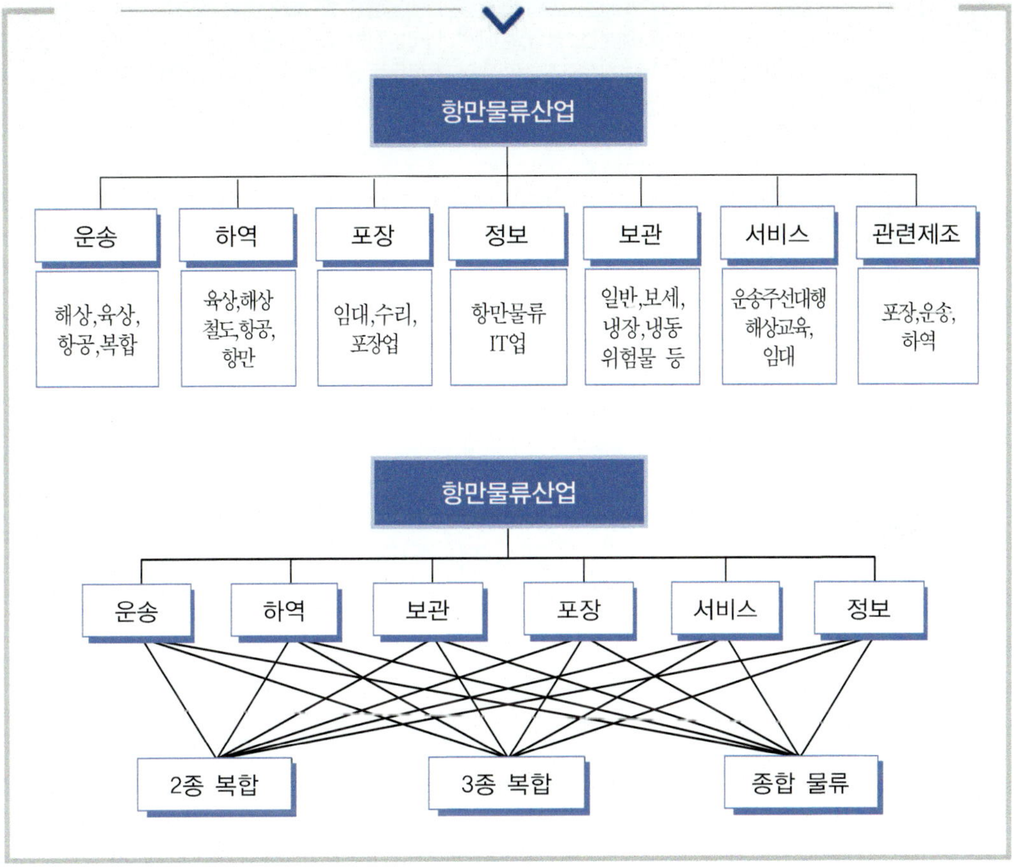

〈표 12-3〉 항만물류산업 업종

구 분		산 업 분 류
운송	운송업	화물운송, 운송업, 컨테이너 운송업, 해상운송, 복합운송, 지입, 운수업, 자동차운송, 외항부정기 화물 운송사업, 내항화물운송, 외항화물운송, 수상운송업, 국내운송업, 도로화물운송, 유류운송, 예부선, 케미칼 운송업체, 냉동물운송, 냉동운반선, 특수화물운송, 항공운송, 국내연안화물운송(Bulk), 유조선, 통관운송업체
	운송 주선업	화물운송주선, 운송주선업, 트레일러운송주선, 국제복합화물 운송주선업, 복합운송주선, 외국화물운송주선, 항만운송주선업, 해상운송주선업, 항공 및 해상운송 주선, 컨테이너 운송주선, 해운 화물운송주선업, 자동차 운송주선, 일반화물주선, 국제종합물류 운송주선, 항공운송주선업, 해상·항공운송주선, 화물운송대행, 화물알선, 복합화물주선, 국제복합화물주선업, 해운항공주선업, 컨테이너운송알선, 통관운송대행업, 운송대행, 해운중개, 해운대리 업체
하역	하역업	항만하역업, 컨테이너 화물하역, 미군수물자하역, 트레일러하역, 육상하역, 창고배정 업체

구분		산 업 분 류
서비스	서비스업	통선업, 유류판매, 예선업, 상업, 컨테이너수리, 선박임대, 선용품 납품, 선구소매, 선박연료서비스, 급유대리점, 해운중개 선박대리, 선박물품 공급업, 중기대여, 무역업, 유류운송급유, 수출, 선박예인, 해상용윤활유, 선박관리업, 선원관리, 해운대리점업, 항만용역, 외국인 선원송입업체, 통관업무, 수출입통관업, 관세통관업무, 물류대리점, 컨테이너장비검사 업체
	항해지원 서비스업	검수, 검정사업, 해사감정, 화물검수사업, 수출입화물 검수·검량, 감정업체 등
포장		골판지용 원지제조, 골판지 상자 임대 업체
정보		항만관련 S/W 및 정보시스템개발 업체
보관		보세화물보관업, 수출입화물보관업, 보세창고, 창고보관업, 수입화물보관업, 창고보관업, 보세화물보관 및 창고업, 냉동·냉장 창고업, 유류보관업, 보세장치장 업체

제3절 항만시설

1. 수역시설

선박이 항해하는 항로, 하역이나 정박을 하기 위한 정박지, 소형선박이 정박하는 선류장, 그리고 선박이 회전하는 데에 필요한 장소인 선회장 등을 총칭하여 수역시설이라고 한다. 수역시설은 항만의 가장 기본적인 시설로서 이들 시설 없이는 항만이 존재할 수 없다고 해도 지나친 말이 아닐 정도로 중요한 시설이다.

1) 항로

보통 선박이 항해하는 바다길, 즉 뱃길을 말하나 이에 대한 명확한 정의는 없다. 항로에는 태평양을 횡단하는 항로처럼 넓은 해역을 자유롭게 항해할 수 있는 비교적 제약이 적은 항로로부터 인공적으로 준설한 폭이 좁은 항로까지 여러 가지 종류가 있다.

항만 내의 항로는 항의 입구 부근에 있는 것을 입구항로(entrance channel), 정박지 내에 있는 것을 항내항로(fair way), 안벽 등의 정박장소에 접근하기 위한 것을 접근항로(approach channel)라 한다. 그리고 특수한 항로의 일종으로 항내에서 선박이 방향을 바꿀 수 있도록 만든 장소를 선회장(turning basin)이라 한다. 선회장은 예인선의 유무 또는 바람이나 조류 등의 영향을 고려하여 안전한 선회를 할 수 있도록 하고 있으나, 닻이나 예선을 사용하는 경우에는 선박 길이의 1.5~2배의 직경을 가진 원에 해당하는 면적을 확보하는 것이 보통이다.

2) 정박지

정박지는 선박이 안전하게 정박할 수 있는 수역으로서 검역을 받기 위한 묘박장소인 검역묘지(quarantine anchorage), 선석에 접안하기 위하여 기다리는 정박장소, 하역을 하기 위한 정박장소 등이 있다. 정박지에 선박을 계류하는 방법으로는 닻에 의한 묘박(錨泊), 계선부표(mooring buoy)에 계류하는 부표계류, 안벽이나 잔교에 계류하는 것 등이 있다. 그리고 검역을 받기 위하여 선박을 정해진 검역묘지에 묘박시키는 것을 원칙으로 하고 있으며, 경우에 따라서는 안벽이나 잔교 등에 계류하여 검역을 받기도 한다.

하역을 하기 위한 정박지를 선석(berth)이라 부르며 안벽, 잔교, 돌핀, 계선부표 등 어디라도 가능하다. 선석이라는 말은 정박장소의 수, 즉 부산항 신선대부두는 선석이 5개라는 말로도 사용된다.

〈표 12-4〉 항만의 주요 시설

구 분		내 용
기본 시설	수역시설	항로, 정박지, 선회장 등
	외곽시설	방파제, 방사제, 파제제, 방조제, 도류제, 갑문, 호안 등
	임항교통시설	도로, 교량, 철도, 궤도, 운하 등
기능 시설	계류시설	안벽, 물양장, 선교, 돌핀, 선착장, 램프 등
	항행보조시설	선박의 입·출항을 위한 항로표지, 신호, 조명, 항무통신시설 등
	하역시설	고정식 또는 이동식 하역장비, 화물이송시설, 배관시설 등
	여객이용시설	대합실, 여객용 승강시설, 소화물 취급소 등
	화물 보관 및 처리시설	창고, 헛간, 야적장, 컨테이너 장치장 및 조작장, 사일로, 저유시설 등
	선박보급시설	선박을 위한 급유, 급수시설 및 얼음의 생산·공급 시설 등
	항만후생시설	선박승무원 및 부두 노동자의 휴게소, 숙박소, 진료소, 위락시설 등
	항만종사자 교육연수시설	
	항만의 관제, 홍보, 보안시설	
	항만역무용 선박	선박의 접이안 보조, 소방, 구난, 순찰, 표지관리, 도선, 급유, 급수 등을 위하여 사용되는 선박
	항만시설을 사용하는 자의 업무용 시설	
	항만시설용 부지	

2. 계선설비

선박이 정박하는 데는 닻을 이용하는 방법과 계류시설에 로프나 와이어를 사용하여 계류하는 방법이 있다. 계류시설에는 육지에 접하여 설치된 것과 육안(陸岸)으로부터 떨어진 해역에 설치된 것이 있으며, 전자를 접안시설, 후자를 이안시설이라 한다.

1) 접안시설(부두접안: berthing)

선박을 접안 계류하여 화물의 적양화와 여객의 승강용으로 공용하는 것을 잔교(pier) 또는 부두(wharf)라고 한다. 항만의 지형, 수심 등의 상황, 구조설비(構造設備)의 양식에 따라 안벽(岸壁, quay), 잔교, 계선벽(繫船壁), 선거(船渠, dock) 등이 있다.

(1) 안벽

선박을 옆으로 댈 수 있도록 육지와 평행하게 만들어진 평행안벽을 말한다. 안벽의 부속물로는 다음과 같은 구조물이 있다.

① **펜더** : 안벽과 충돌 시 그 충격을 줄여주기 위해 부착하여 두는 목재 또는 고무재이다.

② **계선주**(bitt) : 계류색을 묶어두기 위하여 안벽에 견고하게 설치된 강철재의 짧은 기둥이다.

③ **캡스턴**(capstan) : 선박 입출항 시 선박의 계류줄을 기계로 감아올려 조절하는 장치이다.

(2) 잔교

육안(陸岸)에서 직각으로 수면에 돌출한 돌제안벽의 형태를 말하며 받침기둥 위에 바닥을 깐 것으로, 받침기둥으로는 말뚝(나무, 강철, 철근 콘크리트 등) 교각, 원통기둥 등을 사용한다.

(3) detached pier

육안에서 떨어진 곳에 말뚝형의 구조물을 세우고 그 위에 크레인 등 하역기계의 레일을 설치한 계선설비이다. 레일은 detached pier 위에 양쪽 모두 설치한 경우도 있고 한쪽만 설치한 경우도 있다.

(4) 부잔교(floating pier)

pontoon이라고 하는 나무, 쇠, 콘크리트 등으로 만들어진 부유체를 닻으로 고정하여 육안과 다리로 연결하도록 만든 시설을 말한다.

[그림 12.4] 안벽의 컨테이너 크레인

[그림 12.5] 계선주

[그림 12.6] 잔교

[그림12.7] 부잔교

2) 이안시설

(1) 계선부표

부표에는 선박의 안전항해를 위한 항로표지로 사용되는 것과 선박을 계류하기 위해 사용하는 것이 있으며, 보통 후자를 계선부표(mooring buoy)라 한다.

(2) 돌핀(dolphin)

돌핀은 육안으로부터 떨어진 수면에 나무말뚝, 케손 등의 묶음을 두드려 넣어서 만든 나무기둥 형태의 구조물을 말한다.

[그림 12.8] 계선부표

[그림 12.9] 돌핀

3. 부 두

안벽, 잔교, 돌핀 등의 선박계류시설, 화물의 적양화를 위한 하역기계, 화물의 분류, 보관 및 운송을 위한 상옥, 야적장, 창고, 도로, 철도 등의 항만시설을 총칭하는 것으로 항만의 중추를 이루는 부분이다.

부두는 사용형태에 따라 공공부두(public wharf)와 사용부두(private wharf)로 나뉘며, 취급화물에 따라 잡화를 취급하는 일반부두와 컨테이너, 석탄, 목재 등의 특정화물을 전문적으로 취급하는 전용부두(specialized marine terminal)로 구분된다. 부두는 평면의 형상에 따라 평행식 부두, 돌제식 부두, 쌍자식 부두 등으로 분류하기도 한다. 그 형태는 부두가 입지하는 지형, 취급화물, 종류 등에 따라 다르며 주요 특징은 다음과 같다.

1) 평행식 부두(marginal wharf)

해안선에서 평행하게 설치된 부두로서 전면의 수역이 좁은 해협이나 하천 등에 적합하다. 배후지를 넓게 차지할 수 있으므로 넓은 야드를 필요로 하는 생산공장의 부두와 컨테이너 부두는 이런 형이 많다.

2) 돌제식 부두(jetty type wharf)

안벽과 직각 또는 직각에 가까운 형태로 돌출한 돌제(突堤)로 이루어진 부두이다. 제한된 안벽에 많은 선박이 계류할 수 있으나, 배후지가 좁아지는 단점이 있다.

3) 쌍자식 부두(double jetty type wharf)

돌제식 부두의 일종으로 바깥쪽은 대형선용, 안쪽은 소형선용 선석으로 만든 것으로 대형선과 소형선 사이에 화물을 쉽게 환적할 수 있게 한 것이다.

4) 섬 형태 부두(detached wharf)

육안에서 떨어진 곳에 잔교 등의 계선설비를 설치한 부두로서 육안과의 사이에 소형선이나 부선이 들어갈 수 있으므로, 바깥쪽에 계류한 선박으로부터 안쪽의 부선에 화물을 쉽게 양화할 수 있는 이점이 있나. 곡물, 석단 등을 취급하는 부두에 많이 채택되고 있다.

5) 복합식 부두(compound type wharf)

평행식과 돌제식 부두를 복합한 형태의 부두로 최근 대규모 매립에 의해 건설되는 현대적인 부두에 이런 형태가 많다.

6) 굴착식 부두

육지를 굴착하여 건설한 부두 또는 수면을 오목하게 남기고 매립하여 건설한 부두를 말한다.

[그림 12.10] 부두의 종류

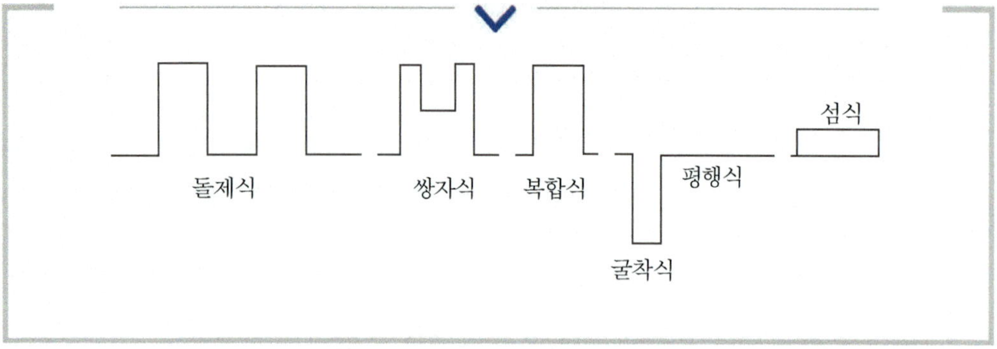

4. 기타 항만시설

1) 방파제(breakwater)

선박을 풍파로부터 방어하기 위해 항만 내에 시설한 구축물로서 여러 가지 모양과 구조가 있다.

2) 임항철도(dock railway sliding)

선박과 철도를 원활하게 연결시키기 위하여 철도간선으로부터 항만 내로 갈라져 이어진 철도를 말한다. 또한 항내에 흩어져 있는 임항철도를 서로 연결하는 환상철로선(環狀鐵路線)을 벨트라인(belt line)이라 한다.

3) 해분(海盆, basin)

조수간만(干滿)이 심한 항만에서 항구의 한쪽에 갑문(閘門, lock gate)을 설치하여 바닷물 저장과 수심의 평균을 유지하게 함으로써 선박의 정박과 작업을 용이하게 하는 수역(水域)을 말하며, 선거(船渠, dock)로 통칭되기도 한다. 선거는 원래 선박의 건조 또는 수리를 목적으로 입거하는 시설에서 유래된 것인데 지금은 해분, 조선소, 부두라는 용어와도 혼용되고 있다.

제4절 컨테이너 터미널

1. 컨테이너 터미널의 주요시설

1) 선석(berth)

컨테이너선이 접안할 수 있도록 하는 시설을 선석(船席, 안벽이라고도 함)이라고 하며 선석의 길이는 컨테이너선에 따라 다르나 대체적으로 300~350m 정도가 보통이다. 수심은 간조(干潮)시에도 접안할 수 있도록 15~17m 정도이다.

2) 에이프런(apron, wharf surface)

에이프런은 안벽법선(quay line)을 따라 일정한 폭으로 포장된 부분으로 하역작업을 하거나 크레인이 주행할 수 있도록 레일을 설치하는데 필요한 공간을 말하며, 그 폭은 하역시설에 따라 다르나 보통 30~50m이다. 여기에는 컨테이너 전용 갠트리 크레인을 안벽전장에 걸쳐 활용할 수 있도록 크레인 레일(crane rail)이 설치되어 있다.

3) 마샬링 야드(marshalling yard)

컨테이너선으로부터 또는 컨테이너선에 직접 선적하거나 양륙하기 위하여 컨테이너를 정렬시켜 놓은 넓은 공간을 말하며 안벽에 인접해 있는 경우가 많다.

4) CY(Container Yard)

광의의 CY는 마샬링 야드를 포함한 컨테이너 수도 및 보관을 하는 모든 장소를 말한다. 협의의 CY는 빈 컨테이너 및 화물이 내장된 컨테이너의 보관, 집적과 수도를 내륙측과 행하는 장소이다. 수출입 컨테이너를 일정기간 장치하는 곳으로 크게 수출지역, 수입지역 및 빈 컨테이너 지역으로 나누고 있다.

5) 컨테이너 화물 조작장(CFS: container freight station)

LCL 화물의 경우, 수출시에는 특정 장소에 화물을 집적하였다가 목적지별로 선별하여 하나의 컨테이너에 적입하며, 수입시에는 혼재화물을 컨테이너로부터 인출하여 목적지별로 선별하여 보관하였다가 수화인에게 인도해야 한다. 이러한 작업이 이루어지는 곳이 CFS이다. 즉, 화물의 수도, 보관 및 컨테이너를 반출 반입하는 곳이다. 통관업무도 여기서 처리된다.

6) 정비공장(maintenance shop)

컨테이너 자체의 검사, 보수, 사용전후의 청소 등을 포함하여 컨테이너 터미널 내에서 사용하는 모든 기기의 정비공장이라고 할 수 있다.

7) 컨트롤 타워(control tower, control center)

야드 및 본선하역 작업에 대한 계획 및 배치, 지시, 감독 등 터미널 내의 모든 운영을 총괄하는 사령실로서 플래너(planner)실에서 사전계획하여 입력된 작업일정에 따라 작업을 지시하고 작업 흐름을 조정, 통제, 운영하는 업무를 수행한다.

8) 게이트(gate)

터미널을 출입하는 FCL 화물이나 빈 컨테이너 등이 터미널을 통과하는 출입문을 말하며, 출입시에 필요한 서류를 접수하고 모든 컨테이너의 출입관제가 이루어지는 곳이다.

게이트는 터미널과 외부와의 책임한계 지점으로서 다음과 같은 중요한 기능을 가지고 있다.

① 수출입 컨테이너의 인·수도
② 컨테이너 번호, 봉인(seal), 화물손상 등 인·수도에 필요한 점검
③ 수출 컨테이너의 장치장소와 수입 컨테이너의 반출 처리 등

9) 철도 터미널

철도화물을 터미널로 반입하거나 반출하기 위해 필요한 시설이다.

10) 냉동시설

컨테이너의 저온유지와 위생, 세관빌딩 등에 적정한 온도를 유지하기 위해 필요한 시설이다.

11) 통관시설

수출입 컨테이너에 대한 세관검사를 위해 필요한 시설이다.

12) 위생 검사소

부패성 화물, 음식물 등과 같이 일반공중의 위생에 위험이 초래될 가능성이 있는 화물에 대한 검사 및 장치를 위해 설치된다.

13) 사무동(administration office)

컨테이너 터미널의 행정을 담당하는 곳이며, 세관, 선사, 검수회사 등의 유관기관이 입주한다.

〈표 12-5〉 컨테이너 터미널의 시설과 기능

구 분	하역이송기능	보관기능	혼재기능
안벽/apron	○		
marshalling yard(통로포함)	○	○	
gate	○		
control tower(사무실 포함)	△	△	△
컨테이너 야드(통로포함)		○	
CFS			○
수리소(하역기기용) 급유시설	△	△	△
컨테이너 세척시설	△	△	
컨테이너 수리시설		△	

주: △는 여러 기능을 지원하는 기능.

[그림 12.11] 일반적인 컨테이너 터미널 배치도

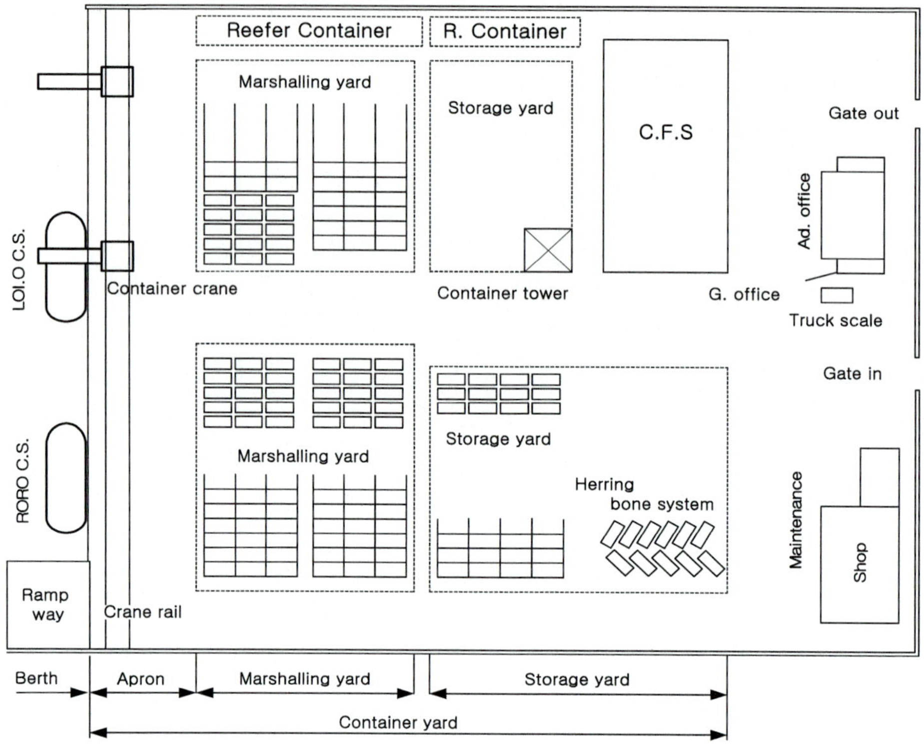

[그림 12.12] 컨테이너 터미널 전경

[그림 12.13] 컨테이너 야드(CY)

[그림 12.14] CFS

2. 컨테이너 하역장비

1) 갠트리 크레인(Gantry Crane, Container Crane, Quay Crane)

컨테이너 터미널에서 컨테이너선으로부터 컨테이너를 내리거나 적재하는데 사용되는 기중기로서 30톤 이상의 인양능력을 가지고 있다. 컨테이너 하역용으로 설계된 크레인으로서 부두의 Apron에 깔린 레일위를 이동한다.

[그림 12.15] 컨테이너 크레인

2) 트랜스퍼 크레인(transfer crane, transtainer)

컨테이너를 다단적(多段積)하기 위한 크레인으로써 각간(脚間)에 7~9열, 각외측(脚外側)에 2~3열의 컨테이너를 줄지어 3~5단적하며, 전후방으로 레일상 또는 타이어륜(輪)으로 이동하는 교형식(橋型式) 크레인이다. 이것은 보통 전동유압식이며 시간당 컨테이너를 30~40개 정도 처리한다.

[그림 12.16] 트랜스퍼 크레인

3) 스트래들 캐리어(straddle carrier)

컨테이너 터미널 내에서 컨테이너를 양각(兩脚) 사이에 끼우고 이동시키는 운반차량으로서 컨테이너를 상하로 들 수 있는 기기이다.

[그림 12.17] 스트래들 캐리어

4) 야드 트랙터(yard tractor)

야드 내의 작업용 컨테이너 운반트럭으로 일반 컨테이너 트럭과 같다.

[그림 12.18] 야드 트랙터

5) 섀시(chassis)

컨테이너를 탑재하여 일체화되는 트레일러 대차(臺車)로서 콤보형(combination type)이 대부분이다.

[그림 12.19] 섀시

6) 지게차(fork lift)

컨테이너 터미널 내에서 트럭이나 flat car로부터 컨테이너를 적양화하는 차량이다.

[그림 12.20] 지게차

7) 탑 핸들러(top handler)

리치 스택커와 함께 차량형 이동장비로서 야드 내에서 공컨테이너를 적치 또는 하역하는 장비이다.

[그림 12.21] 탑 핸들러

8) 리치 스택커(reach stackers)

붐을 자유자재로 신장, 신축 또는 상하 방향으로 작동하여 풀(full) 컨테이너를 5단까지 적재할 수 있으며 기동성이 뛰어나서 터미널 내의 긴급상황 발생시 컨테이너를 신속하게 처리할 수 있다.

[그림 12.22] 리치 스택커

제 13 장 보관시스템

제 1 절 보관의 개요

어떤 기업의 생산품에 대한 수요가 확실하게 알려져 있고, 상품의 공급이 즉시 이루어질 수 있다면 이론적으로는 재고가 필요 없으므로 보관은 필요하지 않다. 그러나 수요를 정확히 예측하는 것은 극히 어려운 일이기 때문에 기업들은 수요와 공급의 조화를 이루고, 저렴한 비용으로 소비자를 만족시키기 위해 재고를 이용한다. 재고를 유지하거나 신속한 배송을 위한 보관은 운영의 편리성과 서비스 경쟁력을 향상시킨다.

1. 보관의 목적과 필요성

1) 보관의 목적

보관이란 화물을 일정한 장소에 두고 물리적으로 관리하는 것을 말한다. 보관은 물류흐름의 한 과정이며 다음과 같은 목적을 달성하기 위하여 이루어진다.

① 화물을 원래의 상태로 보전하고 멸실을 방지한다.

② 보다 많은 이윤을 추구하기 위하여 판매시기를 조정한다.

③ 원재료의 품절로 인한 생산의 중단을 방지하고 원활한 생산활동을 지원한다.

④ 보관은 숙성 등이 필요한 경우 물품의 질적 변화를 유발한다.

⑤ 보관은 물류흐름의 왜곡이나 수급의 불균형, 그리고 가격폭락이나 폭등에 대처하는 수단으로 활용된다.

2) 보관의 필요성

(1) 운송 및 생산비용의 절감

보관된 재고로 인해 부가되는 비용은 운송과 생산에 있어서 개선된 효율성으로부터 창출되는 수익성 향상으로 상쇄될 수 있다. 또한 생산과 배송과정에서 보관활동을 통한 비용감소와 소비자 서비스의 향상이 이루어질 수 있다.

(2) 수요와 공급의 조화

고정된 수요를 가지고 있지만 높은 계절적 생산특성을 가진 기업들은 수요와 공급의 조화를 이루는 것이 요구된다. 예를 들면, 채소와 과일 캔을 생산하는 식품회사들은 비수확기 동안 제품을 시장에 공급하기 위하여 생산품을 비축한다. 반대로 계절성이고 불확실한 수요를 가지지만 일정한 생산량을 유지해야 하는 경우, 생산비를 최소화하면서 상대적으로 짧은 판매기간의 수요를 일치시키기 위해 재고의 보관이 요구된다.

(3) 생산 요구

원자재의 적정수준 유지와 제품의 가치를 높일 수 있는 보관과 관리는 생산공정의 일부이다. 적정한 원자재의 수준 유지는 효율적인 생산계획의 수립과 운영을 가능하게 하고, 김치, 치즈, 와인 같은 제품을 생산하는 제조업자는 숙성기간이 요구된다. 창고는 제조기간 동안 제품을 보유하는 기능뿐만 아니라, 제품 판매 시점에 세금을 납부해야 하는 경우 판매시간까지 세금지급을 연기시킬 수 있는 수단이 되기도 한다.

(4) 마케팅 지원

창고보관은 제품에 가치와 효용을 부여하는데 이용된다. 즉, 창고는 제품을 고객들에게 가까이 갈 수 있게 하고, 배송시간도 절약할 수 있게 한다. 신속한 배송을 통해 개선된 고객서비스는 판매를 증가시키는 요인이 된다.

2. 보관의 일반원칙

1) 회전대응의 원칙

물품을 보관할 장소를 결정할 경우 제품의 입출고 빈도에 따라 보관장소를 결정하는 것을 말한다. 출입구가 동일한 창고의 경우, 입출고 빈도가 높은 상품은 출입구 가까이에 보관하며, 낮은 상품은 출입구로부터 먼 장소에 보관한다.

2) 선입선출의 원칙

먼저 보관된 상품을 먼저 출고하는 것으로 상품의 수명주기가 짧은 경우, 매우 중요하게 고려되어야 한다. 그러나 제품형식의 변경이 적고 상품수명이 길며 파손 및 마모가 적은 상품의 경우 이 원칙이 적용되지 않을 수도 있다.

3) 고단적의 원칙

창고의 입체효율을 향상시키기 위해 상품을 높이 쌓을 필요가 있다. 물품을 적재할 때 팔레트와 같은 단위화된 용기를 사용하여 물품을 높이 적재하면 평평하게 쌓는 것보다 창고 이용효율을 높일 수 있다. 그러나 선입선출 등 재고관리상의 제약이 있는 경우 선반이나 층층대 등의 시설을 설치할 필요가 있다.

4) 통로대면의 원칙

물품의 입출고를 용이하게 하고 효율적인 보관을 위하여 물품을 통로에 면하여 보관하는 것을 말한다. 이것은 창고설계의 기본원칙이며 창고의 흐름을 원활히 하기 위한 원칙이다.

5) 동일성 및 유사성의 원칙

동일품목이나 유사한 품목을 한곳에 인접시켜 보관하는 것으로, 창고내 물품의 입출고 및 재고조사 등이 용이해진다.

6) 형상 및 중량특성의 원칙

형상의 특성에 따라 보관하는 것으로 표준품은 선반 등에 보관하고, 비표준품은 특수한 보관기기나 설비가 있는 곳에 보관한다. 그리고 중량에 따라 보관장소를 달리해야 하는데, 중량물과 대형물은 하층부에 보관하고 경량물과 소형물은 상층부에 보관한다.

7) 위치표시의 원칙

보관품의 장소, 선반번호 등의 위치를 표시하는 것으로, 입출고를 단순화시킬 수 있고 물품을 관리하는데 용이하다.

3. 창고

1) 창고의 정의와 목적

(1) 창고의 정의

창고는 물품의 감소 및 변질이 발생하지 않도록 보관할 수 있는 장소로, 수요와 공급의 조정을 원활히 하여 생산활동, 판매활동, 소비활동에 기여하는 시설을 말한다.

창고의 정의로 넓게는 전체 물류활동의 흐름을 부분적으로 조종하는 역할이라고 할 수 있다. 즉, 물품의 보관을 위한 창고는 생산시설에 위치하여 생산계획에 따라 원자재를 적절하게 공급하거나, 생산자가 소비자의 요구에 따른 완제품을 입출고하는 장소로서의 접점의 역할을 하기 때문에 물류활동에 있어 매우 중요한 시설이 된다.

전략적으로 최상인 창고의 위치는 고객에게 좀 더 좋은 서비스를 제공할 수 있으며 소량의 생산품을 손쉽게 출고가능하며 배송할 수 있어야 하고, 소형차량이나 트럭, 바지선 등의 운송수단이 접근가능한 곳이어야 한다.

또한 창고에 보관되는 제품의 특성과 소비자의 특성, 생산의 특성 등을 고려하여 각 특성에 적합한 장소를 선택하는 것이 바람직하다.

(2) 창고의 목적

창고는 생산측면에서의 생산공정의 중단을 방지하기 위한 원자재의 보유기능과 유통판매기능 측면에서는 소비자에게 손쉽게 다가갈 수 있는 기회와 제품의 안정적 공급에 기여함은 물론, 경쟁자들과의 관계에서는 더 나은 서비스를 제공할 수 있는 기회를 부여한다.

그 목적은 구체적으로 다음과 같다.

① 물품 공급자와 수요자 사이의 거리를 단축

② 생산능력의 균형유지
③ 납기의 지연 방지
④ 예기치 못한 수요에 대비한 예비재고량의 확보

2) 창고의 기능

창고시스템은 재고보유와 원재료 취급의 두 가지 기본적인 기능을 가지고 있다.

(1) 장치 기능

① 저장

제품의 보호와 일정한 재고를 유지하는 것이 창고활동의 주요 기능이다. 창고시설은 장기간의 저장을 위한 보관(예를 들어 숙성기간)과 계절적인 수요에 대응하기 위한 중・단기적인 상업상의 장치와 분류, 분배, 재포장, 배송 등을 위한 재화의 일시적인 보유목적으로 사용된다.

② 집화

운송형태는 창고 장치시설의 이용에 영향을 미친다. 만약 창고로 유입되는 재화가 다양한 공급자로부터 소량의 제품들일 경우 소량화물을 대량화물로 통합하는 집화기능이 중요해진다. 혼적을 위한 집화기능은 유통창고 또는 CFS 등에서 중요하게 다루어진다.

다양한 생산지에서 공급된 LCL(Less than Container Load) 화물을 혼적하여 FCL(Full Container Load) 화물로 만들어 국가별, 지역별, 권역별로 운송하는 경우 경제적일 뿐만 아니라 운송의 효율성을 제고하게 된다.

③ 화물 분류 및 소량분할

화물분할은 창고시설을 이용하여 혼적을 목적으로 하는 것과는 반대이며, 혼적된 화물이나 대량으로 입고된 화물을 제품별로 또는 소량화물로 분할하는 경우의 창고형태이다. 낮은 운송비로 대량선적된 또는 혼적된 화물이 창고로 이동되고, 수요자의 요구에 따라 개인별, 점포별, 기업별, 지역별로 분할되거나 소량으로 배송된다.

④ 혼적

제품의 혼적을 위해 창고를 이용하며, 각 공장의 생산라인에 필요한 원자재 및 부품을 공급하기 위해 다양한 제조업자들로부터 부품을 구매하는 기업들은 창고를 제품의 분류 및 혼적 후 출고하기 위한 지점으로 이용한다. 혼적시점은 단일

장소에서 화물이 집화될 수 있도록 대량입고가 가능하며 주문이 결집된 소비지로 재분류되어 배송될 수 있는 곳을 선택한다.

(2) 원자재 취급 기능

① 적재와 하역

원자재를 취급하는 기업의 보관창고 활동의 첫째와 마지막 행동은 적재와 하역이다. 원자재가 창고에 도착하면 운송수단으로부터 입고를 위해 하역을 해야 한다. 대부분의 경우 원자재를 하역 후 저장장소로의 이동은 하나의 과정으로 취급된다.

적재는 하역과 유사하지만, 다양한 추가적인 활동들이 적재장소에서 이루어진다.

② 보관장소로부터 출고장소로 이동

보관저장을 위해 적재와 하역지점간에 재화는 여러 번 이동될 수 있다. 첫 번째는 하역지점으로부터 저장지역으로 이동하는 것이고 그 다음은 출고 또는 주문충족을 위해서 출고지역으로 이동하는 것이다.

③ 주문 충족

소비자 주문을 충족하는 것은 보관장소에 적절한 재고를 보충하는 것 때문에 가능하다. 소량의 주문을 충족시키는 것은 노동집약적이고 고비용이 발생할 수 있기 때문에 원자재 취급활동 중에 가장 중요한 부분이다.

(3) 효율창출 기능

보관 및 저장은 생산에서 소비될 때까지 시간적 격차를 극복함으로써 시간가치를 창출하는 것과 보관장소를 달리함으로써 제품의 새로운 가치를 창출하는 효용가치 창출기능이 있다. 아울러 재고관리에 대한 정보를 축적하여 생산계획 및 고객관리 등에 피드백시킴으로써 기업의 고객서비스를 제고할 수 있는 정보효용 창출기능이 있다.

3) 창고기능의 변화

(1) 안정성장기의 물류비용절감

기업의 성장기와 성숙기에 기업 물류비를 절감할 수 있는 하나의 대안으로서 창고의 역할이 강화되고 있다.

(2) 서비스 수준의 향상

고도화, 다양화, 세분화된 고객의 요구에 부응할 수 있도록 리드타임의 단축,

서비스의 신뢰성 확보 등 서비스 수준의 개선 요구에 부응할 수 있도록 창고기능이 전문화·체계화되고 있다.

(3) 물류시스템의 개선의 축

전체 물류시스템의 개선을 위한 한 축을 형성하고 있다. 즉, 다양한 기능 간 매개체 역할을 수행하는 창고기능의 효율성을 배제한 전체 물류시스템의 효율성을 기대하기 어렵다.

(4) 유통기능의 강화

과거의 창고의 주요기능은 보관기능이었지만 현대의 창고는 분류, 가공, 재포장 등 다양한 기능을 요구하는 유통창고로 변화되고 있다.

4) 창고의 종류

(1) 명칭기준 분류

〈표 13-1〉 창고의 종류와 보관물품의 종류

창고유형	보관물품	물품내용
1급창고	제1종 물품	제2종 물품, 3종 물품, 4종 물품, 5종 물품(포장되지 않은 곡물류 제외), 7종 물품 이외의 물품
2급창고	제2종 물품	밀, 보리, 녹말, 사료, 소금, 야채류, 과실류, 건어물 및 염장어물, 가죽, 비료, 제철류, 기타 금속제품, 시멘트, 석고, 백묵, 석면, 석면제품
3급창고	제3종 물품	판유리, 유리판, 유기그릇, 도자기, 타일, 질그릇, 숯, 조개류, 해면류 기타 위의 물품에 유사한 제품
야적창고	제4종 물품	선철, 철제, 연관, 연판, 동판, 시멘트제품, 광물, 흙, 돌, 자동차 및 차량, 목재, 빈 컨테이너, 빈 드럼통, 고철, 깨진 유리, 중고타이어 등 야적이 가능한 물품
수면창고	제5종 물품	원목 등 수면 보관이 가능한 물품
저장창고	제6종 물품	포장되지 않은 곡류, 분말 또는 액체로 된 물품
위험물창고	제7종 물품	소방법 제2조 규정에 의한 위험물 및 고압가스
냉장창고	제8종 물품	생농산물, 생축산물, 생수산물 또는 냉동가공품으로서 10도 이하에서 보관함이 적당한 물품

(2) 기능상 분류

① 공장보관창고
창고의 기본적인 기능인 원자재, 부품, 완제품의 보관에 충실한 창고를 말한다.
② 유통창고
필요한 제품을 집화하여 필요한 장소로 배송하는 기능을 갖춘 창고로, 유통가공, 분류, 재포장 등이 이루어지는 창고로 가공시설, 배송기능을 갖춘 창고라 할 수 있다.
③ 보세창고
관세법에 근거하여 세관장의 허가를 얻어 수출입화물을 취급하는 창고를 의미하는 것으로, 보관물품으로는 수출입통관을 기다리는 화물 및 관세를 미납한 화물을 보관한다.

(3) 소유형태상 분류

① 자가창고
자사보유의 창고를 말한다.
② 영업창고
공공적인 창고로 일정한 임대료를 지불하고 이용하는 창고를 말한다.

제2절 물류거점

1. 물류거점의 개념

물류거점은 복수의 공급자와 수요자가 존재하는 물품의 유통과정에서 이를 통합하여 계획화하고 효율화를 도모하기 위하여 공급자와 수요자의 중간에 설치하여 배송의 효율화를 도모하기 위한 유통단지, 복합화물터미널, 컨테이너터미널, 배송센터 및 공동 집배송단지 등과 같은 제반 물류시설이 집약화된 지역을 말한다.

물류거점은 다품종 소량의 제품을 생산공장 또는 화주로부터 공급받아 분류, 보관, 재포장, 하역, 정보처리 등의 기능수행과 함께 다수의 수요처에 배송하는 기업의 다목적 물류기지로서 기업의 물류전략 방향을 설정하고 물류의 제기능을 조화시켜 운영하는 것이다.

물류거점의 운영목적은 생산과 소비의 격차를 조정하기 위한 보관, 경제적 운송단위로 출화 및 입화를 하기 위한 비축, 분산되어 있는 재고의 집약적 관리를 통한 결품방지 및 불량재고의 감소, 대고객 수·배송 서비스수준을 유지하기 위한 안전재고관리, 운송비 절감을 위한 재화의 단위화 및 공동 수·배송 그리고 배송효율을 높이기 위한 소비지에서의 조립가공 등의 필요성을 기초로 한 각 상품의 물류형태에 적합한 물류시스템을 구축하기 위해서이다.

2. 물류거점의 내용

1) 물류거점의 역할

물류거점에서는 다종다량의 물품을 많은 공급자로부터 공급받아 다수의 수요자에게 주문한 품목을 정리하여 보다 신속하고 정확하게 배송하기 위하여 다음과 같은 기능을 수행한다.

첫째, 일시적 또는 장기적 물품보관을 통하여 공급과 수요의 완충 또는 조정 역할을 한다.

둘째, 주문에 응하여 적기에 납품할 수 있도록 집화, 배송을 위한 배송기지 역할과 운송비 절감을 도모할 수 있는 중계점 역할을 한다.

셋째, 고객의 다양한 요구에 부응하기 위하여 각종 유통가공 기능이나 조립업무를 수행하고 납입물품의 품질이나 수량을 확인하는 검품기능을 갖는다.

넷째, 시장점유율을 높이기 위해 수주시의 재고품절이 발생하지 않도록 제품의 확보기능을 수행하고 전시장(show room)으로서의 성격을 가미하여 판매확대를 위한 전진기지의 역할을 수행한다.

물류거점의 설치는 이러한 기능 이외에 다음과 같은 효과도 기대된다.

① 재고집약에 의한 적정재고의 유지
② 각 지점의 구입활동 집약화로 유리한 거래체결 가능
③ 각 지점의 품목정리 활동의 간략화로 판매활동에 전념가능
④ 신속, 정확한 배송에 의한 고객서비스의 향상
⑤ 판매정보의 집약, 조기파악으로 구입계획에 반영
⑥ 수급조정을 위한 재고집약에 의해 수급변동의 영향을 흡수 완화

⑦ 상물분리에 의한 물류의 효율화
⑧ 교차운송의 방지

2) 물류거점의 기능

(1) 적환기능 : 배송센터(제조, 도매, 소매, 운수업)
화물의 적재와 환적을 하는 장소로 이용된다.

(2) 보관기능 : 영업창고(보통창고, 냉동창고, 기타 보관창고)
화물 보관기능으로서의 역할을 말한다.

(3) 선별결합기능 : 선별시스템(자동선별기능 등)
상품을 선별하여 추출하고 혼재하는 기능이다.

(4) 유통가공 · 조립기능 : 가옥조립공장 등
상품의 라벨작업, 간단한 조립 등을 하는 장소로서의 기능을 말한다.

(5) 기타기능 : 도매업, 창고업, 운송업 등의 사무실, 도매시장, 관리동(전시장, 은행, 정보처리시설, 의료시설, 식당, 매점 등)
위의 제 기능뿐만 아니라 업체들의 사무실이나 전시장 등으로서의 기능이 있다.

3) 물류거점의 기대효과

① 화물운송체계의 개선
- 복합일관 운송체계의 구축
- 공동이용 물류체계의 구축
- 간선위주의 운송체계 구축

② 국가경제적 효과
- 화물유통체계의 단순화, 집약화로 물류비용 절감
- 공차율 감소와 지역 간 간선운송체계 구축으로 도로혼잡 및 도시교통난 완화
- 화물정보망 구축으로 터미널 간 정보의 효율적 처리
- 개방화에 대비한 경쟁력있는 운송체계의 구축
- 물류표준화의 달성으로 물류비용 절감

③ 기업경제적 효과

· 기업의 운송, 하역, 보관비용의 절감

· JIT운송이 가능한 물류센터 입지로 매출액 증가

④ 지역경제적 효과

· 지역주민의 고용 및 소득증대

· 지역개발촉진

· 지역경제의 활성화

4) 물류거점의 배치

물류거점은 생산과 소비를 연결하는 유통부문의 시간과 장소에 의한 효용을 창출하는 시설이다. 물류는 공장에서 고객에게 직송하는 것이 가장 이상적이나 일반적으로 공장이 전 매출지역에 균형 있게 설치되어 있지 않을 뿐 아니라 수출지역의 다변화, 다품종화에 따른 특정의 제품은 일부의 공장에서 집중생산되는 등으로 제품운송이 장거리화 되면서 물류거점의 배치가 중요하게 인식되고 있다.

따라서, 물류거점 재배치상에 원칙적으로 고려하여야 할 사항은 다음과 같다.

① 현재의 생산거점의 위치와 생산능력, 각 지역별 고객의 위치와 판매량 등의 2가지 전제조건 하에서 운송비가 최소화할 수 있는 물류거점의 수, 위치 및 재고능력을 산출한다.

② 상기의 이상적인 물류거점 배치에 가장 부합하는 현재의 생산거점 및 물류거점을 선택한다.

③ 장기적으로는 이상배치에 부합하도록 거점을 개발 또는 폐쇄해 간다.

④ 물류거점의 운영은 거점마다 운송거리가 최소가 되도록 배송지역을 결정한다.

⑤ 운송경로마다 발지방식, 거래처 방식 또는 소매점 직송방식을 선택한다.

시장에 대한 상품공급 방법으로부터 리드타임, 공급빈도, 공급단위라는 거래조건에의 대응이 거점배치의 전제가 된다. 이 조건은 물류가 독자적으로 설정할 수 있는 조건이 아니며 기업으로서 고객의 성격, 시장경쟁, 채널정책 등과 더불어 결정한다. 그중에서 중심이 되는 것이 리드타임이다. 또한 고객의 위치, 판매량 및 물류서비스 조건에 의하여 물류거점을 증가시킬 필요가 있게 되나, 이는 당연히 물류고정비의 기하급수적인 증가로 이어져 총재고는 증가하게 마련이다.

3. 물류거점 시설

1) 유통단지

유통단지라 함은 화물터미널, 집배송단지, 도소매단지, 농수산물도매시장 등과 같은 유통시설과 정보, 금융, 입주자 편의시설 등과 같은 지원시설을 집단적으로 설치하고 육성하기 위하여 지정・개발하는 일련의 토지를 말한다.

2) 복합화물터미널

복합화물터미널이란 화물의 집화, 하역, 분류, 외부포장, 보관 또는 통관에 필요한 시설을 갖춘 화물유통의 중심이 되는 장소로서 2종류 이상 운송수단 간의 연계운송을 할 수 있는 규모 및 시설을 갖춘 화물터미널을 말한다.

협의의 개념인 복합화물터미널은 배송센터와 화물터미널 이외에도 운송수단 간 연계시설, 화물취급장, 화물정보센터, 내륙ICD(CY 및 CFS), 창고시설 및 공공편의 시설을 갖춘 순수한 물류기능만 담당하는 물류기지를 말한다. 광의의 개념에는 협의의 복합화물터미널 시설과 유통가공시설, 창고단지, 물류사업자의 업무용시설 및 공동편의시설 등을 갖춘 종합물류기지를 말한다.

복합화물터미널은 도시 및 항만 외곽에 설치하여 도로, 철도, 해운 및 항공 등의 운송로를 집합 및 연계하고 있으며 또한 운송과 보관업무 이외에도 수출입을 위한 통관기능까지 보유하고 있다. 최근 선진국의 물류거점 시설들은 대형화, 집약화와 함께 합리화, 기능화되고 있으며 일관운송에 대응하는 체제로 변화하고 있다.

3) 배송센터

배송센터(distribution center)는 보통 집배송센터 또는 집배센터라고도 하며 도매업, 대량소매업, 수퍼체인, 편의점 등이 매일 상품의 집화와 배송을 동일 장소에서 실시하는 점을 착안하여 나온 명칭이며 개별기업 또는 협의체에서 유통창고의 집배송기능을 강조하여 나온 용어로도 볼 수 있다.

한편 이와 유사한 용어인 유통센터(commercial distribution center)는 협의로는 개별기업의 배송센터와 유사한 의미로 사용되고 있으며 광의로는 복합화물터미널과 같은 대규모 유통업무단지 자체를 지칭한다. 양자의 개념은 운영규모나 운영방식에 따라 구분되지만 기본적으로는 운송경로(link), 운송수단(mode), 물류결절점(node)은 동일하다.

4) 공동집배송단지

공동집·배송단지는 동종 또는 이종업체간 또는 유통업체들이 대규모 유통업무단지를 조성하여 도매거래기능, 유통가공기능, 공동수배송기능, 공동재고관리기능을 수행하는 대규모 물류단지를 의미한다. 이 같은 공동집·배송단지는 유통단지의 일종으로 공산물집배송단지, 농산물집배송단지, 농수산 도매단지 등과 같은 상류기능과 유통가공시설, 창고단지, 배송센터, 화물자동차 주차장 등과 같은 물류기능을 동시에 가지고 있다.

공동집·배송단지는 성격상 유통업체가 각 업체의 집·배송센터를 대단위 단지에 집단화시킨 시설로서 다종 대량품을 공급자로부터 집화하여 이를 환적, 분류, 보관, 재포장, 정보처리 등을 수행하는 대표적인 물류공동화시설이다.

5) 컨테이너터미널

컨테이너 운송의 가장 중요한 과제는 컨테이너 화물의 수취와 인도, 보관, 각종 관련장비의 관리운영 등을 효율화함으로써 컨테이너를 신속, 정확, 안전하게 운송하는 데 있다. 이러한 기능을 수행하기 위해 컨테이너터미널이 설치, 운영되고 있다.

컨테이너터미널은 화물유통의 중추인 해륙운송을 연결하는 접속점의 역할을 담당하는 곳으로 컨테이너를 신속하고 효율적으로 컨테이너선에 선적하거나 양륙하고 트럭과 기차와의 컨테이너 화물의 수도, 컨테이너의 장치, 공컨테이너의 집적, 컨테이너 및 그 관련기기의 정비 및 수리 등의 업무를 수행하고 있다.

컨테이너 운송이 활성화되기 위해서는 컨테이너 전용선의 활용, 항만에서의 하역작업, 그리고 내륙운송 수단과의 연계과정 등이 컨테이너 운송에 적합하여야 한다. 특히 항만기능의 중추는 컨테이너터미널이며, 이것은 컨테이너운송을 구성하는 시스템 속에서 하나의 센터로서의 역할과 더불어 복합적이며 물류의 합리화, 집약화를 도모하는 기능이 함께 갖추어져야 한다.

6) 내륙 컨테이너기지

내륙 컨테이너기지(ICD: inland container depot)는 항만 또는 공항이 아닌 내륙시설로서 공적권한을 지니고 있으며, 고정설비를 갖추고 여러 내륙운송 수단에 의해 미통관된 상태에서, 종류 화물의 이송된 여러 종류의 화물의 일시적 저장과 취급에 대한 서비스를 제공하고, 세관의 통제하에 수출 및 연계운송을 위하여 일시적 장치, 창고보관, 재수출(re-export), 일시상륙(temporary admission) 등을 담당하는 단체들이 있는 장소를 말한다.

7) 스톡포인트와 데포

스톡포인트(SP: stock point)는 보통 재고품의 보관거점으로서 상품의 배송거점인 동시에 예상수용에 대한 보관거점을 의미한다. 따라서 배송센터와 비교하면 정태적 의미에서 유통창고이며, 우리나라나 일본에서는 하치장이라 하여 사실상 유통창고와 동의어로 사용하고 있다.

하치장은 물품보관에 주력하는 보관장소이므로 제조업체들이 원료를 쌓아 두거나 완성품이나 폐기물들을 쌓아 두는 경우가 많으며, 유통업체들의 경우에는 배송시키기 위한 전 단계로서 재고품을 비축하거나 다음 단계의 배송센터로 상품을 이전시키기 위해 일시적으로 보관하는 곳이다.

데포(DP: depot)는 스톡포인트보다 규모가 적은 국내용 2차 창고를 의미하는 경우와 수출상품을 집화, 분류, 적입한 후 항만으로 이송하기 위한 CFS를 의미하는 경우로 사용된다.

일반적으로 데포는 2차 창고의 개념으로 이해되며, 미국에서는 집배중계 및 배송소로, 영국에서는 보관소를 의미하고 있다.

생산지에서 소비지로 배송할 때 각지의 데포까지는 하나로 통합하여 운송되고 여기서 소정의 작업을 마친 후 최종소비자에게 배송하여 운송비의 절감과 고객서비스의 향상을 꾀한다.

우리나라와 일본에서는 배송센터에서 직접 소비자에게 배송되는 경우가 많아 아직 배송소나 보관소를 활용하는 유통구조는 별로 발달되어 있지 못하며, 특히 제조업체의 경우에는 데포는 거의 이용하지 않고 있다.[1)]

---

1) 추창엽·홍영준, 물류의 이해, 도서출판 두남, 2005, pp. 369~392.

4. 다빈도 소량배송시대의 물류거점

재고를 '배송용 재고'와 '보충용 재고'로 분류하고 배송용 재고를 중심으로 한 배송기능을 실현하는 배송센터와 배송센터 재고에 대한 재고 보충기능을 하는 재고센터로 나눌 필요가 있다.

이것은 재고를 2개의 처리영역(transaction)으로 나누어 기능을 하도록 하는 것으로 더블트랜스엑션(double transaction)시스템이라고 한다.

일반적으로 물류거점에서 보관효율과 작업효율을 양립시키는 것은 대단히 어려우며, 최근 기업에서는 고객의 니즈에 부응하기 위해, 물류거점에 작업효율중시형의 배송센터기능을 도입하여 납기의 정확화, 재고서비스율 향상 등 고도의 물류서비스를 지향하는 기업이 증가하고 있다.

그러므로 배송센터는 고객의 니즈를 바탕으로 고객만족을 충족시키는 것에 초점을 맞추는 작업이 매우 필요하다.

다빈도 소량 배송시대에 있어 물류거점에 대한 유의사항은 다음과 같다.

① 배송센터 수는 고객의 니즈를 충족시키기 위해 필요한 만큼 배치할 것

② 고객의 서비스 수준을 고려해서 배송거점을 집약할 것

③ 배송센터 재고는 재고센터의 보충용 재고의 리드타임 일수를 고려해서 최소로 할 것

④ 재고품은 출하빈도가 높고 출하량이 많은 품목에 한하며, 빈도수가 낮은 품목은 배제시킬 것

⑤ 배송센터 재고는 작업효율 향상을 위해 고정 로케이션 관리를 할 것

⑥ 배송센터의 면적은 작업을 위한 충분한 공간을 확보할 것

⑦ 출하를 위해서 작업효율을 최대한 추구할 작업시스템을 구축할 것

⑧ 효율화를 위한 작업지원 정보시스템과 재고보충지원 정보시스템을 구축할 것

작업지원에서 중심이 되는 것은 피킹 작업지원이며, 이것을 효율적으로 하기 위해서는 정보지원이 필요하다. 또한 배송구역과 재고구역이 종합적으로 조정되어야 고객의 니즈에 유효하게 대응할 수 있다.[2]

2) 中田信哉, 多頻度少量物流, 中央經濟社, 1992, pp. 157~159.

제3절 수출입 물품의 보관 및 창고시스템

1. 보세구역

보세제도는 수입신고 후 수리미필 상태의 외국물품을 세관장의 관리하에 둠으로써 관세징수권을 확보함은 물론, 세관에서 수입물품에 대한 감시와 관리를 효과적으로 수행할 수 있도록 하는 제도로서 보세구역제도와 보세운송제도가 있다. 대부분의 수출입 화물들은 보세구역에 일시보관 또는 장치되었다가 필요에 따라 반출, 반입되거나 선적된다.

보세구역은 보세화물을 반입, 장치, 가공, 건설, 전시 또는 판매하는 구역으로 세관에서 직접 관리하는 지정보세구역과 개인이 허가를 받아 운영하는 특허보세구역으로 구분할 수 있다.

지정보세구역은 지정장치장과 세관검사장으로 구분되며, 특허보세구역은 보세장치장, 보세창고, 보세공장, 보세전시장, 보세건설장 및 보세판매장으로 구분할 수 있다. 일반적으로 수입물품은 보세장치장이나 보세창고에 징치한다.

(1) 지정보세구역

① 지정장치장

통관을 하고자 하는 물품을 일시 장치하기 위한 장소로서 세관장이 지정한 구역을 말한다. 흔히 세관구역창고나 항만부두의 야적장, 비행장의 항공화물창고 등이 지정된다.

② 세관검사장

통관을 하고자 하는 물품을 검사하기 위한 장소로서 세관장이 지정하는 구역을 말한다. 세관구내, 국제공항 휴대품검사장, 공업단지내의 특정지역, 통관우체국의 국제우편물 검사장 등이 세관검사장으로 지정된다.

(2) 특허보세구역

① 보세장치장(bonded storage)

보세장치장은 수입 통관하고자 하는 물품을 일시 장치하기 위한 구역으로서 장치기간이 3개월 이내이다.

② 보세창고(bonded warehouse)

보세창고는 관세 또는 수입세를 아직 납입하지 않은 화물을 장기간 장치할 수 있는 장소로 각국의 관세법에 따라 화물의 해체, 재포장 등이 가능하다. 보세창고의 장치기간은 1년 이내이며, 거대중량화물이나 기타의 사유로 보세구역이 아닌 장소에 장치하고자 하는 경우에는 세관장으로부터 타소장치 허가를 받아 보세화물을 장치할 수 있다.

③ 보세공장

보세공장이라 함은 외국물품 또는 외국물품과 내국물품을 원료로 하거나 재료로 하여 제조, 가공, 기타 이와 유사한 작업을 하기 위한 구역을 말한다. 보세공장은 원래 외국으로부터 원재료를 들여와서 이를 보세상태로 공장에 반입하여 가공, 제조한 것을 다시 수출함으로써 가공무역을 진흥하고자 하는 데서 발생한 제도이다. 수입세를 납부하지 않은 외국물품을 제조, 가공 등의 작업을 하기 위한 구역으로 제품을 만들어 다시 반출할 목적으로 이용되는 경우가 많다.

④ 보세전시장

보세전시장이라 함은 박람회, 전람회, 견품전시 등의 운영을 위하여 외국물품의 장치, 전시 또는 전람하는 구역을 말한다. 전람회 등에 출품용으로 외국에서 들여오는 물품에 대해서는 국제관례상 관세 부담없이 전시하게 하고자 하기 위함이다.

⑤ 보세건설장

산업시설에 소요될 외국물품인 기계류, 시설품 또는 공사 장비를 장치, 사용하여 당해 건설공사를 하는 구역을 말한다. 이 제도는 대규모 산업시설을 건설하는 데 소요되는 외국산 설비품, 기계류 등을 미조립상태의 부분품이나 소재상태로 수입하는 경우, 이를 즉시 과세하지 않고 과세단위가 되는 시설물이 완성되는 시점에서 과세하도록 함으로써 건설을 신속하게 할 목적으로 설정되었다.

⑥ 보세판매장

외국물품을 외국으로 반출하거나 외교관 면세규정에 의하여 관세를 면제받을 수 있는 자가 사용하는 것을 조건으로 판매하는 구역을 보세판매장이라 한다. 국제공항 출국장에 있는 면세점과 주한 외국공관의 외교관에게 외국물품을 판매하는 장소로서 대표자가 있다.

2. 보세운송

외국물품을 보세상태로 국내에서 운송하는 제도를 말한다. 외국물품을 국내에서 운송함에 있어서는 관세징수의 확보, 무면허유출의 방지를 위해서 보세운송의 발송지와 도착지를 한정하여 개항, 보세구역, 타소장치장, 세관관서, 통관역 및 통관장소 간에만 보세운송을 할 수 있다. 필요시에는 이용자에게 담보를 제공하도록 요구한다.

3. 수출입 컨테이너 보관

1) CY(Container Yard: 컨테이너 야드)

CY는 FCL 컨테이너화물의 적·양화를 위해 단기간 장치하는 보세구역으로 컨테이너부두 내에 위치하고 있다.

2) CFS(Container Freight Station: 컨테이너프레잇스테이션)

CFS는 컨테이너 야드의 입구에 위치하여 LCL화물을 모아서 도착지역이 같은 LCL화물을 혼적하여 FCL화물로 만드는 작업장소이다. 그리고 수입된 FCL화물을 LCL화물로 재분류하는 작업도 이곳에서 이루어진다.

3) ICD(Inland Container Depot/Inland Clearance Depot: 내륙복합화물터미널)

ICD는 2가지 의미로 사용되고 있다. 하나는 주로 항만터미널과 내륙운송수단과 연계가 편리한 산업지역에 위치한 컨테이너 장치장을 말하며, 다른 하나는 이들 컨테이너 화물에 통관기능까지 부여된 컨테이너 통관기지를 말한다. 후자의 ICD는 다음과 같이 설명될 수 있다.

① 항만이나 공항이 아닌 내륙시설로서 공적권한(public authority)을 지니고 있다.

② 고정설비를 갖추고 여러 내륙 운송수단에 의해 미통관된 상태로 이송된 여러 종류의 화물(컨테이너 포함)을 일시적으로 저장하거나 취급에 대한 서비스를 제공한다.

③ 세관의 통제하에 수출 및 연계 운송을 위한 일시적인 장치, 창고보관, 재

수출(re-export), 일시상륙(temporary admission) 등을 담당하는 단체들이 있는 장소이다.

ICD는 원래 내륙통관기지(inland clearance depot)를 뜻하는 것이었으나 화물의 유통에 있어서 컨테이너화의 급속한 확산과 복합운송의 발달에 따라 내륙 컨테이너 터미널 또는 내륙 컨테이너 기지로서 성장 발전하였으며, 통관기능을 주요 기능의 하나로 하고 있다.

최근의 ICD는 항만이 아닌 내륙에 설치되어 있는 시설로서 운송기지 또는 운송거점의 역할이 강조되고 있으며, 컨테이너 화물의 통관, 적재 및 하역, 배송, 보관, 집하, 컨테이너 수리, 화물주선, 재고관리, 포장, 내륙운송 등의 기능을 수행하며 세관을 비롯하여 선사, 운송회사, 운송주선인, 은행, 정비소, 포장회사 등이 위치하고 있다.

ICD에서는 항만에서 반드시 담당해야 할 본선작업과 마샬링 기능을 제외한 장치·보관기능, 집화, 분류 등과 같은 전통적인 항만기능이 수행되고 있으며, 또한 항만지역에 위치한 많은 관련 서비스시설을 포함하고 있기 때문에 '내륙항만'이라고 불리기도 한다. 위치적으로는 주로 항만터미널 및 내륙연계가 편리한 주요 산업지역 등에 위치하고 있다.

물류관리 측면에서 ICD의 기능은 항만지역과 비교하여 창고·보관시설용 토지취득이 용이하고 창고보관료 등이 저렴하므로 시설비용의 절감이 가능하며, 노동력의 안정적인 확보와 저렴한 임금, 컨테이너 하역작업의 기계화 및 효율화로 노동생산성을 향상시킬 수 있다.

[그림 13.1] ICD의 주요 기능

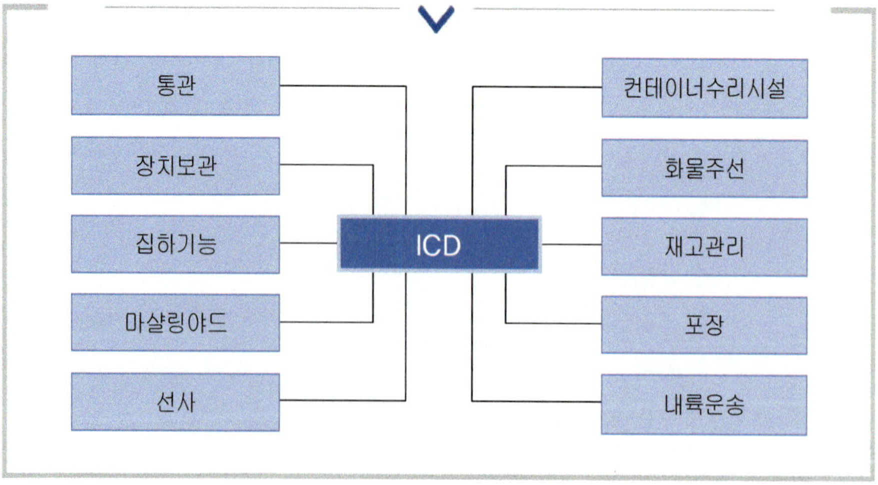

또한 화물의 대단위화에 의한 운송효율의 향상 및 항만 인근 야적장의 교통혼잡을 피할 수 있어 운송비가 절감되며, 통관검사 후 재포장이 필요한 경우에도 포장을 용이하게 할 수 있는 업체가 입지하여 편리하다. 또한 통관대상 물품의 설명을 신속, 정확하게 할 수 있으므로 연락 및 왕복경비가 절감되며 항만에서의 통관혼잡을 회피하여 통관의 신속화를 실현시킬 수 있다.

우리나라의 경우 경인지역에 부곡 ICD와 부산지역에 양산 ICD가 운영되고 있다.

4) 물류센터

물류센터는 광의의 개념으로 대규모의 유통업무단지에 복합 터미널 등과 같은 시설을 갖추고 운영되는 거대한 유통단지 그 자체를 가리키며, 협의의 개념으로는 개별기업이 자사제품의 유통을 위해 종래의 창고기능뿐만 아니라 입출하의 흐름을 조절할 수 있는 입하품의 검품, 검수, 유통가공, 분류, 포장작업을 수행하는 곳을 말한다.

물류센터는 국제무역에 있어서 일시적 또는 장기적으로 물품을 보관하거나 운송비 절감을 위한 배송기지로서의 역할을 수행하므로 물품을 원활하고 효율적으로 인도하기 위하여 기업들은 국내·외에 물류센터를 설치하여 물류비의 인하를 도모하고 있다.

(1) 국내물류센터

국내물류센터는 적정하고 적격한 물품을 확보하여 공급과 수요의 완충 또는 조정역할을 수행하는 중심지라 할 수 있다. 특히 배송기지로서의 역할과 운송비의 절감을 위한 중계점으로서 주문에 적기 납품할 수 있도록 집·배송을 원활하게 한다. 아울러 고객의 다양한 요구에 부응하기 위하여 각종 유통가공이나 조립업무를 수행하고 납입물품의 품질이나 수량을 확인, 점검을 수행하기도 하며, 수주 시 재고의 품질 저하가 발생하지 않도록 하고 쇼룸(show room)으로서의 역할과 판매거점으로도 활용할 수 있는 곳이다.

물류센터의 입지선정은 입지문제의 정확성, 목표설정, 입지계획, 입지결정의 절차에 의해 이루어진다. 물류센터의 목표설정 시 고려해야 할 사항은 규모, 취급제품의 종류, 기능(배송, 보관, 하역, 가공, 정보관리 등을 확정), 담당구역(전국, 지구, 지역규모 등), 지역형태(도시, 농촌, 사업구역 등), 생활문화의 수준, 기타(입지의 목표로서 내륙성, 임해성, 기상 등) 등이다.

(2) 해외물류센터

해외물류센터의 설치는 수출자에게 해외의 특정 지점에 보관창고를 보유하게 함으로써 여러 목적지로 개별 운송하는 방식에서 벗어나 비용절감과 서비스 개선을 가져온다. 유럽시장의 경우 유럽지역에 마케팅 강화를 위해 인접한 지역에 물류센터를 설치하여 유럽지역 업체들과의 경쟁력을 높이고 현지상황에 신속히 대처하며 상품의 보관 및 공급비용을 절감시키는 새로운 물류전략을 수립하고 있다.

또한 국내 무역업체들은 수출다변화 추이와 저임금시장을 목표로 동남아시아 지역으로 진출을 확대하고 있어 현지 해외공단의 조성뿐만 아니라 물류거점확보를 위해 물류센터의 필요성이 증대하고 있다. 해외물류센터의 설치는 중・소화주들이 해외물류거점을 확보함으로써 신용장 개설의 부담을 줄일 수 있으며, 수입자의 소량주문에도 대응할 수 있는 장점이 있다. 중소기업의 입장에서는 대기업 또는 현지 경쟁업체에 비해 통화유통, 언어유통, 신용거래 등에서 불리하므로 유통센터의 필요성이 요구되고 있다.

해외물류센터의 입지조건은 국내물류센터의 조건과 유사하나 해운, 육운 등의 운송망이 우수하고 화물유통의 결절점(node)의 역할을 할 수 있고 현지공장과 함께 생산거점화 할 수 있는 곳이 바람직하다. 이때 입지대상국가의 관세제도, 세제, 배후지 등도 검토되어야 하고, 단순보관 및 배송기능뿐만 아니라 보세창고, 국제포워딩 업무, 수출입업무, 사무실 임대 등 서비스업까지의 종합적인 물류기능을 수행할 수 있는 곳인가의 검토도 함께 이루어져야 한다.

제14장 하역 및 포장시스템

제1절 하역시스템

1. 하역의 개념

하역은 운송과 보관에 수반되는 필수적인 작업으로 운송은 장소적 효용을 창출하고 보관 및 창고활동은 시간적, 공간적 효용을 창출하는 것에 반해 하역은 효용 창조활동을 돕는 활동으로 분류할 수 있다. 하역은 전체 물류과정에서 화물을 싣고, 내리고, 운반하고, 넣고, 꺼내고, 구분하는 작업과 이에 부수되는 작업을 말한다.

이전의 하역작업은 인력에 의한 작업이 많았으나 점차적으로 기계화, 자동화가 진행되면서 로봇에 의한 무인화가 보편화되고 있다. 생산, 유통, 소비를 위해 각각의 하역작업이 요구되며 이와 더불어 운반도 수반된다. 따라서 운반도 하역의 일부로 간주될 수 있다.

2. 하역의 원칙

1) 경제성의 원칙

하역과 관련된 비용을 최소화하는 원칙이다. 이는 하역의 횟수를 줄임으로서 비용은 물론 화물의 파손이나 분실 등의 위험을 최소화하는 효과도 가져온다.

2) 화물의 이동거리 및 시간 최소화의 원칙

화물의 이동거리를 단축함으로써 이동 중의 안전은 물론 시간을 줄여 낭비적 요인을 제거할 수 있다.

3) 화물활성화의 원칙

화물을 하역할 때는 항상 그 다음의 작업을 고려하여야 한다. 이는 화물을 하역한 다음, 그 화물을 다시 하역할 때는 보다 용이하고 신속하게 작업할 수 있도록 활성지수를 높일 수 있는 작업이 되어야 한다는 원칙을 말한다.

4) 단위화의 원칙

가능한 한 화물을 단위화(팔레트, 컨테이너 등)하여 화물의 손상이나 멸실을 방지하고 작업의 신속성을 확보하여야 한다는 원칙이다.

5) 기계화의 원칙

화물의 하역 시 기계나 장비를 이용함으로써 보다 안전하고 신속하게 작업을 처리할 수 있고 비용을 절감할 수 있다.

6) 중력이용의 원칙

화물을 하역할 때 높은 곳에서 낮은 곳으로 하역함으로써 보다 용이한 하역을 꾀한다.

7) 인터페이스의 원칙

하역작업의 각 단계에서 접점을 원활하게 함으로써 작업의 능률을 높인다는 원칙이다. 예를 들면 팔레트에 놓여 있는 화물을 팔레트 그대로 옮기는 방법 등이다.

8) 시스템화의 원칙

하역작업을 체계화함으로써 비능률적인 작업과정을 개선할 수 있어 작업능률을 높일 수 있고 하역비용을 절감할 수 있다.

3. 장소별 하역시스템

1) 사내하역시스템

사내하역은 제조업체가 자사의 원료조달로부터 생산, 판매에 이르기까지 발생되는 조달물류, 생산물류, 판매물류 등 전 과정에서 필요한 모든 운반과 하역 기능을 종합적으로 포괄한 것을 말한다. 하역의 기계화, 자동화가 전제조건으로 화물의 단위포장을 위한 파렛트화가 가장 중요한 요건이 된다.

2) 철도역 컨테이너하역시스템

철도역의 컨테이너 하역방식은 트레일러나 컨테이너를 철도의 무게화차 위에 적재하는 방식으로써 화차적재를 돼지의 등에 적재한 것과 같다고 하여 피기백(Piggy Back)방식이라고 불린다. 컨테이너의 철도하역시스템은 도로운송용의 트레일러를 그대로 철도의 화차에 싣고 운송하는 것으로 TOFC(Trailer On Flat Car)방식과 COFC(Container On Flat Car)방식이 있다.

3) 항만하역시스템

항만하역은 항만 내에서 항만하역업자가 화주 또는 선박운항업자의 위탁을 받아 선박에 의하여 운송된 화물을 선박으로부터 인수 또는 화주에게 인도하거나, 선박에 의하여 운송될 화물을 항만 안에서 선박에 인도 또는 화주로부터 인수하는 행위와 이에 따른 선행 또는 후속행위로 정의할 수 있다. 항만하역은 선내, 부선, 육상, 예부선운송작업 등 크게 네 가지 작업단계로 분류한다.

화물의 특성에 따른 하역으로 크게 일반화물하역과 컨테이너화물하역으로 분류할 수 있으며, 일반화물은 일반부두의 전용선석에서, 컨테이너화물은 통상 컨테이너전용선에 의해 운송되어 컨테이너전용부두에서 하역된다.

(1) 일반화물하역

① 규격화물하역

규격화물이란 규격화되어 있어 취급이 용이한 화물로 파렛트화물, 프리슬링화물(pre-sling cargo), 백컨테이너화물(bag container cargo) 등이 이에 속한다. 규격화물의 하역은 본선 데릭의 카고 폴(car fall) 끝에 매달린 훅에 화물을 쌓은

슬링을 걸어서 적·양화를 하게 된다. 선내화물 작업에는 지게차가 이용된다.

② 정량화물하역

정량화물이란, 다른 화물에 손상을 입히지 않는 화물을 의미하며, 상자, 포장화물, 포대화물, 통포장화물, 묶음화물 등 포장화물과 개별포장된 화물이 이에 속한다. 이들 정량화물의 하역도 기본적으로는 규격화물의 하역방법과 큰 차이가 없다. 이때 평균 50kg을 기준으로 소중량은 인력에 의존하고 대중량은 지게차와 같은 하역기기를 사용한다.

③ 양곡하역

양곡하역방식의 가장 일반적인 하역체계는 본선이 접안된 상태에서 진공흡입식(pneumatic: PNT)언로더로 선창에 적재되어 있는 양곡을 흡입하는 방식이다. 컨베이어벨트가 이동하여 보관시설인 사일로(Silo)에 입고한다.

④ 원목하역

원목전용부두는 선측에 고정식 하역장비가 설치되어 있지 않고 본선의 크레인(데릭)을 이용하여 하역작업을 한다. 따라서 본선 크레인의 수에 따라 선측 하역생산성이 달라진다.

⑤ 석탄·광석하역

석탄하역작업은 선박에 적재된 화물을 언로더를 이용하여 컨베이어벨트 위에 올려놓으면 컨베이어벨트를 작동하여 야적장까지 이송하게 된다. 야적된 화물은 스태커(Stacker), 리클레이머(Reclaimer) 및 트랙호퍼(Track Hopper) 등을 이용하여 상차되어 반출된다.

⑥ 고철하역

고철은 크레인 끝에 폴립형 그랩(Grab) 혹은 마그네트(Magnet)를 부착하여 하역작업을 하는 한편, 선내에서는 굴삭기를 이용하여 고철을 모은다. 그 다음에 크레인 붐(boom)대를 선내로 이동하여 고철을 Bucketing 한 후 이를 들어올려 선측야적장으로 이동시킨다. 고철을 부두의 야적장에서 하역하여 보관한 다음 최종수요자에게 인도하거나, 부두에 야적된 화물을 굴삭기와 트럭을 이용하여 인근의 야적장으로 옮겨 보관한다. 최종수요자에게 인도할 때는 트럭을 사용하며, 트럭상차 시는 굴삭기를 이용한다.

(2) 컨테이너화물하역

컨테이너화물의 하역은 전용부두와 일반부두에서 이루어지며 부두 내 CY, CFS가 없는 경우에는 ODCY(On-Dock CY)에 반입 후 부두의 크레인을 통하여 선내작업이 이루어진다. 터미널 내의 항만물류는 본선작업, 부두이송작업, CY작업, 인·수도작업, CFS작업으로 구성되어 있다. 컨테이너터미널에서의 하역은 컨테이너운반에 어떠한 장비를 사용하느냐에 따라 샤시방식, 스트래들캐리어방식, 트랜스테이너방식으로 구분한다.

① **샤시방식**(Chassis Method)

컨테이너를 샤시트레일러 위에 적재한 상태로 대기시켜 필요한 때에 바로 운송할 수 있도록 한 방식이다.

② **스트래들캐리어방식**(Straddle Carrier)

컨테이너를 컨테이너선에서 크레인으로 에이프런에 직접 내리고 스트래들캐리어로 운반하는 방식이다. 컨테이너의 적치 및 인양업무는 물론이고 교환구역에서의 컨테이너 발송 및 인수업무도 스트래들캐리어가 담당한다. 이 시스템에서는 부두이송, CY작업, 컨테이너 발송 및 인수업무 전체가 스트래들캐리어에 의해 처리된다.

③ **트랜스테이너방식**(Transtainer System)

컨테이너선에서 야드의 샤시에 적재한 컨테이너를 마샬링 야드에 이동시켜 트랜스테이너에 의해 트럭이나 화차에 장치하는 방식이다. 고무타이어가 장착된 트랜스테이너(RTGC) 또는 레일형 트랜스테이너(RMGC)는 CY블록에서의 업무만 담당한다.

4) 공항하역시스템

항공화물의 운송초기에는 인력에 의한 벌크화물(Bulk cargo)의 탑재에서 시작하였으나 항공기의 대량화, 고속화, 저렴화를 위해 항공기의 대형화, 가동의 효율화, 지상 하역작업의 기계화를 가능하게 한 것이 바로 항공화물의 컨테이너화와 파렛트화이다. 컨테이너와 파렛트가 개발된 의의는 인력에서 기계로, 개별탑재에서 단위탑재로, 단순운송관리에서 물류관리로 운송시스템 자체에 큰 변화를 가져오게 되었다. 국제항공운송협회(International Air Transport Association: IATA)에서는 화물전용기의 보급과 관련해서 현재 사용하고 있는 88″×125″ 또는 88″×108″의 파렛트를 마스터유닛컨테이너(master unit container)로 하여 항공기의 종류에 따라 26종류의 표준컨테이너를 정하여 통일화시키고 있으며, 마스터유닛컨테이너 단위의 운임설정 등 항공화물의 대량화, 고속화, 저렴화 운송을 목표로 컨테이너화에 노력하고 있다.

4. 하역기기

1) 하역기기 선정 시 고려사항

하역기기는 물류활동의 과정에서 화물을 싣고 내리며, 근거리 이동과 쌓기, 꺼내기, 분류, 정리 등의 작업에 사용되는 기기를 말한다. 하역기기의 선정은 최종적으로 경제성에 의해 결정할 수 있지만, 화물하역과 관련된 여러 가지 특성을 고려해서 하역기기를 선정해야 함은 물론이다.

다음은 하역기기를 선택함에 있어서 기본적으로 검토해야 할 사항들이다.

첫째, 하역기기는 화물특성을 고려해서 선택해야 한다. 즉 하역기기 선정 시 화물의 종류 및 특성을 배려하여 최적의 하역기기를 선정할 필요가 있다. 가령 비포장화물은 입자의 분포・비중・성장 등 화물의 특성을 고려하여야 하며, 포장화물의 경우에는 형상, 크기, 중량 등을 감안하여 기기를 선택해야 할 것이다.

둘째, 작업량, 계절변동, 취급품목의 종류, 운반거리 및 범위, 통로의 크기, 운송기관의 종류 등과 같은 작업특성(작업의 성질)을 감안하여 기기를 선택하도록 한다.

셋째, 건물의 구조, 하중, 시설의 배치, 작업창고의 종류 및 화물의 흐름 등과 같은 작업환경의 특성을 고려하여 하역기기를 선정해야 한다. 다시 말해 창고가 전용인지 아니면 공용인지, 자사소유인지 아니면 임대인지, 창고 내 화물의 흐름이 어떠한지, 시설물의 배치 및 건물구조는 어떠한지 등을 고려해서 하역기기를 선택해야 한다.

넷째, 하역기기 자체의 특성을 고려해서 하역기기를 선정한다. 기기 선택 시 하역기기 자체의 안정성, 신뢰성, 성능, 탄력성, 기동성, 에너지 절약정도, 소음, 공해 등을 고려해야 할 것이다.

다섯째, 위의 네 가지 사항이 하역기기 선정에 있어서 중요한 사항이지만, 최종적으로 경제성(채산성)을 고려해서 기기를 선정하도록 한다.

2) 해상운송용 하역기기

(1) 갠트리크레인(Gantry Crane: G/C)

G/C는 컨테이너선에 컨테이너를 적재하거나 양륙하기 위하여 특별히 설계된 대형기중기를 말하며, 에이프런(Apron) 위에 부설된 철로 위를 본선과 평행하

여 주행하면서 컨테이너를 선적 및 양륙한다. 작업 시에 빔(beam)이 본선상에 돌출하면 이 빔을 따라서 트롤리(Trolley: 활차)가 횡행하여 트롤리의 하부에 있는 유압으로 신축하고 스트레더(spreader)의 갈로리(hook)로 컨테이너를 집어서 본선에 하역한다. 크레인의 종류에 따라 다르지만, 통상 인양능력은 30~60톤 규모이며, 1시간에 30~40개 정도의 컨테이너를 적·양화하는 능력을 갖추고 있다.

(2) 트랜스테이너(Transtainer: Transfer Crane: T/C)

트랜스테이너는 컨테이너 야드에서 컨테이너를 야드에 장치하거나, 적치된 컨테이너를 샤시(Chassis)에 실어주는 작업을 하는 컨테이너 이동장비이다. 갠트리크레인에 의해서 컨테이너선박으로부터 하역된 컨테이너를 터미널야드내에서 스프레더를 이용하여 이송, 적재하고 야드샤시나 트럭샤시에 적·양하 하며 다른 야적 장소로 옮기는 작업도 한다.

(3) 오버헤드브리지 크레인(Overhead Bridge Crane: B/C)

B/C는 트랜스테이너에 의한 Stacking 방식을 보다 효율적으로 처리하기 위해 개량된 컨테이너 하역장비이다. 스프레더가 달린 트롤리가 이동할 수 있는 궤도를 교각 위에 설치한 것으로 일종의 Ceiling Crane이라 할 수 있다.

Transtainer에 비하여 고단적이 가능하고, 광폭으로 Stacking이 가능하며 트롤리가 고속으로 이동할 수 있다. 환적물량이 많은 항구에서 효율적인 장비로서, 싱가포르항에서 사용 중이다.

(4) 스트래들캐리어(Straddle Carrier: S/C)

S/C는 컨테이너터미널 내에서 하역과 운반을 행하는 하역장비로서 컨테이너를 양다리 사이에 끼고 운반한다. 고무타이어 바퀴구조로 되어 있어 구간 제한 없이 이동하면서 작업이 가능하며, 전·후진 작업은 물론 90도 회전도 가능하다는 장점이 있다. 그러나 보통 스트래들캐리어는 다단적이 곤란해 상대적으로 넓은 장치장을 필요로 한다.

(5) 리치스태커(Reach Staker)

리치스태커는 긴 붐(boom)을 이용하여 컨테이너를 야드에 적치, 위치이동 또는 하역작업을 하는 데 주로 사용하고 Full Container를 취급할 수 있는 컨테이너의 운반용 장비이다. 장비의 회전 없이 붐에 달린 스프레더만을 회전하여 작업할 수 있는 특수한 기능을 가지고 있다. 규격화된 컨테이너만을 집을 수 있는 스프레더가 붐의 끝에 장착되어 있어 4~5단 정도의 적재에 이용된다.

(6) 탑핸들러(Top Handler)

Side Picker(S/P)라고도 불리는 탑핸들러는 주로 야드 내의 공컨테이너를 적치 또는 하역작업을 하는 장비로서 리치스태커와 매우 유사하다. 리치스태커와 차이는 컨테이너 상면 4개의 Container Casting 대신, 2개의 Comer Casting과 컨테이너 측면의 마찰력을 이용해서 컨테이너를 조작한다. 사양에 따라서 7~8단 정도까지 고단적이 가능하다.

(7) 무인운반차(Automatic Guided Vehicle: AGV)

갠트리크레인에서 화물을 적재하고 야드의 지정된 장소까지 자동주행하여 수동 또는 자동으로 컨테이너박스를 적재하는 무궤도 차량을 말한다. AGV는 시간당 12~15km의 속도로 보통 40피트 컨테이너 1개 혹은 20피트 컨테이너 2개를 운송한다. 보통 디젤과 유압에 의해 운행이 되며, 가속과 정확한 위치 정지의 수행을 위해 4개 혹은 8개의 고무타이어 휠을 가지고 있다. 항법시스템은 고정경로, 반고정경로, 자유경로 타입 등 세 가지 타입으로 구분되는데, 고정경로 타입 AGV는 땅속에 묻힌 유도선과 포장 위의 페인트선을 따라 항상 운행이 된다. 반고정경로 타입 AGV는 원칙적으로 유도선 케이블을 따라 운행되지만 주요 위치 태그로부터 경로의 주소를 읽음으로써 운행경로의 자유로운 조합을 선택할 수 있다. 자유경로 타입 AGV는 보통 레이더 또는 인공위성위치측정 장비(Differential Global Positioning System: DGPS)를 사용한다.

(8) 야드트랙터(Yard Tractor: Y/T)

컨테이너터미널에서 트레일러를 이동시키는 데 쓰이는 견인차량을 말하며 통상 Header라고도 한다. 야드트랙터는 샤시(Chassis)와 결합된 컨테이너를 야드 내에서 엔진의 견인력으로 운반한다. 야드트랙터가 일반 트랙터와 다른 점은 작업의 간소화를 위하여 샤시의 랜딩기어(landing gear)를 내릴 적마다 운전자가 하차하지 않아도 된다는 점이다. 일반 컨테이너 트랙터와는 달리 저속의 강력한 엔진을 장착하고 있으며, 운전석은 4면의 시야가 확보되도록 설계되어 있다. 샤시 연결 후에는 유압으로 샤시의 앞부분을 약간 올려서 주행하며 정차, 분리 시에는 자동으로 분리할 수 있는 장치를 갖고 있다.

(9) 야드샤시(Yard Chassis)

야드샤시란 컨테이너 운반용으로 제작된 트레일러를 말한다. 갠트리크레인에 의해 하역된 컨테이너박스를 트랜스퍼크레인이 취급 가능하도록 이송하는 중간 운송장비로써 사용된다. 화대의 앞뒤엔 컨테이너 고정장치가 부착되어 있으며, 20, 40피트용 샤시 또는 20피트 2개를 탑재할 수 있는 콤비네이션(콤보샤시) 등이 있다. 트렉터와 연결은 king pin이라 불리는 연결장치(coupler)로 결합된다. 트랙터와 연결되지 않았을 때는 앞부분의 랜딩기어를 내려 주차하고, 트랙터와 연결되었을 때는 운전자가 크랭크(crank)로 랜딩기어를 올려 주행한다.

(10) 언로더(Unload)

부두에 설치되어 선박에서 화물을 하역할 때 전용으로 사용하는 크레인으로서, 육상의 타 운반설비인 벨트 컨베이어, 호퍼, 트럭 등에 이송하는 장비이다. 언로더는 Grab Type과 Continuous Type으로 대별된다.

(11) 이동식 크레인(Mobile Crane)

차륜(wheel) 또는 크롤러(crawler)를 구비하여 스스로 주행(또는 위치이동)할 수 있는 지브(jib)형 크레인을 말한다. 화물하역용으로 자주 사용되는 이동식 크레인의 종류로는 Mobile Harbour Crane, Truck Crane, Wheel Crane, Crawler Crane 등이 있다.

(12) 스태커/리크레이머(Stacker/Reclaimer)

스태커/리크레이머는 연속적으로 회전하게 하여 벨트(Belt), 쉽언로더(Ship Unload) 등과 연계되며, 야적되어 있는 석탄이나 광석을 전용으로 하역하는 장비이다.

(13) 플로팅 크레인(Floating Crane)

Floating Derrick이라고도 불리며, 상자형으로 된 수상구조물 위에 jib Crane을 장착시켜 수상을 이동하면서 하역할 수 있도록 제작된 해상 크레인을 말한다. 해상에 뜨는 구조이므로 다른 크레인과 같이 무거운 추를 자체에 설치하는 것이 아니라 펌프로 하부에 설치된 밸러스트 탱크에 물을 집어넣어 자체의 위치를 고정하고 균형을 유지하는 한편 조수에 의한 흔들림을 방지한다. 지상에 설치된 크레인에 비해 해상 간의 자유로운 이동이 가능하고 무거운 중량물을 들 수 있다는 장점이 있다. 용량이 작은 플로팅 크레인은 파도에 의한 진동을 주의할 필요가 있고 자체만으로는 이동이 불가능하여 이를 끌어주는 Tug Boat 가 필요하다.

(14) 데릭(Derrick)

상단이 지지된 마스트(mast)를 가지며 마스트 또는 붐(boom) 위 끝에서 화물을 달아 상하 및 좌우로 이동시킬 수 있는 지브붙이 크레인을 말한다. 하역용 와이어로프 끝에 있는 훅(hook)에 화물을 걸고, 데릭의 밑동에 있는 윈치를 운전하여 와이어로프를 감으면 화물은 데릭 끝에 끌려 올라온다.

3) 철도운송용 하역기기

화차상(貨車上)의 세미트레일러(소위 Piggy Back)를 부려 놓기 위해서는 일반적으로 Ramp Way를 설치하여 옮기는 방법이 사용되고 있으나 길게 연결된 화차(貨車)가운데 특정의 세미트레일러(semitrailer)를 내려놓기에는 매우 불편한 구조로 되어 있다. 미국과 같은 나라에서는 세미트레일러를 적재상태에서 부릴 수 있는 Piggy Backer라고 하는 대형 리프트카를 사용한다.

4) 항공운송용 하역기기

(1) 돌리(Dolly, Pallet Trailer)

항공화물터미널과 항공기 간 단위탑재용기의 이동시에 가장 보편적으로 이용되는 장비이다. 소형 트레일러와 유사한 형태이며, 자체 추진력이 없어 이용 시에는 견인차(Tug Car)와 연결되어 운용된다.

(2) 트랜스포터(Transporter)

하역작업이 완료된 단위적재용기를 터미널에서 항공기까지 수평이동에 사용하는 장비로서 파렛트를 올려놓은 차량에 엔진을 장착하여 자주식으로 운행되는 차량을 말한다. 기능면에서 Dolly와 유사하나 자체 추진력을 갖고 있는 점에서 Dolly와 구별된다.

(3) 셀프-프로펠드 컨베이어(Self-Propelled Conveyor)

수화물 및 소형화물을 항공기의 하부 화물실(belly)에 낱개 단위로 탑재, 하역시 사용되는 장비이다. Narrow Body형 항공기의 하부격실에 수화물과 같은 소량화물을 적재 또는 양화할 때 주로 이용된다.

(4) 하이 로더(High Loader, Lift Loader)

단위탑재용기, 즉 컨테이너 또는 파렛트에 적재된 상태의 화물을 항공기에 탑재하거나 항공기에서 양화할 경우에 주로 이용되는 장비이다.

5) 기타 하역기기

(1) 스태커 크레인(Stacker Crane)

스태커 크레인이란 고층 랙(rack)창고 선반에서 화물을 넣고 꺼내는 크레인의 총칭이다. 화물의 입체장치방식으로 화물보관 상자를 수용하는 고층의 거대한 선반배열과 이 선반 사이를 상하 왕복으로 움직이는 기중기로 구성되어 있다. 스태커 크레인은 천장 기중기(bridge crane)와 비슷하나 호이스트(hoist) 대신에 마스트(mast)가 달려 있고, 마스트에 물건을 넣고 빼는 데 편리한 포크(fork)나 플랫폼(platform)이 부착되어 있다. 스태기 크레인은 사람이 수동으로 조종할 수도 있고 무선조종도 가능한데, 높이가 50피트 이상인 곳에 주로 사용되고 있다.

(2) 케이블 크레인(Cable Crane)

두 지점 사이에 와이어로프를 매고 이를 이용하여 트롤리가 움직이도록 해서 화물을 올리는 작업을 하는 크레인이다. 양단의 탑은 고정된 것과 여러 가지 종류로 이동할 수 있는 것이 있다. 양단 탑 사이의 거리는 보통 200~600m이며, 댐 콘크리트 타설(打設), 기계운반, 저목장(貯木場), 교량가설과 채석장의 석재운반 등에 사용된다.

(3) 포크리프트 트럭(Fork Lift Truck)

지게차라고 불리는 포크리프트는 작업 중에 화물을 내리고, 싣고, 운반하고, 꺼내고, 집어내고, 운반하는 등 복합작업을 할 수 있는 하역장비이다. 포크리프트는 여러 가지 형태의 자재를 옮기기 위해 트럭몸체와 작업장치로 구성되어 있는데, 트럭몸체는 카운터웨이트와 이동장치의 역할을 하고 있으며, 작업장치는 포크와 마스트로 나뉘어져 있다. 포크리프트 트럭을 통한 하역방식은 인력하역에 비해 화물의 파손을 줄일 수 있으며, 작업시간과 작업인력을 절감할 수 있는 장점이 있다. 그러나 낱개 화물은 작업이 불가능하며, 운반거리에 제한이 있고, 작업노면이 좋아야만 작업이 가능하며, 화물이 스키드(skids: 짐 깔개)나 파렛트와 같이 유니트화 되어야 한다는 단점이 있다.

(4) 파렛트 트럭(Pallet Truck)

물품운반 및 하역작업용으로 사용되는 모든 산업용 운반하역기기가 포함되며, Hand Truck(손수레, 대차)이라고도 한다. 종류로 수동식(hard pallet truck)과 반동력식(electric pallet)이 있으며, 보행식 운반장비 중에서 가장 널리 사용되는 개인용 물류장비이다. 포크 전방에 화물의 하중을 지지하는 로드휠이 부착되어 있고 유압에 의해 포크가 인상된다. 인상 동작 시 로드휠에 연결된 링크기구에 의하여 차체가 항상 수평을 유지하게 되어 있다. 파렛트 하강 시 특수고안된 유압회로에 의해 물건에 손상이 없도록 부드럽게 착지하도록 고안되어 있다.

(5) 핸드 리프트(Hand Lifter)

차체 전방으로 뻗어 나온 주행 가능한 아웃트리거(out trigger)에 의해 차체의 안정을 유지하고, 또한 포크가 아웃트리거의 위로 뻗어 있는 형태의 높이 적재(운반용)용 포크리프트이다. 이 형태의 지게차는 작업자의 탑승설비가 없으며, 작업자가 기기를 가동시킨 상태에서 걸어 다니며 작업을 하게 된다. 소규모 작업장이나 좁은 통로로 이루어진 적재장소를 가진 공장 및 창고에서 유용하게 사용되며, 레버조작으로 포크를 임의의 위치에서 정지하여 자유로이 상・하강시킬 수 있다.[1)]

다음은 항만과 공항에서 하역에 사용되는 주요 하역기기들이다.

[그림 14.1] 항만에서 사용되는 하역기기들

컨테이너 크레인

1) 한낙현, 정준식, 물류관리의 이론과 실무, 형설출판사, 2008, pp. 257~294 참조.

트랜스퍼 크레인

스트래들 캐리어

야드 트랙터

섀시

지게차

탑 핸들러

리치 스택커

짚 크레인

언로더 크레인

트럭 크레인

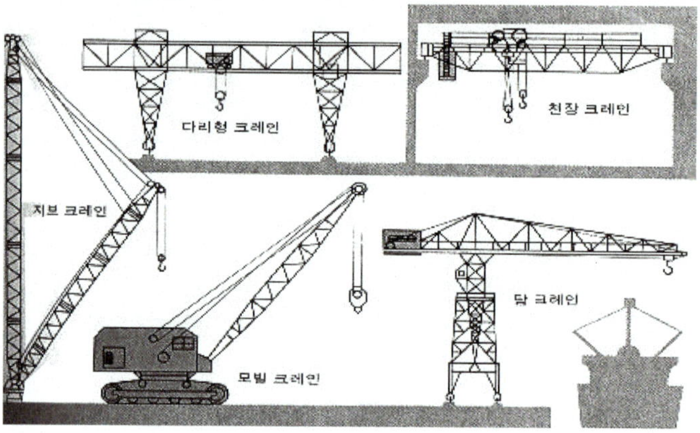

여러 가지 크레인

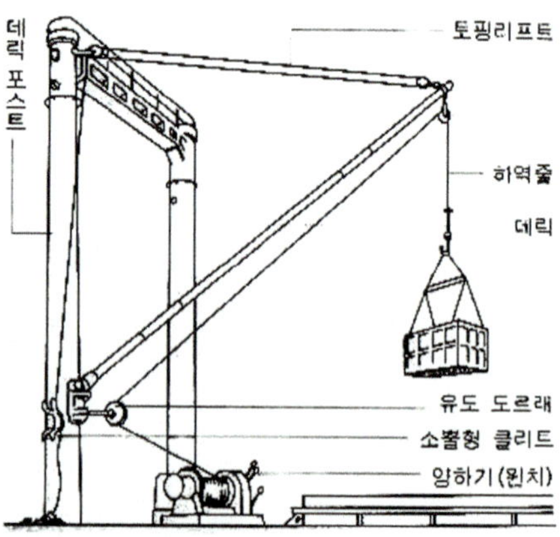

데릭에 의한 하역장치

[그림 14.2] 공항 warehouse 에서 사용되는 하역기기들

E.T.V

E.T.V Rack

T.V

AR/RS

MSS

Work Station

BY-PASS

Truck Dock Leveler

Scissors Lift

[그림 14.3] 공항의 지상에서 사용되는 하역기기들

Towing Tractor

Towing Bar

Nose Dock

M.D.L(Main Deck Loader)

L.D.L(Lower Deck Loader)

Cargo Conveyor

A.S.U(Air Start Unit)

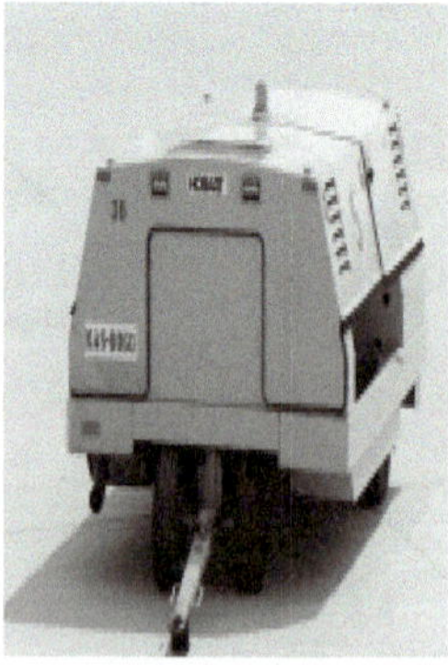

G.P.U(Ground Power Unit)

Refueler

De-icing Truck

Air Conditioning Unit

Potable Water Truck

Lavatory Truck

Tug Car

Step Car

Tail Stanchion

Nose Tethering

제2절 포장시스템

1. 포장의 개념

포장은 소비자들의 관심을 유발시키는 요인이기도 하지만 포장비용은 상품가격에 영향을 미치기 때문에 상품에 적절한 포장방법과 기술이 필요하게 된다. 제조업자, 운송업자, 무역업자들에 의해 제품 포장에 대한 많은 연구들을 해왔지만, 제품별 포장비용과 손상률의 관계에서 기업의 목표에 적합한 포장방법을 결정하는 것이 쉬운 일은 아니다.

포장은 생산의 끝마무리이며 판매물류의 시작이기도 하다. 물류의 각 기능들은 상호연관성이 크기 때문에 포장에 따라서 물류활동에 영향을 끼치므로 포장은 다른 물류기능과의 밀접한 연계가 수행되어야 한다.

기술표준원에서는 포장을 "물류의 운송, 보관, 거래, 사용 등에 있어서 그 가치 및 상태를 유지하기 위해 적절한 재료, 용기 등을 이용해 보호하는 기술 및 보호한 상태"라고 정의하고 있다.

포장은 단위포장, 내부포장 및 외부포장의 세 종류로 나뉘어진다.

1) 단위포장

물품 개개의 포장을 말하며, 상품의 가치를 높이거나 물품 개개를 보호하기 위하여 적합한 재료 및 용기 등으로 물품을 포장하는 방법 및 포장한 상태를 말한다.

2) 내부포장

포장된 화물의 내부포장을 말하며 물품에 대한 수분, 습기, 광열 및 충격 등을 방지하기 위하여 적합한 재료 및 용기 등으로 물품을 포장하는 방법 및 포장 상태를 말한다.

3) 외부포장

화물의 외면포장을 말하며 물품의 상자, 포대, 나무통 및 금속 등의 용기에 넣거나 용기를 사용하지 않고 그대로 묶어서 기호 또는 화물표시 방법으로 표기하고 포장한 상태를 말한다.

2. 포장의 목적과 요건

1) 목 적

① 내용품의 파손, 변질, 누손(漏損), 오손(汚損) 등으로부터 손상 방지
② 내용품의 누설(漏泄)이나 탈락을 막아 화물 보전(保全)
③ 운반, 운송, 적부 등의 취급에 편리
④ 일정한 구획 내에서의 적재량을 증가시키고 운송능률을 향상시킴
⑤ 위험물에 대해서는 위험방지를 도모

2) 요 건

① 포장재는 청결, 건조, 강력해야 하고, 목재는 함수율(含水率)이 18% 이하이어야 한다.

② 내용품에 적합한 용기나 재료로써 가공을 완전히 하여 포장형태가 잘 정비되어야 한다.

③ 포장의 용적과 중량의 증가는 운임을 증대시키므로 용적과 중량을 될 수 있는 한 경감시킬 수 있도록 가공해야 한다.

④ 포장비는 될 수 있는 한 저렴해야 한다.

3) 포장의 규격 및 검사

세계 각국은 무역상품에 대한 해상운송의 특수성을 감안하고, 해외시장에서 자기나라 무역품에 대한 신용을 실추시키지 않으려고 포장에 대해서 통제를 하고 있다. 우리나라도 수출품 검사법으로 수출품에 대한 포장을 엄격히 실시하고 있다. 항해사는 건전한 포장을 한 화물만을 선적할 의무와 권리가 있다.

3. 선적화물의 포장

1) 선적화물 포장의 종류

화물은 그 성질 및 형상에 따라서 적합한 구조와 양식으로 포장되기 때문에 포장의 종류는 지극히 많다. 주요한 종류를 열거하면 〈표 14-1〉과 같다.

〈표 14-1〉 선적화물 포장의 종류

포장명		약기호		비 고
우리말	영어	단수	복수	
상자포장(case goods)				
나무상자	case	C/-	C/s	나무상자의 총칭 또는 비교적 대형의 상자
나무상자	box	Bx	Bxs	소형의 나무 상자
나무상자	chest	Cst	Csts	차(茶) 상자 정도의 중형 상자
나무상자	half chest	H/C	H/Cs	chest의 반 정도의 상자
차(茶)상자	tea chest	Cst	Csts	내장이 방습된 차상자
Crate	crate	Crt	Crts	crate 상자
조립상자	skeleton case	C/-	C/s	통풍이 잘 되게 만든 상자
합판상자	plywood case	C/-	C/s	합판제의 상자
종이상자	carton	C/-	C/s	종이로 만든 상자
bale 포장				
보통 bale	bale	Bl	Bls	압축하지 않은 bale
압축 bale	pressed bale	Bl	Bls	압축한 bale
가마니 bale	straw mat bale	Bl	Bls	가마니로 만든 bale
포대(布袋, bag)				
마포대(麻布袋)	gunny bag	Bg	Bgs	황마제(黃麻製)의 큰 포대
목면포대(木棉布袋)	sack	Sx	Sxs	목면천으로 만든 작은 포대
종이포대(紙布袋)	paper bag	Bg	Bgs	밀가루 포장, 시멘트, 석회포장

통포장				
통	barrel	Brl	Brls	포도주, 화공약품
통	cask	Csk	Csks	염료(染料) 등에 사용하는 통
통	hogshead	Hghd	Hghds	담배, 포도주 등을 넣는 대형통
통	keg	Kg	Kgs	못 등을 넣는 소형통
통	tub	–	–	술, 간장 등을 넣는 작은 나무통
can 포장				
can	can	Cn	Cns	석유, paint를 넣는 can
자입(箱子入)	can in case	C/-	C/s	각형(角形) can을 목(木)상자에 넣은 것
can	tin			통조림
작은 can		–	–	기름, 염색, 화공약품 등을 넣는
드럼	drum	–	–	drum
유리, 사기 등의 용기 포장				
병	bottle	Btl	Btls	유리제의 병
carboy	carboy	Cby	Cbys	일반적으로 산(酸)류를 넣는 유리
demijohn	demijohn	Dmin	Dmins	제의 용기로서 외부를 싸서 내용 물을 보호함
jar	jar	–	–	사기로 만든 병
basket	basket	Bkt	Bkts	대나무 등으로 만든 basket 모양의 용기
무용기 포장(無容器 包裝)				
coil	coil	Cl	Cl	둥글게 감아서 결속한 것 감아서
roll	roll	Rl	Rl	결속한 것 전선 등을 reel에 감은 것
reel	reel	–	–	철재를 다발로 만든 것
다발(束)	bundle	Bdl	Bdl	

[그림 14.4] 각종 포장의 모양

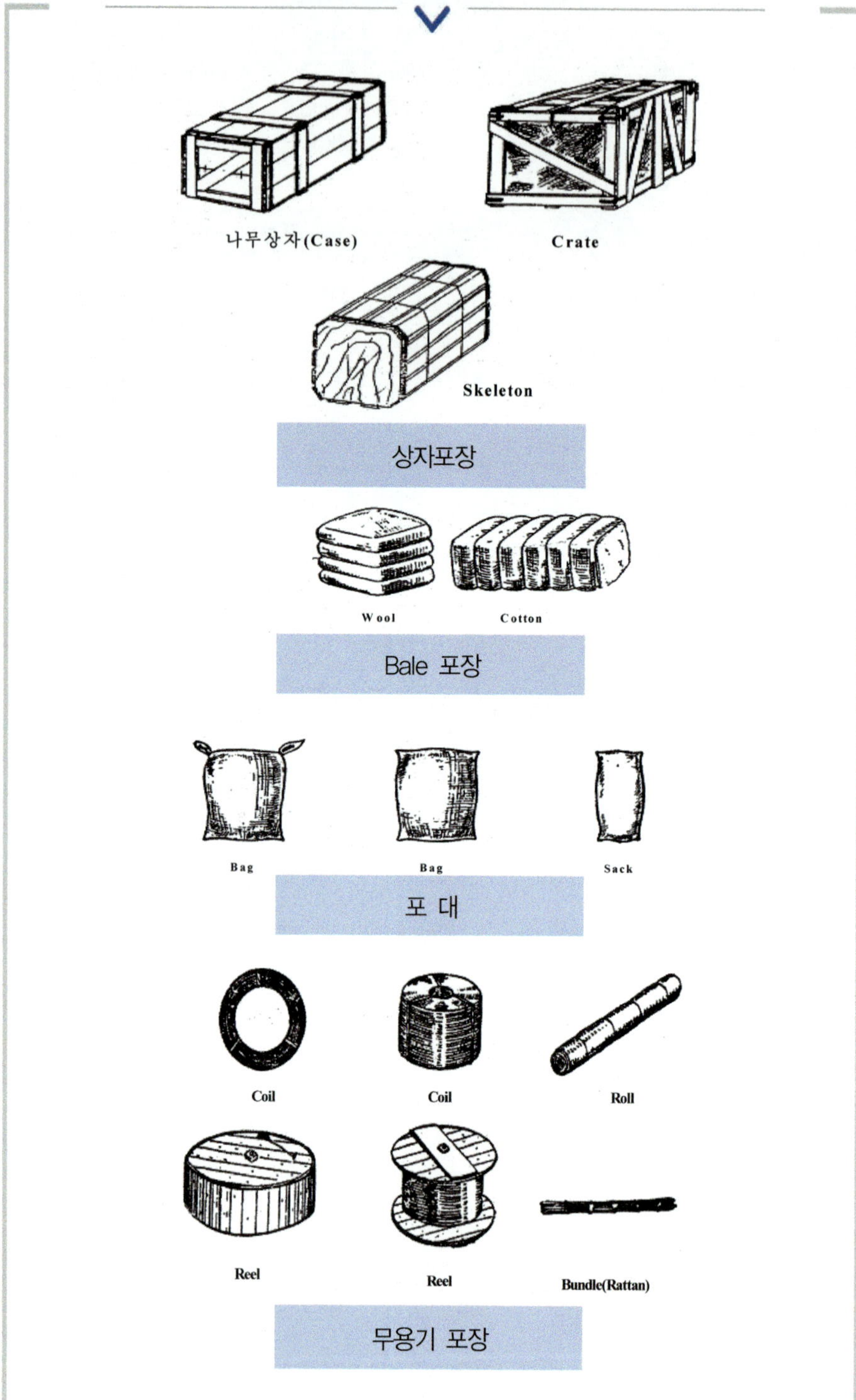

2) 선적화물의 화표

선적화물의 화표(cargo mark)는 내장된 화물을 대표하는 기호가 되고 수화주, 양지(揚地) 및 취급법 등을 명시하는 중요한 표시이다. 화표는 우편물에 수취인의 주소나 성명을 기록하는 것과 같은 역할을 하게 된다.

화표의 결어(缺語, 불명 또는 말소)로 인한 수도사고(受渡事故)에 대해서는 운송인이 책임을 지지 않는다. 선적시에 화표가 없거나 불명확한 화물은 인수를 거절하거나, 화물인수증(M/R)에 그 내용을 기입하여 본선의 책임을 분명히 한다.

화표는 Stencil, 각인(刻印), 붓 등으로 직접 포장표면에 표시하는 것이 보통이다. 화표의 종류에는 다음과 같은 것이 있다.

(1) 주(主) 마크(main mark)

각형(角形), 원형(圓形) 및 사다리꼴 등의 여러 모양에 수화주를 표시하는 대표문자를 합한 특유한 기호로서, 화표의 주체가 된다.

(2) 부(副) 마크(counter mark)

주 마크에 부기(附記)하는 화표로서, lot별, 제조사별로 표시하기 위한, 그 화물의 생산자나 공급자의 약부(略符)이다.

(3) 양지 마크(port mark or destination mark)

화물의 양화지를 표시하며, 화표 중에서 가장 중요한 마크이다. 보통 주마크 밑에 표시한다. 양지 마크는 일반적으로 양화지의 항구 이름만 기입하나 운송경로를 표시하기 위하여, 예를 들면 뉴욕행의 화물에 대해서는 파나마 경유 또는 대륙 경유에 따라 “NEW YORK via panama 또는 NEW YORK overland via san francisco”로 하며, 접속화물에 대해서는 “LONDON in T/S”라고 표시한다. 그리고 양지선택화물과 같이 양지가 결정되지 않은 Optional cargo에 대해서는 “BUSAN, INCHON Option” 또는 “BUSAN and/or INCHON”으로 표시한다.

(4) 수출지 마크(export mark)

화물의 원산지 또는 수출지를 표시한다.

(5) 품질 마크(quality mark)

기호나 숫자 등으로 내용품의 품질을 표시한다.

(6) 중량 마크(quantity mark)

화물의 중량을 표시하여 화물의 취급이나 적부를 편리하게 하는 마크이다. 중량물과 bulky cargo에는 특히 중요하다.

(7) 화물번호(case number)

동일 화주의 같은 포장화물을 구별하기 위하여 화물 개별로 번호를 붙여 몇 개 중 몇 번임을 표시한다.

(8) 주의 마크(care mark)

적부 및 취급에 특별한 주의를 요하는 화물에 대해서는 간단한 주의문 또는 기호를 표시한다.

[그림 14.5] 화표

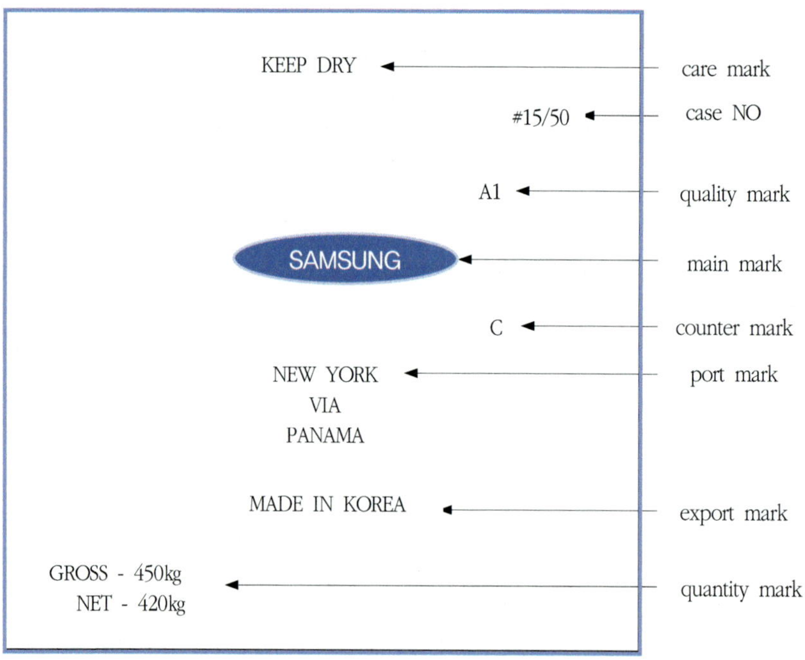

[그림 14.6] shipping mark의 예

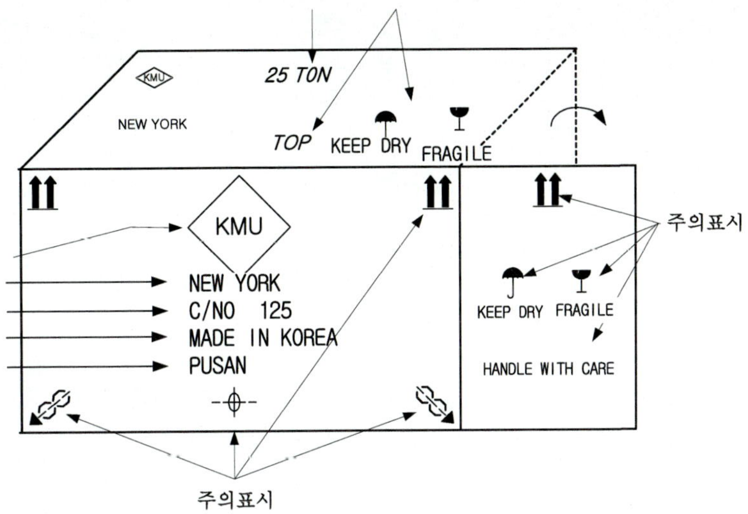

〈표 14-2〉 각종 주의 표시 문자

영문	우리말	일본어
Handle with care, with care	취급주의	取扱注意
Do not turn over	뒤엎지 말라	轉倒無用
This side up, This end up	이쪽을 위로	天地無用
Stand on end	세워 실어라	堅積扱
Keep flat	뉘어 실어라	平積扱
Do not be laid flat	뉘어 싣지 못함	平積無用
Never stand below	아래에 싣지 못함	下積無用
Do not drop	떨어뜨리지 마라	落すな
Use no hook, No hooks	훅크 사용 못함	手釣無用
Fragile with care, Fragile	부서지기 쉬움	壞物注意
Keep cool, Stow in cool place	차가운 곳에 실어라	冷所積
Keep dry, Guard against damp	마른 곳에 실어라	濕氣用心
Inflammables	인화성 화물	引火性 貨物
Poisonous	독성 화물	毒性貨物
Valuables	고가품	高價品
Perishable goods	부패성 화물	腐敗性貨物
Porcelain with care	도기주의	陶器注意
Sling here	스링을 여기에 걸어라	-

[그림 14.7] 포장의 지시마크

주: ① 상하방향을 지시하는 마크, ② 파손의 가능성을 지시하는 마크, ③ 물에 젖지 않도록 지시하는 마크, ④ 갈쿠리 금지 마크 ⑤, ⑥ 훅크 위치 마크 ⑦, ⑧ 무거운 쪽을 지시하는 마크, ⑨ 쓰러지기 쉬운 화물의 지시 마크, ⑩ 무게중심의 위치를 지시하는 마크

4. 포장과 운송인의 책임

포장이 나쁘다는 것에 대한 기준이 명확하지는 않으나, 규격이 적합치 않은 것 또는 보통의 취급으로서 내용품에 손상을 미칠 정도의 포장은 불확실한 포장이라 할 수 있다. 포장 및 화표가 불완전한 화물에 대해서는 상법 제789조에서 선박소유자의 면책사항으로 규정하고 있다. 따라서 그것으로 인하여 생기는 화물의 손해에 대해서는 운송인의 책임이 아니다. 운송계약(개품운송 계약 및 항해용선 계약)에도 '포장 불량에 의한 손해' 및 '화표의 불명료 또는 양지명을 명기하지 않아서 생기는 손해'에 대해서는 운송인이 책임을 지지 않는다고 약정하고 있다.

제15장 물류정보시스템

제1절 물류정보시스템 개요

1. 물류정보시스템의 의의

물류정보시스템이란 물류활동을 구성하고 있는 여러 가지 기능과 관련된 정보를 수집 또는 처리하거나 유기적으로 결합함으로써 물류시스템이 가장 효율적으로 운용될 수 있도록 지원하는 정보시스템을 의미한다.

최근 합리적인 물류활동을 통한 물류비의 절감이 국가적인 과제로 등장하고 있음에 따라 물류시스템의 합리화를 지원하는 핵심기능이라고 할 수 있는 물류정보시스템의 중요성은 더욱 커지고 있으며, 컴퓨터에 의한 전산화와 컴퓨터 통신회선의 결합에 의한 온라인시스템(on line system) 등에 의해 높은 수준의 물류정보시스템을 구축할 수 있게 되었다.

물류에 있어서 정보는 두 가지 기능을 갖고 있다. 상거래를 구체적으로 실현하기 위해 운송, 보관, 하역, 포장 등의 기능을 현실적으로 실행할 수 있도록 그 내용을 정확하고 신속하게 전달하는 기능과 이러한 여러 기능을 통합된 시스템으로 구성하여 전체로서 효율을 극대화하는 기능이다.

물류정보시스템화의 목적은 고객서비스의 향상과 물류비의 절감이다. 고객서비스의 향상이란 주문을 받은 상품을 신속하고 정확하게 고객에게 인도함으로써 고객이 만족할 수 있도록 하는 것을 말한다. 물류비의 절감이란 물류시스템을 효율적으로 운용하여 물류의 제반 활동에서 파생하는 비능률적인 요인들을 배제하고 개선함으로써 전체 물류비를 줄이는 것을 의미한다.

특히 물류시스템의 핵심인 일관운송체제는 화물의 집하, 배송, 운송, 보관, 하역 등 각 하위시스템을 포함하는 복합시스템이다. 효율적인 운영을 하기 위해서는 이를 전체적으로 관리할 수 있는 물류정보시스템의 확립이 필요하다. 각 기능별 주체인 화주, 운송업자, 주선업자, 창고업자, 하역업자 등을 상호 연결하여 정보를 효율적으로 수집, 처리, 생산, 공급하고 관리함으로써 물류서비스의 목표인 효율성, 경제성, 신속성, 안정성 등을 촉진하는데 기여할 수 있기 때문이다.

2. 물류정보시스템의 운용방식

1) 부가가치통신망(VAN)

부가가치통신망이란 제3자(데이터통신 처리업자 또는 회사)를 매개로 하여 기업 간 자료를 교환하는 통신망을 말한다. VAN(value added network)의 목적은 제3자가 개입하지 않는 기업의 컴퓨터(혹은 단말기)간의 직접통신회선을 연결하여 기업 간 자료를 교환하는 통신망이라 할 수 있다. VAN이란 컴퓨터 사이의 단순한 데이터를 전달하는 것이 아니라 도중의 처리과정을 통하여 부가가치를 발생시킨다는 의미에서 부가가치통신망이란 이름이 연유되었다.

컴퓨터 이용의 초기에는 컴퓨터의 독립적인 정보처리 기능에 만족하였으나 점차 온라인화에 의하여 정보의 입·출력 주체를 확대시킴으로써 하나의 네트워크로서 통신기능을 갖게 되었고, 이어 하나의 온라인 시스템과 다른 온라인 시스템이 연결되는 통합 온라인 통신체계 개념인 VAN이 등장하게 되었다.

2) 항만 EDI

항만 EDI(electronic data interchange)란 선적요청서(S/R), 주문서(purchase order), 상업송장(commercial invoice) 등 기업 간에 교환되는 서식이나 수출입허가서(E/L 및 I/L), 수출입신고서(E/D 및 I/D), 수출입면장(E/P 및 I/P) 등 기업과 행정관청 사이에 교환되는 행정서식을 일정한 형태를 가진 전자메시지로 변환처리하여 상호간에 합의한 통신표준에 따라 컴퓨터와 컴퓨터 간에 교환되는 전자문서교환시스템을 말한다.

EDI는 거래당사자가 인편이나 우편에 의존하는 종이서류 대신 컴퓨터가 읽을 수 있는 표준화된 자료인 전자서류를 데이터 통신망을 통해 컴퓨터와 컴퓨터 간에 교환하여 재입력과정 없이 직접 업무에 활용할 수 있도록 하는 새로운 정보전달방식이라고 할 수 있다.

3) RFID

RFID(Radio Frequency Identification)는 무선주파수(RF, Radio Frequency)를 이용하여 대상(물건, 사람 등)을 식별(Identification)할 수 있는 자동인식(AIDC: Automatic Identification and Data Capture) 기술로서, 20세기 중반에 개발되어 1990년대 말 재고관리 및 공급체인 관리 등에서 사용됨으로써 두각을 나타낸 기술이다. RFID를 이용한 정보의 자동인식 과정은 안테나와 칩으로 구성된 RF 태그에 EPC(Electronic Product Code) 정보나 사용목적에 부합하는 정보를 저장하여 적용 대상에 부착한 후 판독기에 해당하는 RFID 리더기의 안테나를 통해 상호작용이 이루어진다. RFID 기술을 이용한 RFID 시스템은 정보가 들어있는 칩을 포함한 태그, 안테나, 리더, 호스트로 구성되어 있다.

4) 웹서비스

웹서비스는 인터넷을 통한 네트워크상에 단일 또는 다수의 비즈니스 간에 기존 애플리케이션 시스템을 표준화된 기술로 결합하여 모든 비즈니스를 가능하게 하거나, 고객이 원하는 정보나 응용가능, 또는 서비스 자체를 제공해 주는 총체적 서비스, 또는 인터넷 기술을 이용한 표준화된 오픈 네트워크를 통해 기업 내 및 기업 간 모든 컴퓨터 시스템을 결합시키는 새로운 컴퓨팅 패러다임 등으로 정의될 수 있다.

웹서비스는 1990년대 이전까지만 해도 기업의 업무보조 수단의 한 형태로 한정적으로 사용되었으나 인터넷의 활발한 보급으로 모든 IT 인프라를 개방된 네트워크상에 공개했고, 이를 통해 기업과 외부 간의 연계 및 통합에 대한 요구가 꾸준히 증가되었다.

다양한 시스템 연계에 대한 끊임없는 요청은 비즈니스 통합 및 상호 연계를 위해 서로 다른 하드웨어, 운영체제, 프로그래밍 언어, 데이터베이스와 여러 형태의 데이터들이 있는 기업 및 기업 대 기업의 환경들을 포괄하는 새로운 표준이 필요하게 되었고, 그 필요에 의해 탄생된 것이 XML 기반의 웹 서비스이다.

제2절 항만물류 정보시스템

1. 항만물류 정보시스템의 특성

항만물류정보시스템은 항만을 출입하는 화물의 이동에 수반되는 제반자료 또는 정보를 신속하게 수집하여 이를 효율적으로 보관 또는 처리하고 관리하여 이용자에게 적기에 관련정보를 제공해주는 정보시스템이다.

항만물류는 활동단계와 범위의 광역성(국제성) 및 연계성, 항만 공공성 및 사회성, 재화이동의 불규칙성 및 기동성, 서비스의 비저장성 및 노동집약성, 관련 기업의 다양성 및 소규모성, 관련 서류의 복잡성 및 비표준성 등으로 인해 이에 대응하는 정보시스템을 구축하는 것이 매우 어렵다.

항만물류정보의 시스템화에 필요한 내용을 화물 및 관리행정 부분으로 나누어 설명하면 다음과 같다.

1) 화물관련 정보시스템

(1) 항만물류산업의 관점

① 화물분야는 매우 노동집약적이고 생산성이 낮기 때문에 노동집약적인 분야를 합리화 또는 생략화함으로써 경영을 향상시킬 수 있는 정보화가 필요하다. 예를 들어 트럭 운송사업에 있어서의 화물집하 후 목적지별 분류작업, 철도 및 해운에 있어서의 하역작업, 창고의 장치 및 적출 작업의 시스템화 등이다. 운송에 관련된 사무작업에 있어서는 각종 전표 및 서류작성에 소요되는 시간과 경비를 줄이기 위하여 사무작업을 신속하고 정확하게 처리할 수 있는 시스템화가 필요하다.

② 그리고, 화물운송에 관련된 작업을 계획할 수 있는 정보화가 필요하다. 화물운송의 경우 선박, 항공기, 화차 등의 최적적재계획, 컨테이너의 최적적부계획, 트럭의 집배를 위한 운송경로의 최적화 등을 위한 시스템화 등이다.

③ 경영면에 있어서는 기업경영의 방침 등을 기획하고 입안할 수 있도록 지원하는 시스템화가 필요하다. 화주별 화물이동량, 물류비, 업태별 기업의 활동상황, 운송경비 등 각종 통계자료를 축적하여 회사의 경영 및 경제 상황 등을

파악함으로써 기업경영에 도움이 되거나 새로운 기업전략을 세우기 위한 시스템이다.

④ 물류분야는 다른 업종 또는 같은 업종의 타 기업 간의 연대가 매우 필요하여 기업 간 정보교환을 원활히 할 수 있는 정보가 필요하다. 항만업무와 관련한 무역수속 서류를 작성하기 위해서는 검량·검수업자, 화물주선업자, 해운업자, 은행, 보험회사, 세관과의 다양하고 복잡한 정보가 전달되고 처리되어야 한다. 이들 관련업계 정보를 온라인망으로 결합함으로써 정보유통의 신속화와 서류의 감소를 통해 경제적이고 효율적인 업무를 수행할 수 있다. 화물을 실어나르는 트럭업무에도 창고, 화주, 은행 등 다른 기업 간 각종 전표 및 서류 등이 교환되므로 이들 기업 간을 온라인망으로 연결하여 사무작업의 신속화가 가능하며 상황관리도 매우 편리하게 수행할 수 있다.

(2) 화주의 관점

① 화물운송은 문전운송이 바람직하므로 이에 적합하도록 정보화할 필요가 있다.

② 화주에 대한 운송실적, 재고관리 등 각종 정보를 제공하기 위한 정보화이다. 예를 들어 창고 등에 있어서는 품목별 재고량, 월별 출하횟수, 목적지별 출하수 등 각종 통계정보의 제공 및 전표 통계 자료 등의 문서를 처리하기 위한 시스템이다. 화물에 대해서는 이상과 같은 분야를 시스템화할 필요가 있으며 다른 산업과도 연관성이 크기 때문에 이들 산업과 보조를 함께 하는 시스템화가 특히 필요하다.

2) 행정관련 정보시스템

행정관련 정보시스템에는 다음과 같은 사항이 필요하다.

① 각종 통계를 신속하게 시스템적으로 수집, 분석, 축적함으로써 필요한 때 언제라도 이들 데이터를 활용하여 정책의 기획 및 입안 등에 도움이 될 수 있는 정보화가 필요하다. 각 관련 행정기관 사이에 필요한 데이터를 수시로 교환할 수 있도록 시스템화하는 것도 바람직하다.

② 육·해·공 운송의 원활하고 효율적인 물류체계를 구축하기 위한 정보화가 필요하다. 항공에 있어서는 통신위성을 이용한 항공관제가 가능해지고, 대양을 포함한 관제도 가능하도록 할 필요가 있다. 도로교통에 있어서는 각종 센서를

이용하여 교통체증을 해소함으로써 원활한 운송을 할 수 있는 시스템화, 운전자에게는 교통안내 등을 제공하기 위한 시스템화가 필요하다. 해상에 있어서는 항해중인 선박의 위치를 파악하기 위한 시스템화, 항 내외에서 선박의 충돌, 좌초를 방지하기 위한 시스템화, 항행하는 데 필요한 정보를 제공하기 위한 시스템화 등이 필요하다.

이상의 행정관련 시스템은 ① 사무작업 면에서 효율적인 운영을 위한 정보시스템, ② 이들 작업에서 발생하는 데이터를 축적하기 위한 시스템, ③ 각 행정기관과 물류업계를 연결하여 데이터를 수집하기 위한 네트워크 시스템, ④ 수집된 정보를 바탕으로 의사결정을 지원하는 의사결정지원시스템 등이 유기적으로 결합하여 효율적이고도 고도의 업무를 수행하는 데 도움이 되는 정보가 필요하다.

2. 항만물류 정보시스템의 체계

항만물류는 특성상 국제물류 및 국내물류와 연계되어 있어 독자적인 정보시스템의 체계가 확립되어 있는 것이 아니다. 이러한 특성을 고려하여 EDI 등의 도입을 전제로 한 항만물류정보시스템의 체계를 개념적으로 살펴보기로 한다.

항만물류정보시스템은 해상화물, 육상화물, 항공화물 운송정보망시스템 및 기타시스템(은행 및 보험회사 네트워크, 외국의 데이터교환시스템과의 네트워크)을 하위요소로 하는 데이터교환시스템이다. 또한 화주, 운송업자(선박, 철도, 트럭, 항공), 창고업자 등 물류관련 업자 및 관련 기관에서 발생하는 물류데이터를 상호 교환하는 시스템이다. 이 시스템에서는 송장, 하도지시정보, 선적정보 등의 물류정보 데이터를 교환하고 화물의 추적관리 및 요금정산 업무를 수행한다. [그림 15-1]은 항만물류정보시스템을 구성하는 주요 하위시스템을 제시하고 있다.

[그림 15.1] 항만물류정보시스템 구성도

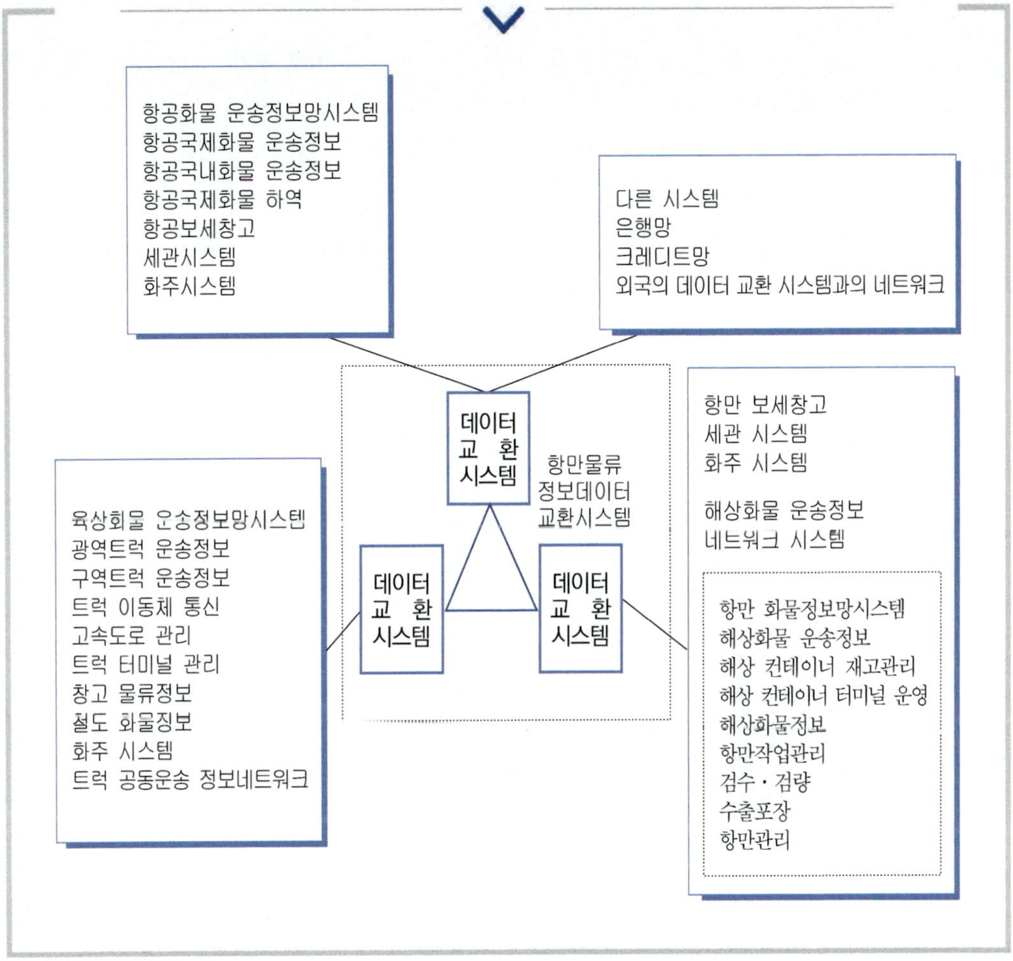

1) 육상화물 운송정보망시스템

본 시스템은 트럭 운송정보 및 트럭 공동운송 정보망시스템으로 구성된다. 트럭 운송정보망 시스템은 운송업무와 관련하여 화주, 창고, 철도, 선박 등의 사업자와 트럭사업자 간에 발생하는 물류데이터를 교환하며, 화물 추적관리, 연계운송, 운행지원정보의 제공과 조회 및 문의, 집하예약, 요금정산 등의 업무를 수행한다. 하위시스템으로는 창고물류정보, 철도화물정보, 해상화물운송정보, 트럭터미널관리, 트럭이동통신(도로교통 정보), 용차관리 및 동업 타사시스템 등이 있다.

2) 해상화물 운송정보망시스템

국제해상화물의 운송에 있어서 선사와 트럭 등의 운송회사, 창고회사 및 항만 관련 사업자 등의 사이에서 발생하는 물류데이터를 교환하는 시스템이다. 이는 물류정보데이터의 교환, 화물추적관리 조회 또는 대외수출입국과의 데이터 교환, 요금정산 등을 수행한다. 하위시스템으로는 창고물류정보, 철도화물정보, 트럭운송정보, 해상컨테이너재고관리, 해상컨테이너 터미널관리, 항만화물정보망, 외국의 네트워크시스템 등이 있다.

[그림 15.2] 해상화물 운송정보망

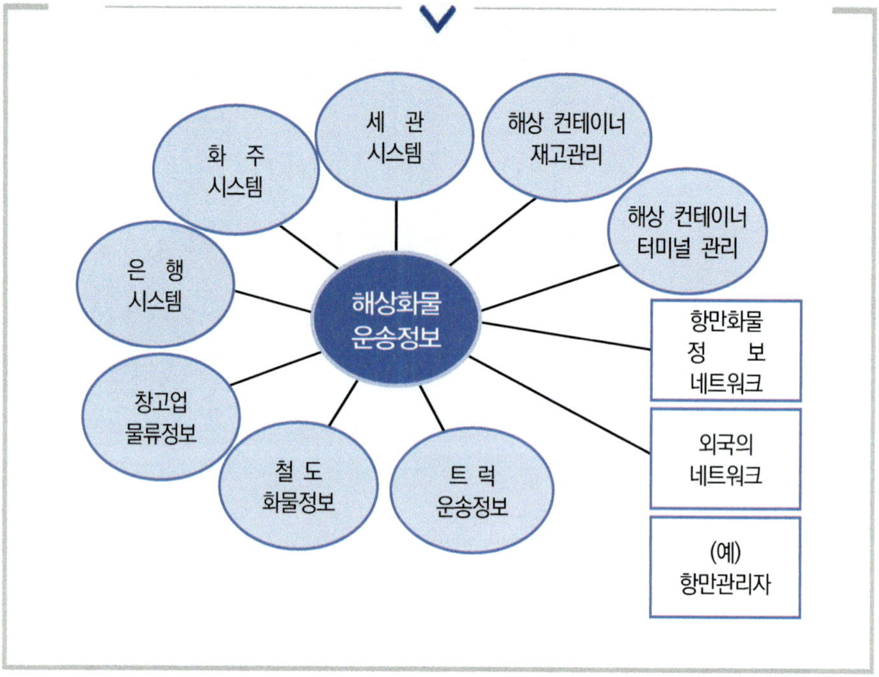

3) 항공화물 운송정보망시스템

본 시스템은 항공화물 운송업무와 관련하여 항공회사와 화주, 항공화물 대리점, 운송업자 등의 사이에서 발생하는 물류 데이터를 교환하며 구입화물의 통관업무에 관련된 데이터교환, 화물추적관리, 조회 및 문의, 대외수출입과의 데이터 교환 및 요금정산 업무를 수행한다. 하위시스템으로는 국내항공화물정보, 국제항공화물정보, 항공보세창고관리시스템 등이 있다.

4) 항만화물 정보망시스템

수출입화물에 관련된 작업의 진행관리, 관세서류 작성 등을 위해 데이터를 교환하는 시스템이다. 본 시스템은 물류정보데이터의 교환, 작업진행관리, 선박동정정보의 제공 등을 수행한다. 하위시스템으로는 항만관리, 해상화물정보, 항만작업관리, 수출포장, 검수·검량시스템 등이 있으며 해상화물서류작성데이터교환시스템과 연결된다.

[그림 15.3] 항만화물 운송정보망

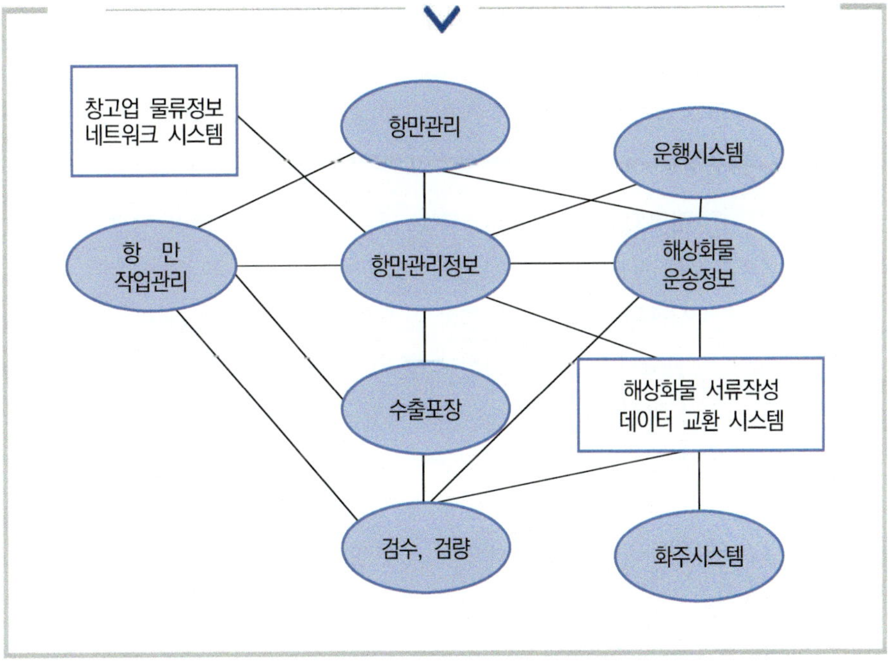

5) 창고물류 정보망시스템

광역 부가가치 데이터전송시스템을 통하여 창고회사와 화주, 운송기관 등의 사이에 발생하는 물류 데이터를 교환하는 시스템이다. 본 시스템에서는 물류정보데이터의 교환, 재고관리정보의 제공 등을 수행한다.

3. 항만물류시스템의 종류

항만물류에 관련된 정보는 매우 광범위하다.

1) 화주 정보

화주의 성명, 전화 및 팩스 번호, 화물의 종류, 중량, 용적, 적입장소, 발착지, 운송기간, 운송거리 등이 포함된다.

2) 화물운송기기 정보

화물운송 기기정보는 화물자동차운송정보, 철도관련정보, 선박관련정보, 항공관련정보, 컨테이너정보 등으로 구분된다.

① **화물자동차운송정보** : 운송차량 정보, 운송공급력 정보, 용차정보, 공동수배송 정보, 운송수요 정보, 화물자동차운송 관리정보 등

② **철도관련정보** : 화물열차 운행정보, 열차운행시간 통제정보, 철도 보안정보, 철도컨테이너 관리정보 등

③ **선박정보** : 선박운항, 입·출항 정보 등

④ **항공관련정보** : 항공기운항 정보, 항공화물 하역정보, 항공 보세창고 관리정보, 항공터미널 정보 등

⑤ **컨테이너정보** : 컨테이너 동정정보, 컨테이너 관리정보 등

3) 화물운송 정보

화물운송 정보에는 화물집하정보, 개별창고화물정보, 화물터미널정보, 특정화물확인정보, 도로교통정보, 고속도로관리정보 등의 종합교통정보와 항공 및 해상화물운송정보, 국제화물(복합운송)정보가 있다.

4) 항만 정보

항만 정보에는 항만관리정보, CY-CFS관리정보, 컨테이너추적정보, 항만작업관리정보, 화물유통통제정보, 작업지시정보, 선박도착정보, S/O정보, B/L정보,

보세창고·장치장정보, 컨테이너터미널운영정보, 예선·도선사정보, 선석배정정보, 기타지원서비스(줄잡이, 물품공급)정보 등이 있다.

5) 수출화물검사 정보

수출화물검사 정보에는 검량정보, 검수정보, 선적검량정보 등이 있다.

6) 화물하역 정보

화물하역 정보에는 하역업체정보, 하역진척정보, 하역실적정보, 자동차 상·하차정보, 철도상·하차정보, 선적정보 등이 있다.

7) 포장/보관 정보

포장/보관 정보에는 보관물류(ODCY, ICD 유통단지)정보, 수출포장정보 등이 있다.

8) 보험 정보

보험 정보에는 화물보험정보, 컨테이너보험정보, 자동차운송보험정보, 철도운송보험정보 등이 있다.

9) 화물통관 정보

화물통관 정보에는 수출입신고정보, 수출입면장획득정보, 관세환급정보, 항공화물통관정보 등이 있다.

10) 이용자 정보

이용자 정보에는 운송업자(대리점)정보, 화물주선업자정보, 기타 물류관련업자정보가 있다.

제3절 우리나라 항만물류 정보화

1. 우리나라 물류관련 정보화 추진현황

1) 추진현황

우리나라의 물류관련 정보화는 1980년대 도입 초기부터 정부차원의 적극적인 노력에 의해 이루어진 측면이 강하며 현재도 정부주도로 추진되고 있다. 정부와 물류기업들은 물류정보화를 통해 물류비용을 절감하고 기업경쟁력을 향상시키고자 노력하고 있다.

경제활동과 관련하여 물류는 거의 모든 과정에 밀접하게 연결되어 있기 때문에 각 정부기관 별로 직·간접적으로 물류업무를 수행하거나 지원하는 활동을 하고 있으며, 물류와 관련한 업무 영역이 매우 광범위함에 따라 물류정보화도 각 소관 부처별로 진행되고 있다고 볼 수 있다.

국내 항만물류 정보화는 해양수산부의 항만운영정보시스템(Port-MIS), 주식회사 케이엘넷의 물류망서비스(KL-Net), 컨테이너터미널의 정보망을 주축으로 하여, 정부와 기관의 요청에 의해 구축된 다양한 정보시스템이 존재하고 있다.

항만의 정보화는 수출입화물의 집약과 분배가 항만에서 이루어지고 있고 그에 따른 필수적인 정보처리가 다른 산업에 미치는 영향이 크기 때문에 타 분야에 비해 비교적 정보화가 빨리 진행되었다고 할 수 있다.

한편, 해운과 항만의 물류정보화를 주관하고 있는 해양수산부는 고부가가치 최첨단 해운물류 정보시스템 및 U-Port 글로벌 네트워크 구축을 위해 다양한 정보시스템을 구현하였으며, One-Stop 항만민원처리서비스와 항만이용자를 위한 PORT-MIS, SP-IDC, 수출입 민원정보 공동활용시스템(Single Window), 서류가 필요 없는 e-Port Business 서비스와 실시간 물류관리를 위해 ATOMS, GCTS 등을 개발·운영하고 있다.

정부에서 추진하는 물류정보화의 목표는 물류활동에 수반되는 대정부 신고나 보고와 같은 업무를 간소화하고 효율화하기 위한 물류정보시스템의 구축 및 운영과, 민간기업의 물류활동 지원을 위한 정보인프라 구축 및 제공이다. 그리고 이들 정보시스템에서 생산·관리되는 다양한 물류정보를 이용자들에게 쉽고 빠르게 제공함으로써 물류주체들의 업무효율 증진과 의사결정지원에 도움을 주고자 하는 데 있다.

2019년 11월 11일, 해양수산부는 '해양수산 스마트화 전략'을 발표했으며, 그 내용에는 자율운항선박의 개발과 상용화 및 차세대 스마트항만 시스템 개발로 스마트 해상물류 실현을 구상하고 있다.

각 부처별로 구축되었거나, 추진되고 있는 물류정보화 관련 사업내용을 살펴보면 아래의 〈표 15-1〉과 같다.

〈표 15-1〉 정부기관별 물류관련 정보화사업 내용

관련부서	물류정보화 추진내용
해양수산부	· PORT-MIS 구축/운영, 모바일(PDA)환경의 PORT-MIS 도입 · 물류 EDI망 구축/운영 · GCTS 구축/운영 · SP-IDC 구축/운영 · RFID/USN을 이용한 유비쿼터스 항만(U-Port) 사업 · 종합물류정보망 구축(국가물류통합정보센터 구축) · 첨단화물운송시스템(CVO) 활성화 · RFID 기반 물류거점 정보화 · 자율운항선박의 개발·상용화 및 차세대 스마트항만 시스템 개발·구축 · LTE-M, e-Nav, 고정밀 위치정보 서비스 등 초연결 해상교통 인프라 구축 · 물류자원 공유플랫폼, 스마트 컨테이너 등 물류 프로세스 디지털화 촉진
산업통상자원부	· 산업단지공동물류지원시스템 구축/운영(공동물류센터와 연계 활용) · 전략물자수출입관리정보시스템 구축/운영 · 전자무역서비스 구축 및 활성화 사업 - 해양수산부, 관세청, 국방부 및 농림수산식품부의 물류정보화를 지원 · IT 기반 기업간 네트워크 구축 · 주요 물류부처와의 협력체제를 통해 물류정보화를 지원 · 해양수산부와 공동으로 '자율운항선박 개발 프로젝트' 수행 - 지능형 항해시스템 - 기관 자동화시스템 - 자율운항선박 성능실증센터 구축 및 실증 - 운용기술 및 표준화 기술개발 등
행정안전부	· 전자정부와 국가정보화 통합 추진 · 수출입물류 종합 정보서비스 구축 지원 - 기상청, 해양조사원(해양수산부)의 정보화를 지원
관세청	· 전자통관시스템(UNI-PASS) 구축 · U-Customs 구축 · 고객맞춤형 물류정보시스템 고도화
검역 기관	· 수출입물류 종합정보서비스 구축사업에 포함 - 수출입 요건 확인기관 연계 통관단일창구(Single Window) 시스템 구축 및 고도화 - 검역관리시스템 고도화

2) 각 정보시스템 개념도

[그림 15.4] GCTS

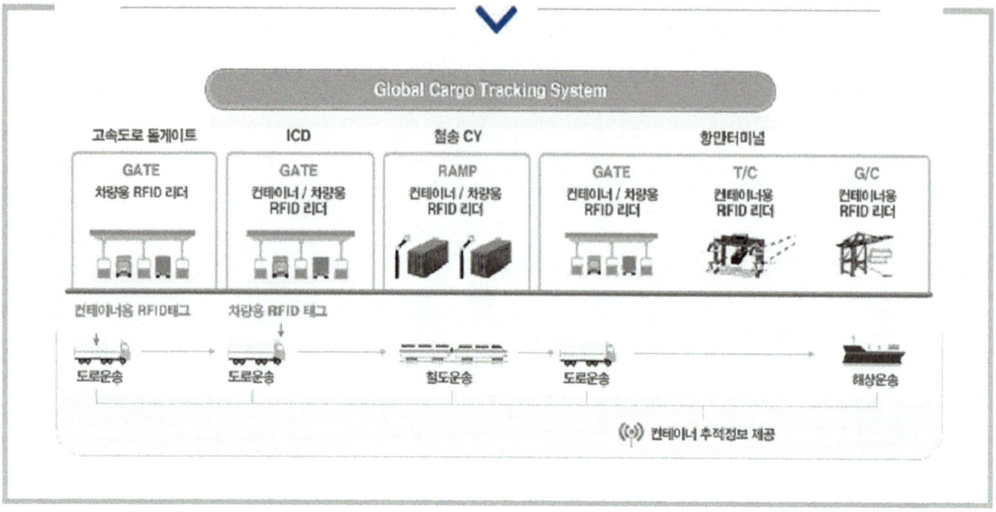

[그림 15.5] SP-IDC

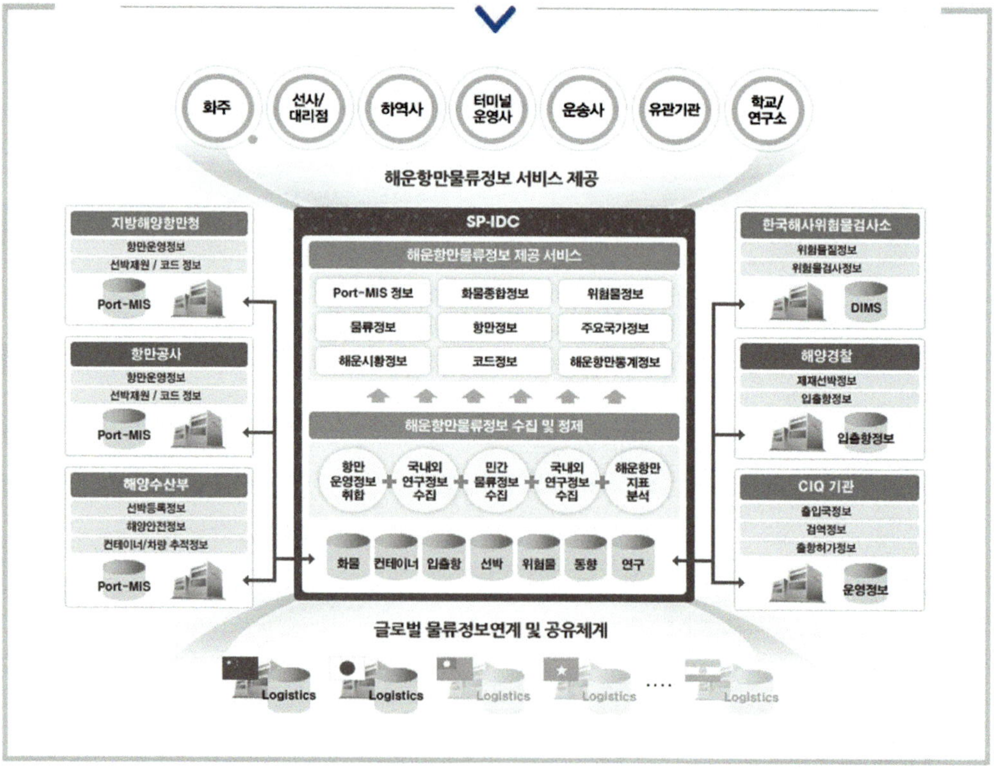

[그림 15.6] 국가물류통합정보센터

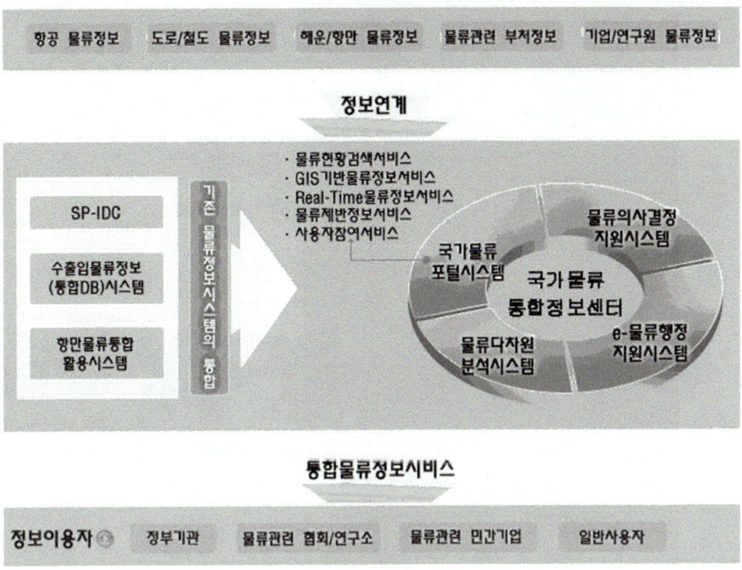

[그림 15.7] U-Port

[그림 15.8] 동북아 최첨단의 유비쿼터스 Hub Port

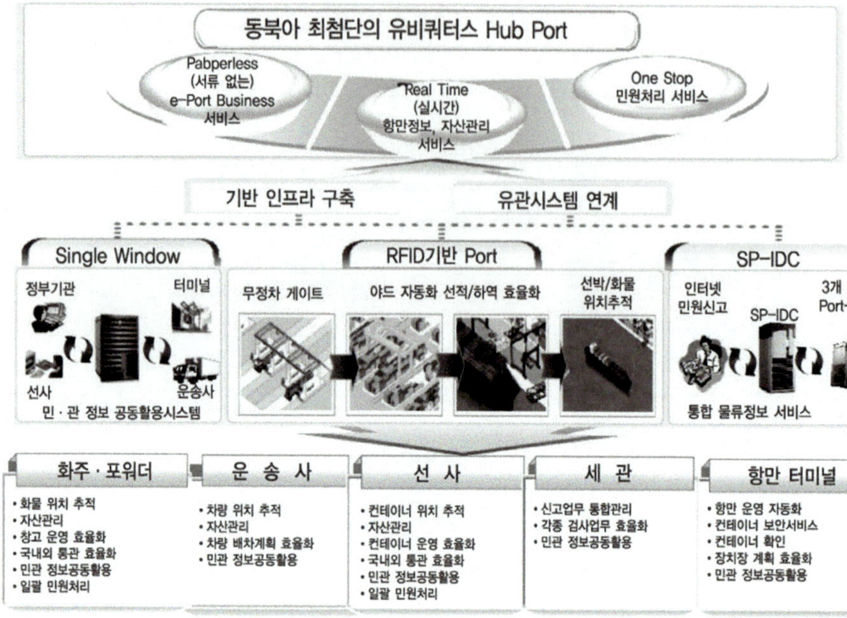

[그림 15.9] 정보시스템을 이용한 수출물류 흐름도

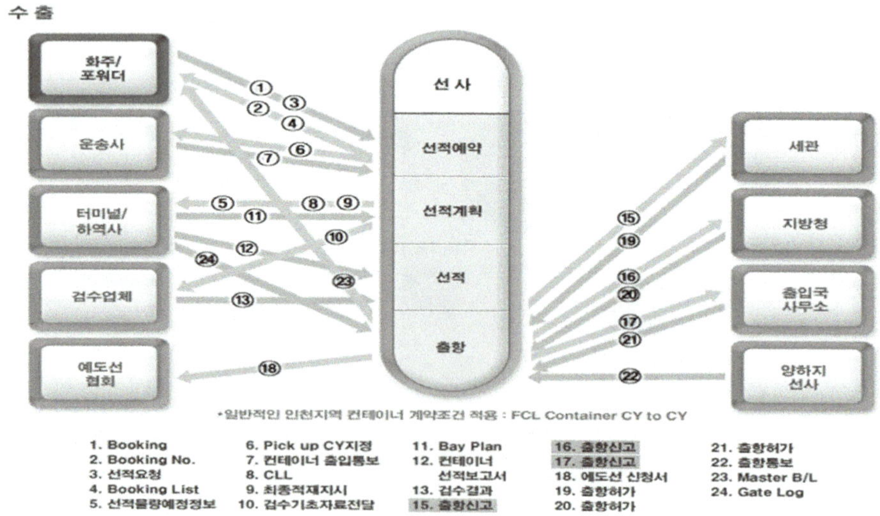

[그림 15.10] 정보시스템을 이용한 수입물류 흐름도

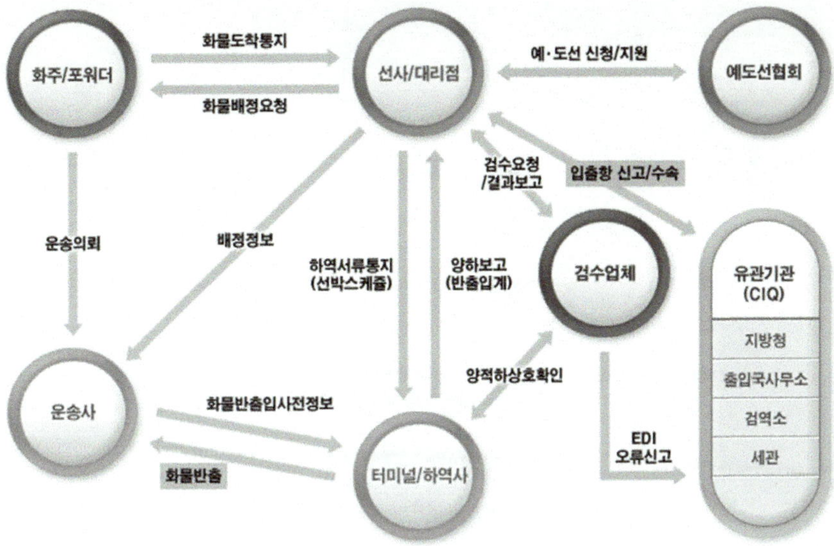

[그림 15.11] UNI-PASS 수출통관시스템

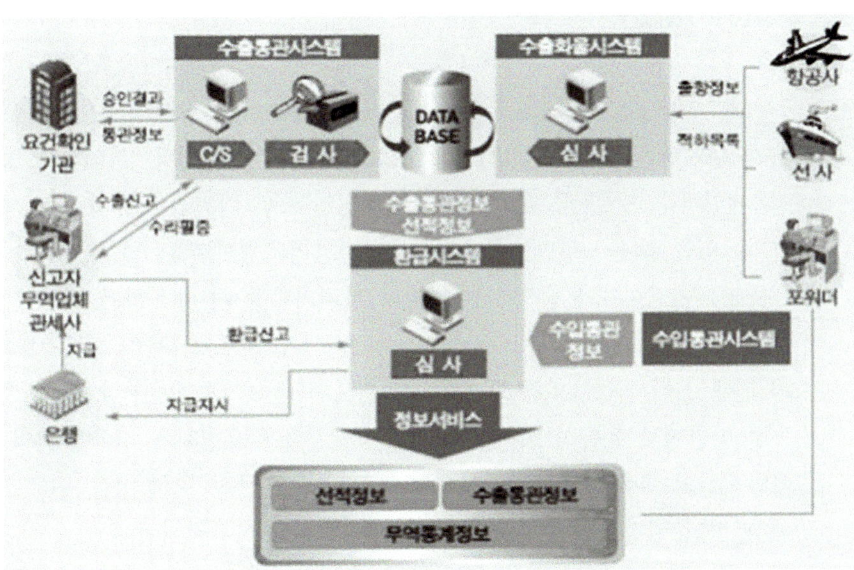

[그림 15.12] UNI-PASS 수입통관시스템

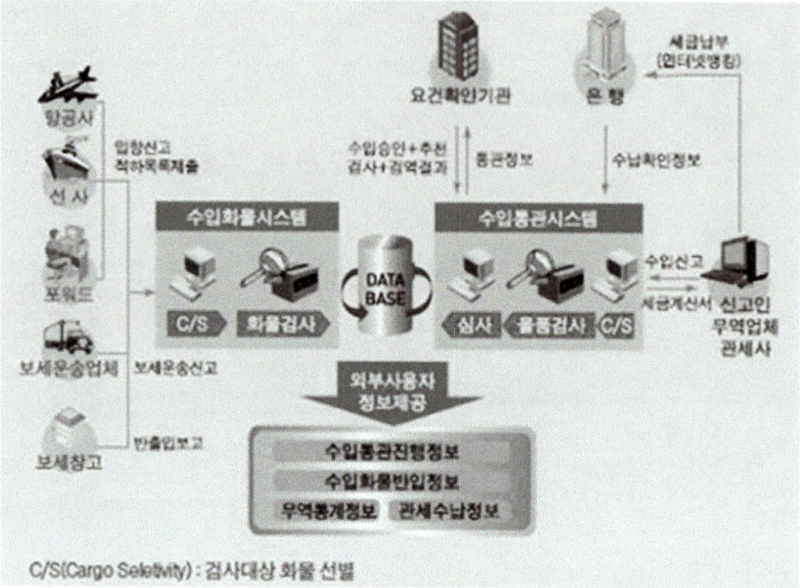

2. PORT-MIS

PORT-MIS(port management information system: 항만관리정보시스템)는 전국 31개 무역항에 대하여 선박의 입항신고, 항만내 시설사용, 관제사항, 화물반출입, 세입징수, 출항신고 등 모든 항만운영업무 및 민원업무를 하루 24시간 처리할 수 있는 해운·항만·물류 통합 항만관리운영시스템이다.

PORT-MIS는 대개 해양수산부와 각 관련기관들 사이의 항만 민원업무처리를 중심으로 연결되어 각종 대장정리, 통계, 데이터베이스 관리, 업무처리시간 등의 면에 있어서 물류비용을 절감하고 있으며, 항만 내 정보전달체계의 합리화를 통한 항만정보 유통의 효율성 제고와 항만시설 이용현황을 정확히 파악, 한정된 항만시설의 효율적인 이용, 그리고 업무처리의 신속·정확성을 향상시켜 항만에 관련된 행정사무에 효율적인 기여는 물론이고 관련기업에 있어서도 고객서비스 향상을 위해 필수불가결한 요소로서 활용되고 있다.

[그림 15.13] PORT-MIS 개념도

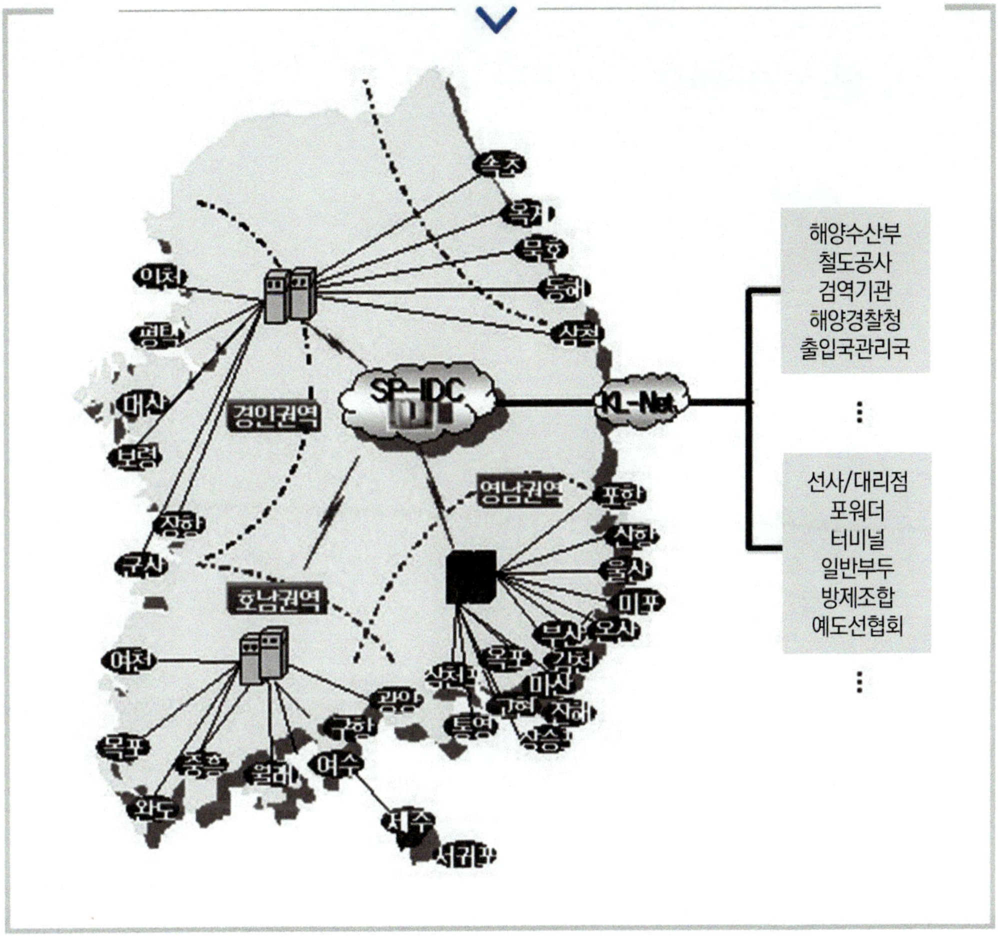

[그림 15.14] PORT-MIS를 이용한 외항선 입출항 수속

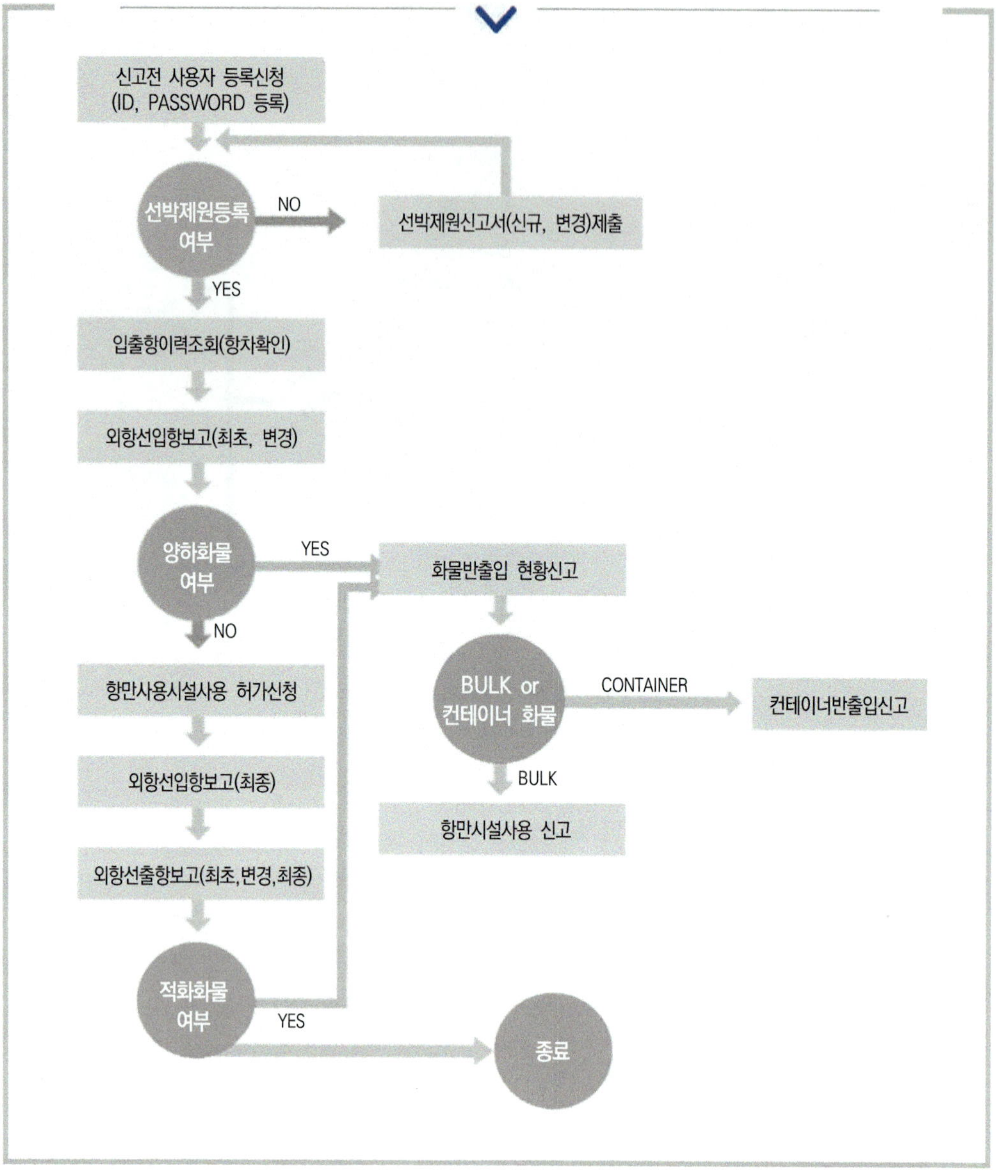

1) PORT-MIS 2.0

그동안 국내외 선사 및 수출입 화주 등 항만 이용자들은 EDI(전자문서처리) 방식으로 선박입출항신고, 화물반출입신고, 항만내시설사용신고 등 항만 이용신청이 가능했으나, 2010년 4월 19일부터 최신 웹기술인 Web 2.0 기반 'PORT-MIS

2.0'을 통해 인터넷으로 항만이용 신고가 가능하게 되면서 PC를 이용한 웹에서 뿐만 아니라 스마트폰을 이용하여 업무를 처리할 수 있게 되었다.

'PORT-MIS 2.0' 서비스 제공으로 항만이용자는 전국 어느 곳이건 인터넷이 접속되는 컴퓨터로 항만이용신고를 무료로 할 수 있게 되어, EDI이용을 위한 전용망 및 전용프로그램을 설치할 필요가 없고, EDI 전송료(건당 280원)를 VAN 업체에 내지 않아도 되어 민원인의 업무시간과 비용감소로 인한 물류비용 절감이 이루어졌다.

또한, 신고정보 입력 시 자동 오류체크가 가능해 EDI 신고처럼 오류응답을 받고 재처리하는 불편함을 해소할 수 있고, 위젯기능(민원처리내역을 처리즉시 메시지로 전송)을 이용하여 허가사항을 즉시 확인할 수 있게 되었다.

PORT-MIS 2.0을 이용하기 위해서는 전용 웹사이트(http://portmis.go.kr)에 접속, 로그인 창에서 회원가입 후 항만이용 신고가 가능하다.

그리고, 각 PORT 항만공사 시스템을 통해 운영되던 항만물류 관련 신고를 통합하여, 통합된 'PORT-MIS 2.0'을 통해 우리나라 31개 무역항의 선박입출항 및 화물반출입 등과 관련한 항만민원 및 행정업무를 한 곳에서 처리할 수 있게 되었다.

[그림 15.15] 웹 PORT-MIS 2.0 서비스 개념

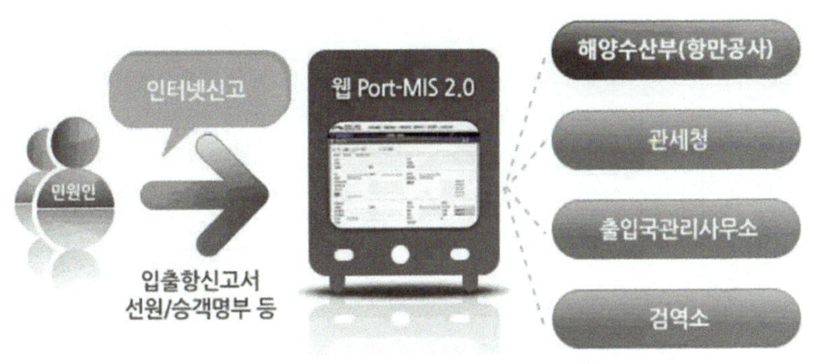

[그림 15.16] PORT-MIS 홈페이지

[그림 15.17] 통합 PORT-MIS 구성도

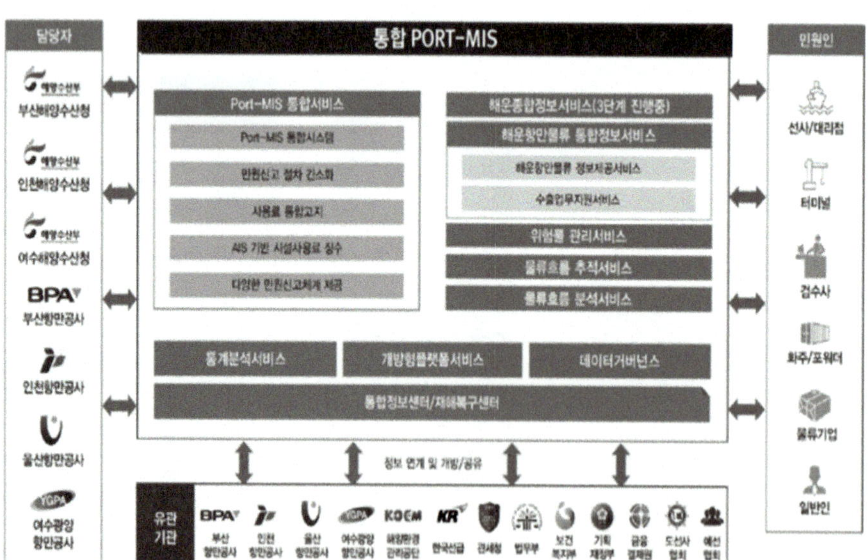

〈표 15-2〉 통합 PORT-MIS를 통한 서비스 내용

해양수산부 (항만공사)	내항선입출항신고서, 외항선입출항신고서, 항만시설사용신청허가선원/승객명부, 화물반출입신고, 내항화물반출입신고서, 내항컨테이너반출입신고서, 항만시설사용신고서, 선박보안정보통보서, 위험물반입신고서, 위험물일람표, 화물료대납경비청구서 등
관세청	외항선입출항신고서, 선원/승객명부
출입국 관리사무소	외항선입출항신고서, 선원/승객명부, 선원자격심사결과, 외국선원입국예정신고
검역소	외항선입출항신고서, 선원/승객명부, 무전검역신청서, 보건상태신고서, 위생검사신고서

〈표 15-3〉 스마트모바일 PORT-MIS 소개

스마트폰 종류	아이폰 안드로이드 스마트폰 2종에 대하여 서비스
신고 및 수리업무	내외항선 입항신고 및 수리 선원명부신고 위험물 신고 및 수리 항만시설 사용 신청 및 수리 내항화물 및 컨테이너 신고 선박보안신고 및 수리
조회업무	해당업무에 필요한 코드 조회 신고 및 수리내역에 대한 조회 기타 업무에 필요한 조회
배포관련	PORT-MIS 2.0 웹사이트에서 다운로드 아이폰 및 안드로이드는 각 스마트폰에서 다운로드 받아서 바로 설치

2) 웹 PORT-MIS 2.0 특징

(1) 무료서비스 및 편리하고 신속한 서비스 제공으로 물류비용 절감

웹 Port-MIS 2.0을 이용하여 해양수산부, 항만공사, CIQ(관세청, 출입국관리사무소, 검역소) 기관으로 민원신고가 무료로 서비스되어 비용을 절감할 수 있으며, Port-MIS 2.0은 웹기반 서비스이므로 EDI와 같이 전용프로그램 설치 없이 인터넷이 접속되면 언제, 어디서라도 신고가 가능하여 신속한 업무처리가 가능하다.

해양청, 항만공사 및 CIQ 기관 입출항관련 서식에 대한 신고비용도 무료이며, 신고서 입력 시 자동 오류체크와 위젯기능을 이용한 허가사항 등이 즉시 확인이 이루어짐으로 업무처리시간이 대폭 감소되었다.

(2) 모바일스마트폰을 이용한 Port-MIS 서비스 지원

사용자의 스마트폰(안드로이드폰, 아이폰, 옴니아)을 이용하여, 항만 작업현장에서 이동 중에도 항만이용신고를 무료로 이용할 수 있게 되었다.

(3) 온라인고지서 및 증명서발급 서비스 제공

항만이용자가 오프라인(기관방문 및 우편, 팩스)으로 발급받았던 세입고지서 및 각종 증명서를 인터넷이 가능한 PC로 발급받아 활용할 수 있는 온라인 세입고지서 및 증명서발급 서비스를 제공하고 있다.

(4) 예선신청 및 지정서비스 제공

민원인의 지방해양수산청 방문 등을 통해 별개로 처리해 오던 예선신청 및 지정 업무가 단일의 항만운영정보시스템을 통해 다른 항만 민원업무와 통합적으로 처리가 가능해졌다.

(5) 장애 시에도 중단 없는 서비스 제공

Port-MIS 2.0은 선박입출항에 대한 민원신고의 단일창구 역할을 수행하며, 기존 EDI 방식과도 병행운영 되므로 장애로 하나의 서비스가 중단되더라도 다른 서비스를 통해 민원인 신고업무의 연속성을 보장하고 있으며, 재해, 재난 시에도 지속적인 항만운영 서비스 제공을 위하여 재해복구시스템을 구축 운영하고 있다.

3. 우리나라 항만정보화 사업자

우리나라는 항만의 정보화를 위한 전담사업자로 케이엘넷과 KTNET을 지정하고, 두 업체에 의뢰하여 국가물류망과 국가무역망을 비롯한 여러 정보시스템 구축사업을 진행해오고 있다.

케이엘넷은 1994년 4월 해운항만청이 해상물류업무 자동화를 위해 설립한 뒤 국가종합물류정보전산망 전담사업자로 지정돼 해양수산부 PORT-MIS와 EDI 서비스를 시작했다.

KTNET은 그간 무역의 자동화를 위해 1991년 6월 상공부(현 산업부)가 설립하여 관세청 전자문서중계사업자와 산업통상자원부 전자무역 기반사업자로 지정된 뒤 독립된 영역을 구축해왔으나, 2017년 11월에 우리나라 제2호 항만물류정보중계망사업자로 지정되면서 케이엘넷과 함께 항만물류 정보망 구축사업에 관여하고 있다.

다음은 우리나라 물류 전담사업자인 케이엘넷, KTNET에서 구축되어 이용되고 있는 국제물류와 관련된 서비스에 대해 살펴보기로 한다.

1) 케이엘넷

케이엘넷은 1994년 선진 물류정보화를 통한 국가경쟁력 강화를 목적으로 물류관련 기관과 기업들이 뜻을 모아 설립한 물류IT 전문기업으로서, 기업의 수출입 물류와 관련된 B2B 업무 및 B2G 업무를 전자문서 교환방식으로 제공하여 기업의 물류비 절감과 국가 항만경쟁력 강화에 기여하고 있다.

케이엘넷의 사업영역은 전자물류, IT컨설팅/시스템통합, IT아웃소싱, 교통물류, 빅데이터이며, 국제물류와 관련한 제공서비스를 살펴보면 다음과 같다.

(1) PLISM 3.0

PLISM 3.0은 케이엘넷 주요 서비스인 B2G 전자민원신고 및 B2B 컨테이너통합관리시스템을 총합하여 민원인이 항만물류의 모든 업무를 하나의 사이트에서 처리할 수 있도록 한 '물류 ONE-STOP' 시스템이다.

[그림 15.18] PLISM 3.0 개념도

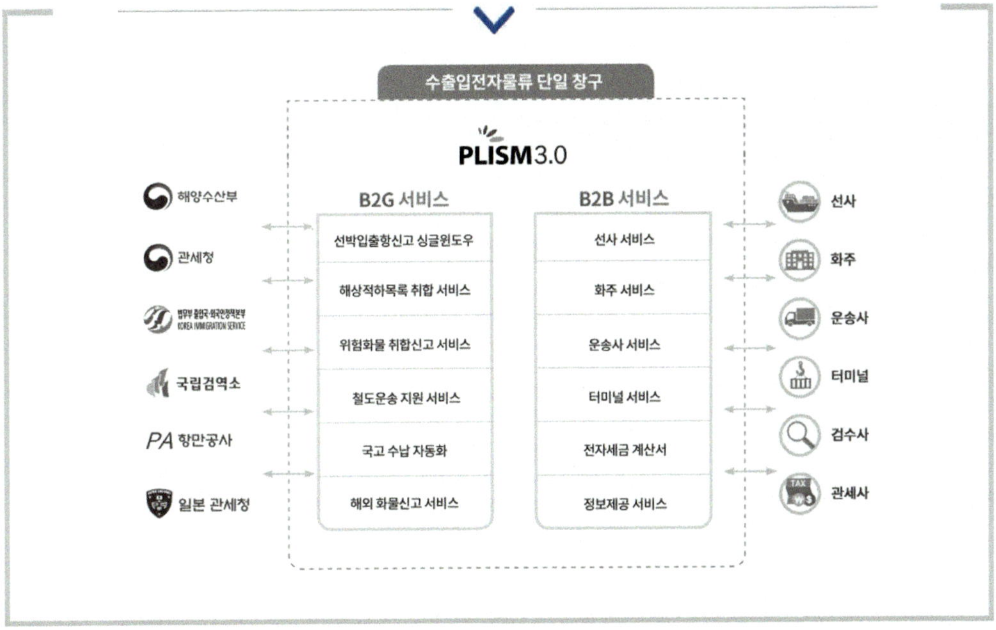

[그림 15.19] PLISM 3.0

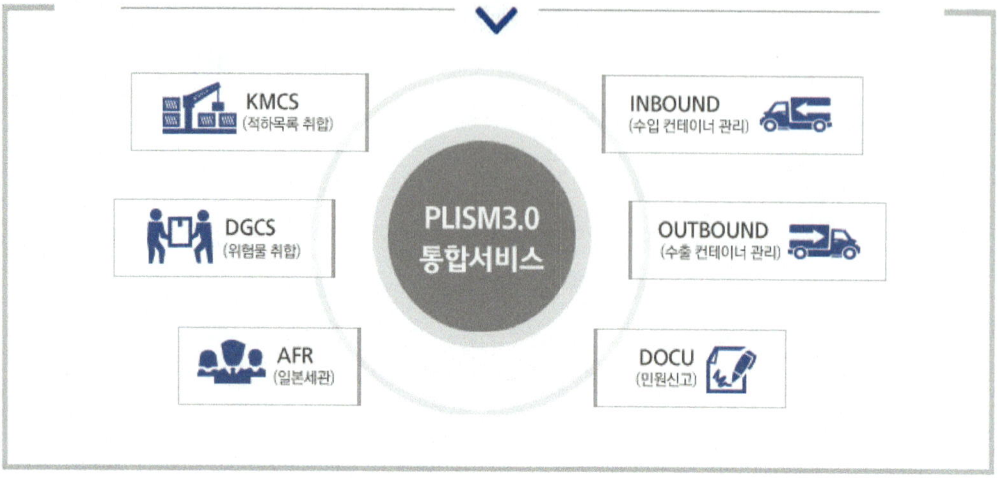

① B2G 전자민원 서비스

수출입화물 관련 인·허가 업무를 민원인이 각 정부기관에 전자문서(EDI: Electronic Data Interchange) 형태로 신고할 수 있도록 지원하며 화물정보의 취합/분기 서비스의 제공으로 업무 효율성 극대화의 창구 역할을 수행하는 전자민원 업무지원서비스이다.

〈표 15-4〉 B2G 전자민원 싱글윈도우 서비스 내용

선박입출항신고 싱글 윈도우	선박의 항만 입출항 수속을 위하여 수출입 유관기관인 항만청, CIQ기관(관세청, 출입국,검역소)등에 원스톱으로 선박입출항 신고를 제공하는 전자민원신고 서비스
해상적하목록 취합 서비스	적하목록제출의무자인 운항선사가 적하목록작성책임자(선사, 포워더)의 적하목록을 취합하여 관세청에 전자적으로 제출하고, 물류관련 기업(하역사/운송사 등)에 적하목록정보를 공유하는 서비스
위험화물 취합신고 서비스	화주가 한국해사위험물검사원의 수출위험물 검사신청에 대한 위험물검사 업무를 EDI를 통해 전자적으로 처리하고, 해양수산부와 연계하여 위험물정보를 공동 활용하여 선사가 위험물 반입신고를 원활히 처리할 수 있게 지원하는 전자민원 서비스
철도운송 지원 서비스	한국철도공사에 신청하는 화물운송 신청, 화차배정, 배분결과 통지, 화물운송장 등을 한국철도화물운송정보시스템(KROIS : Korea Railroad Operating Information System)을 통해 처리 하는 서비스
국고수납 자동화	항만이용자가 금융망과 연계하여 해양수산청이나 은행을 직접 방문하지 않고 전자적인 방법으로 항만시설 사용료를 자동 납부할 수 있도록 하는 서비스
해외 화물신고 서비스	일본항 수출화물의 출항 24시간 전 일본세관 신고를 지원하기 위한 서비스(AFR, Advance Filing Rule)

[그림 15.20] B2G 전자민원 서비스

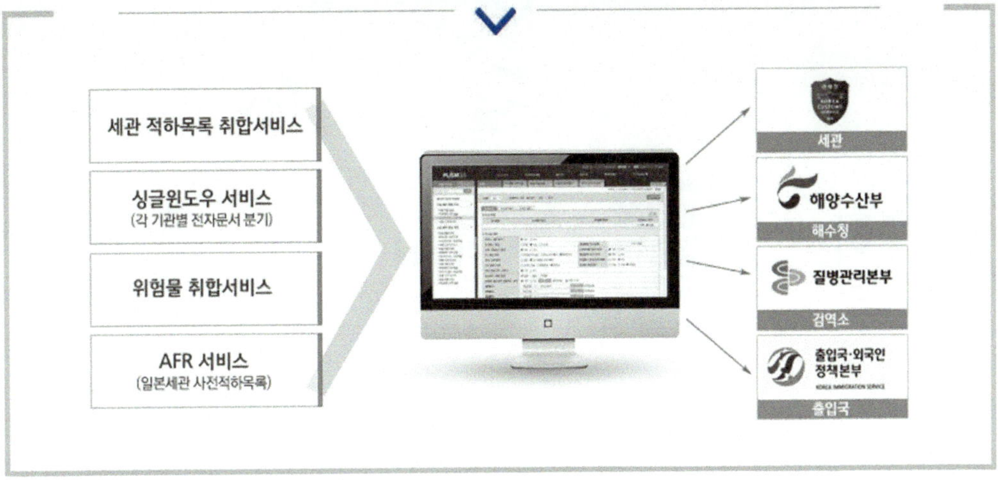

② B2B 컨테이너 화물통합관리 서비스

해운항만물류 공급자 및 수요자간 오더정보를 활용하여 컨테이너 운송(반출입)을 통제/관리하는 시스템으로 컨테이너 관리의 효율성 증대를 통하여 물류비의 절감 및 항만경쟁력 강화에 기여하고 있는 선사 및 화주중심의 컨테이너 공급망 관리서비스(PORT-SCM)이다.

〈표 15-5〉 B2B 해운항만 통합정보 서비스(PLISM) 내용

선사 서비스	선사가 수출입물류과정에서 수반되는 선박의 운항정보, 컨테이너 선적/인도정보, 장비 및 비용관리정보를 표준화된 시스템에서 터미널, 운송사 등의 물류주체와 공동활용함으로써 항만물류업무를 효율적으로 처리하는 서비스
화주 서비스	화주가 선사 등과 팩스로 주고받는 수출입관련 Booking, S/R, B/L, 수출면장, 세금계산서, 거래명세서 등의 서류를 전자문서로 송수신함으로써 선적서류 업무를 자동화하도록 지원
운송사 서비스	운송사가 선사의 운송오더에 기초하여 상하차지 확인, 운송오더의 확인 및 컨테이너터미널(일반부두 또는 ODCY)에 정확한 사전 반출입정보(COPINO)를 포함한 전자문서 제출이 신속, 정확, 편리하게 수행될 수 있도록 지원하는 운송정보관리 서비스
터미널 서비스	컨테이너부두 운영에 필요한 기초정보를 선사 및 운송사로부터 사전에 EDI를 통해 전자적으로 중계함으로써 효율적인 터미널 운영이 이뤄질 수 있도록 지원하는 서비스
전자세금계산서 서비스	공인 표준전자세금계산서 인증 1호 서비스 사업자로, 부가가치세법상 전자적 형태로 세금 계산서 발행 및 국세청으로 제출하는 세금계산서 유통서비스
정보제공 서비스	컨테이너 반출입 및 양적하 정보, 선박 입출항 정보, 화물선적 자동확인, 각종 통계 정보서비스 제공

[그림 15.21] B2B 컨테이너화물 통합관리 서비스

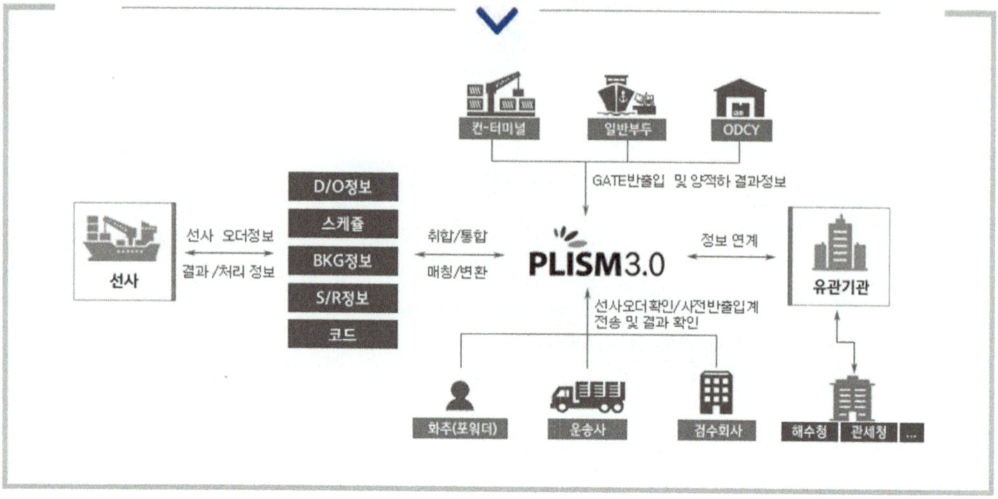

(3) 해운 및 물류관련 정보시스템 구축

KL-Net은 최신의 IT기술을 활용하여 물류관련 대형 국가정보화 프로젝트를 맡아 수행하고 있다.

〈표 15-6〉 해운 및 물류관련 정보시스템 구축현황

해운/항만/수산	항만운영정보시스템(Port-MIS) 해운종합정보시스템 해운항만물류정보센터 RFID기반 항만물류효율화 RTLS/USN기반 U-Port 터미널/일반부두운영정보 시스템 사이버해운거래시스템 수산정보통합시스템 VTS(해상교통관제시스템)
종합물류	종합물류정보전산망 수출입물류종합정보서비스 국가물류통합정보센터 공동재해복구센터
항만출입보안	컨테이너터미널 출입관리 시스템 항만 출입관리 시스템 CCTV 종합관제 시스템
해양환경	종합해양정보시스템 해안선조사측량 및 DB구축 해양기본지리정보 시스템 해양과학정보망
육상물류	RFID기반 물류거점 정보시스템 철도화물운송정보시스템 철도화물운송최적화 부산진역 철도CY운영시스템 개선 ICD정보화

(4) 물류분야 IT컨설팅

IT 전문가를 비롯해 항만, 해양, 물류 등 각 분야의 전문가들이 정보화 전략을 제시해주고 있다.

〈표 15-7〉 물류분야 IT컨설팅 내용

구분	내용
해운/항만/수산	해운항만물류 통합정보망 구축을 위한 BPR/ISP 부산/인천/울산/여수광양항만공사 정보화 전략계획 수립 화물운송실적관리시스템 ISP 선원민원업무 개선을 위한 BPR/ISP 전자정부 시스템 구축을 위한 항만물류분야 F/S컨설팅 스마트포트 구축을 위한 ISP
육상물류	항공물류정보시스템 구축을 위한 BPR/ISP 맑은교통 녹색안전 구현을 위한 균형발전 전략 수립
종합물류	종합물류 정보전산망 기본/상세설계 관세자유지역 물류통합정보시스템 BPR/ISP 행정안전부 수출입물류 BPR/ISP 국가물류통합정보센터 구축 ISP
해양환경	해양수산부 국가해양수산정보 공동활용을 위한 ISP 국가해양정보센터 ISP

(5) eTruck Bank

eTruck Bank 서비스는 운송 수요자의 화물과 운송공급자의 차량이 온라인에서 실시간으로 매칭될 수 있도록 지원하며 운송관리시스템, 모바일배차관리시스템, 위치관제시스템을 통해서 운송효율성 증대와 운송 가시성을 제공하고 있다.

[그림 15.22] eTruck Bank 서비스 개요

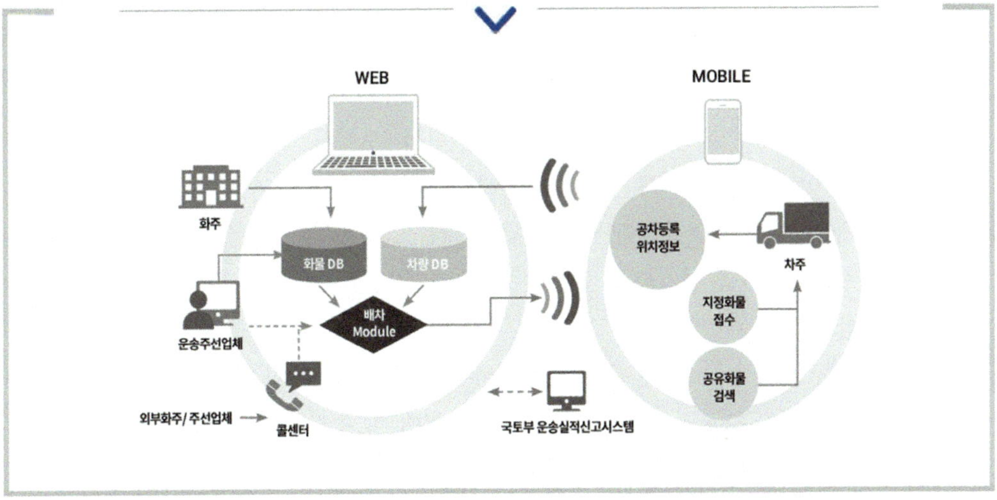

〈표 15-8〉 eTruck Bank을 통한 운송관리 서비스 개요

화주 서비스	화주사는 화물정보망 'eTruck Bank'를 통해 운송사의 운송능력과 실적을 비교하여 적합한 운송사에게 화물을 위탁할 수 있으며. 화물의 공개를 통해 차량을 수배함으로써 비용절감과 실시간 운송서비스를 이용할 수 있다.
운송사 서비스	운송주선사는 화물정보망 'eTruck Bank'를 통해 국토교통부 '화물자동차운수사업법'에서 요구하는 직접운송비율 충족, 위탁화물관리책임, 실적신고 등 법적 요구사항을 준수할 수 있다.
화물차주 서비스	차주는 화물정보망 'eTruck Bank'를 통해 운송수요자(화주 등)의 공유화물에 배차요청을 할수 있고, 자신의 공차(예정) 정보를 등록함으로써 운송수요자로 부터 배차접수가 이루어져 공차율 감소와 수입향상을 기대할 수 있다.
운송관제 서비스	이용 회원사는 위치관제시스템을 별도의 초기투자 없이 내부 운송관리시스템과 연계 통합하거나 eTruck Bank의 운송 관리시스템을 기반으로 활용할 수 있고, 특히 단순한 차량관제만이 아닌 배차정보를 활용한 운송관제서비스를 이용함으로써 운송의 효율성과 가시성을 확보 하실 수 있다.
통합운송 관리시스템 구축	운송사의 규모확대와 업무 추가에 따라 기존 운송관리시스템만으로는 업무처리에 한계가 있는 운송사에 케이엘넷의 보유정보와 업무 노하우를 활용하여 맞춤형 통합운송관리시스템을 구축 제공하고 있다.

2) KTNET

KTNET(Korea Trade Network)은 1989년 정부의 종합무역자동화 기본계획 수립에 따라 1991년 한국무역협회의 100%출자로 설립되었다.

1992년에 정부로부터 무역자동화 지정사업자(현, 전자무역기반사업자)로 지정받은 KTNET은 전자무역인프라 구축을 통해 복잡한 수출입업무 전 과정을 자동화서비스로 구현함으로써, 혁신적으로 무역 프로세스의 개선과 비용절감에 기여해 왔으며, 그 경제적 효과는 연간 6조원에 이르고 있다.

KTNET은 무역업체, 은행, 관세사, 선사, 보험사, 포워더, 보세장치장 등 10만 2천여 고객과 무역유관기관을 연계한 세계 최고의 무역 커뮤니티를 통해 614종에 달하는 G2B, B2B부문 수출입 문서를 전자화하여 연평균 3억 8천만 건의 전자무역문서를 처리하고 있어, 우리나라 산업발전에 있어서 지대한 역할을 수행하고 있다.

KTNET의 주요사업은 전자무역서비스, 전자물류서비스, 글로벌전자무역, 전자상거래무역, 공인인증서비스, ICT융합서비스, 부가서비스가 있으며, 국제물류와 관련한 내용은 다음과 같다.

(1) 전자무역서비스

무역업체와 은행, 요건확인기관, 선사, 포워더, 관세사 등 무역유관기관과의 수출입업무를 전자적으로 처리하는 서비스로 은행이나 거래기업, 수출입유관기관을 방문할 필요 없이 uTradeHub를 이용하여 복잡한 무역업무를 쉽게 처리할 수 있다.

[그림 15.23] uTradeHub 시스템 개요

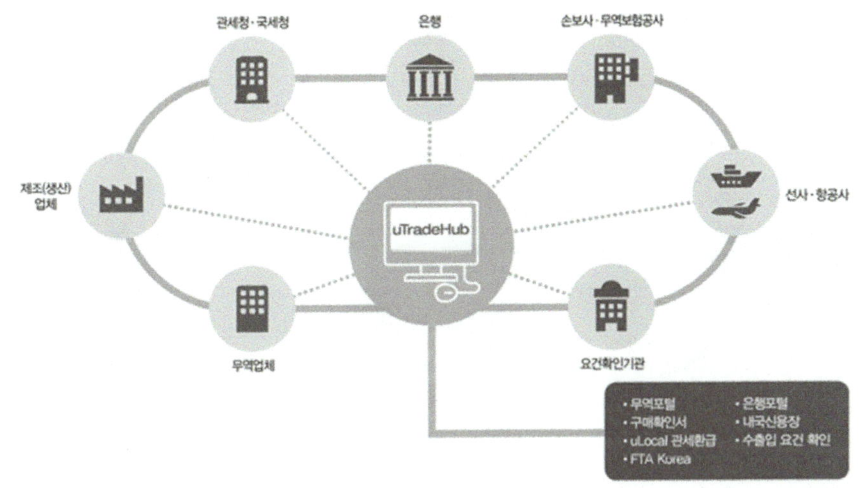

〈표 15-9〉 uTradeHub시스템 주요 서비스 내용

서비스	내용
외환 서비스	수출신용장(L/C)통지, 수입신용장(L/C)개설, 수입화물선취보증서(e-LG) 발급, 대금결제, 무서류무역송금(수입송금 및 수출입금) 등 수출입에 필요한 대 은행 업무
구매확인 서비스	구매확인서 전자발급(신청 · 발급), 구매확인 통합정보서비스(조회, 자사정보관리, 유통 등)
내국신용장 서비스	물품매도확약서(Offer Sheet), 내국신용장 개설(수혜자통지), 조건변경(수혜자통지), 물품수령증명서, 전자세금계산서, 매입추심의뢰, 매입추심결과 통지(수혜자 및 구매자), 수출실적증명 지원, 근거서류 은행제출 전자화 ※ 내국신용장 모바일 앱 서비스 제공
적하보험 서비스	적하보험 청약, 적하보험증권발급 통지 등 손해보험사에 부보하는 적하보험업무
수출보험 서비스	수출보험 선적통지, 증권발급 통지 등 무역보험공사에 부보하는 수출보험업무
FTA원산지관리 서비스	원산지판정, 원산지증명서 발급/유통/보관, 사후검증대비용 자료보관 업무 등
수입요건확인 전자민원 서비스	수입승인, 수입추천, 원산지증명서발급 등
수출입 부대비용 전자수납 서비스 (e-T/B, Trade Bill)	수출입업무 과정에서 발생한 부대비용의 납부증빙 서비스(청구서, 세금계산서 발행)

(2) 전자물류 서비스

수출입 물류업무의 주체인 항공사, 선사, 포워더, 보세구역, 보세운송사 등을 위하여 입출항 보고, 승객/승무원명부 제출, 적하목록 제출, 보세운송신고, 반출입신고와 같은 모든 수출입물류업무 처리절차를 자동화한 uLogisHub를 통해 업무처리 시간과 비용절감에 기여하고 있다.

[그림 15.24] uLogisHub 시스템 개요

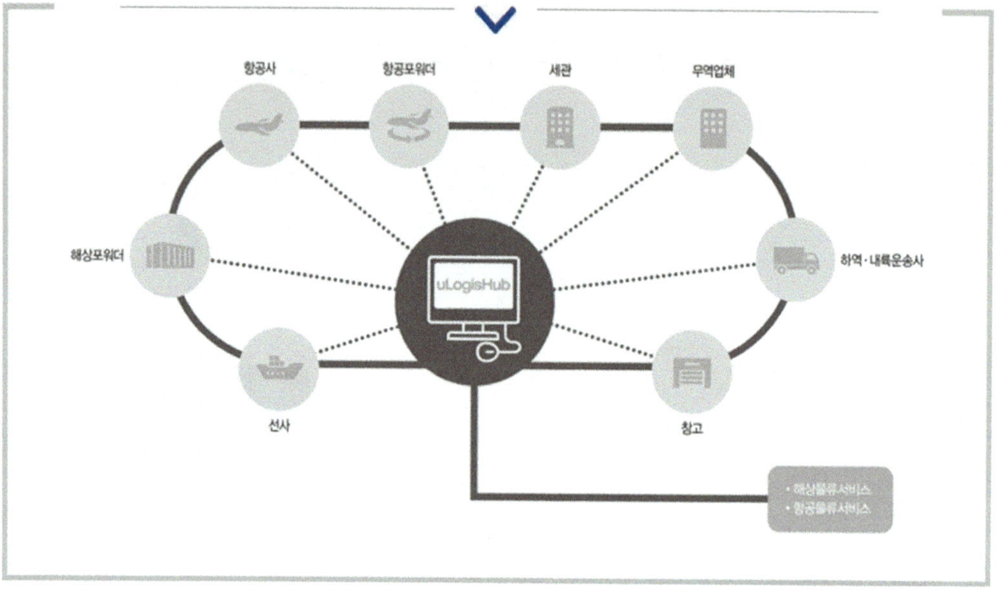

〈표 15-10〉 uLogisHub 시스템 주요서비스 내용

수출입물류·통관	수출입물류·통관 업무에서 발생하는 각종 표준화된 신고서식을 전자화하여 중계
적하목록취합시스템(MFCS, Manifest Consolidation System)	항공사, 선사, 포워더가 제출한 적하목록을 항공기나 선박 단위로 취합하여 관세청에 제출
전자선하증권 (e-B/L, Bill of Lading)	선하증권을 전자적으로 발행등록, 변경, 양수도, 유통 서비스
해상 e-D/O (Electronic Delivery Order)	수입화물 인도업무에 필요한 화물인도지시서(D/O)와 자가/보세 운송업무를 업체간 방문없이 실시간 전자적으로 처리
해상물류 통합(B2G+B2B) 서비스	수출/입 통합적하목록 신고, 입출항 신고부터 수출/입 컨테이너 관리, 선적자동화에 이르는 모든 해상물류서비스를 제공
항공 eAWB 서비스	항공사-포워더간 항공 B2B
항공/해상AMS(Automated Manifest System)	사전적하목록신고를 시행하는 국가를 대상으로 적하목록정보를 제공
항공승객정보 등	항공 i Prechecking, 항공 입출항보고, 항공PM(Passenger Manifest)

(3) 전자상거래무역

글로벌 전자상거래 플랫폼(Amazon, eBay, Tmall, Lazada, Gmarket 등)을 통해 해외 소비자에게 상품을 판매하는 글로벌 셀러 및 기업들의 무역업무를 산업통상자원부, 관세청, 무역협회와 함께 구축한 전자상거래 무역지원 서비스인 goglobal을 통해 서비스하고 있다.

[그림 15.25] goglobal 서비스 흐름도

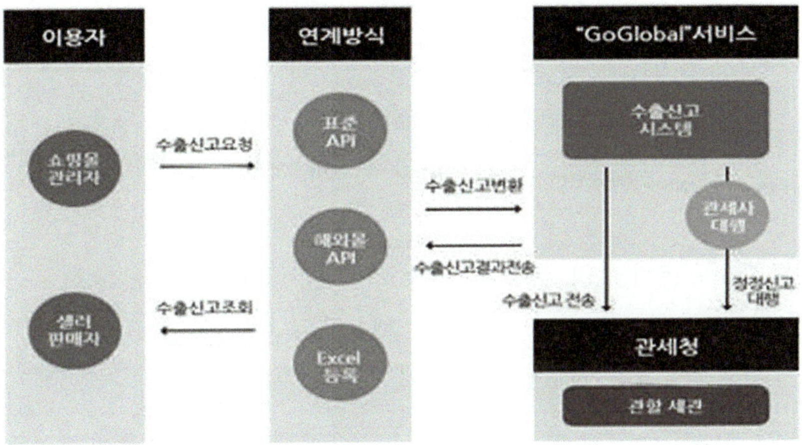

〈표 15-11〉 goglobal의 주요서비스

수출신고	사용자가 엑셀 업로드 또는 오픈API 를 이용하여 판매정보를 전송하고 수출신고 요청을 하면, 사용자가 미리 입력한 수출신고 기본값과 결합하여 수출신고서를 생성하고 이를 관세청으로 신고함
배송요청	사용자는 수출신고 정보를 활용하여 EMS 및 특송사에 배송 예약 요청을 할 수 있으며, 배송 현황 정보 조회 가능
반품수입신고	사용자는 반품 수입 물품에 대하여 관세사의 수입신고를 의뢰하여 수입관세를 면세 가능
구매확인서, 수출실적명세, 관세환급	매입물품에 대한 구매확인서를 신청하여 발급 가능 부가세 영세율 혜택을 위한 수출실적 명세를 출력 가능 공급 물품의 수입 원재료에 대한 관세환급 가능

4. 컨테이너터미널 및 해운기업

컨테이너터미널은 1996년부터 게이트 자동화, 터미널 운영 등에 정보화가 시작되었다. 게이트 자동화시스템은 컨테이너 번호 및 차량번호를 EDI로 전송하여 차량의 반출입을 원활하게 하고, 만일 컨테이너 번호와 차량번호가 일치하지 않을 경우에는 bar code를 이용하여 컨테이너 번호를 게이트에서 자동인식하게 하는 집단배차제를 활용하는 방식이다. 터미널 운영에는 본선작업, 야드작업을 C_3I(command, control, communication and information) 방식으로 운영한다. 해운기업으로는 현대상선, 고려해운, SM Line 등의 대형 해상운송업체들이 자체 물류정보시스템을 구축・운영하고 있다.

[그림 15-26]는 항만활동과 관련한 기관, 업체, 연구소, 협회를 나타낸 것이며, 〈표 15-12〉는 해운, 항만, 물류와 관련된 주요사이트를 정리해 놓았다.

[그림 15.26] 주요 항만관련 국가기관, 운영사, 연구소, 협회

정부/지자체/정부투자기관			
정부24 부산지방해양수산청 포항지방해양수산청 국립수산과학원 여수광양항만공사	해양수산부 인천지방해양수산청 목포지방해양수산청 국립해양조사원 부산출입국관리사무소	부산항만공사 여수지방해양수산청 울산지방해양수산청 인천항만공사 부산본부세관	해양경찰청 마산지방해양수산청 해양안전심판원 울산항만공사 부산진해경제자유구역청
운영사/연구소/협회			
부산신항만주식회사 대한통운부산컨테이너터미널 주식회사 비엔씨티 한국해양수산개발원 한국선주협회	대한통운(주) Hutchison Korea Terminals 인터지스 선박해양플랜트연구소 부산항도선사회	동부부산컨테이너터미널 현대부산신항만(주) 부산발전연구원 한국해운조합 한국해양과학기술원	세방(주) 부산신항국제터미널 한국해양수산연수원 한국항만물류협회 해양환경관리공단

〈표 15-12〉 해운 · 항만 · 물류 관련 주요 웹사이트

관련기관	Internet주소	비 고
해양수산부	http://www.mof.go.kr	기관, 조직 소개, 주요정책, 업무, 물류, 항만 해양, 법령 정보, 어업인의 날 안내
국토교통부	http://www.molit.go.kr/	국토도시, 주택토지, 건설수자원, 교통물류, 항공, 도로철도 정책, 공시지가 조회 안내
부산지방해양수산청	http://www.portbusan.go.kr/	항만물류, 선원해사, 해양수산환경, 항로표지, 항만개발, 등대 체험
인천지방해양수산청	http://incheon.mof.go.kr/	항만 정보, 건설, 선원, 여객선 운항 안내
부산항만공사	http://www.busanpa.com/	부산항 소개, 항만 물류, 시설, 운영정보 제공.
인천항만공사	http://www.icpa.or.kr/	인천항 소개, 항만이용, 용어, 코드, 법령 자료 수록, 커뮤니티 제공
울산항만공사	http://www.upa.or.kr/	울산항 소개, 항만 물류 시설 안내, 항만경영정보 제공
여수광양항만공사	http://www.ygpa.or.kr/	항만시설 개발, 관리, 운영 소개, 뉴스 기사 제공
한국해양수산개발원	http://www.kmi.re.kr/	해양, 수산, 해운항만 정책, 협약, 수탁용역연구, 수산특정 과제업무
한국해양수산연수원	http://www.seaman.or.kr/	해양인력 양성기관, 해기사, 의료, 수산질병 관리사 자격검정 업무
한국근해운송협회	http://www.knfc.or.kr/	아시아권역 해상화물운송 사업지원, 해운업관련 법령, 규정 수립, 개정 참여, 신규항로 개설
한국선급	http://www.krs.co.kr	국내 KR선급 단체, 기자재 검사, 등록선박 검색, 기술 규칙, 법령 제공
케이엘넷	http://www.klnet.co.kr/	전자물류 서비스, 세금계산서, 녹색물류, 보안업무
KTNET	http://www.ktnet.com/	무역정보, 시장동향, 지식인, 로컬공급자, HS품목분류
국제항공운송협회	http://www.iata.org/	항공운송 표준화사업, 국제항공 운임의 결정
국제해사기구(IMO)	http://www.imo.org/	국제해사기구, UN 산하 해양 전문기구, 해양환경, 기술 협력, 발행물 정보 제공
한국항만물류협회	http://www.kopla.or.kr/	항만물류산업의 발전과 회원사들의 권익향상을 위하여 항만하역 기능 향상 및 합리화 촉진과 항만하역 질서 확립
한국국제물류협회	http://www.kiffa.or.kr/	국제물류주선업의 경쟁력 강화, 글로벌 물류기업 육성 기반 조성, 정책 제안, 정부업무대행 및 국제물류 현황 조사 등
코리아쉬핑가제트	http://www.ksg.co.kr/	해운 뉴스, 물류 신문, 포워딩, 콘솔, 항만, 해운업체 정보, 해운지수, 수출, 수입 스케줄
해사신문	http://www.haesanews.com/	해양 매체, 해운, 조선, 수산, 항만, 물류, 인물 관련 기사, 정보 제공
현대상선	http://www.hmm21.com/	해상화물, 컨테이너선, 벌크선, 광탄선, 유조선 운송
고려해운	http://www.kmtc.co.kr/	해외 컨테이너 정기선, 비정기선 운항, 국가별 선박스케줄 제공
SM Line	http://www.smlines.com	해상운송, 컨테이너선 서비스 안내, 서비스 네트워크

5. 스마트 해상물류체계 구축전략

1) 스마트 해상물류

정부는 2030년까지 자율운항선박 등 스마트 해상물류 구축을 추진하고 있다.

2030년까지 자율운항선박과 초고속 해상통신망, 스마트 항만을 잇는 스마트 해상물류가 가능해질 전망이다. 이렇게 되면 2만4000TEU급 초대형 컨테이너 선박의 하역작업이 현재 40시간 수준에서 24시간 수준으로 크게 줄어든다.

해양수산부는 2019년 1월 8일 대한상공회의소에서 열린 과학기술관계 장관회의에서 이 같은 내용이 담긴 '스마트 해상물류체계 구축전략'을 발표했다.

스마트 해상물류 체계 구축전략은 우리나라 교역량의 99.7%를 처리하고 있는 국가 핵심운송체계인 해상물류에 4차 산업혁명기술을 접목시켜 해상물류의 경쟁력을 높이고 신성장동력을 창출한다는 계획이다. 이미 유럽 선진국과 인근 국가인 중국, 일본도 스마트항만, 자율운항선박 등 해상물류의 스마트화를 국가전략으로 추진하고 있으며, 우리나라도 적극적인 정책 추진을 통해 신속하게 해상물류 스마트화의 선도대열에 합류한다는 목표이다.

스마트 해상물류란 자동화·지능화된 항만과 선박을 기반으로 운용 주체 간 물류정보·설비운용 연계를 통해 최적화된 해상물류체계를 달성하는 것을 말한다.

해수부는 2025년까지 스마트 해상물류의 기반을 마련하고 2030년까지 스마트 해상물류를 실현한다는 단계적 목표 아래 ① 스마트 해상물류 인프라 구축 ② 연관업계 지원 및 일자리 창출 ③ 시범사업 및 현장실증이라는 3가지 전략을 수립했다.

우선 항만과 선박의 스마트화를 가속화하고 물류설비 간의 연계를 효율화하는 한편, 물류주체 간 정보공유를 활성화하는 물류정보생태계를 구축해 해상물류 인프라를 스마트화할 계획이며, 자율운항선박은 2023년까지 개발을 마쳐 2024~2025년에 현장검증에 들어간다. 항만과 선박, 항만과 항만, 항만과 육상을 연결하는 해상운송인프라 효율화도 추진한다.

이에 더해 스마트 컨테이너 개발, 수출입 자율주행차량의 자동하역지원시스템 개발 등 미래를 대비한 도전적인 연구개발도 추진할 예정이다. 또 자동화로 인한 일자리 전환대책 마련과 신규 일자리에 맞는 전문인력 양성을 추진하고 인재개발부터 창업(스타트업) 육성, 투자 지원까지 생애주기 전 단계를 지원하는 '창업 종합지원프로그램'을 마련해 신규 일자리를 지속 확대한다. 이를 위해

2023년까지 1,300억 원 이상 규모로 조성하고 해양 모태펀드에 스마트해상물류 분야도 포함할 계획이다. 항만 자동화에 따른 일자리 전환대책도 마련한다.

아울러 개별적인 사업추진 체계의 한계를 극복하기 위해 해상물류 관련 민간 협의체와 전문가, 정부 실무자를 포괄하는 '스마트 해상물류 협의체'를 구성해 민·관 협력과 정부 정책 발굴을 위한 지속적인 협력체계를 구축할 계획이다.

이런 계획에 따라 시범사업 및 현장실증을 통해 문제점을 보완하고 상용화를 준비해 나갈 예정이며, 광양항에서 항만 자동화 설비의 연계 실증을 추진하고 부산항과 인천항에서는 항만 지능화 및 주체 간 연계 효율화 사업을 추진한다. 울산항에서는 에너지 분야 창업기업 육성과 물류정보 생태계 구축사업을 추진할 계획이다.

해수부는 2025년까지 이러한 과제들을 추진해 2만4000teu급 초대형 컨테이너 선박의 하역작업을 현재 40시간 수준에서 24시간 수준으로 줄이는 등 기존 터미널 대비 연간 1200억 원 이상의 편익(5만톤급 3선석 터미널 기준)을 창출할 것으로 기대하고 있다. 또 대형 해양사고 제로화 및 전체 해양사고 2,582건에서 1,153건으로 50% 감축을 달성하고 해상물류 정보 생태계 구축을 통한 신규서비스 창출 및 창업기업 300개를 육성한다는 계획이다.[1)]

2) 자율운항선박 기술개발사업

이 사업은 조선·해운산업의 친환경·스마트 패러다임 전환에 대비하기 위해 양 부처가 공동으로 추진한 사업으로, 2020년부터 2025년까지 6년간 총 1,603 억원을 투입하여 추진한다.

자율운항선박은 사물인터넷(IoT), 빅데이터, 인공지능(AI) 등 4차 산업혁명 관련 요소기술이 집약된 미래 고부가가치 선박이다.

이 사업에서는 IMO(국제해사기구) Level 3[2)]* 수준의 자율운항선박 개발을 목표로 하고 있으며, 이는 완전무인선박(Level 4) 이전의 부분 자율단계에 해당된다.

1) 이투데이, 2019.1.8.

2) MO 자율화등급 : (Level 1) 선원 의사결정 지원, (Level 2) 선원 승선, 원격제어 가능, (Level 3) 선원 미승선(또는 최소인원), 원격제어, 기관 자동화, (Level 4) 완전무인 자율운항.

[그림 15.27] 자율운항선박 개념 및 정의

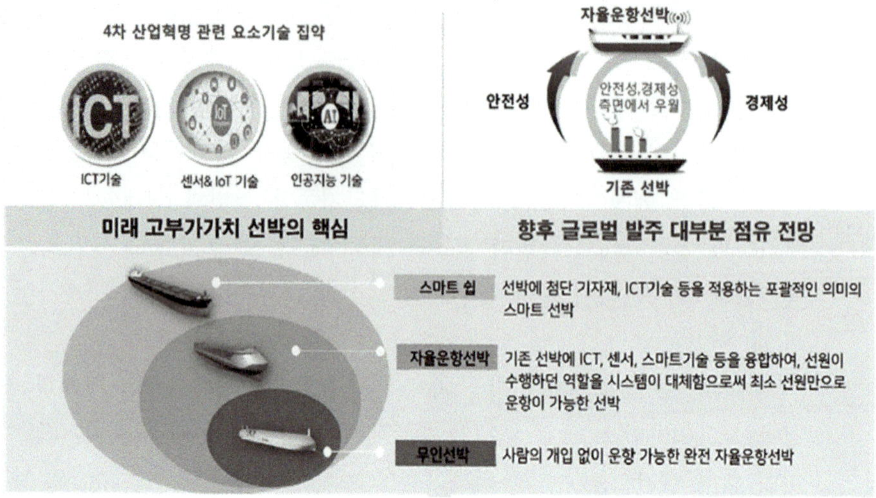

(1) '자율운항선박 기술개발사업'은 미래 선박시장 및 해운항만 패러다임 전환에 대비하기 위한 첫 단계로서, 핵심기술개발, 실증, 운용 및 표준화를 포함한다.

① 자율항해, 기관실 제어 통합 플랫폼, 충돌·사고방지, 상황인식, 의사결정 능력을 갖춘 '지능형 항해시스템'을 개발한다.

② 기관 스스로 성능을 모니터링하고 고장을 예측·진단할 수 있는 '기관 자동화 시스템'을 개발한다.

③ 개발된 기술의 검·인증 및 실증을 위해 울산 고늘지구에 '자율운항선박 성능실증센터[3]를 구축할 예정이며, 이 센터를 중심으로 지속적인 추적기록(Track-Record)을 확보한다.

④ 원격관리, 안전운항, 사고대응 등 자율운항선박 운용기술을 개발하고, 개발된 기술이 국제표준으로 이어질 수 있도록 개발 초기부터 IMO(국제해사기구), ISO(국제표준화기구) 등의 표준화 활동과 연계하여 추진한다.

(2) 자율운항선박 도입 시 해운기업은 최적운항경로 탐색, 인적 과실로 인한 사고방지로 운항 선박의 경제성[4]과 안전성[5]이 획기적으로 개선될 것으로 기대

3) 울산시 동구 고늘지구, 1,200m^2 규모(예정), 자율운항선박 기술개발 결과물 실증, 개조선박 테스트, 자율운항선박 시운전 등 수행.

4) 연료비 절약, 정비시간 단축 등을 통해 최대 22% 선박 운영비 감축 가능.

한다. 조선업계는 자율운항선박이 상용화되는 2025년경 전 세계 관련 시장(선박 및 관련기자재) 규모가 1,550억 달러에 달할 것으로 전망하고 있다. 이번 자율운항선박 기술개발사업을 통해 관련 기술을 선제적으로 개발하여 경쟁력을 확보할 경우, 2030년경 자율운항선박 시장의 50%까지도 선점할 수 있게 될 것으로 기대된다.

(3) 해양수산부와 산업통상자원부는 자율운항선박의 성공적인 개발과 운용을 위해 다양한 형태의 선박을 통해 실증을 추진해나갈 계획이다. 특히, 관련 분야에서 경쟁력을 보유하고 있는 노르웨이 등과 기술개발부터 인증, 테스트, 국제표준 제정 등 국제협력을 도모할 예정이다.

(4) 이번 자율운항선박 기술개발사업 예비타당성조사 통과로 지난 1월 관계부처 합동으로 발표한 자율운항선박, 지능화·자동화 항만 및 스마트 해상통신 간의 연계를 위한 「스마트 해상물류체계 구축전략」이 한층 탄력을 받게 되었다. 아울러, 해양수산부와 산업통상자원부는 앞으로 개발될 자율운항선박 기술의 고도화, 신규 기술 수요 및 상용화에 대비한 항만 운영과의 연계 기술 확보 등에 필요한 후속 연구개발 사업('26년~) 등을 착실히 준비해 나갈 예정이다.[6)]

〈표 15-13〉 자율운항선박 기술개발사업 4개 분야 13개 세부과제

분야	세부과제
(핵심1) 자율운항 지능 항해시스템 (Autonomous Navigation System) 개발	• 자율항해, 기관실 제어 통합 플랫폼 및 Digital Bridge 개발(산업부)
	• 충돌, 사고방지 상황인식(Navigation Awareness) 시스템 개발(산업부)
	• 지능형 항로 의사결정 기능을 갖는 자율운항 시스템 개발(해수부)
(핵심 2) 자율운항 기관 자동화시스템(Autonomous Engine System) 개발	• 자율운항선박 핵심 기관시스템 성능 모니터링 및 고장예측/진단 기술 개발(산업부)
	• 자율운항선박 에너지 통합 관제시스템 개발(산업부)
(핵심 3) 자율운항선박 성능실증센터 및 실증기술 개발	• 자율운항선박 성능실증센터(Test-bed) 구축(산업부)
	• 자율운항 지능형 시스템 실증 및 성능시험 개발(산업부)
	• 자율운항선박 육상제어(Shore Remote Control) 기술 개발(해수부)
	• 자율운항선박 사이버 안전기술 개발(해수부)
	• 자율운항선박(Ship2Ship2Shore) 데이터 교환 및 통신기술 개발(해수부)
(핵심 4) 자율운항선박 운용기술 및 표준화 개발	• 자율운항시스템 신뢰성 평가 및 사고대응 기술 개발(해수부)
	• 자율운항시스템 원격관리 및 안전운영 기술 개발(해수부)
	• 자율운항선박 국제표준화 기술 개발(해수부)

5) 현재 선박에 의한 해양사고의 80% 가량이 인적 과실에 기인.

6) 해양수산부 보도자료, 2019. 10. 30.

3) 해양수산 스마트화 전략

해양수산부는 2019년 11월 11일 4차 산업혁명 시대 해양수산 분야 혁신성장을 위한 '해양수산 스마트화 전략'을 발표했다.

'해양수산 스마트화 전략'은 빅데이터, 사물인터넷(IoT), 인공지능(AI) 등 4차 산업혁명기술을 적용하여 해양수산업의 체질을 개선하고, 새로운 미래성장동력을 창출하기 위해 마련하였다. 이번 전략은 '스마트 해양수산 선도국가 도약'이라는 비전 아래, ① 2030년까지 자율운항선박 세계시장 50% 점유 ② 스마트양식 50% 보급 ③ 사물인터넷 기반 항만 대기질 측정망 1,000개소 구축 ④ 해양재해 예측 소요시간 단축(12시간→4시간) ⑤ 해양수산 통합 빅데이터 플랫폼 구축 등을 목표로 하고 있다.

또한 해운・항만, 수산, 해양공간(환경・재해・안전) 등 3대 분야를 중심으로 4차 산업혁명 핵심기술의 적용 가능성, 현안・문제 해결 가능성, 국민・종사자에 제공하는 가치 등을 고려한 9대 핵심과제 및 25개 세부 추진과제를 제시하였으며, 단계별 이행계획과 실행방안을 담고 있다.

(1) 해운・항만 분야 : 해상운송체계 지능화 및 해상 물류서비스 혁신

① 자율운항선박의 개발・상용화 및 차세대 스마트항만 시스템 개발・구축
② LTE-M, e-Nav, 고정밀 위치정보 서비스 등 초연결 해상교통 인프라 구축
③ 물류자원 공유플랫폼, 스마트 컨테이너 등 물류 프로세스 디지털화 촉진

해운・항만 분야에서는 자율운항선박의 개발과 함께 자율운항선박의 상용화에 맞추어 스마트항만, 초연결 해상통신, 고정밀 위치정보 등의 스마트 해상물류 인프라와 서비스를 구축한다.

먼저, 자율운항선박 기술개발을 산업부와 함께 2020년부터 본격적으로 추진한다. 2025년까지 IMO(국제해사기구) Level 3 수준의 자율운항선박을 개발하고, 후속 연구개발을 통해 2030년까지 Level 4 수준의 완전무인 자율운항선박 개발을 추진한다. 이와 동시에, 자율운항선박의 운항에 필요한 입・출항 관리, 운항지원센터, 최적 하역, 연료 충전 등을 지원하는 차세대 항만운영체계도 구축한다.

또한, 초대형・자율운항선박에 적합하고 안정적인 초고속・대용량 하역을 위한 항만 자동화 시스템을 개발・구축함과 동시에, 사물인터넷・인공지능 기술로 항만 내 모든 작업과 물류 데이터를 실시간으로 수집・분석하여 최적의 물류

프로세스와 안전한 작업환경을 구현하는 지능형 항만을 개발한다.

아울러, 자율운항선박과 스마트항만 간 정보 교환 등 해상에서의 초고속 통신 수요에 부응하기 위해 LTE-M 등의 통신망을 구축하고, 이를 기반으로 2020년부터 e내비게이션(e-Nav) 서비스(최적 안전항로 지원 등)를 개시한다. 자율운항선박의 이 · 접안과 항만 자동하역 등을 지원하기 위해 오차범위 10cm 이하[7]의 고정밀 위치정보서비스(PNT)도 2025년부터 제공할 계획이다.

이외에도 컨테이너, 섀시, 터미널 등 물류장비 · 시설에 공유경제를 도입하여 물류 프로세스와 비용을 효율화하고, 화물운송과정의 추적성과 가시성을 높이기 위해 사물인터넷 기술이 접목된 스마트 컨테이너의 개발과 보급도 추진한다. 또한, 국적선사 운영 시스템의 스마트화를 촉진하기 위해 화물 · 운항 · 선박관리 · 영업정보 등에 대한 통합 플랫폼 서비스 가이드라인을 제시하고, 물류 · 해기 · 정보통신 융합인재 양성을 지원한다.

(2) 수산 분야 : 수산업 전 과정에서 스마트 가치사슬(Value chain) 구축

④ TAC 기반 자원관리형 어업 정착을 위한 스마트 어업관리 시스템 개발 · 보급

⑤ 데이디 기반의 최적화된 환경에서 건강하게 기르는 스마트양식 개발 · 확산

⑥ 유통과정 최적화 · 투명화 등 소비자가 안심하는 스마트 유통 · 가공 체계 구축

(3) 해양환경 · 재해 · 안전 분야 : 정확한 예측과 신속한 대응능력을 강화

⑦ 해양쓰레기 전주기 관리 플랫폼, 항만 대기오염 모니터링 · 예측 플랫폼 구축

⑧ 해양관측 기술 고도화로 해양재해 예측시간 단축 및 예측 정확도 향상

⑨ 사물인터넷 등 스마트 기술·장비를 활용하여 연안 · 소형 선박의 안전관리 강화

해양환경 · 재해 · 안전 분야에서는 방대한 정보 분석을 토대로 예측 가능성을 높이는 4차 산업혁명 기술의 강점을 적극 활용하여, 사전에 정확하게 예측하고 신속하게 대응하는 능력을 강화해나갈 계획이다.

먼저 해양쓰레기의 실시간 관측정보를 기초로 해양쓰레기의 발생원과 발생량을 추정하고 이동경로와 분포까지 예측하는 기술을 개발하여 현장에 적용할 예정이며, 수거 · 처리단계까지 최적화하는 통합관리 플랫폼으로 고도화할 계획이다.

항만지역 미세먼지 저감을 위해서는 주요 항만과 연안선박에 사물인터넷 기반

7) IMO(국제해사기구)는 자율운항을 위한 주 항법시스템의 오차범위를 현재 10m(GPS)에서 10cm 이하로 줄일 것을 권고.

대기오염 측정망[8]을 구축하여 상시 관측하고, 디지털 트윈[9] 기술을 활용한 시뮬레이션으로 오염의 농도・분포・영향 등을 분석・예측하는 통합 플랫폼을 개발・구축할 계획이다.

또한, 사물인터넷 기반 무인자율관측시스템을 개발하여 기존 선박과 관측장비가 접근할 수 없는 해역까지 관측망을 확대함과 동시에, 관할 해역의 해양현상에 대한 고해상도 예측모델을 개발하고 신속한 분석을 위한 해양전용 초고성능 컴퓨팅 자원을 확보할 계획이다. 이를 통해 10대 해양재난・재해[10]의 분석・예측에 소요되는 시간을 단축함으로써(12시간→4시간) 보다 체계적으로 대비할 수 있는 골든타임을 확보하게 될 것으로 기대된다.

사물인터넷 등 스마트 기술・장비를 활용하여 여객선, 낚시어선 등 연안・소형선박의 안전관리와 해양활동 안전도 강화한다. 현장영상을 실시간으로 전송・중계하여 여객선 안전관리 등의 업무를 지원하는 사물인터넷 헬멧을 일선 현장에 보급하고, 선박 충돌사고 예방 등을 위해 위험구역 진입 시에 경계정보를 제공하는 시스템과 과속운항 주의경보・단속시스템도 주요 해상교통 혼잡구역 및 사각지대에 구축한다. 또한, 승선자의 스마트폰앱과 물 감지센서 장비를 연동하여 해상 추락 시 자동으로 긴급구조신호와 사고위치를 해경함정 등 구조기관에 전송하는 시스템 등도 개발・보급하여 신속한 구조가 이루어지도록 할 예정이다.

한편, 이러한 9가지 핵심과제를 추진하는 과정에서 생성된 데이터를 토대로 해운・항만, 수산, 해양공간 3대 빅데이터 통합 플랫폼을 구축하고, 핵심과제 이행에 필요한 법령・제도 개선, 기술・장비 표준화 등의 기반 조성과제도 병행하여 추진할 계획이다.

해양수산 각 분야의 스마트화가 빠른 속도로 진행되고 저변이 확대될 수 있도록 해양수산 분야와 정보통신기술 분야 종사자들이 현장에서 과감히 도전하고 상호 협력할 수 있는 사업모델과 성공사례를 꾸준히 발굴해 나가겠다고 밝혔다.[11]

---

8) 2020년 58개소/선박을 시작으로 2030년 1,000여개소/선박으로 확대(환경부 협력).
9) 항만 시설・장비 등 대기오염원 관련 모든 사물을 가상세계에 쌍둥이로 구현.
10) 해양사고(① 수색구조, ② 유류유출, ③ 해양방사성물질) / 이상수괴(④ 고수온, ⑤ 냉수대, ⑥ 저염수, ⑦ 빈산소수괴) / 자연재해(⑧ 고파랑, ⑨ 침수범람, ⑩ 해무).
11) 해양수산부 보도자료, 2019.11.11.

〈표 15-14〉 해양수산 스마트화 전략의 비전과 목표

비전	스마트 해양수산 선도국가 도약
2030년 주요목표	• 【스마트 해상물류】 자율운항 선박 세계시장 점유율 50% • 【스마트 수산】 스마트양식 보급률 ('19) 2.5% → ('30) 50% • 【스마트 해양환경】 IoT 항만대기질 측정망 1,000개소 · 척 설치 • 【스마트 해양안전】 해양재해 예측 ('19) 12시간 → ('30) 4시간

핵심 과제 (9대 과제 25개 세부과제)			플랫폼	
해상 운송체계 지능화 및 물류서비스 혁신	1 선박 · 항만 지능화로 스마트 해상물류 실현	① 자율운항선박 개발 및 운항기반 구축 ② 자동화 · 지능화 항만 개발 · 구축	해운항만 통합 플랫폼	해양수산 통합빅데이터 플랫폼
	2 물류 프로세스의 디지털 전환 촉진	① 물류지원 공유경제 생태계 조정 ② 스마트 컨테이너 개발 · 보급 ③ 물류 주체의 디지털 역량 강화		
	3 초연결 해상교통 인프라 구축	① 차세대 초고속 해상교통 인프라 구축 ② 한국형 e-Navigation 서비스 제공 ③ 고정밀 해상활동 지원 인프라 구축		
수산업 전 과정에 스마트 밸류체인 구축	4 지속가능한 스마트어업 관리체계 구축	① TAC기반 스마트 어업관리 모델 도입 ② TAC 모니터링 AI 옵서버 개발 · 적용 ③ 빅데이터 기반 수산지원 예측 · 관리	수산 통합 플랫폼	
	5 건강하게 기르는 스마트양식 확산	① 인공지능을 활용한 양식기술 혁신 ② 양식산업 전 과정 디지털 데이터 전환 ③ 양식현장과 연계한 기술 확산		
	6 믿을 수 있는 수산물 유통 · 가공체계 구축	① 스마트 유통 · 위생 시스템 구축 ② 소비자에게 투명힌 유통시스텐 구축 ③ 스마트 가공 공장 도입 및 확산		
해양환경 재해안전 스마트관리·대응	7 연안 · 항만 환경의 상시 감시체계 구축	① 해양쓰레기 전주기 관리 플랫폼 개발 ② 항만 대기오염 모니터링 · 예측 플랫폼 개발	해양 공간 통합 플랫폼	
	8 미리 예측하는 해양재해 대응체계 구축	① IoT기반 무인해양관측망 확대 ② 해양재해 예측시간 단축 ③ 빅테이터 · AI 활용 연안침식 선제대응		
	9 스마트 기술로 연안 · 소형선박 안전 강화	① 실시간 선박안전 모니터링 기술 도입 ② 스마트 장비로 해상구조 골든타임 확보 ③ 스마트 해상교통안전지원시스템 구축		

[그림 15.28] 스마트 해양수산 2030 미래상

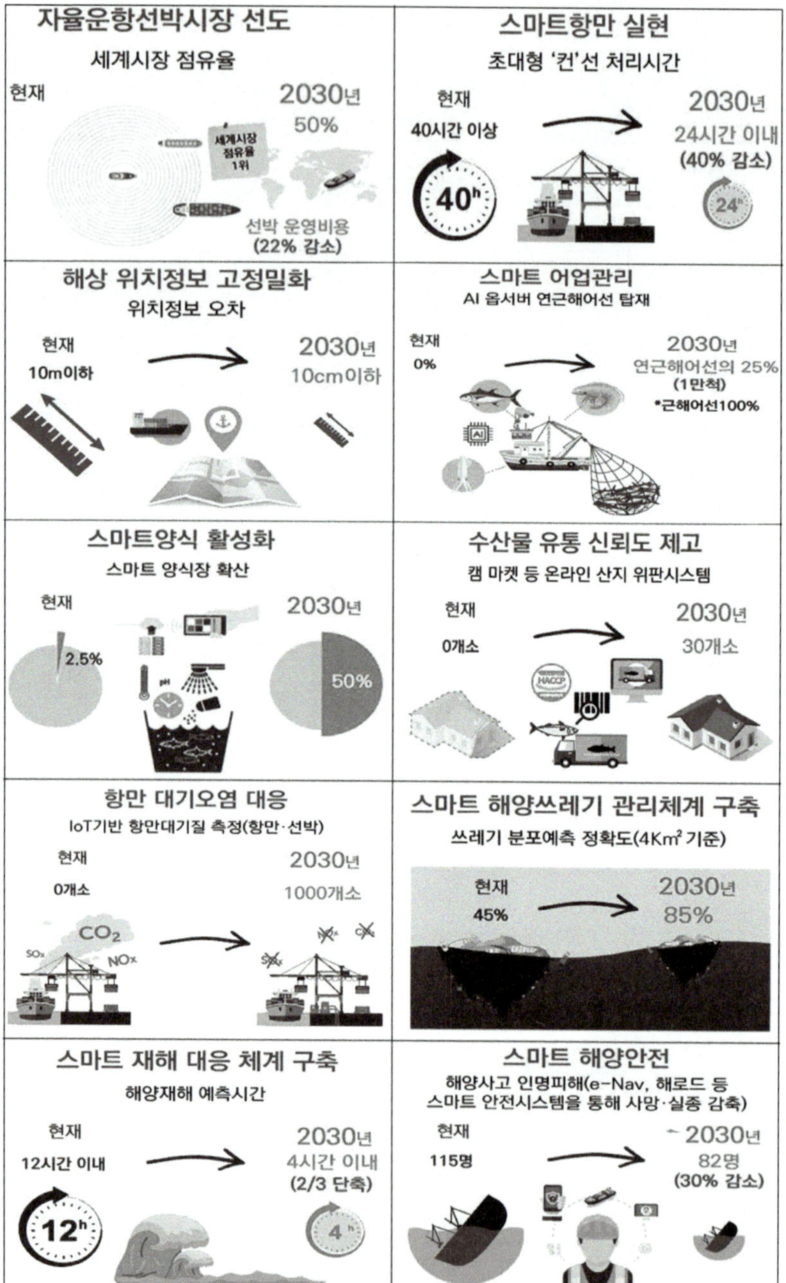

[그림 15.29]

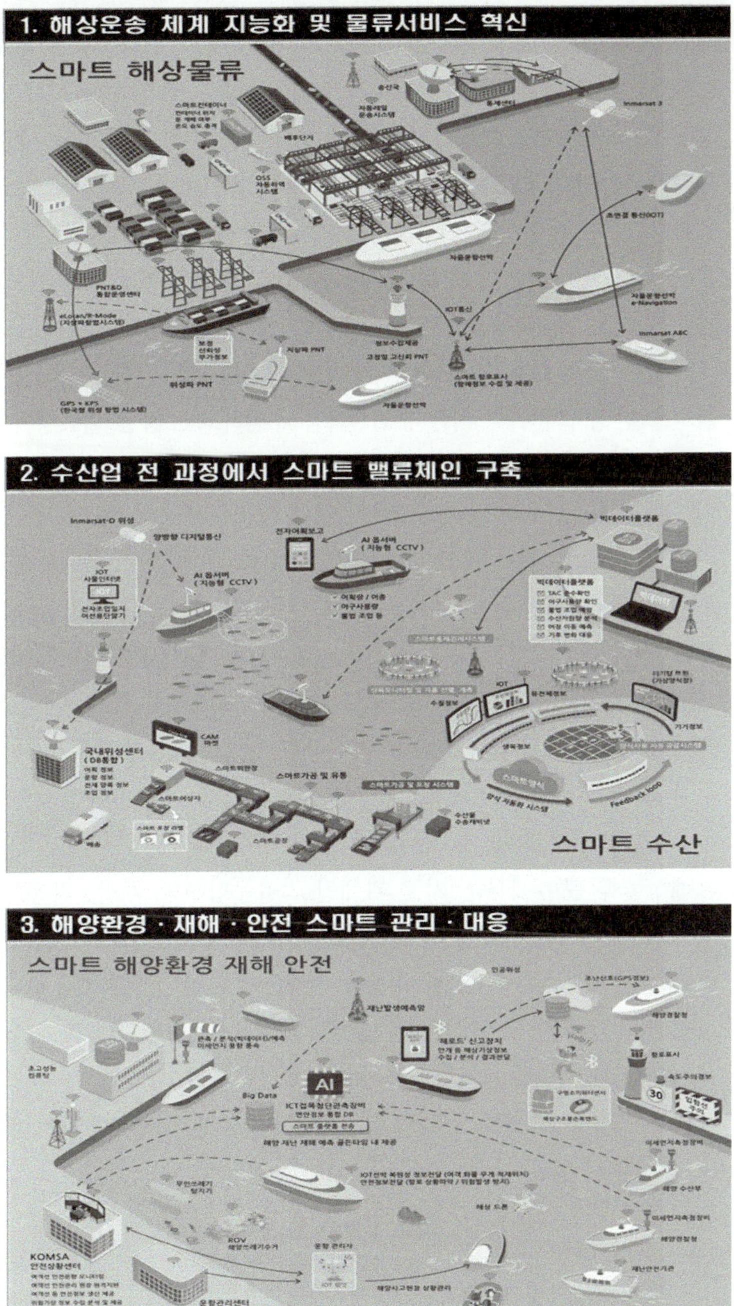
1. 해상운송 체계 지능화 및 물류서비스 혁신
스마트 해상물류
2. 수산업 전 과정에서 스마트 밸류체인 구축
스마트 수산
3. 해양환경 · 재해 · 안전 스마트 관리 · 대응
스마트 해양환경 재해 안전
AI
KOMSA

4) 해양수산 '스마트화 전략 2.0'으로 확대 개편[12)]

2019년 수립한 '스마트화 전략'은 지난 2년간 해상물류, 수산, 해양관측 등 해양수산 전 분야의 디지털 전환을 위한 초석이 됐다. 우선 초고속무선통신망(LTE-M) 구축, 해양관측위성 천리안 2B호 발사, 해양수산 빅데이터 센터 및 거래소 설치 등 해양수산 디지털 생태계 구축을 위한 인프라를 마련했고, 완전 무인자율운항선박, CCTV에 기반한 인공지능 옵서버를 포함한 스마트 어업기술, 자동화항만 등 관련기술 연구개발(R&D)도 착실하게 준비하고 있다. 특히 지난해부터 바다 내비게이션(e-Nav)서비스도 본격적으로 제공하고 있으며, 자율운항선박 실증선도 개발해 올해부터 실제 해역에서 본격적인 실증에 들어갈 계획이다.

이러한 '스마트화 전략'의 초기 성과를 더욱 확산시키고, 최근 급변하는 정책 환경을 반영하기 위해 기존 추진전략을 수정하고 보완할 필요성이 제기됐다. 우선 코로나19 확산으로 비대면·비접촉 서비스가 증가함에 따라 모든 분야에서의 디지털 전환 추세가 가속화됐다. 또한, 해양레저관광, 해양수산 종사자 안전 등 기존 '스마트화 전략'에서 다루지 않은 분야에 대한 스마트화 요구도 증가했다.

이에 해양수산부는 "스마트 해양수산 선도국가 실현"이라는 비전 아래, '스마트화 전략'을 '스마트화 전략 2.0'으로 확대 개편했다. ① 인프라 도입을 넘어 산업 현장과 국민 일상을 바꾸는 실질적인 스마트화 ② 국민 관심사가 높은 근로자와 해양수산 시설물 안전 관리 강화, 그리고 ③ 범정부 디지털 전환에 맞춘 투자 확대와 내부 스마트화 역량 확보라는 3대 개선방향을 기반으로 신규과제를 발굴해 추가했다.

해상물류 분야에서는 기존 과제인 자율운항선박 개발, 자동화·스마트 항만 구축, 컨테이너를 비롯한 물류자원 공유경제 플랫폼 완성 등을 안정적으로 추진하는 한편, 글로벌 해상물류 경쟁을 선도하기 위한 선도과제들을 추진할 계획이다

먼저, 2024년까지 부산항과 인천항에 로봇과 사물인터넷(IoT) 장비가 입출고를 확인하고, 빅데이터와 인공지능(AI)을 활용해 재고를 관리하는 스마트 물류센터를 구축한다. 또한, 2025년까지 디지털 트윈[13)]으로 항만과 배후도시 교통상

---

12) 해양수산부 보도자료, 2022. 2. 9.

13) 가상공간에 현실 세계와 똑같은 환경을 구현해 각종 상황을 시뮬레이션할 수 있는 기술 아울러 2023년까지 세계 최초로 상용화한 바다 내비게이션(e-Nav) 서비스를 고도화하여 서비스 항목을 전자해도, 최적항로 안내 등 기존 항목에서 선내모니터링, 도선 및 예선 지원까지 확대하고, 우리의 바다 내비게이션 서비스가 국제 표준 해상교통시스템으로 자리 잡을 수 있도록 국제 시범사업도 추진한다. 이와 함께 2025년까지 해상교통의 이정표 역할만을 수행하고 있는 등대와 부표를 조류, 기상 등 해양을 관측하고 수색구조까지 지원하는 스마트항로표지로 발전시킨다.

황을 구현해 최적 운송시간과 운송경로를 운송사에 제공하고 물류 흐름을 최적화하는 시스템을 개발하는 한편, 해상물류 스타트업 기업의 부담을 경감시키기 위해 해상물류와 관련된 신기술을 항만과 실제 해역에서 검증할 수 있는 통합 성능검증센터도 조성할 계획이다. 다음은 '스마트 전략 2.0'의 개편내용이다.

(1) 해상물류 : 해상운송체계 지능화 및 해상 물류서비스 혁신
① 자율운항선박, 스마트항만을 통한 무인 스마트 해상물류 실현
② 항만 · 도시 교통상황을 디지털 트윈으로 구현해 물류 프로세스를 스마트화
③ e-Nav, 스마트 항로표지를 활용해 초연결 해상교통 인프라 구축

(2) 수산 : 디지털 기술을 활용한 수산업의 외연 확장(ICT+F)
④ CCTV가 불법어획을 단속하는 스마트 어업 관리체계 구축
⑤ 이촌 · 어항에 ICT 기술을 접목해 디지털로 새로워진 어촌 · 어항 구현
⑥ 저온 위판장, 자동화 가공공장을 도입한 스마트 수산물 유통 · 가공체계

(3) 해양 : 국민의 삶 속에 스며드는 해양수산 스마트화
⑦ 항만 · 어선 사고를 신기술로 예방해 모두가 안전한 해양수산 작업현장 구현
⑧ AR · VR로 어디서나 즐길 수 있는 너 안전하고, 더 편리한 해양 레저 · 관광
⑨ 최신 관측장비 도입을 통한 스마트 해양환경 대응체계 구축

(4) 인프라 : 안정적인 해양수산 스마트화 역량 확보
⑩ 메타버스 보고, 블록체인 서류접수로 디지털화된 스마트 해양수산 행정
⑪ 해양수산 빅데이터댐 구축으로 데이터에 기반한 행정 구현
⑫ 해양수산 경험과 ICT 역량을 겸비한 스마트화 인재 육성 인프라 구축

[그림 15.30] '스마트화 전략'과 '스마트화 전략 2.0' 비교

스마트화 전략(3개 분야 9개 핵심과제)

해상 운송체계 지능화 및 물류서비스 혁신
- 선박 · 항만 지능화로 스마트 해상물류 실현
- 물류프로세스의 디지털 전환 촉진
- 초연결 해상교통 인프라 구축

수산업 全과정에 스마트 밸류체인 구축
- 지속가능한 스마트 어업관리체계 구축
- 건강하게 기르는 스마트 양식 확산
- 믿을 수 있는 수산물 유통 가공체계 구축

해양환경 · 재해 · 안전 스마트 관리 · 대응
- 연안 항만의 상시 감시체계 구축
- 미리 예측하는 해양재해 대응체계 구축
- 스마트기술로 연안 · 소형선박 안전 강화

스마트화 전략 2.0(4개 분야 12개 핵심과제)

해상 운송체계 지능화 및 물류서비스 혁신
- 선박 · 항만 지능화로 스마트 해상물류 실현
- 물류프로세스의 디지털 전환 촉진
- 초연결 해상교통 인프라 구축

디지털 신기술을 활용한 수산업의 외연확장
- 지속가능한 스마트 어업 관리체계 구축
- 누구나 잘 사는 스마트 어촌 구현(확대)
- 믿을 수 있는 수산물 유통 가공체계 구축

국민의 삶 속에 스며드는 해양수산 스마트화
- 모두가 안전한 스마트 작업현장 마련(신규)
- 더 안전하고 더 편리한 해양레저 관광(확대)
- 스마트 해양환경 대응체계 구축

안정적인 해양수산 스마트화 역량 확보(신규)
- 디지털화된 스마트 해양수산 행정
- 해양수산 데이터 기반 행정 구현
- 해양수산 스마트화 인재육성 인프라 구축

[그림 15.31] '스마트화 전략 2.0' 주요 개선사항

	스마트화 전략 1.0		스마트화 전략 2.0
추진체계	3대 분야 9대 전략 25개 과제		**4대 분야 12대 전략** 24개 과제 *레저, 안전, 행정 전략 추가
보완내용	전통 해양수산업의 스마트화		레저관광 등 **신산업**으로 영역 확대 *수중레저 안전, 비대면 어촌관광
	산업 전반의 생산성 · 효율성 향상		**국민행복 · 안전**까지 신기술 적용 *항만 노동자 · 어선원 사고예방
	디지털 인프라 등 하드웨어에 집중		업무방식, 교육 등 **소프트웨어**도 포괄 *일하는 방식 개선, 스마트화 창업 지원
한국판 뉴딜	• 한국판 뉴딜('20)보다 앞서 스마트화 전략('19) 수립 • 스마트화 전략 일부가 한국판 뉴딜에 반영	➡	새로운 과제 추가를 통해 **한국판 뉴딜과 유기적 결합**
여건변화	▸ 비대면 · 비접촉이 일상화되면서 전 분야의 디지털화 가속화 ▸ 국민 · 종사자들이 가진 디지털 기기에 대한 거부감 해소		

[그림 15.32] 해양수산 스마트화 전략 2.0 체계도

비전	스마트 해양수산 선도국가 실현	
정책방향	▶해양수산 전 분야의 신속한 디지털 전환 추진 ▶해양수산 현장, 업무방식, 국민 일상까지도 스마트화	
주요 목표	•【스마트 해상물류】 완전무인 자율운항선박(IMO Level4) 개발 •【스마트 수산】 어가소득 ('20) 53백만원 → ('30) 80백만원 •【스마트 안전】 항만 노동자 산재사고 ('20) 116명 → ('30) 50명 •【스마트화 역량】 해양수산+ICT 교육수료생(연간) ('21) 200명 → ('30) 1,000명	
전략	**1. 해상운송 체계 지능화 및 물류서비스 혁신**	
핵심과제	1 선박 · 항만 지능화로 스마트 해상물류 실현	① 자율운항선박 개발 및 운항 기반 구축
		② 자동화 · 스마트 항만 구현
	2 물류 프로세스의 스마트화	① 항만을 중심으로 한 물류 최적화
		② 항만물류시장의 新 생태계 조성
	3 초연결 해상교통 인프라 구축	① 세계 최초 바다 내비게이션 서비스 고도화
		② 고정밀 해상활동 지원 인프라 조성 및 항로표지 스마트화
전략	**2. 디지털 신기술을 활용한 수산업의 외연 확장(ICT+F)**	
핵심과제	4 지속가능한 스마트 어업 관리체계 구축	① AI를 활용한 스마트 어업관리 모델 도입
		② 빅데이터 기반 수산자원 예측 · 관리모델 도입
	5 누구나 잘 사는 스마트 어촌 구현	① 스마트 · 친환경 육상 양식 기술 개발
		② ICT 기술 융합으로 어민이 행복한 어촌마을로 재탄생
	6 믿을 수 있는 수산물 유통 · 가공체계 구축	① 스마트 유통 · 위생 시스템 구축
		② 디지털 기술을 통한 수산물 수출 지원 및 가공공정 현대화
전략	**3. 국민의 삶 속에 스며드는 해양수산 스마트화**	
핵심과제	7 모두가 안전한 스마트 작업현장 마련	① 항만 안전사고 절감을 위한 스마트 안전플랫폼
		② 어선원이 안전한 조업환경 조성
	8 더 안전하고, 더 편리한 해양 레저 · 관광	① 디지털 신기술로 편리해지는 해양레저관광
		② 소형선박 · 여객선 안전관리 스마트화
	9 스마트 해양환경 대응체계 구축	① 미리 예측하는 해양재난 · 재해
		② 연안 · 항만 환경 상시 감시체계 구축
전략	**4. 안정적인 해양수산 스마트화 역량 확보**	
핵심과제	10 디지털화된 스마트 해양수산 행정	① 사이버 보안강화
		② 디지털 시대에 걸맞게 일하는 해양수산부
	11 해양수산 데이터 기반 행정 구현	① 해양수산 빅데이터 생태계 구축
		② 데이터 기반 행정 활성화 지원
	12 해양수산 스마트화 인재육성 인프라 구축	① 해양수산 스마트화 스타트업 육성
		② 해양수산 스마트화 전문인력 양성

[그림 15.33] '스마트화 전략 2.0' 핵심과제별 추진전략

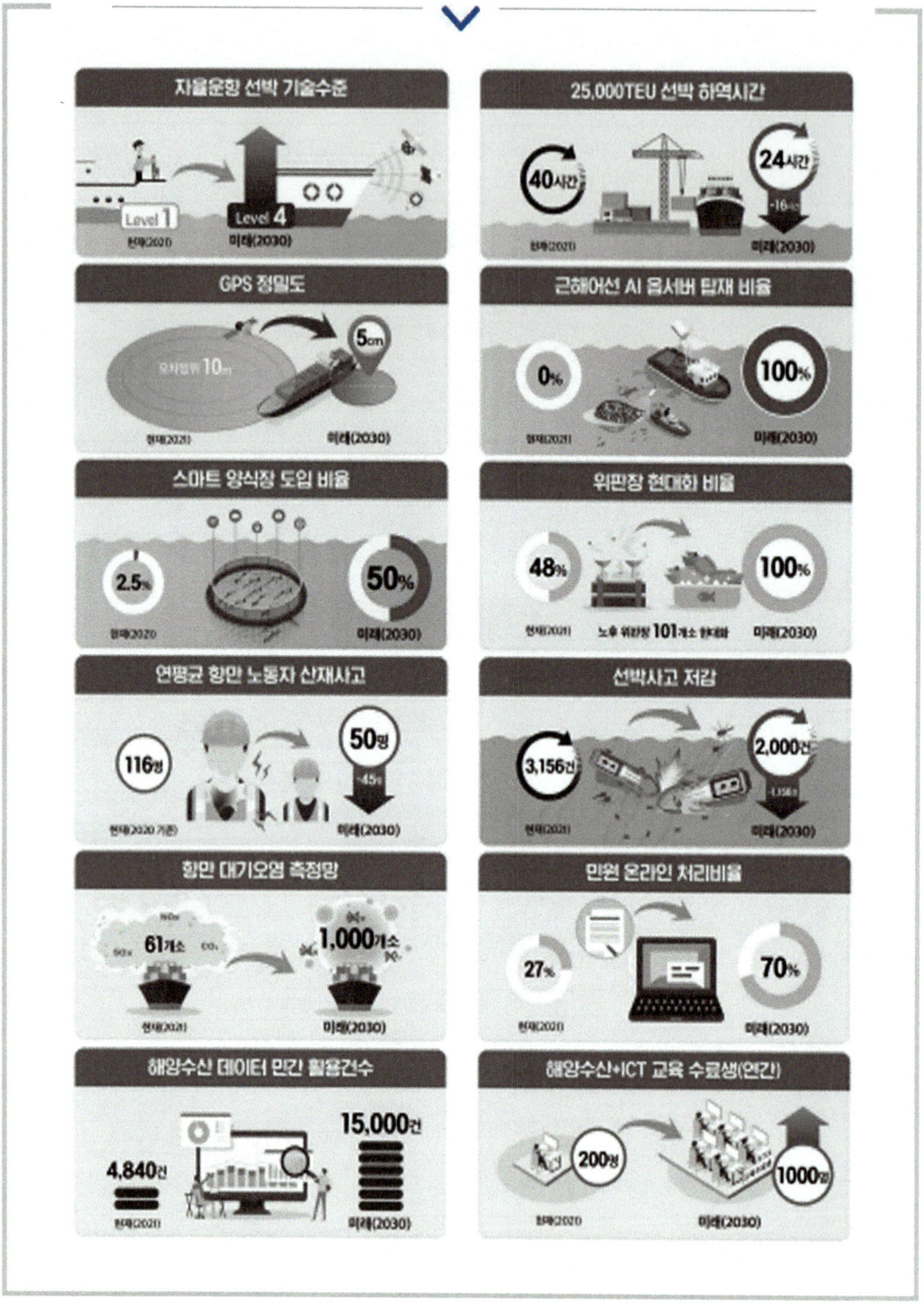

[그림 15.34] '스마트화 전략 2.0' 미래상

(1) 해상물류 분야 : 해상운송 체계 지능화 및 해상 물류서비스 혁신

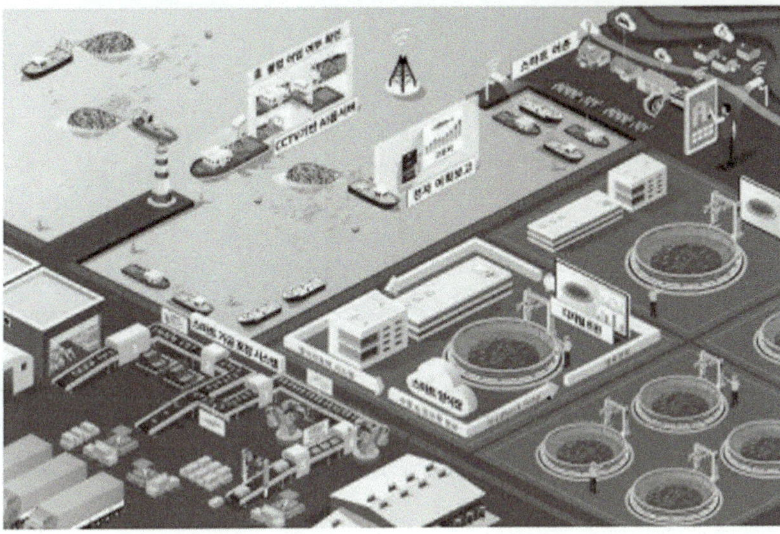

(2) 수산 : 디지털 기술을 활용한 수산업의 외연 확장(ICT + F)

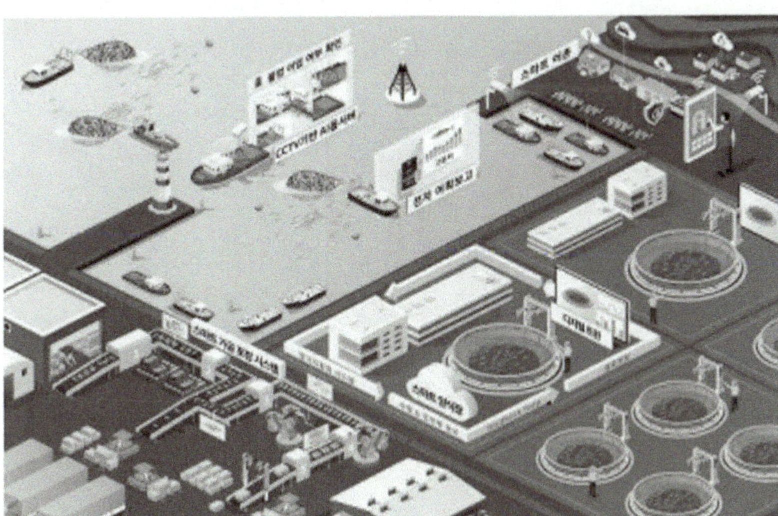

(3) 해양 : 국민의 삶 속에 스며드는 해양수산 스마트화

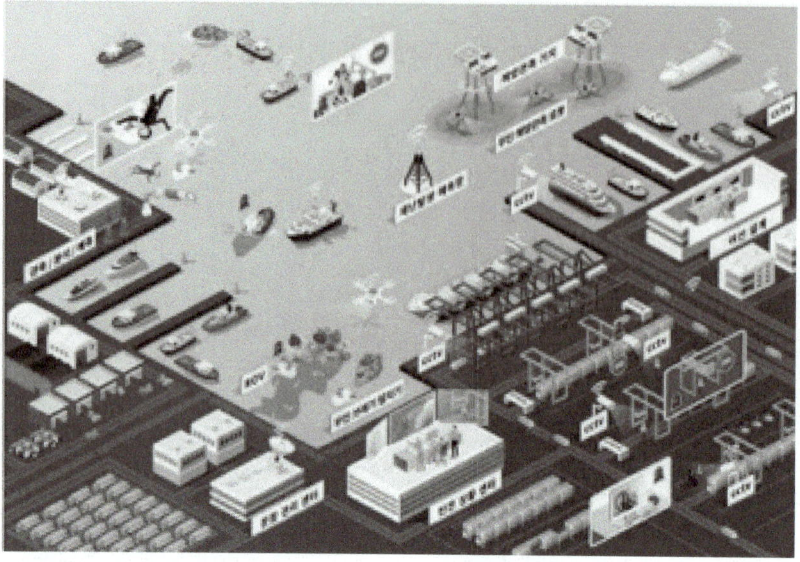

(4) 인프라 : 안정적인 해양수산 스마트화 역량 확보

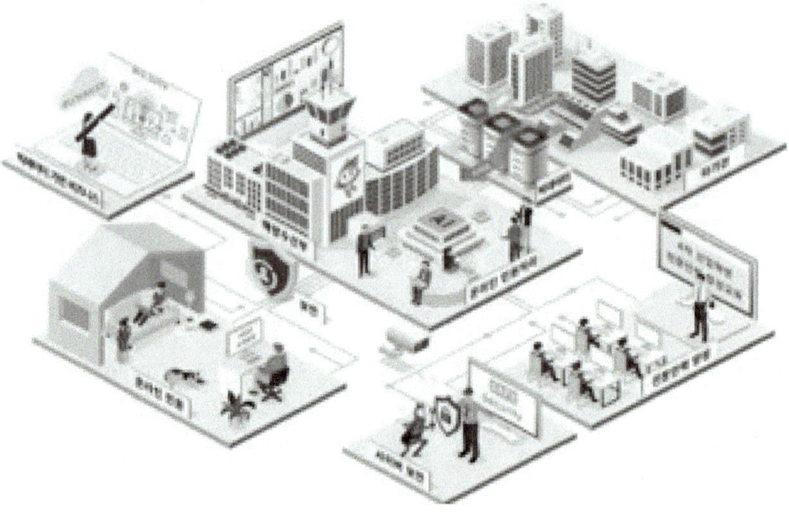

참고문헌

박명섭, 국제물류의 이해, 법문사, 2016.
박창식 · 김청열 · 박경희, 국제물류의 이해, 형설출판사, 2009.
송선욱, 국제운송론, 도서출판 두남, 2004.
신건철 · 김도훈 · Douglas Long, 국제물류, 무역경영사, 2004.
윤일현 · 유창권, 운송물류론, 도서출판 두남, 2001.
이신규, 국제물류론, 형설출판사, 2005.
장융남, 전략적 물류관리론, 도서출판 두남, 2002.
정재락, 항공물류이론과 실제, 도서출판 두남, 2003.
조갑진, 신물류론, 도서출판 두남, 2004.
진성구, 국제물류론, 학문사, 1998.
추창엽 · 홍영준, 물류의 이해, 도서출판 두남, 2005.
하명신 · 박경희 외, 항만물류론, 탑북스, 2017.
하영석, 국제물류, 도서출판 두남, 2010.
한낙현 · 정준식, 물류관리의 이론과 실무, 형설출판사, 2008.

광양시, 광양항 활성화를 위한 전략적 복합운송체계 구축방안 연구, 2002.
국토해양부, 기업물류비 산정지침 기본 해설서, 2008.9.
쉬핑뉴스넷, 2018.9.
이투데이, 2019.1.
중국항만컨테이너협회, Alphaliner Monthly Monitor 2022. 3.
한국무역신문, 2022.12.
한국해양수산개발원, 해운통계연보.
항만법, 항만법 시행령.
해사정보신문, 2019.6.
해양수산부 보도자료, 2019.10.
해양수산부 보도자료, 2019.11.
해양수산부 보도자료, 2022.2.

德田欣次 外1 編著, 「現代의 港灣」, 稅務經理協會, 1998.
山岡浩之 · 岡野行秀 編, 『交通經濟學講義』, 青林書院新社.
山上徹, 「國際物流概論」, 東京: 白桃書房, 1990.
石田正夫, 『貿易取引の實務』(實敎出版株式會社, 1976년).
松橋幸一, 「港灣荷役實務」, 海文堂出版, 1969.

市來淸也,『國際物流要論』(東洋經濟新報社, 平成元年 9월).
阿保榮司,「物流의 基礎」, 稅務經理協會, 1992.
日本港灣經濟學會編,「流通革新과 埠頭經營」, 成山堂書店, 1970.
中田信哉, 多頻度少具物流, 中央經濟社, 1992.
池田宗雄,「港灣知識ABC」, 成山堂書店, 1990.

Ballow, R. H,. *Business Logistics Management*, 1992.
Baudelaire, Jean-Georges, *Port Administration and Management*, Tokyo: IAPH, 1986.
Clarkson, *Container Intelligence Nonthly,* 각호.
Containerisation International Yearbook, 각년호.
Cullinane, K. and Song, D. W., "Container terminals in South Korea: problems and panaceas", *Maritime Policy & Management*, Vol. 25, No. 1. 1998.
Dolman, Antony J. · Ettinger Jan Van, *Ports as Nodal Points Global Transport System*, Pergamon Press, 1992.
Drewry, Container Forecaster & Annual Review, 2021, 2022.
Drewry, Global Container Terminal Operators Annual Review and Forecast, Annual Report, 2021.
Drewry, Sea & Air Shipper Insight.
Frankel, Ernst G., *Port Planning and Development*, New York: John Wiley & Sons, 1987.
Henrik Stevens, "The Institutional Position of Seaports", Kluwer Academic Publishers, 1999.
Jacques Picard, "Typology of Physical Distribution System in Multi-national Corporation." in the Proceedings of the Canadian Transportation Research Forum's, 1982.
Lloyd's List, ONE HUNDRED PORTS 2020, 2021.
Patric M. Alderton, "Port Management and Operations", LLP, HongKong, 1999.
Taff, C, A., Management of Physical Distribution and Transportation, 7th ed., Homewood, IL: Richard D, Irwin, Inc., 1984.
UNCTAD, "Review of strategies currently adopted by ports to obtain strategic advantage", Board Standing Committee on Developing Services Sectors (Shipping) Intergovernmental Group of Experts on Ports Geneva, 25, October, Items 3 and 4 of the provisional agenda, 1993.

https://busanpa.com/
https://cargo.koreanair.com/
https://info.korail.com/
https://kita.net
https://nlic.go.kr/
https://new.portmis.go.kr/
https://www.mof.go.kr/
http://www.molit.go.kr/
http://www.phaj.or.jp
https://www.tokenpost.kr/

한글색인

ㄱ

ㄹ

ㅁ

ㅇ

ㅈ

ㅊ

ㅋ

ㅌ

ㅍ

영문색인

G

H

I

N

O

P

Q

R

U

V

W

Y

저자약력

• 하명신

【주요 경력】

(영) 리버풀 대학교 국제운송학부 (경제학 박사), (미) 워싱턴대학교 visiting scholar, (현) 부경대학교 경영대학 학장, 한국항만경제학회 부회장, 한국국제상학회 · 한국무역학회 · 한국물류학회 이사, 한국국제상학회 감사/편집위원장, 행정자치부 국가고시 출제위원/정부혁신관리 평가위원, 해양수산부 정책자문위원, 건설교통부 종합물류기업 인증심사위원, 기획예산처 혁신/경영평가위원, 부산시 물류정책 심의위원/도시혁신위원, 부산시의회 의정자문위원(도시항만분과), 대한상사중재원 중재인, 부산상공회의소 자문위원, 항만물류경영연구소 소장, 한국컨테이너부두공단 사외이사, 부산항만공사 항만위원, 국제신문 경제칼럼니스트, (사)신북방해양경제포럼 대표.

【저서 및 주요 논문】

- 항만물류론, 탑북스, 2017 외 15권.
- A comparison of service quality at major container ports: implications for Korean ports, Journal of Transport Geography, 2003 외 80여편.

• 박경희

【주요 경력】

한국해양대학교 해운경영학과(경영학 박사), (사)국제해양수산물류연구소 비상임연구원, 중앙대 전자무역연구소 연구원, 부경대 글로벌물류경영연구소 연구원, 부산경제연대 포럼 비상임 자문위원, 한국해양대/부경대 강사.

【저서 및 주요논문】

- 항만물류론, 탑북스, 2017.
- 국제물류의 이해, 탑북스, 2020.
- 우리나라 항만관리의 포트 오소리티 체제로의 전환에 관한 연구, 2001.
- 동북아 항만의 경쟁환경 변화에 따른 일본의 허브항 전략, 해운물류연구, 2006.
- 항만 인센티브 제도의 새로운 접근, 한국지역경제연구, 2013.
- 파나마운하 확장에 따른 동북아 물류체계 변화와 우리나라 허브항의 생존전략, 2020.
- Searching for Co-Development of the City and Port in association with the Introduction of Port Authority: a Korean Case, 한국항해항만학회, 2002.
- 韓國の Port Authority(港灣公社:PA) 制度の導入, 동아지역경영연구, 2005 외 다수.

저자와의
협의하에
인지생략

글로벌시대 국제물류의 이해 [제3판]

2014년 3월 15일 제1판 2쇄 발행
2020년 2월 20일 제2판 1쇄 발행
2023년 2월 25일 제3판 1쇄 인쇄
2023년 2월 28일 제3판 1쇄 발행

저 자 **하 명 신 · 박 경 희**
발행인 김 학 민
조 판 아 람 기 획

07285
발행처 서울특별시 영등포구 선유로3길 10, 617호
도서출판 **탑 북 스**
등 록 2009.12.21 제 2016-000101 호
전 화 02)365-2223 팩스 02)365-2224
홈페이지 www.topbooks.co.kr

정가 28,000 원

ISBN 979-11090247-70-2-93320